邓云乡集

宣南秉烛谭

邓云乡 著

中华书局

图书在版编目（CIP）数据

宣南秉烛谭/邓云乡著. —北京：中华书局，2015.6（2023.11
重印）
　（邓云乡集）
　ISBN 978-7-101-10773-9

　Ⅰ.宣…　Ⅱ.邓…　Ⅲ.杂著-中国-现代-选集　Ⅳ.C539

中国版本图书馆 CIP 数据核字（2015）第 039602 号

书　　名	宣南秉烛谭
著　　者	邓云乡
丛 书 名	邓云乡集
责任编辑	贾雪飞　詹庆莲
封面设计	毛　淳
责任印制	管　斌
出版发行	中华书局
	（北京市丰台区太平桥西里 38 号　100073）
	http://www.zhbc.com.cn
	E-mail:zhbc@zhbc.com.cn
印　　刷	北京新华印刷有限公司
版　　次	2015 年 6 月第 1 版
	2023 年 11 月第 2 次印刷
规　　格	开本/880×1230 毫米　1/32
	印张 16⅛　插页 4　字数 360 千字
印　　数	6001-8000 册
国际书号	ISBN 978-7-101-10773-9
定　　价	69.00 元

小丁 绘

　　邓云乡，学名邓云骧，室名水流云在轩。一九二四年八月二十八日出生于山西灵丘东河南镇邓氏祖宅。一九三六年初随父母迁居北京。一九四七年毕业于北京大学中文系。做过中学教员、译电员。一九四九年后在燃料工业部工作，一九五六年调入上海动力学校（上海电力学院前身），直至一九九三年退休。一九九九年二月九日因病逝世。一生著述颇丰，主要有《燕京乡土记》、《红楼风俗谭》、《水流云在书话》等。

一九八七年四月邓云乡与日本友人波多野太郎（左）、
中华书局总编辑李侃（中）合影

宣南秉燭譚

邓云乡自题《宣南秉烛谭》

邓云乡藏陈师曾画《墙有耳》

出版说明

邓云乡（一九二四——一九九九），学名邓云骧。山西灵丘人。教授。作家，民俗学家，红学家。出生于书香世家，祖父和父亲都曾在清朝为官。幼时生活在山西灵丘东河南镇，一九三六年初随父母迁居北京，一九四七年毕业于北京大学中文系。做过中学教员、译电员。一九四九年后在燃料工业部工作，一九五六年调入上海动力学校（上海电力学院前身），直至退休。

邓云乡学识渊博，文史功底深厚。为文看似朴实，实则蕴藏着无穷的艺术魅力。其旁征博引，信手拈来。不论叙述民风民俗，描摹旧时胜迹，抑或是钩沉文人旧事，探寻一段史实，均娓娓道来，语颇隽永，耐人寻味。

此次中华书局整理出版的邓云乡作品集，参考了二〇〇四年版《邓云乡集》，并参校既出的其他单行本。编辑整理的基本原则是慎改，改必有据。具体来说，就是：

一、凡工作底本与参校本文字有异者，辨证是非，校订讹误。

二、凡引文有疑问之处，若作者注明文献版本情况，则复核该版本；若作者未能注明的，或者版本不易得的，则复核通行本。

三、作者早年著述中个别用字与当代通行规范不合者，俱从今例。

四、作者著述中某些错讹之处，未径改者加注说明。

五、本次整理对某些书稿做了适当增补，尽量减少遗珠之恨；有的则重新编排，以更加方便阅读。

邓云乡与中华书局渊源颇深,生前即在中华书局出版《红楼风俗谭》、《文化古城旧事》、《增补燕京乡土记》、《水流云在丛稿》等多部著作。此次再续前缘,我们有幸得到其家属的大力支持,不仅提供了邓云乡既出的各种单行本作为编辑工作的参考,并以其私藏印章、照片、手稿见示,以成图文并茂之功,在此谨致谢忱。

中华书局编辑部

二○一四年十二月

目　录

代　序

　　按语：《宣南秉烛谭》就要出版了，还缺少一篇序。怎么办？本来早在十五六年前，我就想在北京一家报纸上开以此为题的一个专栏，当时暑假期间，我住在右安门里仁街家中，的的确确是个宣南人，便先写了一篇两三千字前言，不想后来专栏未开成，这篇"前言"也被没收了。后来此书编成，一心想写篇长序，综述宣南在几百年来与中国全国历史文化之关系，但浮想虽多，却未能抽时间写成文字。前见报载菜市口往南拆成大街的报道，忽然感到，下世纪也无所谓"宣南"了，何必多余再写序呢？手头恰巧有这篇为友人所编《学林春秋》写的长文，题为《我与北京历史民俗》，其中说到北京的历史文化、民俗繁华，是全国的，也可以说是"宣南"的。因之，把它编在前面，就作为代序吧。

　　　　　　　　　一九九八年十二月四日记于
　　　　　　　　浦西延吉水流云在之室晴窗下

　　友人来函约稿，让我写一篇谈我关于北京历史民俗学术研究的文章，感到十分惭愧。因为一谈到学术研究，便感到太高级了。因为我对于北京历史民俗只是欣赏爱好而已，因为欣赏爱好，所以几十年来，注意这方面的观察、思考、想象，过去到过一些地方，接触过一些耆旧，眼看过一些变化，搜求过一些旧闻，阅读过一些书籍，讨教过一些老师……这样使我在这方面有了一些肤浅的知识，更因为感情所系，对其爱好，所谓"知之者不如好之者，好之者不如乐之者"，我一直是以写小文章作为最大乐趣的，而思念所系，又都在北都旧事，这样写的有关北京历史风俗的书就十分多了，也似乎变成为这方面专门的历史民俗学术研究了。其实，哪里谈的上呢？

我不是北京人，也不是北京出生的外省人，虽然老辈曾祖、祖父、父、母等位先人他们都在北京生活过，可是我童年一直在乡间山镇。我时常想，也许我如果出生在北京，从小北京长大，或许对北京没有那种较新鲜深刻的认识与爱好，也不会对北京历史风俗那样感兴趣，去注意观察、欣赏、理解它……我又想，如果我不在解放初就调离北京，久住江南上海，也许对北京的历史民俗没有那么殷切的思念，没有那样深情……我再想，当年我到了江南上海，我父亲、弟、妹还留在北京，我又是教书匠，每年暑假（除特殊年份外），总有个把月假期，这样我有条件每年回京探亲，重游故地、寻访故人，互诉衷曲……正因为我对北京有那样先前的条件，有后来这样的方便，所以我比从小生在北京的人，一生一世未离开过北京的人，或远客异地他乡、漂洋过海到过外国，多少年没有回过北京的人……观察、理解、注意的焦点更清楚、更客观、更细致、更真切……我基本上是读熟了这本书的，也看清了这本书的……当然，熟和清都是程度上、感觉上的，距离所谓的学术研究那还是十分遥远的。因为我根本不是什么学者、专门家。

何以见得，不妨举例说明。我小时候在乡下常听嫡母贺老太太讲说北京故事，她老人家是庚子前在北京度过童年的。民国初年，又和父亲在北京居住过的，那时住家在河伯厂，后来又搬到羊肉胡同。讲她小时洋人进北京的事、逃难的事，也讲城南游艺园看放"盆子"时的热闹;她拿大幅照片给我看,我看民国初年她年轻时穿着高元宝领紧身长袄、下面长裙子的照片,她告诉我一起照像的那些女性,这是哪位姨妈,这又是哪位姑妈……我在未到北京之前,对什么这个官、那个"老"、什么"东四西单鼓楼前,六国饭店游艺园"已经十分神往了,及至到北京之后,因为是早闻名已久,急于想知道的,自然所到之处、所见之人,比生在北京、早已司空见惯的人看的更为仔细。但又因为我是从乡下来的,常常与乡下比较,觉得北京并不是样样都好,不少地方很不如家乡山镇。比如厕所,北京蹲坑很浅,蹲人的地方很脏,大小便狼藉不堪,有的连下脚的地方都没有……而吾乡山镇,厕所都是丈数深的大坑,上盖木档,边上一堆黄土,厕所主人为多积肥,每天人们新拉屎尿,就随时用铁锹铲两锹黄土盖上,因而一点也不臭。而北京则不然,尤其公共厕所,要掩鼻而进,迄今北京还有不少这种厕所,真是无法说起。从小生长在北京的人就不觉得,久住北京的人也不觉得,所谓"如入鲍鱼之肆,久而不闻其臭……"但当时也有特别好的地方,如我到北京时,正是袁良做市长的后期。袁字文钦,杭州人,从小在杭州拱宸桥给日本商人做学徒,后去日本,在日本生活,日俄战争时,他还替日本老板服兵役,当过日本兵……是真正的日本通,日本人爱干净,他做市长受此影响,放出谣言,说市府号召灭蝇,打多少苍蝇,到市政府就可卖一元钱,开始大概真有人卖到钱了,于是许多大人小孩齐动手打苍蝇,想去市府换钱,后来才知是谣言……但这样一打,当时的北平,真的苍蝇极少了。尤其夏天厨房里,看不到苍蝇,这就比山镇好多了……但可惜的是好景不长,只短短两三年时间,日本帝国主义侵略战争来了,"七七事变"不久,北京沦陷了。古城文化消失了,灾难开始了。或者说从此文化的古城坠入灾难的深渊中了……昔时的岁月永远不复返了。而在我记忆中留下的只是十分短暂的两三年美好的回忆，这是我对北京历史民俗眷恋的感情基础……经历了八年抗战，亦即沦陷后北京的耻辱苦难生活，经历了抗战胜利（即所谓"惨胜"）后三年内战所造成的极为穷困的饥饿生活……直到北京解放、全国解放，这漫长的岁月中……对于往昔，就只剩下华胥之梦了。

北京是上千年的首都，凝聚了全国的人力、财力的精华，而且是历史的积累。十九世纪后期，西方文明随西方侵略势力进入中华，在北京表现了最大的冲撞，开始了本世纪，这样北京就不但是中华人文精华历史的总汇，也是西方文化较为集中融入的中心。庚子、辛亥之后，三十多年中，表现极为明显。二十年代末北伐成功，而当时统治者，无器度、无眼光，放弃北京为首都，把政治中心迁到南京，一开始就成为偏安局面，或许是注定它日后必然失败的重要原因。《吴宓日记》一九二八年七月末《南游日记》中组诗有两首道：

> 朱户树阴夹广路，绮窗花影映阶除。
> 卜居终爱北都好，何似南中隘且淤。
>
> 燕云列代帝王都，却寇威夷诩霸图。
> 岂意功成革命日，偏安江左计何愚？

此诗记在七月二十八日《日记》中，第二天吴即由前门东车站上车去天津，到南方去游历，临行时发此感慨，而当时不少有识之士，均同此慨叹。但感慨又有什么用？从此政治中心移到南京去了。辛亥之后北洋政府短暂的议会政治，在政客勾心斗角、争权夺利、勾结军阀的混战中结束了,南京的党国政权开始。北京剩下一座空城,一城市民,几十所学校,大群眷恋于旧都文化学术的学人,包括清朝的遗老遗少,及大批远涉重洋到欧美吸收了西方文明、西方学术的洋博士,聚守在这失去政治中心,只剩历史文化沉淀的古城中,服务于最好的学校、博物院、图书馆、医院、各种研究机构……休闲于最好的厂肆、书摊、公园、饭馆、浴室、戏园、街巷胡同、四合院房舍……充足的经费、丰厚的收入、低廉的物价、便宜的人工……这一切,形成了北京的往昔的文化精华,是来自历史,凝聚历史的;是来自全国,凝聚全国的;是来自世界,凝聚世界的……回顾北京历史民俗的着眼点,首先应该放在这种气氛上,因为它是来自全国的、世界的,也是影响全国的、世界的。不信,近半个世纪中,美籍华人得诺贝尔奖金及其他有世界名望的学人中,就有许多位昔时是受过北京古城文化熏陶的。如不注意到这点,从这样的高度去观察北京历史民俗文化,那就不能真正认识到北京的历史民俗的本质。如把着眼点只停留在骆驼祥子、天桥、豆汁、焦圈、城根喊嗓子、河沿遛鸟、请磕安、西皮流水、满胡同拉屎、满口脏话……只剩下这些,那还怎么能成为上千年的,辽、金、元的,及自明、清直到北洋政府垮台的全中国人民的京都呢?

现在说到北京和上海的历史民俗,有两个十分重要、必须在思维中首先明确、时时要注意到的问题——它们常常被人们忽略掉,年轻朋友没有经过,忽略掉还情有可原,而一些年纪较大,甚至高龄的学人,也常常忽略掉,给年轻读者造成错觉。一是上海三十年代租界地的政治特殊性,中国政府管不了,不少新文学作家的作品,都是在这种特殊环境中产生的,或在这种环境中出版的书刊上刊载的……近见不少老辈学人回忆三十年代上海各出版刊物的文章,似乎很少说到此点。——不过这与本文关系不大,可不去管他。那么北京是什么问题呢?首先现在人们常说的"北京人",几十年的户口冻结,似乎忘记了人是活动的,是应该有居住自由的,似乎"北京人"是固定的动物,大似千年松、万年柏了。其实北京在"七七事变"前,又有几个是"北京人"呢?我上初一时,同座位小孩叫郑风胡,住屯绢胡同,是郑孝胥弟弟郑孝柽的孙子;前面小同学是苏州大儒巷潘家的儿子,住口袋胡同;另一小同学是吴兴周家小孩,住兴隆街……班上四十多个小学生,广东的、山西的、山东的、冀东的,几乎没有一个是北京人。当时管北京人叫"本京人",另外还有的叫"旗人"。同学中有一个姓"沈"的,是"外馆沈家"子弟,这才是真正北京人。在历史上似乎是没有"北京人"这一概念的。天子脚下,五方杂处,哪一省人都有,哪里有"北京人"呢?"南方人"、"老西"、"本京人"……这都是常叫的,还有"旗人",这在清朝是特殊的,三十年代还常叫,但常常前头加个"穷"字,没有威风了。再有"直隶人",即河北省人,现在没有人叫了。这包括北京周围郊县的人。这里有一点,现在人也很少注意到,即北京城里人和郊区人,用现在话说,即反差非常大。或者也可以说是差距非常大。这一点,明、清两代直至北洋政府、政府南迁后,一直没有什么改变。如说江南文化经济是面上的繁华,那北京城的历史民俗、繁华文化只是城圈里,甚至可以说是"宣南"的。"一进彰仪门,银子碰倒人",就是满眼繁华;一出城,就是"吟鞭东指即天涯"、"鸡声茅店月"了……城墙内外差别就这么大,谈北京历史风俗,这点必须注意到。细说甚繁,只举一例,北京城内那么多学校,而郊区来读书的并不多,大中小学,来读书的,更多的是城里人、南方人、外省人。郊区最多的是劳动人民。当时的女佣,俗名

"老妈子"，最多是三河县人、顺义人、京郊人，而且在宅门帮工多少年，手头也攒了不少钱，而打扮永远是乡下装束，大脚小脚，一年四季，都绑腿带，连散脚裤都很少穿；一律梳头，没有剪发的……和太太小姐一看就能分出来，和现在安徽、四川的穿牛仔裤、T恤衫的打工妹迥不相同。再有明、清两朝大量的太监，大都是北京附近定兴、宝坻等县的人。清代吃衙门饭的，即书吏，大多是江、浙籍几代住在北京的后裔北京人，但自称仍说是"南方人"。而做衙役、跟官等除南方人的后代外，多保定人、天津人，都经多见广，能说会道，所谓"京油子、卫嘴子、保定府的狗腿子"。北京人尖酸溜滑，欺软怕硬，都是这些人流传下来的。北京又是政治中心，政权、军权集中的所在，这种势力与权势结合起来，是最容易形成欺压善良百姓的恶势力。直到今天，并未断种。三是北京历史民俗中的社会层次，分得十分清楚。这是客观上文化、经济、地位等方面自觉形成的，自动遵守的，并没有谁人为地限制他。举个最简单的例子。胡适之先生的汽车司机开车送他到中山公园来今雨轩，这司机绝不会在没有胡先生的吩咐下，他也锁上车门到茶座上坐坐。司机赚钱与小学教师差不多，甚至阔人司机要多得多，权也大得很，但他不会带孩子老婆到来今雨轩坐茶座、吃西餐，请他去他也不去，他自觉是佣人，另有他去的地方……现在人很少谈旧时代妓女，而当时妓女等级区别也十分严格。班子里的姑娘（红花）、娘姨（绿叶）可以成名，成为名花名叶，结交名人权贵，一旦从良嫁人，马上变成某太太……而三等妓院，则是接待劳动人民的，真是人间地狱。曹禺《日出》所描写的翠喜、小东西等等，正是二三等的下等妓女。文化层次、结交对象、生活作风其间差距甚大，现在一般人是很难想象的。要理解，可以，要阅读大量书籍，如《吴虞日记》，便是很好的资料。当年他在北大做教授，月薪二百六十元，逛胡同捧花忆情、娇玉等姑娘，要接娇玉从良，用两千元身价。木刻印五十本《赠娇玉诗》送人，连刻字带印刷用四十余元。当时这些老先生都以这些事风流自赏，并不回避。连胡适之先生也免不了。《胡适日记手稿》民国廿年四月五日记云：

> 前昨两夜，与王叔鲁、周作民、罗钧任、陈博生诸人吃饭。他们闹酒、劝我喝酒，因席上有几位妇人帮他们劝，我勉强喝了几杯花雕，前夜喝七杯，昨夜喝五杯……两次喝酒，便复发病，此次破戒，竟得酒害确证，可以使我坚守酒戒了。

王叔鲁即王克敏，周作民是金城银行总经理，又是北大经济系教授……"妇人"是谁，班子里叫的窑子，即妓女，即所谓吃花酒，王克敏某房姨太太娶的是名妓"小么凤"，是王揖唐姨太太养女，二王是"丈人"、"女婿"的关系，在旧时官场中是十分著名的。这些人言谈风度，现在人亦很难想象，但决不像现在电视剧那些演员凭想象演的那样粗俗，不然怎么能劝得戒了酒的胡先生又破戒喝酒呢？——我倒不是故意暴露胡校长的小节，实在是想见胡先生随和的神态，正好作为谈北京历史民俗的实例，说明社会的等级差异，与现在时代隔阂甚大，要理解是很不容易的。但不能凭主观去想当然，因为那太离谱了。

北京历史民俗的书籍资料太多了。方志之外杂志，正史之外野史，野史之外集部，元、明、清以来文人的日记、书信，以及大量的小说、通俗文学戏词、鼓书词之类，还有大量卷宗、案例、公私文书，真是汗牛充栋，阅不胜阅，找不胜找……当然是越古老的越少，越后来的越多。十年前，在新加坡国大开汉学会，认识了普林斯顿大学陈学霖博士，他是专攻宋金元明史的专家，是华盛顿大学历史教授，是香港中文大学讲座教授。专攻宋、金、元、明史，自然对北京历史风俗有深入的研究，对北京建城传说极感兴趣，对"刘伯温与哪吒城"的民间传说，正在深入研究（现其专著已由台北东大图书公司出版），就问我一些传闻，而匆匆之际，我所知寡陋，什么也回答不出来，真感十分惭愧。北京城元大都是刘秉忠主持造的，后来明永乐又在大都旧址南移造北京城，先造内城，许多年后又造外城，直到六十年代中后期拆城，这座"凸"字城的确辉煌了明、清两代五百多年。但正史上永乐建北京城时，刘伯温早死了，姚广孝亦未参加，因而"刘伯温建造八臂哪吒城"只是民间神话传说，而我从小就一人常到故乡山镇南梁上阎王殿玩，看惯墙上画的牛头马面、刀山油锅，从来不怕神、也不信神，只怕强盗、土匪……不信迷信鬼神，而最热爱和平生活，因而对元代哪吒城也好，明代哪吒城也好，这些神话传说，虽然"姑妄言之姑听之"，不去注意，却对元代北京市民生活风俗怡然神往，这是因读欧阳玄十二首《渔家傲·南词》引起的。这十二首词是每月一首，写元大都百姓生活，形象极美，其中夏景最令人神往。如五月"月傍西山青一掐"、"血色金罗轻汗褟"、"凉糕时候秋生榻"……六月"辘轳声动浮瓜井"、"碧莲花肺槐芽沸"等句，都同本世纪前期生活仿佛，真是人人意中所有，人人笔下所无。欧阳玄元延祐元年（一三一四）以《天马赋》第一名进士及第，中了状元。其后为国子博士、奉议大夫、国史院编修官、翰林直学士等官。在大都为官八九年后，仿其祖上先人欧阳修《渔家傲·鼓子词》写此。序中说："以道京师两城人物之盛，四时节令之华……"，留下了元大都的文字风俗画面，使后人读了不但怡然神往,而且如在目前,与后来北京生活不少完全一样。八十年代初,我曾在报上写小文介绍过,收到不少北京读者来函,如说北京话中直到今天管汗衫还叫"汗褟",夏天西瓜直接扔到井中,用井水镇着,吃时摇辘轳用柳罐再取上来。想象旧时生活,去元代虽远,但风俗传统,犹可寻觅,极有情趣。我一直想把十二首风俗词逐一作一解说,但一直不敢,一直拖着,直到前年年底,才发奋去写。一写,才知"不敢"、"拖着"的确是实情,因为不懂的地方,无法解决也。如"二月"中"引龙灰向银床画。士女城西争买架。看驰马,官家迎佛喧兰若……",这"引龙"句是写二月二引钱龙,用草灰沿墙根由大门外直引到内室床脚下,明、清以来讲岁时风俗书,记载甚多。连我家故乡山镇也有此风俗,不用草灰,用谷糠,年年来引。而"争买架","架"是什么呢?为什么要向"城西"买呢?"架"一是买鹰的数词,一只鹰叫一架鹰。为什么向"城西"买呢?"城西"是城内西城呢,还是城外西郊、西山呢?"架"二可以说是"抬架"的架,"架窠子"的架,这又是交通工具。同下面"看驰马,官家迎佛喧兰若"又有什么关系呢?我在解说中虽然征引文献,强作解人,但总感牵强附会,说不准确,感到十分遗憾。因此有些历史风俗的,从文献记载中,可以通过文字或图画理解,有些则非要经过见过的人点悟,一说就明白了。如说到清代的市内交通工具骡拉轿车,常说"大鞍车"、"小鞍车",我一直怀疑,如何区别"大"、"小"呢?六十年代初,我父亲还健在,他是"庚子"后在北京生活过的,有次闲谈说起"大鞍"、"小鞍",我说什么叫"大鞍"、"小鞍"呢?他老人家说:"那还不好区别,大鞍就是骑鞍……"一个"骑鞍",我一下子明白了。但如这样告诉年轻朋友,肯定仍然不理解,因为什么是"骑鞍",他也不明白。《渔家傲》词"六月"有"绿鬓亲王初守省,乘舆去后严巡警","九月"有"龙虎台前鼍鼓响……千官瓜果迎銮仗"句,这是元代皇帝年年六月幸热河开平上都,九月自上都回銮。当时自大都有三条路通向上都,当时两都均极繁华,元代风俗诗词亦多咏唱者。其后上都元亡后荒凉,迄今几乎旧迹难寻。实际历史、风俗可研究者甚多,只是文献资料少,实际寻访调查亦无此力量,只是想象嗟叹耳。

　　明以后北京历史风俗,以迄解放前,均有地域可寻访考证,有文献可征,有实物可见,较为系统容易。但文献资料,最好是第一手资料。第二手、第三手辗转抄袭者太多,殊不可靠。清代末叶及本世纪前期,有大量日记、书信、新闻纸以及民间俗曲鼓子词等等,均是最可贵的材料。如"百本张"唱本中,对于晚清生活、衣食住行、庙会等都有详细记载。我对一百多年前护国寺庙会、妙峰山走会就是从"百本张"唱本中了解详细情况的。顾颉刚先生当年调查妙峰山时,好像还没有引用到这个唱本。有不少历史民俗掌故,就是从前辈学人书信中得知的。如有名的"谭家菜",就是看了陈援庵先生写给胡适之先生的信,才知道当时的"鱼翅会",那时谭篆青先生还住在丰盛胡同老宅中,还没有穷到卖房子的时候呢!"鱼翅会"成员每人一餐四元大洋,都是傅增湘、陈援庵这些既做过总长、议员,又十分有学问、有财力的人才参加的。大字识不了一斗的土包子,纵然腰缠万贯,怎么能上得了这样的台盘呢?

　　我做学生的时候,是一个十分不用功的学生,认识海内名师的确很多,但没有好好跟他们学习,实在谈不到具体的师承,只是多少从各位老师们的言行中受到一点熏陶而已。从中学生时代,就好东拉西扯写点东西,又因环境关系,时写时辍,始终也不成气候,也不敢成气候,但在混乱的世事当中,在苦难的人生当中,总也希望有点欢乐、有点寄托、有点生之趣味,这样就看点喜欢看的书,注意点喜欢注意的事,写点喜欢写的东西,说的都是些大实话,哪里谈得到北京历史民俗研究呢？让一些专家们听到、看到,岂不笑掉大牙,哈哈……

钦差大臣的旅程

　　香港问题签约,开创了历史的新纪元。消息公布之后,十分振奋人心。不禁使我想起小时候上历史课的感情,又想到了林文忠公则徐。这位林大人可说的轶事太多了,与京华的关系又是极为密切,直到几十年前,"宣南林寓"仍住着不少林大人的后人,与福州林家后裔,同是文忠一脉。因此想谈一下"钦差大臣的旅程",让读者看看,一百四十六年前,林大人是如何由北京到广东的。

　　道光十八年(一八三八)十月初七日,林则徐在湖北武昌湖广总督任上,接到吏部文:"林着来京陛见,湖广总督着伍长华暂行兼署。钦此。"这一道圣旨就开了中国近代史的头。十一日由皇华馆动身,渡江住汉口贾家兴隆骡店。注意,是兴隆骡店,不是装有空调的豪华宾馆。所说"骡店",是"骡马大店",区别于市招"行人小店、茶水方便"的小店。骡马大店有客房,有停车辆、官轿、骡驮的大院子。店门是车门,墙上大字市招是"车马大店,草料俱全"。代客喂牲口,夜间添草料,接待大车、轿车客商,长帮骡驮子。林则徐以湖广总督之尊,由武昌过江到咫尺之远,自己所管的汉口,无特别行馆,只住"骡店",亦可想见当时大官的一般化,没有现代人会享福。当年全国行旅走旱路,汉口是最大的水陆码头,建制只是个镇,是四大名镇之一。面积最大,陆路车辆驮骡云集,赶驮骡的赶脚人口头谚语,有"起汉口、住汉口"的说法,就是走一天还走不出汉口镇区。

1

林则徐十月十一日动身，十一月初十才到北京。那时到北京是从良乡、长辛店、卢沟桥进京。到了长辛店，照俗话说，就是到京门子了。林则徐由武昌、汉口出发，足足走了一个月，长途劳累，本想在此休息一天，但听说皇上十二月要行香大高殿，不能递奏折，为争取时间，所以当天赶进城。因为上朝见皇帝都是天不亮的时候，所以住在离禁城最近的地方，这天他住在东华门外烧酒胡同关帝庙。当时外省总督巡抚等大官到北京来见皇上，如果是春夏秋三季，就直接到圆明园，寓吉升堂。道光十七年正月初七日林则徐接湖广总督任，就是去圆明园住在吉升堂，每天上朝的。《日记》记云："巳刻入南西门，至虎坊桥连升店暂停，廖钰夫来，同饭，饭罢赴园，寓吉升堂。"说明当时正月初七道光已由宫中迁到圆明园去住了。《李星沅日记》记他道光二十五年十一月初一到京见皇上，也是"即至园，寓吉升堂，申刻差人知会军机禄安来递折牌"。虽在冬天，皇上仍住在园中。但如在城里宫中见皇上，一般都住这所关帝庙中，以便起五更进宫。《李星沅日记》道光二十一年十月初一记云："酉刻至东华门外关庙小寓，辛卯冬曾同裕徐翁宿此，澄修和尚似相识。苏拉张路安赍绿头牌及请安折、履历片到寓，约明日丑正同递。"烧酒胡同在东华大街北面，东口八面槽，西口皇城根。第一条锡拉胡同，第二条即是，后改为"韶九胡同"，雅是雅了，但不率真。林则徐在日记中直书"烧酒胡同"，并不失为钦差大臣、历史伟人、名书家、词人，而那些只有改街名学问的人，又有谁知道呢？这座关帝庙的和尚，交通内禁，是当时炙手可热的人物。但庙很小，几十年前还在，有几棵高大的老槐树，夏天经过那里，密叶浓荫，蝉声唱晚，似乎是见过林大人的，虽然当年是在冬天。不过悠悠的岁月过去了，于今谁又知道呢？空令人有"古槐深巷暮蝉愁"之感了。

林则徐这次是钦命紧急，第二天进东华门递折叩见道光，"卯刻第一起召见"，实际只是现在六点多钟。林则徐这次晋京，住了十二天，见了八次皇帝，《林则徐日记》记得很清楚。十一日卯刻第一起传见，奏对三刻；十二日第四起召见，奏对两刻；十三日第六起，奏对两刻；十四日第五起召见，口谕："不惯乘马，可坐椅子轿。"十五日卯刻入内，第四起召见，奏对三刻。十六日第七起召见，十七日第五起召见，十八日第六起召见，也是第八次最后一次，是日"跪安"，就是向皇上辞行。而《清史稿·林则徐传》说召对十九次，显然是错误的。受到紫禁城骑马、坐椅子轿及奏对时赏毡垫等待遇，接受了钦差大臣的重任。新的历史开始了。

当年的钦差大臣有多大派头呢？请看下面介绍：

在十一月十五日第五次见道光时，肩舆入内，奉到谕旨："颁给钦差大臣关防，驰驿前往广东查办海口事件，该省水师兼归节制。钦此。"这是做钦差大臣的第一步。"关防"就是印，清代按制度常设官府官吏，如知县、知府、尚书等用"印"，是正方形的。特殊的、带有派遣性的、军事性的用关防，如提督、总督，是长方形的。

这颗钦差大臣的关防，不是简单的。他十六日又见完道光之后，出来到军机处领出"钦差大臣关防"，刻满汉篆文各六字，系乾隆十六年五月所铸，编乾字六千六百十一号。二十三日由北京起程赴广东那天，启用关防，《日记》云：

> 午刻开用钦差大臣关防，焚香九拜，发传牌，遂起程。

看这当年钦差大臣的体制礼仪多么隆重。因为这颗关防，代表皇帝的权限，所以在接受开用之先，要"焚香九拜"。然后，就可以用钦差的身份，行使这种权限了。可惜这颗关防在林则徐道光十九年三、四月间在虎门焚烧鸦片时，广州城内钦差行辕被窃，关防丢失了，时在四月初六日，这不能不说是一起过失。"发传牌"就是把钦差大臣起程的消息，写在传牌上，盖了钦差大臣的关防，以昼夜六百里的速度，由驿站骑驿马按钦差所要经过的路线，一站一站地通知下去。要知道，当年连现代最落后的手摇电话机也没有呀！

"传牌"全文云：

> 为传知事：照得本部堂奉旨驰驿再往广东查办海口事件，并无随带官员供事书吏，惟顶马一弁、跟丁六名、厨丁小夫共三名，俱系随身行走，并无前站后站之人。如有借名影射，立即拿究。所坐大轿一乘，自雇轿夫十二名。所带行李，自雇大车二辆、轿车一辆，其夫价轿价均已自行发给，足以敷其食用，不许在各驿站索取丝毫。该州县亦不必另雇轿夫迎接。至不通车路及应行水路之处，亦皆随地自雇夫船。本部堂系由外任出差，与部院大员稍异，且州县驿站之累，皆已备知，尤宜加意体恤。所有尖宿公馆，只用家常饭菜，不必备办整桌酒席，尤不得用燕窝烧烤，以节靡费。此非客气，切勿故违。至随身丁弁人夫，不许暗受分毫站规门包等项。需索者即须扭禀，私送者定行特参；言出法随，各宜懔遵毋违。切切。须至传牌者。右牌仰沿途经过各州县驿站官吏准此。

> 此牌由良乡县传至广东省城，仍缴。

传牌作用除通知外,还告诫沿途各官。当时跟官的人最易瞒上欺下,敲榨地方官吏,所以先提出警告。当然这"传牌"每个钦差都要用,只看是否认真执行罢了。

发传牌之后,钦差大人就起程了,《日记》特别写明:"由正阳门出彰仪门。"如果想象一下钦差大臣的仪从:前面全副执事,"肃静"、"回避"大牌,顶马、八抬大轿,十二名轿夫分三拨轮流抬,两边扶轿杆的"戈什哈",都得有记名提督的官衔,大轿后面还有挎腰刀的亲兵。上了大路之后,自然仪仗等都留在北京了,只是顶马、武弁跟着,后面还跟着行李车辆。现代这样爵位的人出门,仅少辆大黑官邸轿车,一溜烟过去了,那时却是前呼后拥,大队车轿人马从繁华的前门大街经过,要走老大半天呢。

从北京到广州,现在坐"波音七四七",有两个小时就可在白云机场降落了。加上两边去飞机场的汽车旅程,算上两小时。那在北京吃过中午饭出发,飞到广州,还可以从从容容出席下午"白天鹅"的晚宴。而林则徐呢?以钦差大人的权势,中午发传牌起身,八抬大轿威风凛凛走了一天,到了长辛店,"已上灯矣"。钦差重任,不敢耽搁,继续走夜路,好容易又走了三十里,才到了良乡。"行李车辆三鼓始到",照现在来说,还没有走出北京郊区呢!而可怜的"钦差大人"直到行李到了,三四更天,现在半夜两三点钟,才能摊被褥睡觉。因为那时任何旅店,都不给客人预备被褥呀!而刚睡下没多少时间,五更天又要起身了。

飞机是现代最快的日常交通工具,不能同林则徐时代比了。即使慢一些,火车、轮船也很快。那么林则徐时代呢?农历十一月二十三日由北京出发,直到第二年道光十九年正月二十五日才到广州天字码头,足足走了六十一天。这在当时可以说是非常快的了,一天也不敢耽搁,连大年夜,大年初一都在赶路,现在人不妨想想,是多么辛苦的旅程呢?

当时由北京来广州,先是走旱路,出彰仪门向南偏西行,至涿州。涿州离北京很近,但在当年这里是进出都门的要道,去江苏、浙江江南路要走这里,去河南、湖南、广西、云贵的湖广路也要走这里,去山西、陕西、甘肃也要经过这里。北门外大道上一当街戏台,这是分道路标,去湖广由戏台边向西分路,去江南的直向南行。再偏东行,经任丘、河间府、景州等进入山东界,然后经德州、高唐、东阿,直到兖州府。那时山东境内,南北驿路均不走济南,在现在铁路之西,经过临城,进入江苏境内徐州。这里有一个旅程中的重要问题,就是渡黄河。现在火车南下,在不到济南处过黄河铁桥。而当时却不是。当时黄河是南走淮河故道流入黄海。在咸丰六年,黄河在河南开封决口,南面河道,又流入北面济水故道由山东利津县入海。林则徐时代,黄河还未改道,所以他由徐州北过黄河。《日记》记云:"初八日……又八里渡黄河,登南岸即徐州府城,道、府、县皆于河干迎候。"由徐州往西南,到安徽宿县、凤阳府、直到临淮关。折向西南经山路至湖北黄梅。山路不能走大车,因此行李要用驮骡驮。由北京出发大车一辆、轿车一辆,到此告一段落。林则徐在此自雇驮骡十一匹,每骡每站五百文,共九站。十一匹骡总算,用钱五十吊。这样南至合肥,转而西到黄梅。黄梅南是德化,其途中有一小村地名"中路湾",是当时南北驿路之中,北至北京二千七百里,南至广州亦如之。就是当年由北京到广州,按驿路走,共五千四百里。

在德化渡长江,至九江。以后就是走水路坐船了。黄梅、德化是湖北地界,北来行程,一直到了一个叫小池口的镇上,就是长江渡口了。《日记》记云:"二十五里小池口,有候馆,未住,即渡江登南岸，九江镇武龄阿、九江道德顺俱来迎……眷舟在九江关前停三日矣。上灯时到舟中，对客至夜分始罢。"林钦差由北京出发，他的家眷则还在武昌湖广总督衙门，坐船顺水而下，早已在九江等候，一同会齐去广州。由北京直到德化小池口，近三千里，都是旱路，坐八抬大轿，天天从五更坐到上灯，一连几十天，也是苦事。一走水路，便不同了。官船很大，前、后舱、中舱，都像房间一样，吃饭、睡觉、会客、看书都可以。因而当年走水路，要比旱路舒服得多。而且日夜都在船上，沿途也不用住店了。所以《日记》中记上灯时到舟中，像回到家中一样。由九江沿长江至湖口进鄱阳湖，到南康出鄱阳湖进入内河，直到南昌滕王阁码头。这一段路，正是农历除夕和元旦，钦差大臣除夕与幕僚在船上饮酒。《传牌》说并无书吏，但到了九江，武昌总督衙门书吏来会合了，所以《日记》记除夕与四位幕僚饮酒度岁。元旦在船头设香案"望阙叩头庆贺"，又"在祖先前行礼"，上供。都可以想见钦差大臣的辛劳了。

由南昌沿赣江南行，是年初三、四，竟日风雪，岸上积雪尺余，船篷上冻雪成冰，钦差大人催促，仍铲雪拉纤前行。遇到顺风，强令夜行，经过新淦等县，船是上水。这一段路，经过名人故里不少，文天祥故乡，欧阳修故乡，还要经过赣州以上著名的"十八滩"，其中"黄公滩"最险要，苏东坡贬到琼州过此，误听为"惶恐"，遂有"山忆欢喜劳远梦，地名惶恐泣孤臣"之句，以后滩名便号为"惶恐"，文天祥诗句"惶恐滩头说惶恐，零丁洋里叹零丁"，说的也是这里了。赣江越走越到上游，就越窄越浅，换了小船，也不能走了，那就弃舟上岸过山，就是著名的大庾岭了。林则徐是道光十九年正月十八过大庾岭的。行李一共四千六百多斤，连大轿及行李挑夫，共用夫一百六十多名，大庾岭并不高，过岭山路是梅关塘,只十来里,过岭就是广东南雄州,就是平路了。过了岭至南雄州,坐小船;到了韶关才能换大船。这就一路下水到广州了。

水路能够昼夜兼程地航行,最多一天一夜走了三百二十多里。钦差大臣的大官船于正月二十五日到广州天字码头停泊,来接钦差大臣的,两广总督、巡抚等大员一大群,那气派真够可以的。回想电影《林则徐》所拍的那些场面,那就未免太寒酸了。

巡阅澳门

澳门作葡萄牙殖民地的历史也要结束了。一百五十多年前林则徐视察澳门的故事,也值得一谈。

清道光十九年,亦即公历一八三九年,农历七月二十五日、二十六日两日视察了澳门。

林则徐于道光十八年十月,在湖广总督任上接到"林着来京陛见,湖广总督着伍长华暂行兼署。钦此"的吏部文,即日拜本交印,于十一月初十日到北京,第二天即见道光,至京十几天,连见八次皇帝,领了钦差大臣关防,十一月二十三日离京,第二年正月二十五日到达广州天字码头,二月初三日即传讯通事蔡懋等,初四日传讯十三行洋商,颁谕帖。十三日义律递禀,二十七日即开始至虎门收缴鸦片。现在想来,在一百四十多年前,各种条件都非常落后的情况下,而事情办得这样迅速,真可说是雷厉风行了。五个月之后,澳门同知禀:英人自断接济之后,已陆续避到船上居住,澳门已无英人云云。为此,林则徐有澳门之行。

澳门在粤江三角洲南端,旧属香山县(因孙中山原籍后改为中山县)境,原叫"壕镜",有天后宫祠,当地人俗称"妈阁",又叫"妈港",西文旧称"Macao"。据康熙时屈大均《广东新语》记云:"澳者,舶口也。香山故有澳,名曰浪白,广百余里,诸番互市其中。嘉靖间,诸番以浪白辽远,重贿当事求壕镜为澳。壕镜在虎跳门外,去香山东南百二十里,有南北二湾,海水环之,番人于二湾中聚众筑城……澳有南台、北台。台者,山也,以相对,故曰澳门。"自明代嘉靖年间（十六世纪初叶）租予葡萄牙人通商。崇祯时葡人设关，中国在拱北关设卡置官征税，到林则徐去时，葡人在澳门已近二百年矣。到现在已三百五十年以上，是我国最古老的外国租界了。

林则徐是以钦差大臣的身份，同两广总督邓廷桢一起去的。这时林则徐驻节香山城内丰山书院。这天一早钦差和制军大轿、卫队一行出香山南门，经新安汛、双合山（香粟山）、石鼓砝、平逕汛等地，直到翠微村。前山寨有中国都司署，驻中国官吏澳门同知。然后再南行经莲花茎，就是一道长堤，中间横筑城数丈，有关闸，即边界限，过此即葡人所管之澳门了。据《广东新语》记载："一岭如莲茎。逾岭而南，至澳门则为莲叶。岭甚危峻，稍不戒，颠坠崖下。既逾岭，遥见海天无际，岛屿浮青，有白屋数十百间在烟雾中，斯则澳夷所居矣。"和林《日记》所记完全一致。

林则徐到时，葡国官兵百余名，盛装列队迎接，奏西洋军乐，在大轿前引导，路过望厦村，有关帝庙，入庙行香毕，即在庙中传见葡军官，和他们谈话。又使通事传谕，钦差大人颁赏。葡军官每人色绫、折扇、茶叶、冰糖四种；葡士兵赏牛、羊、酒、面并银洋四百枚。然后升轿入三巴门、娘妈阁行香，先由北而南，后经南环街，由南而北，观看了一百四五十年前澳门的市容，在日记中自记当时的见闻云："凡澳内夷楼大都在目矣。夷人好治宅，重楼叠屋，多至三层，绣闼绿窗，望如金碧。是日无论男妇，皆倚窗填衢而观……巳刻出澳，午回至前山饭。"

《林则徐日记》记服装道："惜夷服太觉不类，其男浑身包裹紧密，短褐长腿，如演戏扮作狐、兔等兽之形。其帽圆而长，颇似皂役，虽暑月亦多以毡绒之类为之。"对照《广东新语》所记："人以黑毡为帽。相见脱之以为礼。锦毹裹身,无襟袖缝绽之制"所说衣着形状,我们现在在外国古装电影中尚可看到,同现代紧身衣又很像,想想古今中外服装变化也是很有趣味的。

岁月悠悠,现在澳门还有亲眼见过林大人的老人吗?那最少要一百五六十岁,自然没有了。这块最老的租界地也要归到祖国版图了,说来自是十分可喜的了。

外语"谜"

　　林则徐在钦差大臣任上，为了了解外国情况，组织多人翻译外国资料、书籍，首先是翻译《澳门新闻纸》。这是美国教士裨治文办的《中国丛报》，旧译作《澳门月报》。另外中文译本的内容，还译了英国商人办的《广州周报》、《广州纪事报》、《新加坡自由报》等报纸的材料。林则徐组织人翻译这些报纸资料，他在写给怡良的信中说"借以采访夷情"，说明了他的目的。同时人魏源《圣武记》中说：

　　　　林则徐自去岁去粤，日日使人刺探西事，翻译西书。又购其新闻纸，具知西人极藐水师，而虔沿海枭徒及渔船蜑户……

　　还有不少外人记载，也都记载这些译书的情况。

　　当时替林则徐译书的，据考证有三人：一是袁德辉，澳门马礼逊学校毕业生，一八三九年至广州给林则徐当译员，而且他的译文，是经林润色过的；二是梁进德，在美国教士布立治曼家住了八年，任林则徐译员；第三是陈耀祖，林则徐推荐他给怡良。至于林则徐自己会不会外文呢？据说在英国牛津大学图书馆中，收藏着不少鸦片战争的英文文献，其中有不少用英文记载的林文忠公则徐的资料，有一份详细记载与文忠公会谈时的情况。除去生动地描绘了文忠公的衣着、相貌、神态之后，还明确地写着文忠公说话的情况。说是在用中国话辩论的同时,还常常说整段的外语,一会儿说英国话,一会儿说葡萄牙话。记录者对中国这位封疆大吏的博学多能,表示极为钦佩。

如果以上的传闻是真实的,那么,林文忠公则徐除组织人翻译外,自己也是深通外文外语的了,且不只是一国的语言,而是两国的,除英文外,还会葡萄牙语。这是颇为出人意外的。

林文忠公通两国外语,这可能吗?翻开中国的文献,《清史稿》传,地方志传,以及各家笔记,都没有这方面的记载。这是怎么回事呢?外文资料的记传难道说都是子虚之谈吗?如果是真的,那史传资料为什么又只字未写呢?我们不妨作一些分析。

林文忠公是一位治学非常勤的人,即使做了封疆大吏巡抚、总督,也还十分努力学习,每天记日记、留心时务,幕僚中外文外语人才很多,可以研讨学习,又是福州人,海外影响很大,葡萄牙人(所谓"红毛")传教者多。再有他是个非常聪明的人,在他年轻时是在福州原籍和成年时在巡抚总督任上,学会一两种外语,不但可能,而且是不用花多大气力的。他成年后学会清文(满洲文),早年日记手稿都是用满文记日期的。再有与邓廷桢会衔主持翻译刻印的瀛海各国舆图志,以文忠公之精明(道光皇帝都当面口谕他:"汝是精明之人,不要自恃精明,仍须靠定书本办事,所以律例是不能废的……"见道光三年《日记》),翻译重责,自不能全靠通译幕僚,自己一定要认真学会的。在禁鸦片时,经常要批夷人禀,自然有中文本,但全靠中文本,丝毫不通外文,以文忠公之精明,洞澈各种隐弊,也是难以想象的。所以根据以上分析,林则徐会外文、外语的可能性是极大的。替译员润色译稿,也必然参阅外文,不单纯是改中文了。

为什么中文文献没有记载呢?也可能是因为在那时代,中国礼仪之邦,身为大臣,口操夷狄之言,这不但不是荣耀,而且是十分失官体的事,则怎么能写到传中呢? 这同明末徐光启等人学泰西话,以及后来严又陵等人学外文迥不相同,当时有些人谈讲洋务,都被嗤之以鼻,何况说外语呢? 再有以钦差大臣之尊,怎么能随便说夷狄之话呢? 由于以上原因,可能林则徐会外语的情况,在本传中没有记载,这就成了个"谜"了。

诗人、词人、书家

　　我在《钦差大臣的旅程》中,说林则徐是书家、是词人,也许有人感到奇怪。其实这是不了解历史的缘故。实际从中国历史上看,在千百年的漫长岁月中,不少大官同时又是学问渊博的学者、经学家、史学家、诗人、词人。古语说:宰相须用读书人。有了渊博的知识,固然不一定能做好官;但要做好官,不学无术是不行的。清代正途出身(即考中举人、进士)的人,一入仕途,做了官,有的在从政之余,还从事自己所爱好的学问,或从事诗、词等文艺创作。其学术修养和艺术境界之高,堪与他的政绩并论。当然,另外更多的则是只懂八股文或只懂逢迎钻营、贪赃枉法的墨吏,那就不值得多提了。

　　林则徐当时虽然身为钦差大臣,每天有多少重要公事要处理,却仍然每天必记日记,常常为人写对联、写扇子,还要看文稿,还要填词、赋诗。而且这些字,这些诗词文稿,并不是因为他官大,别人就瞎奉承,不好也是好,歪七扭八的顺口溜都算诗。先举例说说他的诗。

　　林则徐的诗,不只是五言八韵的试帖诗,而是真有感情、有境界的诗。他的诗集名《云左山房诗钞》,他任陕西藩台时,《武侯庙观琴》七律云:"不废微时梁父吟,千秋鱼水答知音。三分筹策成亏理,一片宫商澹泊心。挥手鸿飞斜谷渺,移情龙卧汉江深。魂消异代文山操,同感君恩泪满襟。"末联用文信国自题琴诗典故,以诸葛亮、文天祥自比,可以想见其诗中所表现的政治抱负。他的写景诗也极为清丽可喜，在苏州为梁章钜题画诗云："小西湖上采菱船，十里芙蓉浅水边。侥忆白鸥与偕隐，苍烟古木也依然。"诗后注云："去岁在小西湖作忙月、绿筠两舫，今春荷亭遍种红藕，惜花时不获与诸君同游也。"小西湖是他家乡福州的胜景，诗和注均可想见他的情趣。

再说词。林则徐的词，真是词人之词，在当时文人学士中，是颇受赞赏的。不只身为钦差大臣的林则徐是词人，同时与钦差一起工作的两广总督邓廷桢也是词人。这两位一百四十六年前在虎门焚烧鸦片的爱国者、历史伟人、当时的封疆大吏，又同时都是缠绵悱恻的词人，现在的人知道前者的多，知道后者的就少了。从祖国悠久文化来说，这不也是很可惜的吗？

林则徐《日记》道光十九年（一八三九）八月二十六日记云："二十六日，乙丑，晴，书扇数柄。嶰筠制军以中秋沙角之游，填月华清一阕见示，即和之。"

"嶰筠"是邓廷桢的号，"制军"是总督的文雅称呼。邓，字雄周，江苏江宁人，嘉庆六年进士。林则徐是嘉庆十六年进士，科名比邓晚十年，当时士林、仕途均重科名先后，所以林常称邓为前辈。二十七日又记云："述沙角之游，作七古一章，索嶰筠前辈和之。"

两次都是沙角之游。是八月十五那天，林、邓二人同舟赴虎门、沙角阅军，当时有兵船、火船八十余艘。其后在沙角炮台上饮酒，月出后同登山顶望楼赏月，正是鸦片战争前夕，海天浩渺，皓月当头，故国风云，英雄赤胆，一齐喷涌，化做词料了。

林则徐的词集名《云左山房词钞》，邓廷桢则有《双砚斋词钞》二卷、《词话》一卷。林、邓二人这两首词，可以说是反映鸦片战争前夕历史气氛的极有代表意义的文学作品，可惜很少人

知道,更很少人注意,是非常可惜的。现在把邓嶰筠原唱引在后面。原唱并"小引"云:

> 中秋月夜,偕少穆、滋圃登沙角炮台绝顶晾楼,西风泠然,玉轮涌上,海天一色,极其大观,辄成此解。

> 岛列千螺,舟横万鹢,碧天朗照无际。不到珠澥,那识玉盘如此。划秋涛,长剑催寒;倚峭壁,短萧吹醉。前事,似元规啸咏,那时情思。 却料通明殿里,怕下界云迷,蜃楼成市。诉与瑶闉,今夕月华烟细。泛深杯,待喝蟾停;鸣画角,恐惊蛟睡。秋霁,记三人对影,不曾千里。

小引中所说"滋圃",是鸦片战争名将军门提督关天培。前半阕写景抒情,全是辛稼轩"醉里挑灯看剑"、"把阑干拍遍"等词意豪迈、苍凉的气势。下半阕开头写形势,"通明殿"、"怕下界云迷"等句象征道光对禁烟忧心,后面写倾诉信心抱负,有澄清海域之志。这首词正是中国近代灾难历史的前夕写的。作者纯真的报国热情,豪迈的大臣风范,深厚的中华文化传统,横溢的词赋才华,集中表现在这首《月华清》中。可是太遗憾了,"泛深杯,待喝蟾停"而"蟾"并未停,历史的车轮仍不停地转动,给中国带来的却是灾难的历史时代;"鸣画角,恐惊蛟睡"而"蛟"并未睡,此处暗用周处故事,他们天真地想学周处斩蛟除害,而"蛟",那个义律却在暗中大事活跃,一是把鸦片船、兵船潜泊尖沙嘴外洋,二是北上厦门、宁波、天津。《林则徐日记》记义律"乞诚尤切"云云。想得多么简单呢?试想邓廷桢等人豪情满怀,赋此绝唱时,又何料到敌人险诈,用炮舰外交打开中国大门呢?词是好词,可惜连着近世国家一系列灾难历史了。再看林的和章,也有简单"小引"云:"和邓嶰筠尚书沙角眺月原韵。"
词云:

> 穴底龙眠,沙头鸥静,镜奁开出云际。万里情同,独喜
> 素娥来此。认前身,金粟飘香,拼今夕,羽衣扶醉。无事,更
> 凭栏想望,谁家秋思。　　忆逐承明队里,正烛彻玉堂,月
> 明珠市。鞚掌星驰,争比软尘风细。问烟楼,撞破何时?怪
> 灯影,照他无睡。宵霁,念高寒玉宇,在长安里。

就词论词,这首只不过推崇嶰筠是"玉堂清品",即翰林的前
辈,禁烟何时完成,即仰望"帝里"而已,是翰苑和钦差的口气,很
得体,但无新意,不能胜过原作。关于禁烟,林则徐则有另一首
词《高阳台》,也是和邓嶰筠的。词云:

> 玉粟收馀(指罂粟),金丝种后(吕宋烟草),蕃航别有
> 蛮烟。双管横陈,何人对拥无眠。不知呼吸成滋味,爱挑
> 灯、夜永如年。最堪怜,是一泥丸,捐万缗钱。　　春雷欻
> 破零丁穴,笑蜃楼气尽,无复灰然。沙角台高,乱帆收向天
> 边。浮槎漫许陪霓节。看澄波,似镜长圆。更应传,绝岛重
> 洋,取次回舷。

如说前一首是玉堂清吟,那么这一首便是禁烟檄文了。可
惜历史未能如人愿,辜负了林则徐的爱国壮志,一蹉跎,便已是
百四十多年了。邓嶰筠《酷相思·寄怀少穆》结句云:"侬去也,
心应碎;君住也,心应碎。"先哲有灵,破碎的心今天可以弥合了。

林文忠、邓嶰筠都是翰林出身。清代会试之后殿试,殿试分

18

一甲赐进士及第,二甲赐进士出身,三甲赐同进士出身。二甲一般都进翰林院为庶吉士。一甲、二甲都是字写得好,所谓"馆阁体",欧底赵面,墨色黑润,就是字架像欧阳询,表面像赵孟頫。这种字写的虽好看,但没气魄,显着俗气;如写出精神,则是楷法正宗端庄妩媚,非常好看。林则徐的书法理论,是主张以写唐帖入手。这与写晋帖入手,汉碑入手等书法理论是有所区别的。传世书法作品甚多,尤其是楹联,他一生最爱作楹联,也最爱写楹联。他写的都是比较挺秀的馆阁体行草,大件小件写法基本一样。他写行书,不写草书,但签名"则徐"两字作草书连在一起,看似一字,实是两字,这是他签名特征。

潘家曲子

数月前,我写小文介绍过"太平歌词",那是二三百年前市井间流行的通俗歌曲。通俗歌曲也为当时的文人所喜爱,一到文人笔下,就变为宫调小令及套数。最有名的元人小令不必说了,明清以来,到了赵南星时代,以赵那样的名进士、名尚书、敢于抗争魏忠贤的正人君子、东林党魁,却也雅爱曲子,留下了署名"清都散客"的《芳茹园乐府》,著名的《劈破玉》:

> 俏冤家,我咬你个牙厮对,平空里撞着你,引的我魂飞。无颠无倒,如痴如醉。往常时心似铁,到而今着了迷,舍生忘死只是为你。

看,这样的曲子竟出自吏部尚书之手,真所谓自适其性,活泼天真。但我今天小文,却不想讲说赵南星,而是介绍另外一本小书,一位历史人物的曲子。在介绍之前,先向现在九十高龄的潘景郑老先生致敬,因为这本薄薄的《花间笛谱》,是潘老先生五十八年前影印其曾祖父的手稿。后记中云:

> 曾王父词章之业,昭著艺林,馀事兼及声律,世或莫睹,有《花间笛谱》一卷……手自订定,未遑传布,阅今百年,幸无放失。丁丑之难,故乡糜鹿,椠书半付劫灰。斯稿辗转携至沪滨,未随六丁之厄,虑更岁月,终惧湮晦,亟以原稿付诸

墨版影印二百本,分馈亲友,冀存什一于将来……岁己卯十二月,曾孙承厚、承弼谨识。

这里"承弼"就是潘景郑先生的大名,字良甫,号景郑,生于光绪三十三年(一九〇七),现年八十九岁。承厚是先生长兄,字温甫,号少卿,长先生三岁,已去世多年。后记中"丁丑",是民国二十六年(一九三七),抗日战争爆发的那一年。"己卯"是民国廿八年(一九三九),先生已离开老家苏州,住在上海,当时上海有租界地,抗战中未受战火影响,直到一九四一年底太平洋战争爆发,日寇侵略者势力才进入租界。苏州潘姓氏族,有"富潘"、"贵潘"之分。景郑先生先世是苏州显赫的"贵潘"。高祖潘世恩是乾隆五十八年状元,官至大学士,加太子太傅,重宴琼林。曾祖潘曾莹,字申甫,号星斋,道光二十一年辛丑进士,官至工部侍郎,诗文当行又是著名画家。祖潘祖荫字东镛,号伯寅。咸丰二年壬子殿试一甲三名探花,官至工部尚书、军机大臣,名气最大。潘氏六七代中,人丁兴旺,科甲鼎盛,余藏有光绪丁丑重刊《潘氏科名草》一函四册,英和序中誉为"兰苗其芽,骞芳竞秀,为东南甲族……"其家族道德文化传统可想而知。不过这些我只约略介绍,而更主要的是吟赏这些曲子,所谓"奇文共欣赏","此曲亦应世上听"也。先引一曲《北仙吕·一半儿》看看:

春寒瘦怯玉罗衣,庭院无人燕子飞。花底画栏偷立时,悄迷离,一半儿斜阳一半儿水。

"吹皱一池春水,干卿何事?"这一半斜阳一半水,又有什么关系呢?而和前面的种种形象组合在一起,这"斜阳"和"水"就产生迷离的感觉,就把诗人和读者引入一种意境中了。如何产生的,前面还有一段小引:"'燕子不知春去也,飞认阑干',汪大竹最喜诵之,属写其意,雨窗点笔,正绿肥红瘦时也。"诗情,画意,中国画,首先是诗、画连在一起的,是具体的情和意的接触、喷发和闪现。曲子也是诗,画也是诗,作者是诗人画家,自身也融化在一起了,而且更俏皮、更活泼,谱上工尺便能唱,不同于死板的五、七言诗。这就是又有了音乐的成分,而都表现在传统文化的功力上和作者灵巧工致的才华上。就唱出这"悄迷离,一半儿斜阳一半儿水"的曲子了。

又《北越调·小桃红》前有引言道:"维扬雨泊,见隔岸桃花一枝,妍媚可爱,内子写《红桥春影图》,因填此阕。"词云:

> 微波吹皱绿粼粼,细雨花枝润。何处吹箫画栏凭,拂香尘。水边小影添风韵。乍敧云鬓,轻移粉镜,红笑十分春。

"闺房之乐,有甚于画眉者。"这是中国传统高文化层次的爱情生活,闺房画面,而于春雨泊船扬州红桥时得之。小曲《小桃红》,看来今天手拿话筒唱"卡拉 OK"的姑娘们是很难理解,很难想象了。

潘曾莹官至工部侍郎,在北京的时间多,不少有关北京旧时风景名胜的词。如《南仙吕入双调·锁南枝》小序云:"花之寺僧小景,极荒率之致。枫叶冷红,柳丝剩碧,万芦萧槭,暮色苍茫,疑有欸乃声在秋雪中也。"词云:

> 西风外,斜照边,垂杨几丝鸦数点,渡口好停船,芦花飞一片,提壶去,沽酒还醉,眠时任鸥唤。

还有吟"陶然亭晚眺，积雨新霁"的《北双调·落梅风》：

> 江亭外，夕照时，写荒寒云西笔意。芦花映来清浅溪，雪濛濛，片鸥吹起。

花之寺在右安门外，是清代著名的文人游赏胜地，在护城河边上，渡船、芦花、垂杨、斜照，现在是三环路经过的地方。陶然亭早已改为公园，芦塘飞雪，江亭野趣早已没有了。但从这两支曲子中，可以想象之。作者是画家，所收曲子大多题画之作，画意浓、诗意重，纵写荒寒，也是文人学士的情怀。像赵南星那样的市井男女情语，乡村放荡语，这些曲子中是没有的。也可见明末东林党人的个性风尚和清代乾、嘉而后馆阁体儒雅风尚，同样的曲子，表现完全不同，而一样引人爱读。

不过我说了半天，还是脚盆里练泅水，诸宫调曲子直到今天，还是上谱的，入乐的，我不懂音乐，说了半天也是白说。《花间笛谱》除小令、套数外，后面还有"凌意云填谱"的曲子，方格直行字，按格向右下方拉出斜线，成为一排斜格子。每字在斜格中注上工尺。如《步步娇》起句："悄红楼，蓦地春寒重。"斜格中按字注着"六工"、"工五"、"六五"、"工六"、"六仩五六工"、"尺工尺上"、"四上尺上四合"、"四尺上四"。这都是什么意思，什么声音，我像看天书一样，一点也不懂了。懂音乐的朋友，一定可以把它译成简谱或五线谱，不过我还是不懂。立人加上字的"仩"也不认识。

《花间笛谱》前面还收有《庚戌春闱纪事诗附日记》、《癸丑琐闱日记》二种。"庚戌"是道光三十年，潘曾莹是会试同考官。"癸丑"是咸丰三年，潘曾莹派会试副考官。以上两种有关清代科举制度,至为重要,将另写小文介绍。至此则只介绍曲子了。正式名称应叫"南、北诸宫调"小令,"南北"之别,亦在音乐上,与文字无关也。

《潘氏科名草》

　　明、清两代,五百多年中,全国青年人,包括世家子弟和穷乡僻壤的贫苦人家孩子,最好的出路,就是读书科举,如能连登三甲,自能改换门庭;即使考中举人,也一举成名天下知,在府县中也出人头地;最不济,府试榜上有名,进个学成为秀才,也是一顶儒冠,乡里称老明经,受到人的尊敬。因此五百年中,在社会上形成十分深厚的观念,就极为重视科名,仰慕科名。清末废科举,一下子乡下秀才不值钱了,因为不能再去考举人、中进士,做官发财,飞黄腾达了。小时在乡下,母亲教儿歌道:"秀才无能干,头上戴个黄铜蛋(指清代最低的铜顶子)。灵前叫了好几声,赚了半碗大米饭(指乡间大户人家办丧事,请举人或进士来点主,请四名秀才站在供桌两旁作赞礼先生。高叫'献爵、拜、兴……诗歌《蓼莪》之首章'等等)。"

　　近"五四"时,鲁迅先生《阿Q正传》中,把赵举人写得很坏,这样在社会上,青年心目中,不但看不起秀才,连举人、进士也同样看得不重要,科举的光荣,一落千丈了。到解放后,讲阶级斗争,乡间及小城镇什么秀才、举人、进士等等旧家,更是都和封建地主连在一起,不少都是镇压的对象,能够活命已不易,谁还再敢说祖宗科第之荣呢?因而一些早年背叛家庭,参加革命的青年,后来做了高级干部,也最怕别人说他祖上的科名,这是最犯忌的。今天的小青年,已经不大理解二三十年代直到六七十年代半个多世纪的社会心态了。但是在过去却非如此。周退寿老人在《王府庄》一文中引其外祖鲁希曾写信给其祖父周介孚贺其子入泮云：

> 弟有三娇,从此无白衣之客;君惟一爱,居然继黄卷之儿……

后面解释说,他的舅舅,都是秀才,三个女婿,两个已进学。"这次伯宜公(鲁迅、周作人父亲)也进了学,所以信里那么地说,显出读书人看重科名的口气,在现今看来觉得很有点可笑了。"但在新派人物当中,写文章说"有点可笑",内心如何想呢?客观对待历史又如何认识呢?这却是另一个问题。《胡适的日记》民国十一年八月十一日记道:

> 演讲后,去看启明,久谈,在他家吃饭;饭后,豫才回来,又久谈。周氏兄弟最可爱,他们的天才都很高……启明说,他的祖父是一个翰林……豫才曾考一次,启明考三次,皆不曾中秀才。可怪!

胡适之先生言下之意,对鲁迅、周作人考不上秀才,不胜惋惜。因为在当年,考不上秀才,就是进不了学,连个儒林都不是,即只是童生。在乡间都不能叫读书人。连鲁迅和周作人在重科名的时代,都不能叫"读书人",岂不"可怪"乎?

写《潘家曲子》文,说到苏州"贵潘"的氏族兴旺,科第鼎盛,说到《潘氏科名草》一书,在介绍这套很少人提到的有关潘氏氏族科名专书之前,先借新文化名人与科名的关系,作个引子,就能引起读者的兴趣,也可使新文化与旧科名接上榫子了。

《潘氏科名草》一书,是把潘氏宗族中,府试进学成秀才的八股文卷子,乡试中举人的八股文卷子,会试中进士的八股文卷子,乡会试卷子,都加印试帖诗。但乡、会试均三场,头场八股文、试帖诗,二场五经,三场策论。会试第一榜榜上有名,名贡士,还要殿试,金殿对策,但这些卷子都无关系,都不印入。只印八股文和试帖诗。府试考秀才只作一篇或两篇小题。乡试、会试均作三篇。上卷专收秀才的入学试卷,共一百五十三篇八股文,一百零九人进学成秀才。下卷收乡试举人、举人副榜、优贡及会试进士的八股文、试帖诗试卷,共一百五十六题。其中乡试中举及副榜、优贡共三十一人。会试中进士八人。此书会试收到光绪十二年丙戌潘尚志中三甲一百九十五名进士。乡试光绪二年丙子顺天潘志俊、潘志案同时中举,五年己卯江南潘志颖,八年壬午顺天潘志裘,十一年乙酉潘尚志,连续四科,潘家中了五名举人。书前有英和的序、阮元的序。英和是正白旗人,乾隆五十八年进士,少年时差一点作了和珅的女婿,道光时官至户部尚书、军机大臣、协办大学士,后因督东陵宝华峪工程不坚,革职戍黑龙江,后释回,是四大名旦程砚秋的先人。所写序款署"道光戊戌四月",是道光十八年。阮元扬州人,乾隆五十一年进士,官至总督,大学士,享高寿,重宴鹿鸣。写序时也是道光十八年。潘氏最出风头的是潘世恩,乾隆五十八年中了状元,和英和是同年,阮元比他早,是翰苑前辈。潘世恩字芝轩,号槐堂。潘世恩也官至大学士,军机大臣,太子太傅。地位比英和还高。英和序中一开始就写道:

　　　乾隆癸丑余以今相国芝轩修撰榜成进士,尝谒座主诸城刘文清公。公于稠人中独指相国与余曰:此玉树两株也……顾犹未读其家集也。兹相国示余所刊《科名草》，属为弁言。余受读知相国五世祖其蔚公自国初即为名诸生，由是蜚声腾实，孙枝剷发，至相国而大显于时，弟子恂恂，亦皆兰苗其芽，睾芳竞秀，为东南甲族……

这就是说潘氏家族，至潘世恩大为显贵，而不是突然的，上数潘世恩五世祖，就是名诸生，也就是名秀才了。"弟子恂恂"，就是他同辈兄弟，晚辈子侄，以及第三代、第四代都十分爱读书，科名不断了。据阮元序中记：

苏州潘氏由歙而杭、而苏，百余年来，为吴会巨族，好行其善，子弟除读书无旁务，是以列黉官、登贤书、捷春榜者，指不胜屈，乾隆癸丑芝轩先生以一甲一名及第，乙卯理斋先生以一甲三名及第，今芝轩先生且平章执政矣……

所说潘氏世族由安徽歙县、浙江杭州、再到苏州，十分清楚，是一个庞大的世族。书中所收最早就是杭州府学、钱塘府学、仁和府学，歙县学，直到奕字辈，也就是潘世恩的叔父潘奕隽，入的还是钱塘县学，仍在杭州。到潘世恩入的就是苏州府学了。潘世恩中了状元。他叔父潘奕隽、潘奕藻都中了进士。潘世奕的儿子潘世璜，乾隆六十年乙卯中一甲三名探花。就是阮元序中所说的理斋先生了。潘世恩四个儿子：长子潘曾沂，举人；次子潘曾莹，进士；三子曾绶是举人；四子曾玮大概没有科名。而大名鼎鼎的潘祖荫，又是咸丰二年壬子三鼎甲第三名探花。而潘曾莹长子潘祖同也是进士。《科名草》下卷，最后一名潘尚志是光绪十二年丙戌进士，光绪十一年乙酉举人，是连登的。即头年八月在南京中举人，第二年四月北京中进士。所谓"今秋蟾宫折桂，明春上苑探花"。这也是很不容易的。光绪十一年乙酉之后，乡试还有十四年戊子、十五年己丑恩科、十七年辛卯、十九年癸巳恩科、二十年甲午、二十三年丁酉、二十七年辛丑补行庚子恩科，二十八年补行庚子、辛丑恩正科、二十九年癸卯恩科；光绪十二年丙戌会试之后，还有十五年己丑、十六年庚寅恩科、十八年壬辰、二十年甲午恩科、二十一年乙未、二十四年戊戌、二十九年癸卯补行辛丑、壬寅恩正并科、三十年甲辰恩科，在这许多科中，苏州贵潘又中了多少举人、进士，以及有多少子弟进学成秀才，就不知道了。

科名不只是个人的、家庭的，也是国家的、社会的。国家主要依靠科举考试，遴选官吏，使不断有新人补充到中央及地方各机关，这不去多说它。而在社会上，则形成一个严密特殊的关系网，起到一种十分强有力的政治组织作用，现在很少人去注意、去理解，这就是当时十分普遍的"师生关系"。《潘氏科名草》上册印的都是秀才的卷子，在每个人名上面，都印着某大宗师、某县学，如潘世恩名字上印着"谢大宗师岁入苏州府学"。这"谢大宗师"就是当时江苏学政，三年一任，每年巡视全省府县，主持秀才考试，称学台大人，也称大宗师。查《清秘述闻》，这谢大宗师名谢墉，字昆城，浙江嘉善人，乾隆丁丑进士。乾隆三十九年、四十五年，两任江南省江苏学政。同时人刘墉、彭元瑞与他前后也两任江苏。这个时期，前后约二十年，这一带秀才，都是他们的门生了。不过这还是最起码的，即学生记得牢老师，老师记不大清楚学生，因为人数较多。下册举人、进士卷子前，都注明年份。仍以潘世恩为例，举人卷部分注明"乾隆壬子江南"，进士会试卷注明"乾隆癸丑"。这样按年份一查，"壬子江南"的主考、副主考是铁保(正黄旗),李潢(湖北钟祥人)。会试正主考是刘墉,副主考是铁保、吴省钦,这样这些大官都是他的老师了。他一当学台、主考,又有一批门生,这样老师、太老师、门生、小门生再加同年,二三百年中,就形一个组织严密的网络,在社会上形成巨大的政治力量,起到十分重要的互相照应、互相牵制、互相保证的作用。造成政治上、文化上的深远影响。所以《花间笛谱》前印有潘曾莹两届春闱日记。在清代能担负为国抡才大典的会试考官,是十分重要、也是十分荣耀的。至于潘世恩、潘世璜、潘祖荫等官大、寿数大的,那任学台、正副主考、会试正、副总裁、殿试阅卷大臣的次数就更多,门生故吏的关系,重重叠叠,真是说也说不清了。

《潘氏科名草》这样一部书,从旧时潘氏氏族说,只记录了他家的十来代科名、荣誉,而从中国历史来说,可说的方面太多了,真是说不胜说,就此结束吧。

潘氏藏书

　　苏州贵潘氏族,据《潘氏科名草》,知清代初年就是名诸生,也就是名秀才,读书人。既是读书人,当然与书有关。读书参加科举考试,读书研究学问,读书讲求风雅,读书从事著述、读书、买书、藏书、著书、刻书、讲书……一切都可以汇入历史文化洪流。潘家既然两百多年中读书人不断、科举成名做大官的人不断,这样与书的关系历代也不断发展了。清代官场有句俗语道:"北人作官娶小,南人作官刊稿。"虽不尽然,但历史情况大体如此,东南文化发达,潘氏氏族在科名之外,学术典籍,艺事收藏,也应该略作系统介绍。

　　由潘世恩的上一辈说起。其叔父潘奕隽是乾隆三十四年己丑进士。字守愚,号榕皋,又号水云漫士、三松老人。官做得不大,但却很早回到苏州,讲求艺事,能文善画,又与大藏书家黄丕烈、袁寿阶等人相往还。诗文切磋唱和,书画投赠摩挲。潘奕隽曾赠黄丕烈《移居藏书图》、《移居担书图》,留有《三松堂诗文集》三十卷。其中诗六卷、文四卷,于同治九、十年间重刊。潘奕隽的儿子潘世璜是探花,也是画家,著有《须静斋云烟过眼录》一卷,是评画论画之作,收入二十年代末编的《美术丛书》中。

　　潘奕隽因与黄丕烈等大藏书家来往,也收书不少,据传曾自编《三松堂书目》。后入藏于其孙"香雪草堂"中,太平天国战乱中,大量散失,所剩残余,又被其后人变卖。

　　世字辈中,潘世恩的名气最大,在一辈子做官公事之余,著述也不少。有道光三十年刊行的《思补斋笔记》八卷,多为自叙生平,有类英和的《恩福堂笔记》;道光四年刊行的《读史镜古编》三十二卷,自汉至明的史籍名篇选编;同治六年刊行《正学编》若干卷,是宋、元、明三朝各家名篇选编,有潘曾玮注。潘世恩已去世多年。《思补斋诗集》六卷,是道光三十年他以八十二岁高龄恩准致仕时刊行的。其《自订年谱》则刊于其去世后的咸丰六年。《有真意斋文集》二卷,也刊于潘氏身后十九年,即同治十二年。

潘世恩四个儿子,均有功名,各有著述。长子潘曾沂,字功甫,嘉庆丙子举人,著有《小浮山人闭门集》六卷、《船庵集》十二卷。潘曾沂逝于咸丰三年,其著述于其逝后廿六年、光绪五年刊行。生前最富藏书。

次子潘曾莹,于介绍《花间笛谱》时曾介绍过。道光辛丑进士,官至工部侍郎,又是画家。除诗文外,论画著述甚多。有《小鸥波馆画寄》一卷、《墨缘小录》一卷刊于咸丰八年;《小鸥波馆画识》三卷,刊于光绪十四年;其诗集《小鸥波馆诗钞》十二卷另二卷、《小鸥波馆题画诗》四卷,最早者刊于道光二十五年乙巳,其后几度重刊;其文集《骈体文钞》,亦刊于是年。另有《红雪山房画品》刊于壬辰,即道光十二年,时间更早。

三子潘曾绶,字绂庭,道光二十年庚子举人。内阁侍读。是潘祖荫之父。

四子潘曾玮,字玉泉,似无功名,但去世后,光绪十三年,刊有《自镜斋集》五卷行世。

潘氏家族在潘世恩之后,最有名望的便是潘祖荫了。他字东镛,号伯寅、郑庵。他出生在北京,常回苏州。从年轻时即受北京全国文化中心的熏陶,不只是科名中人、仕宦中人,而且是学问中人。一生除做官之外,讲求金石、讲求藏书,成为十九世纪中后期极有影响的金石家,藏书家。因为他官大,影响大,当时许多著名学者,都围绕在他周围,其成就和影响,不只是他个人的,而且是时代的、历史的。

他收藏的金石和书籍极多,有三处藏书室:滂喜斋、功顺堂、攀古楼。潘氏曾手编《滂喜斋藏书记》三卷,由其门人叶昌炽于潘逝世后十四年刊行。在此单独发行之前,此书目已收入《晨风阁丛书》中,宣统元年刊行。潘氏光绪八年入值军机,翌年癸未即丁父忧,回吴守制,延叶昌炽馆于滂喜斋,叶尽窥珍秘,每读一书,笔记成册,成《滂喜斋读书记》二卷。见叶著《藏书纪事诗》。

潘滂喜斋收藏宋元名刻甚多,如北宋刊本《广韵》(原在日本,杨守敬访日购得携回)、《金石录》初刻本、《淮海居士长短句》等初刻本。除收藏宋、元珍本而外,还收求清代学者珍贵著述,于光绪十年先刻成《滂喜斋丛书》,收书五十四种。续刻《功顺堂丛书》,收书十八种。著名的刘献廷的《广阳杂记》,就收在《功顺堂丛书》中。滂喜斋还刻过黄丕烈的《士礼居藏书题跋记》。

金石收藏,潘氏先后刻有《攀古楼彝器款识》二卷,同治十一年刊;《汉沙南侯获刻石》一卷,同治十二年刊。

潘祖荫藏书印有"八求精金"、"龙威洞天"、"分廛百宋"、"逞架千元"等。潘氏图籍生前因战乱分置各处之珍品,已散失不少。光绪十六年去世后,身后无子,部分图书,归其弟收藏。其弟潘祖年,字西园,号仲午,大概比他小不少,直到民国十四年才去世。编有一本十分详实的《潘祖荫年谱》。潘祖荫还有诗文集、游记等刊行。这些多为其金石图书大名所掩,倒成为次要的了。三十年初,顾廷龙先生在燕京图书馆,曾编辑《潘祖荫藏青铜器目录》,发表在《国立北平图书馆馆刊》七卷上。

潘氏藏书,早期三松堂之后,尚有潘介祉字叔润之渊古阁藏书,藏书均有其名字朱记。见丁丙《丁氏藏书志》。后期尚有潘祖同竹山堂藏书,及潘祖颐之藏书。祖颐字祝年,号竹岩,数任知府,宦囊所入,极好收藏,曾购得宋刊本《皇朝文鉴》、《史记》等。后以四千银元悉数售于琉璃厂翰文斋。

二三十年代间,潘氏后人,少卿先生、景郑先生昆仲秉承先世德泽,爱好图书,创建宝山楼,藏书三十万卷。吴郡竹山堂、笺经宝、铜井山房、小绿天等旧家旧书,尽入宝山楼中。但不数年即逢日寇侵略,几经战火之后,景郑先生以所藏捐献上海合众图书馆,该馆编《宝山楼书目》一卷。现景郑先生以九十高龄,息影海上,惟祝其健康长寿吧!

黄仲则与宣南

　　现在按西历说，是一九八四年了，而按农历说，还是癸亥年腊月。二百年前，即乾隆四十八年，也是癸年，不过是"癸卯"，按甲子周期说，是三甲子再加二十年。这个癸卯年，在文学史上有件大事，即大诗人黄仲则于这一年四月二十五日，客死于山西河东盐运使沈业富署中。他的同乡好友洪亮吉由西安毕秋帆幕中赶来运他的灵柩，写给毕秋帆一封信，写得声泪俱下，极为感人。所谓："自渡风陵，易车而骑，朝发蒲坂，夕宿盐池。阴云蔽亏，时雨凌厉。……日在西隅，始展黄君仲则殡于运城西寺。见其遗棺七尺，枕书满箧。抚其吟案，则阿婆之遗笺尚存；披其缌帷，则城东之小史既去。……伏念明公，生则为营薄宦，死则为恤衰亲，复发德音，欲梓遗集。一士之身，玉成终始。闻之者动容，受之者沦髓。冀其游岱之魂，感恩而西顾；返洛之旐，衔酸而东指。又况龚生竟夭，尚有故人；元伯虽亡，不无死友……"这封信是清代名文，选入三四十年代开明书局编的"高中国文教科书"，现在六十左右的人，年轻时读过这篇名文的人是很多的，不少人都能背诵出来。

　　短命诗人黄仲则和北京宣南的因缘是很深的。他原籍武进，考中秀才之后，三次去江宁乡试，没有考中举人。乾隆四十年，他二十七岁来北京。廿八岁时，应乾隆东巡考试，得二等赏赐缎二匹，被派充武英殿书签官，把老母家眷接来北京居住。但是"长安居，大不易"，他这个芝麻大的书签官，是个年俸极少的冷官，虽然名气大了，交结不少名人如邵二云、孙星衍、洪亮吉等，但并解决不了他穷的问题。他家先住日南坊西，就是现在宣武门大街南面，半截胡同东面，都是日南坊西的范围。这是标准的"宣南"。后来大概是因为经济困难的原因，三十岁时，移寓到南横街法源寺。那时大庙都有很多闲房，有关系住进去，可以不出房钱，类似一种慈善事业。但是还养不了全家，在他三十二岁时，秋冬之际，又把家眷送回到南方去了。他的最著名的诗句"全家都在风声里，九月衣裳未剪裁"，就是这个时期写的。

他在江宁三应乡试，没有考上一个举人，到北京后，两次应顺天乡试，也没有考上举人，这就叫作仕途坎坷。在当时，一个穷读书人，只考上秀才，是没有多大用处的，必须考中举人，进一步考中进士，才能做官，才算有了出路，不然，任凭你多大学问，也没有用。所以《儒林外史》马二先生说，就是孔夫子活到现在，也要作八股文，参加科举考试。黄仲则诗做的再好，也解决不了他做官的问题，不做官，只做芝麻小京官，便没有钱，不能养家，他接家眷来京，是卖了原籍的产业来的。他《移家来京师》诗中说："田园更主后，儿女累生初。四海谋生拙，千秋作计疏。暂时联骨肉，邸舍结亲庐。"又说，"全家如一叶，飘坠朔风前""长安居不易，莫遣北堂知""排遣中年易，支持八口难""贫是吾家物，其如客里何"。穷诗人在北京的生活多艰难呢？黄仲则因高才不遇，复累于家室，生活困难，寥落无偶，因之放浪酣嬉，以吐其抑塞不平之气。包世臣《齐民四术》云：

> 仲则先生性豪宕，不拘小节，既博通载籍，慨然有用世之志，而见时流龌龊猥琐，辄使酒泛声色，讥笑讪侮，一发于诗。

道光时梅县杨懋建《梦华琐记》则云：

> 昔乾隆间，黄仲则居京师，落落寡合，每有虞仲翔青蝇之感，权贵人莫能招致之。日惟从伶人乞食，时或竟于红氍毹上现种种身说法。粉墨淋漓，登场歌哭，谑浪笑傲，旁若无人……才人失意，遂至逾闲荡检。

记载中均说明他在北京因遭遇和生活压迫，遂向消极方面发展，在生活上放浪起来。这虽然是感情丰富的落魄诗人的常态，但身体可能受到很大的影响，即洪亮吉在《萧寺哭临图跋》中所说的"体素羸，又不善珍摄"，这样就促使他短寿了。

诗穷而后工，对于诗人黄仲则说来，倒真是如此。他在北京宣南的八九年中，的确写了许多不朽的诗篇，这些诗中都有黄仲则，有北京，有当时的时代。所谓"冠盖满京华，斯人独憔悴"。从他的诗中，我们时时可以看到一位憔悴的中年诗人，浪迹于京华各处，或稠人广群的十丈软红里，或秋风黄叶的萧条古寺中，或笙管喧阗闹市酒楼上，音容笑貌，都可以从他那诗篇中显现出来，二百年后的今天，仍然可以如见其人。如《元夜天桥酒楼醉歌》，一上来就是："天公谓我近日作诗少，满放今宵月轮好。天公怜我近日饮不狂，为造酒楼官道旁。"其豪迈之气，极似二李。这诗不但写出他个人的豪情形象，也写出了乾隆时天桥一带的气势和热闹情况，正月十五夜的繁华。

> 千门万户灯炬然，三条五剧车声喧。忽看有月在空际，众人不爱我独怜。回鞭却指城南路，一线天街入云去。揽衣掷杖登天桥，酒家一灯红见招。登楼一顾望，莽莽何迢

迢！双坛郁郁树如荠,破空三道垂虹腰。……回头却望望灯市,十万金虬半天紫。初疑脱却大火轮,翻身跃入冰壶里。……

看这段诗写得多么绚丽,那时没有电灯,只是油灯和蜡烛灯笼,而一多了,马上便也给人光辉耀灿的感觉。那时天桥真有桥,所以要"揽衣"来登。而"酒家一灯红",又给人以极为美丽的朦胧感,和千门万户的灯成一对照,不但写出元宵之夜京师到处灯火辉煌的气势,而且闹中又有静,千万灯之中又有一灯红,那样吸引着诗人。登楼一望又豁然开朗,出现种种奇观,天坛、先农坛的树,祈年殿高入云端的重檐,灯市的灯火海洋,诗的结束,愈转愈奇,繁华、孤独、悲愤、希望、想象……交织胸中,最后直以神仙自居,"明朝市上语奇事,神仙昨夜此游戏"了。天桥酒楼是他们经常饮酒的地方,洪亮吉也有《八月二十日偕黄一暨舍弟饮天桥酒楼》诗,内云:

> 长安百万人,中有贱男子。日挟卖赋钱,来游酒家市。昨日送君回,今日约君来。送君约君于此桥,长安酒人何寂寥。……摄衣上坐只三人,夹语寥寥落檐际。君言内热需冷淘,我惯手冷应持螯。闲无一事且沉醉,不然辜负青天高。……

从诗中可以想见其友朋间的豪情。

他三十一岁和洪亮吉一同加入都门诗社,著名诗人学者还有翁方纲、蒋士铨、朱笥河、程鱼门等,大家互相唱和,更促使他的诗格日趋劲俏,托意高远。他的名作《圈虎行》也是北京写的。

他在正月里看玩艺,可能是在厂甸或虎坊桥一带吧,看驯兽艺人玩驯虎。看热闹的人山人海。玩虎时:"虎口呀开大如斗,人转从容探以手。更脱头颅抵虎口,以头饲虎虎不受。……"最后他卑弃说:"依人虎任人颐使,伴虎人皆虎唾余。……旧山同伴傥相逢,笑尔行藏不如鼠。"写出他的寄托。诗人后来在法源寺养病。三十五岁,抱病离京去西安,死在半路上,这位坎坷半世的诗人,去世迄今整二百年了。

(按,这篇文章是为纪念诗人逝世二百年写的,编在这里,前面所写年月,不再修改。云乡自注。)

刘墉与和珅

现在各个大小城市，街道居民娱乐，主要是晚间看电视。《宰相刘罗锅》电视剧在播出前，已做长时期广告，但是那位播广告词的朋友天天几次播音，张口一个"和坤"，闭口一个"和坤"听着实在刺耳。

虽然"珅"不大用，易与"坤"字混淆，但既编电视剧，总该查对一下才好，因之也想这电视剧可能不大高明，所以开始几次没有看，后来看了一集。和珅让乾隆用宫女戏弄刘墉事，觉得有点意思，便连续看了几集，觉得拍得不差，花了一番心思和功夫，演员表演十分精彩，而且和珅也全部读"和珅"，不再读"和坤"了。不知做广告为什么那么粗心，而且连播好多天，全然不发现，难道不审查吗？

这个电视剧，好就好在它明确地不以历史剧标榜，而说是民间传说，这就不会纠缠在真实与否的无谓争论中，而且符合老百姓的口味，民间传说嘛，自然是来自民间，为百姓喜闻乐见的。民间传说嘛，自然老百姓中间，流传已久，十分有情趣了。民间传说嘛，自然添油加醋，妙趣横生，都是老百姓欢喜的，亦庄亦谐……总之，这正是电视剧的好材料，既有真实的历史大背景，又有百姓喜闻乐见的民间传说，较之所谓严肃的历史剧——实际根本无法重现的历史——反而真实得多，也好拍得多，也有趣得多，自然看的人也知道是假的，如刘墉让厨子把和珅和两位王爷锁在家中破书房里，拿擀面杖打和珅手……最后让厨子装疯来收场。观众自然知道是假的,但十分好玩,中看,这就是戏剧化的戏剧效果。

刘罗锅的故事在北方民间流传很久,小时候在山镇常常听人们说起过,梆子戏里好像也有"刘罗锅"的戏,由丑角扮,把背垫的很高,红袍圆翅纱帽,像是坏人,却是好官,小时看野台戏,留下很深印象,只是戏名记不起来了,可能就叫"刘罗锅"吧?北京说评书的艺人也常说刘墉刘罗锅的故事,自然是根据民间故事十分夸大了的。电视剧编剧抛开正史,收集这些民间故事编在一起,也真不容易,至于说到这些故事的来源,想来也可能不只刘墉一个人,也可能包括他父亲的。因为刘墉出身不是平常人家,也像《红楼梦》中所说的一样,是赫赫炎炎的大家。

山东诸城,靠近东海,倒真是个出人的地方。刘家在康、雍、乾时代,到刘墉时,已三代大官了。他祖父刘棨,字弢子,康熙廿四年进士,官至四川按察使,是当时著名的清廉官吏,不过还不算太大,俗称"臬台",相当于现在管司法的副省长。他父亲刘统勋就不得了啦,雍正二年进士,官至尚书、总督、军机大臣、大学士,头衔数也数不清,是乾隆时代的名臣。晚年和其子刘墉同时在朝为官。刘统勋活了七十三岁,死后谥号"文正",是极高荣誉。清代二百六七十年间,没有几个"文正公"。

刘统勋为什么得到这样高的荣誉呢?自然和他一生经历分不开。他上疏压抑乾隆亲信大臣讷亲的权力,指出桐城张廷玉族人入仕过多,深得乾隆赞许。他一生四任会试主考官,两任翰林院学士,三次修黄河溃堤,一次主持疏浚运河,且署河道总督,《四库全书》馆总裁,国史馆总裁……修黄河这是清代最肥的差事,主持一次不贪污也够一辈子用……但他却真是清廉,死后皇上亲自到他家来上祭,见其家十分寒素,感动得真是不胜悲痛,当着群臣赞许他："像刘统勋这样的,才不愧是真宰相!"

刘统勋的死也真可以说是"鞠躬尽瘁,死而后已"的典型。他近七十岁时,署理陕甘总督,为西北军事备战。满洲将军永常先胜后败,由伊犁退至哈密,他上疏乾隆,请放弃哈密以西之地,大触乾隆之怒,将刘及其子刘墉发往军前效力自赎,不久获赦放还。又任刑部、吏部尚书、军机大臣、大学士、上书房总师傅,都是重要职务,自然非常忙碌,每天天不亮就要坐轿上朝,对于七十四岁的老人说来,大概辛苦得有点吃不消了,乾隆三十八年隆冬,五更上朝,乘舆入东华门,稍倾斜一下,打开轿帘,刘已闭眼了。乾隆闻讯,立即派尚书福隆安至东华门边看望,请御医诊治,已来不及医治,死了。

刘墉乾隆十六年进士,刘统勋死时,已五十三岁,任陕西按察使,回籍丁忧,三年后起复,授内阁学士、江苏学政。因劾举徐述夔文字狱案擢湖南巡抚、内迁左都御史、工部、吏部尚书、协办大学士、大学士、太子少保,直到嘉庆九年才去世,享寿八十五岁,和他父亲类似,宴客后端坐而逝。死谥"文清"。刘墉生长乾隆鼎盛、繁华奢靡之世,又出身在宰执大官家庭,但秉承他父亲遗风,为人节俭养廉,守法正直,勇于任事,敢于公开弹劾乾隆宠臣和珅,反抗和珅。且性滑稽,有时故意戏弄和珅,一次过年,适逢化雪,道路十分泥泞,刘得知和珅应召入宫,故意穿旧衣等在路中,命随从高举名帖,等和珅轿子过来,拦轿大叫:"刘中堂亲自到府上拜年,知和大人进宫,现在此下轿行礼啦!"和珅身穿华丽貂裘,在轿内不知如何是好,正惊愕间,刘墉已跪在轿前,只好连忙下轿还礼,干净粉底朝靴、花衣貂裘都拖在烂泥地上,一塌糊涂了。

刘墉最著名的是同和珅、钱沣一起去山东办巡抚国泰贪污案。山东巡抚国泰是和珅私人，钱沣是御史，疏劾国泰贪污，乾隆派和、刘、钱三人同往山东查办。问案时国泰依仗和珅庇护，有恃无恐，站起大骂钱沣：你是什么东西，敢上疏劾我？刘墉大怒，立时喊国泰："御史奉皇帝诏书治你，你敢骂皇帝使臣。"当即命衙役掌嘴，和珅不敢出声，一下子把国泰气焰压下去了。

刘墉父亲刘统勋也有类似的事情，一次以钦差身份督修黄河决口，空闲时在河堤散步，见好多外县送秫秸的老乡露宿堤上哭泣，便问为什么。老乡们说，他们县官让送修河口的秫秸，三天路程，到此收料委员每车要交多少钱才收，不出钱不收，他们没有钱，已等了好多天……刘听了将信将疑，便说我替你们交交试试看，便赶一车到料厂，验收委员见来交料的衣履整洁，以为是哪个乡的富户地主来交料，一车要十来吊钱交差费，刘就与之争论，反被轰了出来，把牛车也给扣了……刘立即赶回行馆发令箭捉委员到河帅衙门，并找河督议事。把那个委员抓来，问了几句，就令推出去杀头，当时各种钦差都有便宜行事的特权，正法个把人是可以的。当时河督忙跪下代为求情，坚持了半天才改为重责数十大板，戴上大枷，在河岸示众。别的收料委员连忙不敢再要钱，随到随收了。类似故事还有，不一一介绍了。

民间故事刘罗锅，大概把他父子的故事都编进去了。

和珅是刘罗锅的对立面，说完刘罗锅，还必须说一说和珅，这样才有一个明显的陪衬，不至于一头沉。论出身，和珅不能与刘墉相比，不但不是官宦门第、大臣子弟，而且也非正途两榜出身，只是一个穷旗人，文生员。只不过承袭了一个三等都尉，后升三等侍卫，身上带着腰牌，每天到宫里轮班站岗而已。但人生有时确有一种机遇：一天和珅在銮舆卫（清宫管皇帝出行的机构）当班，正遇乾隆要出行，銮驾、乘舆都已摆好，而"黄盖"（銮舆前的垂檐大黄伞)却找不到,乾隆严问:这是谁搞的……各官不知如何回答。和珅应声说:负责銮舆的官不能推卸责任……乾隆见这小青年仪表出众,说话干脆响亮。便问:你是什么出身? 回答说:"官学生。"便让他跟着,问长问短,回答十分称旨。当时官学生,虽然没有多大学问,但"四书"、"五经"从小背诵得是十分熟的,乾隆觉得他程度也不差,便派他总管仪仗,升为御前侍卫、副都统……一路青云直上,十几年中,已升到尚书、大学士、军机大臣了。

乾隆中期,是清代经济最繁荣的时代,自然也是十分奢侈的时代,和珅十分贪婪,各省督抚也多贿赂和珅,仗他援引,作为靠山,和珅自然也处处维护乾隆,一直得到乾隆信任,那些依仗他的总督、巡抚,如国泰、王亶望、陈辉祖、福崧、伍拉纳、浦霖等人,后来都一一败露,贪污赃款被抄没,动即数十百万之多,均被正法。和珅为了自身利益,也无法保护他们。这些都是乾隆年间的大贪污案,北京故宫档案馆均有完整档案。六十年前,故宫印过《文字狱档》,现在,为了反腐倡廉,为什么不好好整理一套清代二百多年中,贪污大案的档案出版呢?

和珅后来是在乾隆作太上皇去世后,嘉庆四年正月被传旨逮捕治罪的。十四年前我写《红楼识小录》抄家篇时,曾引过和珅抄家清单,是引自民国初年中华书局所编《清朝野史大观》——此书缺点亦如《清稗类钞》,均未注明原引自何书——总计约"八百兆两",即现在说的"八百亿两"。当时国家岁入不过七千万两左右,他的家产超过十年国库收入了。所以当时民间流传"和珅跌倒,嘉庆吃饱"的谚语。不过这"两",都是白银,不是黄金。《北京日报》有人写文说是黄金,按照当时比价,一下子提高十至十五倍,也有些过甚其辞了。

和珅是因御史胡季堂上疏嘉庆,被传旨判罪的,罗列大罪二十条,传示中外。第一条就是嘉庆册立为皇太子时,先向还未宣布为太子的爱新觉罗·颙琰献如意。"泄机密以为拥戴功,大罪一。"和珅拍马屁,拍到马脚上,这也是意想不到的。抄家清单第一宗就是钦赐花园一所,亭台二十座,新添十六座。接着是正屋十三进,七百三十间,东屋七进,三百六十间,西屋七进,三百五十间,徽式新屋七进,六百二十间……传说后海恭王府就是和珅住宅一部分,后来赐给老恭王的。我曾多次到现存的这所府中,中间七进也不到,更不用说十三进了。人说恭王府花园是《红楼梦》的大观园,据历史档案,这明明是和珅花园,而且不少亭台都是他新建的,怎么会变成曹家的产业呢? 这真是一笔有趣的糊涂账。

　　和珅既非亲贵王公、贝子、贝勒,又非正途两榜考试出身,以一个满洲正红旗穷学生,偶然得宠,位至极品,在清代也是很少的。和珅人自然很聪明,做了大官之后,记忆力特好,也注意学习,请多位学人在家中,每日讲说诗文,也曾领乾隆旨,几次掌文衡任主考,平日也作诗文,请人修改。修《四库全书》的纪晓岚也替他改过诗。被捕入刑部狱,曾赋诗道:"夜色明如许,嗟予困不伸。百年原是梦,卌载枉劳神。室暗难挨暮,墙高不见春。星辰环冷月,累继泣孤臣……"赐自尽后,衣带间尚有一诗道:

　　　　五十年前幻梦真,今朝撒手撇红尘。
　　　　他时睢口安澜日,记取香烟是后身。

　　死后刑部把他的遗诗奏给嘉庆,御批云:"小有才,未闻君子之大道也。"说来也够凄凉了。

宝月楼

　　北京西长安街南面，旧时有个胡同，地名"回子营"。再有机枢重地中南海的前门新华门，在清代那不是门，是一所雕梁画栋的楼宇，而且也不临街，前面有皇城的红墙围着，只能隔墙望见楼上的绮窗画栏。自然，住在楼中的人也只能在楼上凭栏远眺，才能望到外面的景色。能看见什么呢？就望见回子营一带远远的西域式的房屋。据说这是乾隆妃子香妃的遗迹。这座楼旧时名"宝月楼"，是特地为香妃建造的，让她住在这里，可以随时眺望回子营的景色，好像在西域一样，以排遣思乡的愁绪。孟森先生《香妃考实》记云："今之新华门，即昔之宝月楼也。犹忆民国元年三海甫议改总统府时，余尝入观其经营改筑之状。时大清门已改中华门……旋议以西苑为总统府，府门与正朝门相并，必临长安街以辟宝月楼为府门，位置适合。余犹及徘徊宝月楼头，与众话香妃故事。故二十年游旧京杂诗，有一首云：'亭倚迎薰风日柔，翚飞遥对海西头。新华未辟吾犹及，二十年前宝月楼。'正忆彼时事也。"孟森先生还是见过未改为门之前宝月楼样子的。

　　香妃的故事，各书记载颇多，但极为纷纭，因而民间传说也多种多样。那么她的梳妆楼，为什么叫宝月楼呢？这还要由她本人说起。香妃姓和卓氏，维吾尔族人，原名买木热·艾孜木。香妃在维吾尔族语中读音为"伊帕尔汗"。维吾尔族奉伊斯兰教，也就是回教。按照伊斯兰教规，七月为斋月，要持斋一月，日出之前、日落之后才能进食。斋月结束时,要举行仪式,阖家待新月升起,广设肴馔,以资庆祝。谓之"望月节",乾隆为依从香妃的传统风俗,所以盖了这座楼,给香妃来举行"把斋"之礼,并为尊重伊斯兰的教义,把斋望月,名此楼为"宝月楼"。

乾隆有《宝月楼记》云:"宝月楼者,介于瀛台南岸适中,北对迎薰亭。亭与台皆胜国遗址,岁时修葺增减,无大营造,顾液池两岸,逼近皇城,长以二百丈计,阔以四丈计,地既狭,前朝未置宫室。每临台南望,嫌其直长鲜屏蔽,则命奉宸,既景既相,约之椓椓。鸠工戊寅之春,落成是岁之秋……楼之义无穷,而独名之曰宝月者,池与月适当其前,抑亦有肖乎广寒之庭也。……"另在乾隆多首宝月楼诗中,均有明确"自注"。

乾隆二十八年新年《宝月楼诗》末联:"鳞次居回部,安西系远情。"两句中间自注云:

　　墙外西长安街,内属回人衡宇相望,人称回子营。新建礼拜寺,正与楼对。

三十三年新年亦有《宝月楼诗》,在"北杓已东转,西宇向南凭"句后,也有自注道:

　　楼临长安街,街南俾西域移来回部居之。室宇即肖其制。

戊寅是乾隆二十年,西历一七五五年,宝月楼建成到现在已经二百三十多年了。在乾隆记及诗中,并未提到伊斯兰教规的望月节,而只是说"池与月适当其前",这只是皇帝口气含糊其辞地说说,不便说得太实在。而诗句及诗注则较明确地说明是尊重回教宗教习惯,连礼拜寺也修了。宝月楼正可看到。

辛亥之后,袁世凯做大总统,以中南海居仁堂为其办公处。将此楼前面皇城拆去一段,左右修了连接宝月楼山墙的磨砖刻花大影壁,楼后也修了大影壁,挡住路人的视线,以楼下为出入中南海的正门,这样宝月楼就改名为新华门了。

在前人记载中,有的人说香妃生而体有异香,乾隆让将军兆惠从西域接她入宫,沿途护视甚严,香妃如何身上藏白刃,又如何在太后前哭泣,最后自缢云云。也有人记载:香妃是霍集占妻,被俘来京,夫妻均系刑部狱,乾隆让太监深夜取入宫中,纳为妃;宝月楼墙上如何贴着郎世宁画的西法回疆风景图、如何有一面一丈多高的大铜镜子等等。所述同前面引的传说,似乎完全矛盾。哪个真,哪个假呢? 实际都是根据传闻编造的故事。前面说香妃身上藏有白刃,而且不只一把,等机会报仇云云,这是不可能的。第二种说法似乎亲眼目睹,实际也是瞎猜的。乾隆时大玻璃镜,在宫中已毫不稀奇,怎么会用丈余高的大铜镜呢? 编得也太不像了。

近人记载香妃的文字,首推夏枝巢(仁虎)和孟森二家。枝巢于《旧京琐记》云:

> 香妃,乾隆中兆惠平回部归,进之宫中。近人笔记记载纷歧,要其事为实有也。南海宝月楼,俗称回妃望家楼,其街南旧有对峙一小楼,楼下地名回子营。为回部归诚仕族所居,今尚有一二家存者。故老相传,香妃入宫,其家族亦随入都,香妃思家而限于礼制,上特于南海建宝月楼,而于其对面回子营亦建一小楼。香妃登楼眺望,其家亦登楼以

瞻颜色云。

　　按，枝巢老人的记载，是比较接近事实的，其一是在回子营也盖了一个小楼，这在皇城外面，路人都看得见，自然所传非假。再有其家族亦随之入都，这也是确实的。近些年有人据大内满文档案，详加考实，颇资谈助，不过要细细说来。

　　孟森老先生写过一篇《香妃考实》，考据最详。曾记其在东陵见香妃陵寝云："于民国二三年间至东陵，瞻仰各陵寝，至一处，守者谓香妃冢，据标题则容妃园寝也。"

　　据《清史稿》记载：乾隆诸妃"又有容妃，和卓氏，回部台吉和札麦女"。这样即可得出结论，香妃正式的封号，应称"容妃"，香妃是俗称。为什么传说体有异香呢，这是因为当时人们不理解西方人汗腺分泌气味的缘故，所以称之为"香妃"，代代相传，东陵的守陵太监也这样告诉孟森先生。而陵寝的正式名称则仍是容妃。

　　孟森先生的文章，考证香妃进宫的年代是乾隆二十年前，二十三年盖宝月楼。均在和卓叛乱之前。

　　当年清军平定这次叛乱是很复杂的，只能加以简单介绍，以说明香妃的身世。当年新疆有一"玛木特玉素布"，为其部族首领，三传之后，子孙众多，有霍集占者，和香妃之父阿里和卓是平辈，香妃之兄图尔都是其侄辈。乾隆二十三年，霍集占叛清，香妃之兄图尔都反对叛清，便带人逃到布鲁特地区，尊之为"和卓"，有宗教领导人的意思。清兵将军兆惠带领大军去平霍集占叛乱，为霍集占一方面之大小和卓带兵包围，此时香妃兄图尔都所在之布鲁特地区兵袭击其另一据点，一下子分散了叛军围清军的力量，兆惠胜利解围，不但转危为安，而且转败为胜。叛军投降。后来香妃兄被清朝封为辅国公。香妃进宫，其弟亦入觐。

孟森先生考证香妃乾隆二十年进宫，但也有人考证认为是误把时间提前了。因为实际此役在乾隆二十三年，平息叛乱在二十四年夏天，即公历一七五九年。因而香妃进宫必然在此之后，不可能在此之前。

近年有人查阅故宫博物院档案，发现了一份《容妃遗物折》，其折开头说：

> 乾隆五十三年四月二十日，大学士和珅传旨，容妃遗下衣服、手饰等物，俱着分送内庭等位，并赏公主、大格格及丹禅、本宫首领、太监、女子等，钦此。

"格格"、"丹禅"均满洲话，"格格"一般知道，"丹禅"是娘家人。考证者从后面"丹禅"名单中，找出香妃五叔额色尹公爵，名公额思音，香妃嫂图尔都之妻等人，明确香妃即容妃。至于其进宫年代，从故宫所藏宫中乾隆十七年到三十九年《赏赐底簿》中查明，乾隆二十五年六月十九日赐荔枝名单中，有"和贵人"一名，这就是容妃，也就是香妃。据《清皇室四谱·后妃谱》载："容妃，和卓氏，初入宫，赐号为贵人。"前面说过，实际维吾尔语中，"和卓"一词，是宗教领导人，宗教首领后裔的意思。清宫以音为主，不能辨此宗教称呼的意义，便以为是姓氏了。另据《内庭赏赐例》记载，乾隆二十六年，"九月十五日，和贵人生辰，恩赐银一百五十两"。乾隆四十九年，"正月十四日，赏容妃五十岁千秋。文竹嵌玉如意一盒，计九柄。古玩一九：汉玉夔龙半璧、白汉玉玲珑璧磬一架、白玉仙人一件、青玉仙人仙槎一件、水晶双耳花插一件、碧玉双耳盖罐一件、红白玛瑙荷叶水盛一件、白磁小罐一件、青花渣斗一件……均有紫檀座"（单上并注明九月十五日千秋）。根据以上记载，可见香妃进宫，在乾隆二十四年之后，二十五年六月十九日前，具体日期是定边将军兆惠凯旋到京之时，即乾隆二十五年三四月间，将香妃及其家属一同带到北京，将香妃送进宫中，以乾隆四十九年五十岁往上推算，进宫时已二十六岁了，去世时则为五十四岁。由贵人封为容妃，是乾隆三十年六月的事，香妃已三十一了。

香妃进宫，据内务府满文档：赏给其叔、其兄东大市六条胡同官房二十二间，着其创立家业，当差行走；整备衣着、鞍骑及一应器具；自广储司拨银五百两赏给；又因香妃兄图尔都年俸仅百两，不够开支，便从官房租库每月支银二十两予之等等。其兄、嫂、叔等，就是《旧京琐记》中说的香妃家人。但这些记载，和乾隆《宝月楼记》所记盖宝月楼的年代"戊寅"乾隆二十三年又有矛盾。孟森先生《香妃考实》说："然妃所居之宝月楼，则筑自二十三年之春……故知其来必在未叛以前。所谓以贵人入宫，盖承宠而后营舍以藏之"等等，更为矛盾。看来盖宝月楼的目的，是等着接待贵人，而非先有了贵人，再盖宝月楼了。

漫谈咸丰

名导演李翰祥氏去北京导演了两部耗资巨万的片子,一部《火烧圆明园》,一部《垂帘听政》,这两部片子,在历史事实上,是分割的,又是联系的。简单地说,似乎可以说没有前者,就不见得有后者。直言之,那拉氏的上台在某种程度上,是英法联军的侵略给她造成的机会。

咸丰是道光皇帝旻宁的第四个儿子,名奕詝。道光十一年即西历一八三一年生人。一八五一年二十岁时即皇帝位,一八六一年死于热河避暑山庄,在位只整十年。旻宁共生九个儿子,有几个二三岁时就死了。咸丰做皇帝后,封他弟弟老六奕䜣为恭亲王、老七奕譞为醇郡王、老八奕詥为钟郡王、老九奕譓为孚郡王。他父亲有九个儿子,他却只有一个儿子,就是那拉氏生的同治帝载淳。后来同治早死,没有儿子,清代"龙种"在同治载淳之后就断了。因为同、光、宣三朝,都是母后垂帘听政,所以清朝真正皇帝主持政治,咸丰是最后一位。爱新觉罗氏的"天下"到了咸丰一死,实际上已经"亡"了。那拉氏母后临朝四十七年,那是那拉氏的天下,爱新觉罗氏的"大清",都听那拉氏的了。从实际分析,咸丰也可说是清代最后一位皇帝。

那拉氏的男人咸丰皇帝爱新觉罗·奕詝,在清代各个皇帝中,基本是个没有用的人,而偏偏他又在清代的多事之秋,登上了宝座,注定他大有可能成为悲剧式人物的命运。他一八五一年正月里在北京登基,而年前六月间,广东花县人洪秀全就在广西桂平县金田村起义,太平天国开始了。因而奕詝当皇帝的一生,也就是太平天国由起义到建天京于江宁,盛极一时、又渐趋衰落的整个时代。

在他当政的整个年代里,江南太平天国的反清战争,如火如荼,时时惊扰他在圆明园中的清梦。但是他倒也想得开,一方面这些战火离北京还较远,一时烧不到福海边上;另一方面他手底下还有一些替他保驾的角色,在他身边有肃顺等人替他出谋划策,在江南又有曾国藩、左宗棠之流替他镇压义民,使他有不少年时间在圆明园之内寻欢作乐,醉生梦死。

在清代皇帝中,咸丰是有名的荒淫的家伙,旗人女子选进宫作才人、贵人的不知有多少,那拉氏不也是这样出身吗?同时还秘密地弄许多汉人女子进宫,都是江南苏杭一带弄来的,供他蹂躏,有名的"四春故事"是尽人皆知的。王湘绮写《圆明园词》,不好直说他荒淫,说他"玉女投壶强笑歌,金杯掷酒连昏晓",诗注中说他"寄情于诗酒,时召妃御,日夜行游也",这不过是用文雅的话骂他荒淫耳。

他当皇帝的第十年,在他三十岁时,侵略者英法联军一下子打到大沽口,洋人一来,他真是吓破胆了。南方太平天国战争犹酣,北面洋人再一来,他在圆明园中的醉梦再也做不成了。僧格林沁守大沽炮台,他下手谕让回来保护他。谕中说:"握手言别,倏逾半载。大沽两岸危急,谅汝忧心如焚。惟天下大本在京师不在海口。若有挫失,总须退保津、通,万不可寄身命于炮台,为一身之计。握管凄怆,汝其勉遵!"这真是妙文,咸丰吓得快要哭出来了。正显现了他既荒淫又无能的庸碌本色,似乎是阿斗类型的人物。

咸丰十年西历一八六〇年八月英法联军逼近北京,他从圆明园逃了出去,逃到承德避暑山庄,留下他六弟恭亲王奕䜣和英、法商谈。他六弟躲在广安门外天宁寺,北京成了无政府状态。圆明园也无人管了,太监、园附近的穷旗人先把园中珍宝连抢带偷,英法侵略军也进去乱抢,把里面弄得乱七八糟之后,放火一烧,圆明园在咸丰手中断送了,也代表清代自雍正、乾隆以迄嘉庆时代的鼎盛风光结束了。清朝的皇帝真正自己当政的,咸丰是最后一名。同治、光绪两个皇帝,那是那拉氏的掌中物,实质上算不了皇帝,至于宣统,那只是孩子,更不必多说了。

咸丰是清代皇帝中最后一名自己主政的皇帝。死后庙号文宗,谥号为协天、翊运、执中、垂谟、懋德、振武、圣孝、渊恭、端仁、宽敏、庄俭显皇帝,坟在清代东陵,曰"定陵"。

热河密札

看了影片《火烧圆明园》和《垂帘听政》，使人想起《热河密札》。在六十年前，商务印书馆涵芬楼东方图书馆曾重价购得郑亲王端华、肃顺遗事密札一巨册，都是当时在热河避暑山庄军机处的人写给留在北京重要人物的秘密信件，这是研究那拉氏上台事实真相的极重要文件。辛亥前半个世纪中，一直是那拉氏当权，无法研究其秘密。二三十年代间，公私家秘密文献陆续公之于世，正好是研究其真相的时候，爆发了"一·二八"侵略战火，上海闸北区一片火海，涵芬楼被烧，珍藏变为灰烬，这部极为重要的《端肃遗事密札》也玉石俱焚。这是大劫数当中的小涟漪。从整个历史巨澜看，甚至连沧海之一粟也抵不上，但从中华历史文献的价值看，那真是不可估量的损失了。因为这种绝密文件是任何官文书当中所找不到的。

幸而好者，有位高劳，从这一巨册密札中，抄出十二通，以后流传于世，就是所谓的"热河密札"，亦可叫"热河密档"。这里先引一封做个例子，以便于稍加解说：

> 玄宰折请明降垂帘旨，或另简亲王一二辅政。发之太早，拟旨痛驳，皆桂翁手笔。递上，折旨俱留。又叫有两时许，老郑等始出，仍未带下，但觉怒甚。次早仍发下。复探知是日见面大争。老杜犹肆挺撞，有"若听信人言，臣不能奉命"语。太后气得手颤。发下后，怡等笑声彻远近。此事

55

不久大变,八人断难免祸,其在回城乎? 密之密之。

这封信是咸丰十一年(即辛酉,公历一八一六年)旧历八月十二日后所写,因董元醇疏请太后听政,是八月十二日的事,所以此信必在是日后。其时咸丰已死,死前诏御前大臣载垣、端华、景寿、肃顺、军机大臣穆荫、匡源、杜翰、焦佑瀛宣谕立太子,并命襄赞政务。载垣是怡亲王,是康熙第十三子允祥的后代。端华是郑亲王。载垣、端华二人当年是咸丰父亲道光的御前大臣,道光临终时,立皇四子奕詝为太子,都是召他二人及僧格林沁、穆彰阿等当面启镶匣宣示御书的。咸丰在位十一年,这二人始终是御前大臣。肃顺是端华亲弟弟,原是户部尚书,咸丰十年十二月升为协办大学士。沈兆霖为户部尚书。

有的文章中,注此信时,说肃顺是户部尚书,那是不确切的。此密信中"玄宰折"是御史董元醇上的请母后垂帘听政折。当时端华、肃顺极力反对,这时那拉氏还没有"慈禧皇太后"的徽号呢。

当时还没有电报,更没有电报密码,即使传递秘密消息,也还是用信件。而这种信,又是要十分保密的,因之就用了许多办法,第一是不写姓名、日期,收信人寄信人是谁,只有当事者知道,落在别人手中便不知是谁了。第二信中提到的人名,多用隐语。这是用唐人小说中的办法,大多拆字,如董姓作"千里草",怡亲王之怡作"心台",郑亲王称"耳君"等等。当事者一看便知,别人难以乱猜。第三用套格。即把一封信的文字按所重空格纸的空格填写,一一写完,猛一看,文字杂乱,读不成句,但收信人用同样空格纸一套,便读出全信了。这就是"套格密信",有似乎密码电报的方法了。

信是谁写的呢？咸丰在热河行宫,北京留下恭亲王奕䜣与英法侵略者议和。奕䜣是道光临终时朱谕封为亲王的。其时军机处办事人员"章京",部分在京办事,部分跟随咸丰在热河行宫办事。在政局变动的时候,这两地章京自然要传递消息。因为他们官虽不大,但掌握着重要机密,又与大官关系密切,这些人都十分精明,观察力敏锐,其时恭亲王奕䜣尚未去热河与那拉氏见面,八位顾命大臣权势正炽,而写信者已预见到"不久大变,八人断难免祸"了。

两个月之后,奉咸丰梓宫回京途中,端华、肃顺等人就被捕了。

不过这十二封密信,并不是一人所写,有阿附那拉氏的信,也有肃顺等一伙人中的信,口气不同,主张全不一致,据高劳发表在《东方杂志》上的原按语云:这些秘札的笔迹并不一致,而这种秘件,都是当事者亲笔所写,主张不一,显然是两派的人,其收信对象,自然是当时敌对两派的要员,而奇怪的是,这些信能汇总在一起,这是很难想象的。这位汇总者,不只要有本事弄到这些秘札,而且还要秘密保存下来,真是不容易。此信中说:"八人断难免祸,其在回城乎?"这话要先让肃顺看到,那历史岂不要重写了吗?

这十二封信有高劳注、黄秋岳注、章士钊"疏证"、"疏证补"等文,但都也不能完全说清楚。据顾廷龙先生说,上海图书馆尚有密札,均待进一步研究了。

圆明园"五春"

清代宫廷中的嫔妃，定制不得选汉人，所选都是旗人，而且一般都是满洲旗。偶然也有汉姓的，如康熙的妃子中有陈佳氏、张佳氏、王佳氏、刘佳氏等。"佳"叶"家"音，史书写成"佳"字，为了好看。那都是汉人投旗的"汉军旗"，从制度上讲，还是"旗人"，但从种族上讲，已是汉族了。最明显的是嘉庆的母亲，即乾隆的懿贵妃，本姓"魏"，"包衣管领下人"，同曹雪芹的祖宗一样，是汉人编入满人贵族家中的奴隶，但她家比曹家又升了一格，"以抬入满洲旗"，姓改为"魏佳氏"，这样不但由汉人变为旗人，而且由"汉军旗"升入"满洲旗"，在表面上连种族也改变了。

清代初年，宫中就有派人到江南扬州、苏州一带买汉人贫家女进宫为宫女的事，不过比较秘密。《东华录》卷七顺治十二年七月记云：

> 给事中季开生言："家人自通州来云：有使者封船奉旨往扬州买女子。"云云。部议："季开生不知乾清宫需用器皿，差人采办，妄听讹言，渎奏沽名，流徙尚阳堡。"

无风不起浪，奉旨买女子原是秘旨，岂可公开？一镇压，流言压下去了。但也只是表面，实际还在不断进行着。《红楼梦》中派人江南买女子的故事，虽是小说，实在是史笔。当时圆明园已经修建，园中规矩，不同于宫中，更为自由，汉人女子就更多了。

有名的就是乾隆的故事。乾隆南巡，听说山东青州黄家有个姑娘，小名"杏儿"，有美名，便秘密弄进宫中，十分得宠，封作"银妃"，有名画《银妃晚妆图》，流传海外。银妃事见《梵天庐丛录》。而在故宫博物院所藏后妃影像中，也有不少张画得极为工细漂亮的汉装像，近三十年前，我在故宫看过好多幅，画的同真人一样高。如说清宫一定没有汉人嫔妃，是颇难相信的了。

其后最著名的就是咸丰的"四春"了，简言之"四春"是四位无姓无名，实在是不知名姓的汉人姑娘，后来作了咸丰的"玩物"，最后又都死在西太后的手中。所谓"四春"，因她们都住在圆明园中，分居于"牡丹春"、"海棠春"、"武陵春"、"杏花春"。王湘绮《圆明园词》云："袅袅四春随凤辇，沉沉五夜递铜鱼。"并自注云："宫中例无汉女，纯皇（乾隆庙号纯皇帝）时常采进，依买婢妾之例，不挑选也。文宗（咸丰）时有四人承宠者……内府号曰'四春'，海棠春园册无其地名，未详何时所建。"又曰："上所游幸，从者常百余人，数移坐处，传膳无定所，午夜阖门，不得闭也。"在清代皇帝中，那拉氏男人咸丰帝奕詝是个十分无能而又荒唐、腐败的人。王湘绮的诗实际就是对他的鞭笞。

"四春"住在圆明园中，除海棠春无所考之外，杏花春住在"杏花春馆"，四周小山，满布杏花，房屋分散，有卖酒青旗，有辘轳井水，完全是山村景色。武陵春住"武陵春色"，是一个以桃花、山洞、流水为主的深邃的风景区，有十分宽大的院落。牡丹春住"镂月开云"，这是一座二色琉璃瓦的楠木庭，前面数百本牡丹，后面全是青松，房屋很多，在圆明园中也是极有名的地方。据前人记载，"四春"后来都让西太后秘密弄死了。

另据野史记载：咸丰时，太平军起，咸丰心中忧虑，常年住在圆明园,命太监外出找汉女入园供淫乐,总管为满洲钮钴禄氏文丰,派心腹到扬州、苏州物色四人。一是扬州方姓女,从倡家以五千金脱籍,即杏花春。未几苏州买来海棠春,咸丰还为她作诗。牡丹春是杭州人,善歌舞,咸丰曾携那拉氏听她唱曲。又从广东粤江选美,得珠儿,即武陵春。据传四人分名:玉雪、秦云、淡粉、轻烟。这种名字,自然不是原来姓名,可能也不是宫中名字,多半是好事者写故事时编的。不过四春极为咸丰喜爱,又是文丰所选,因而咸丰极信任文丰,使他长期任圆明园总管,比内务府的大臣还阔气。

咸丰宠爱"四春"时,那拉氏也是得宠的,据徐珂《清稗类钞》,"宫闱类"《文宗有五春之宠》记载:"文宗喜园居,年例正初入园,冬至始还宫。园中传有五春之宠,所谓'天地一家春'者,乃孝钦后所居,其杏花春、武陵春、海棠春、牡丹春皆汉女分居之。"可见是"五春"而非"四春"了。不过"天地一家春"在万春园,广义的"圆明园"包括长春园和万春园,二园均在圆明园东南,都和圆明园连在一起。

肃顺被杀

那拉氏登上"垂帘听政"的宝座,是消灭了她的政敌肃顺等人之后实现的。其中以肃顺最为重要。肃顺之死,是那拉氏得以听政的关键。

肃顺乃宗室,即姓爱新觉罗氏,是郑亲王乌尔恭阿第六子。他哥哥端华袭亲王,他是考封三等辅国将军出身,后来做到理藩院尚书、礼部尚书、户部书尚、御前大臣、内务府大臣,英法联军之役,扈从咸丰去热河,以户部尚书、协办大学士、署领侍卫内大臣。承德避暑山庄行在的大权可以说是他一把抓。咸丰临死之前,他是最得用的人,死后又是首席顾命大臣。肃顺平生为人,毁誉之间,大体不外数端。一是为人十分精明强硬,对于满人中的腐败分子,敢于严厉惩办。如英法联军之役,大学士耆英随钦差去津议和,私自回京,议罪赐自尽。大学士伯葰当顺天乡试主考,家人靳祥舞弊,肃顺严讯,被杀头。发现官银号欠款与官钱总局不符,由此追出贪污大案,官吏判罪、籍没数十家;发现官票所贪污,也籍没数十家。当时南方太平天国战争正在紧张阶段,肃顺这些措施,对清政府中枢说来,起到安定作用,自是很好,但也结下很多仇家。

二是延揽名流,重用汉人。郭嵩焘、王湘绮这些名人都是他的门下士,曾国藩、胡林翼、左宗棠都因他的支持,得到咸丰的充分信任重用,因之湘军筹饷、行军等陈奏,都得到允准。长江上游,被太平军所占各城,次第收复,到咸丰死时,天京已在被围中了。太平天国时，八旗绿营的兵，已腐败不堪，肃顺奏减八旗俸饷，为国家节省帑银，自然也引起旗人普遍怨恨。其反对垂帘听政最力，或与清代统治者有利，但却与那拉氏及奕䜣等不利，自是那拉氏死敌，最后失败在那拉氏手中，死在那拉氏手中了。

肃顺弃市，各家记载很多，现录数则，以想见当时实情。《清史稿》列传云：

> 肃顺揽权立威，数兴大狱，舆论久不平，奏减八旗俸饷，尤府怨。就刑时，道旁观者争掷瓦砾，都人称快。

薛福成《庸庵笔记》云：

> 是日，载垣、端华自缢，肃顺以科场、钞票两案，无辜受害者尤多。都人闻将杀肃顺，交口称快，其怨家皆驾车载酒驰赴西市观之。肃顺身肥面白，以大丧故，白袍布靴，反接置牛车上，过骡马市大街，儿童欢呼曰：肃顺亦有今日乎？或捡瓦砾泥土掷之。顷之，面目遂模糊不可辨云。将行刑，肃顺肆口大骂，其悖逆之声，皆为人臣子者所不忍闻。又不肯跪，刽子手以大铁柄敲之，乃跪下，盖两胫已折矣，遂斩之。

"是日"，是哪一天呢？是咸丰十一年，即西历一八六一年农历十月初六，这年初五立冬。

文芸阁《闻尘偶记》云：

> 易笏山布政佩绅言：当肃顺正法时，有袁二太太亦于菜

市口伏法。然彭泽欧阳润生观察熙为余言:亲往观肃顺伏诛,家人进药而不肯食,及死后其家缝头殡殓事,未闻同时有袁二太太者受刑也。李博孙工部翊煌言:闻之其先人小湖大理联琇云,袁太太者积有多资,善结纳内人,于热河还京时已乘机逃遁,比传旨诛戮,已无从踪迹矣。后有言其入川嫁一典史者。袁太太入宫时,供洗御服事。

《越缦堂日记》这天记云:

> 初六日、辛酉、晴。病少间,强起食粥,朝夕毕一瓯,始用火炉。是日肃顺弃市,囚车过门,强出观之,肃顺白服,缚甚急。载以无帷小车,亲属无临送者。

肃顺从被捕到被处斩,时间是很短的。《越缦堂日记》九月廿九日记云:"予日记至是日因病而止,是日乃皇上奉两宫旋京之日也。自后朝政大改,耳目日新,而予病日益甚,卧四十余日始起。呜呼,岂知吾越即于是日失守耶……补写如左,但记月日晴雨,乃国之大政而已,朋友往来经史功课,不暇详也。"

其后三十日记"闻有旨削怡王载垣、郑王端华爵、逮肃顺于道"。十月初一《日记》后抄邸抄:"诏数载垣、端华、肃顺罪……"自然主要是反对垂帘听政。又记命睿亲王仁寿、醇郡王奕譞逮肃顺交宗人府严行议罪。初二日记抄邸抄:"醇郡王奕譞为御前大臣,及正黄旗领侍卫内大臣。"初四抄邸抄:"诏籍肃顺家产入官。"

至初六肃顺被杀,前后不过七八天时间,因肃顺在密云途中被捉,押至北京,不过一天时间,这年九月是大尽,有三十日。连

63

头到尾算足只有九天。

前引四则记载,第一则史稿所录,是综合记载,第二则薛福成所记,比较详细,但似乎并非亲眼目睹,而是记录传闻,重在"其悖逆之声,皆为人臣子者所不忍闻",这是用反面的手法记录正面的史实。肃顺临刑,骂了些什么呢? 现在人都不知道了。但当时人是听到的,不外骂那拉氏淫秽凶残狠毒耳,如此留下痕迹,使人想像。至于文芸阁所记,虽系目睹,但亦得之传闻。越缦所记,则亲眼目睹,似乎是极为真实的。惟越缦当时住在宣外大街,囚车如走其门前,则不走骡马市大街,经过路线究竟如何? 现亦不详了。而且这些天日记是补写的,中间故加说明,只抄邸抄,即宫门报,都是官方报导。真实程度也大可怀疑了。

光绪治病

　　光绪的病,是从戊戌政变,即光绪二十四年八月初十开始的。不是真病,是政治病,那拉氏让他生病,他就得生病。据《清史稿》简单排一日程:

　　八月初六丁亥皇太后复垂帘于便殿训政。

　　八月初七戊子诏捕康有为、梁启超。

　　八月初九庚寅,张荫桓、徐用靖、杨深秀、杨锐、林旭、刘光第、谭嗣同下狱。

　　初十辛卯:"上称疾,征医天下。"(按,写《清史稿》的老先生毕竟有才学,这个"称"字用得妙,"称"就是说,"说是病了",并非真病。这就是信史,要从字缝里看。)

　　八月十三甲午,杨深秀等六人就被杀了,这就是有名的"戊戌政变",前后只有八天时间。这样,光绪这个皇帝就开始生病,一病十年多,直到死,似乎始终没有好过。

　　给皇上看病不是件容易的事,弄不好,轻则丢官,重则有性命危险。如同治十三年给同治看病的李德立、庄守和,都是三、四品京堂候补,后来同治遽然死去,二人便立即撤销京堂,并摘去顶翎。何况后来给倒霉皇帝光绪看病的人,在那拉氏淫威之下,当然更是有临深履薄之惧了。林琴南在《力医隐六十寿序》中曾云:"崇陵(即光绪,死后庙号崇陵)大渐,颐和苑貂珰(指太监)待遇侍医,尤傲兀叱咤无人理。"说的侍医就是杜钟骏、陈秉钧等人。杜字子良,江都人,原是浙江巡抚文案师爷,经巡抚冯

65

汝骥介绍来京给光绪看病。著有《德宗请脉记》一书。

证之于杜著《德宗请脉记》，有几件事说的与此相同。七月十六日杜钟骏第一次给光绪诊断议方，在仁寿殿奏明脉案、处方之后，下来在值房写药方，太监马上叱责，并指着陈莲舫向他说："你们不要串通起来。"语气完全像对待犯人。

医官起药方草稿时，笔帖式多人已经在旁边执笔等待，用黄纸誊写，用真楷写二份，装入黄匣，送进去给太后和皇上看。因此每次誊写后，必须详细校对。在光绪病重时，有一次一个医官的方子誊好送进去。光绪看所写脉案中"腿酸"二字之"腿"字，错写成"退"字，十分惊诧地叫道："我这'腿'上一点'肉'都没有了，这不成其为腿了。"因此调阅原稿来看，见原稿中有"肉"旁，是笔帖式抄错了，遂置而不问。

在光绪病重时，那拉氏特别传上谕："皇上病重，不许以丸药私进。如有进者，设有变动，惟进药之人是问。"这里所"私进"，就是指医官给光绪把脉时，遵光绪之嘱，拿一些确实有效的丸药给他吃，而不让那拉氏知道。但妙在"变动"二字，不说"好"，不说"坏"，而说"变动"，那就是私自进药，吃死固然要定罪，吃好也不行。那拉氏的目的是要光绪胡乱吃药，慢慢死去。所以一定要开了药方，由她看过，吃那种虫子蛀了的草药煮的汤剂，她可能还从中挑挑毛病，医官再改改，光绪的病自然不会好，而这种医官做起来自然是十分为难的。

给光绪看病，除去宫中那拉氏的震慑，太监的叱责凌辱而外，还有外界的很大压力。杜钟骏的同事陈秉钧，字莲舫，有一次给光绪看病后写的脉案被发表了，引起全国的议论。浙江萧山有一个姓张的举人，通医学，议论更为剧烈，而且具呈给浙江巡抚增子固，曾如实奏到北京，不但差一点敲掉陈的饭碗，而且有断送陈的身家性命的危险。亏得那拉氏根本不想给光绪看好病，所以也未深究此事。结果由杜钟骏函覆浙江巡抚，说明论医、论文二者不同，"熟读王叔和，不如临症多"。此事便不了了之了。

清代的光绪皇帝之死，迄今七十二年了。光绪三十四年（一九〇八）农历十月癸酉，清德宗载湉死于瀛台涵元殿，年三十八岁。光绪自戊戌政变后即被囚，除庚子去西安，在颐和园时被禁于玉兰堂之外，只要那拉氏一进城回宫，他始终被囚于瀛台，直到死。他的"病"和"死"，自来传说纷纭，记载不一，但大致说来，开始几年并没有病，但后来的确是被那拉氏整治得有病了。

光绪三十三年冬，载湉大约就真有病了。当时有征调来京，以主事衔给光绪看病的陈秉钧，字莲舫；曹元恒，字沧洲。光绪三十四年秋，病情更重，那拉氏又传旨征医，给载湉看病。当时各省纷纷保荐医官，时端午桥（方）正做两江总督，还有公开招考医官之举。浙江巡抚冯星岩是时调任赣抚，便保举他的文案师爷杜钟骏来京给光绪看病。杜字子良，是江都县人，医道极好。冯星岩在保举他的奏折中写道："浙江候补知县杜钟骏，脉理精细，人极谨慎，堪备请脉。"随后即奉到"来京，由内务大臣带领请脉"的上谕，于是杜氏即拿了浙江藩司赠送的三千两程仪，由海路抵津，见北洋大臣杨莲甫，同乘花车（即扎彩绸的火车）晋京。于七月十六日第一次由内务府官带到颐和园仁寿殿叩见慈禧和光绪，给光绪请脉看病。他已预先从各军机大臣处了解到慈禧最讨厌人说光绪"肝气郁结"，而光绪又最讨厌人说他"肾亏"，因而他开的脉案十分滑头："左尺脉弱，右关脉弦。左尺脉弱，先天肾水不足，右关脉弦，后天脾上失调。"药用"二玉丸"和"归菊六君汤"。其后他即留京给光绪看病，同时医官尚有张彭年、施焕、陈秉钧、周景焘、吕用宾等共六人,分三班,他与吕用宾一班,轮流请脉,前后计三个月。

杜钟骏著有《德宗请脉记》,记光绪病状及死况颇详。光绪在那拉氏的控制之下,连吃药也是颠三倒四,十分狼狈的。有一次他偶然自己拣药,居然看到给他用的枸杞子上有蛀虫,只好叫内务府大臣奎俊到同仁堂去配。只此一例,亦可知光绪吃的是些什么药了。

十月初十日,那拉氏"万寿",十六日光绪病重,传杜氏速去。他被内务府大臣增崇引至瀛台,光绪气促口臭,看脉时,光绪带着哭声向他说:"头班之药,服了无效。"十九日又同周景焘、施焕、吕用宾四人一齐至瀛台,见光绪仰卧在床上,迷迷糊糊,他上前以手按脉,光绪"瞿然惊寤,口、目、鼻忽然俱动"。他深知这是"肝风"所致,已到极危险的时刻,他十分害怕,怕光绪在他按脉时一厥而绝,急忙退了出来。其他三人次第看完,都认为过不了夜,无须开方了。第二天,这个四岁登基,做了三十四年倒霉皇上的载湉,便一命呜呼,当天下午,那拉氏生命也告结束。清朝也基本上"寿终正寝"了。

另据四川柴小梵《梵天庐丛录》记载:"苏州西街医士曹沧洲,以苏抚荐,入京诊病。窥德宗面色发青,两目红肿,知其平日惊忧之深,审其脉,弦数特甚,知必不起,乃恭跪定方而出。……德宗逝时,病室中陈列之陋,有非常人所堪者。睡一大床,人坐之,吱吱作响,安置北京泥土火炉,亦破裂矣。一几二椅,又黑污特甚……盖京中下等百姓家所居之景象也。"

所记情景,描绘过甚,大不可靠,且无年月。光绪死在瀛台,辛亥后林琴南《游西海子记》,尚记涵元殿"凄寂无人,黄幔四垂",咋是下等百姓家呢?

力医隐

　　给光绪看病的医生前后不知有多少,在杜钟骏、陈秉钧之前,还有力医隐。

　　力医隐,姓力名钧,字香雨,号医隐。福建闽县芹漈人。"力"是一个很少见的僻姓,其他地方不知有没有? 他和著名诗人陈石遗同庚、同月生。一九一四年福建在京名流以陈宝琛为首有"晋安耆年会"之举,力医隐是其中一人。该会共十六人,最长者为陈宝琛氏,年六十七岁,最少者为郑孝柽氏,年五十一岁。陈、力二人是年均五十九岁。严复六十二岁。林琴南六十三岁。如活至今日,最小者亦已一百十七岁矣。流光之速,能无感乎?

　　力医隐在光绪二十八年也是给光绪看病的御医。清代本来有专给皇家看病的太医院医官,可是西太后那拉氏,自从光绪六年(一八七○)生重病,被薛福辰(薛福成之兄)、汪守正二人看好后,似乎只相信外面征聘来的医官,而不大理睬太医院。力钧也是于庚子后被征调来京,给光绪和西太后看病的,最初觐见于颐和园乐寿堂,诊脉、处方都大得西太后的赞赏,赏了锦缎,赐了"克食"等。如果奸滑些,得了西太后的赏识,便该只在那拉氏前献殷勤,不多理光绪,或虚与委蛇,就不难飞腾了。而力氏却是一个较为老实的人,一次偶然的遇合,几乎出了大乱子,使他不得不见机行事,及早抽身了。

　　一天,他在宫中,无意中遇到光绪,回避不及,便跪在道旁。光绪对他说:"力钧,你在宫里侍候得不错,你的医道很好。"这使他极为感恩。过了一个月,光绪在瀛台涵元殿手敕召力钧看脉。力钧来到涵元殿后,对光绪说:"皇上今后请不要再吃任何药,只要好好保养调理,圣躬自会康健起来。"说完只开了一些营养的东西。岂不知涵元殿的太监都是西太后的耳目,这话立时便报知西太后,对力钧的一切赏赐立刻停止,太监们对他的态度,也完全改变,顿时冷淡粗暴起来,他知道闯了大祸,勉强对付了两三个月便装病引疾告退了。辞职后,隐居在南苑,买了几亩地,闭门家居,不和人来往,惟恐惹祸。辛亥后才正式在北京挂牌行医。参加"晋安耆年会"时,正是他在北京挂牌行医时的事,可惜后来过了没有多少年便辞世了。

力氏做医官时,是四品候补京堂衔。品位比太医院院使(正五品)还高。他手中有一卷《朱书光绪脉案》,甚为名贵,是很重要的史料,可惜早已不知去向矣。

畏庐老人林琴南有《力医隐六十寿序》一文,其中有几句写道:"崇陵大渐,颐和苑貂珰待遇侍医,尤傲兀叱咤无人理,而医隐独于七年以前见机引退,蜷伏弗出,其幸有六十之年,则智者自全其生也。"

"崇陵大渐"就是说到光绪临死的事,光绪的坟在河北易县梁各庄,号崇陵。"貂珰"就是太监,对给光绪看病的医生极为无礼,不当人看。因为太监都秉承那拉氏的意思行事,知道那拉氏就是要让光绪早点死。

光绪以三十六七岁的壮年,却突然先西太后一日而死去,事情实在太巧,所以其死因,一直是烛影斧声之谜。我曾经介绍过杜钟骏给光绪看病的事,对光绪之死有所介绍,但单文孤证,有时难免失实,所以还有可以补充者。因光绪之死,几个人最知详情,即光绪女人隆裕后、太监小德张、窃国大盗袁世凯。因而在袁世凯及其爪牙等活着的时候,记载光绪死的文献,都不完全可靠,即杜钟骏撰写的《德宗请脉记》也未必可靠。另据王小航所记"德宗遗事"说:

光绪三十几年,袁世凯入军机,那拉氏的大太监崔玉贵把小德张介绍给袁世凯。小德张是光绪女人隆裕的太监头目。光绪三十四年,那拉氏病重,下令把光绪的病情、脉案宣示中外,日日开方进药,但光绪从来不吃,是恐怕中毒。光绪女人隆裕是那拉氏侄女,光绪最讨厌她,因而从甲午之后,不大同光绪见面,逢年过节也不行礼。而在光绪临死前数日,忽然奉了太后之命,来到光绪的寝宫,即瀛台香宬殿,名义是来侍奉光绪的病。这时大太监崔玉贵反告假出宫,宫中全是小德张捣鬼。光绪死后,隆裕一直守在床边上,直到大殓,没有人再看见过光绪的脸。而据南书房一个官和在内廷教戏的田际云谈:在此前二日,还看到光绪在水边散步,一切都正常,为什么突然会死呢? 又据恽薇孙(毓鼎)《崇陵传信录》记云:

十月初十日,上率百僚晨贺太后万寿,起居注官应侍班,先集于来薰风门外,上步行自南海来,入德昌门,门罅未阖,侍班官窥见上正扶阉肩,以两足起落作势舒筋骨,为拜跪计。须臾,忽奉懿旨,皇帝卧病在床……时太后病泄泻数日矣,有谮上者,谓帝闻太后病有喜色。太后怒曰:"我不能先尔死。"

其后十六日还召见溥良、傅增湘,十九日宫门增卫兵,传言说光绪已死。二十一日隆裕才哭告那拉氏。因而人们说,光绪是死在太监和隆裕手中的。英国人濮兰德之《慈禧外纪》中说:

"皇帝殡天之情形,及得病之由……此事亦与其他诸秘密事,皆埋藏于李莲英及其亲信之小太监脑中。"《清宫词》:"瀛台纵异轮台悔,一样伤心玉儿时。"注云:"德宗崩,外间颇有异议。"总之,光绪之死,是十分离奇的,直到今天仍然是个谜。

黄濬《花随人圣庵摭忆》引文芸阁《闻尘偶记》并加结束言云:"又有云'乙丑冬间,翁叔平尚书尝语余云:上御毓庆宫,一日忽于马褂上重加马褂,尚书询其故。上曰:寒甚。尚书曰:上何不衣狐裘?上曰:无之。盖上平日便服甚稀,狐裘、羊裘各一,适狐裘裂缝,修治未毕故也。尚书曰:内库存料甚多,上何不敕制进?上曰:且徐图之。尚书述此时,谓余曰:世家子弟,冬衣毳温,孰知天家之制,其俭如此。'此则显言那拉后虐待德宗,可与后之先弑德宗而后死,得一蓄意已久之旁证也。"花随人圣庵的话说得一点也不错,光绪之壮年早死,确实是那拉氏长期迫害,临终又预先使人密谋促其先死的。换句话说:就是那拉氏活一天,也让光绪活一天,到她自知将死时,便先弄死光绪了。这就是光绪早死之谜。力医隐早已看穿,所以"见机引退"了。

皇上过年

看电视放映北京故宫博物院朱家溍先生谈北京过年、宫中过年的节目十分有趣。前年秋天回京，年轻朋友去拜访朱老，我在住处休息未去，后来临回沪时，在中山公园来今雨轩雅集，请了北京各位老夫子，也有朱老。一别又已一年半多了，这次在电视上看朱老的家，古老的四合院北屋挂着红灯笼，为了拍电视，还特地在室中一角摆了古书，挂了古老的中堂、对联……真如同与老夫子晤面一样，可惜先生看不见我。不过，即使在屏幕上见到，也不能对话。近日电视台也拍了我两个节目，又电约去京拍"实话实说"，春运高峰，岁暮天寒，不想再奔波，告辞不去了。而看到朱老在故宫太和殿、长巷中谈宫中皇帝过年的事，却感到很有趣，也想说两句，像说相声捧哏一样，算作在江南给老先生捧哏吧！

一是明代宫里皇上过年也吃年夜饭，也吃包饺子，江南、北国的风俗在宫中都有。刘若愚《明宫史》记："三十日岁暮……名曰辞旧岁也。大饮大嚼……正月初一日五更起，焚香放纸炮……饮椒柏酒，吃水点心，即扁食也。或暗包银钱一二于内，得之者以卜一年之吉……"辞旧岁之大饮大嚼，就是吃年夜饭。"扁食"，就是水饺，现在北京及京郊老人们还这样叫。其他拜年叫"贺新年"，初七吃春饼，十五吃元宵、灯市张灯，十九燕九逛白云观，二十五填仓，这才算过完年，无一不与后来一样。

清代宫中过年，也多继承明代风俗习惯。宫中也贴春联，不过与民间不同,不贴红纸春联。据《养吉斋丛录》记载,是用白绢锦边,墨笔书写。另据乾隆汪启淑《水曹清暇录》记云:"国朝向例,除夕前数日,工部堂官委司员满汉二人,进大内照料悬挂对联,其对皆系白绫白绢,多半楷书,挂用铜丝,拴紧于上。"因宫中都是红柱子,红门,贴上白绢锦边的对联,特别鲜丽。这是民间不知道的。

清代有满洲特殊典礼,即祭堂子,现在北京还有东堂子胡同、西堂子胡同地名。顺治一进关,就在长安门外建立堂子,元旦要祭堂子,只带满洲官,不带汉官。其元始由来,满洲官自己也说不清楚。但清朝皇帝一直遵循旧制,而且清代宫中祭神之后,必赐大臣吃肉,即将猪肉白煮,自己割着吃,是满洲特殊风俗。细说很复杂,在此只从略了。

电视中朱老说皇上赐大臣福字。这也是一种礼仪制度。这从康熙时就已实行,直到清末仍在延续。由北京王公大臣到各省总督巡抚,都要赏赐。用一尺见方的大红笺写一大福字,盖上玉玺,赏给大臣。由腊月初一就写起,由驿马送给边远各省督、抚,如《林则徐日记》,腊月末某日记着"贡差……回楚,奉到恩赏御书福字、寿字两幅,狍鹿肉一总封,恭设香案敬领"等词句。这种笺字,据记载,是"质以绢,傅以丹砂,绘以龙云纹"。记得八十年代初,还有一位青年经介绍来找我,拿着一个"福"给我看,问我值钱不值钱? 说是祖宗留下来的,问他祖宗是谁,他说他也说不清楚。现在还不难买到。

朱老还说初一朝贺事。这在《翁同龢日记》中记的最多,如光绪十一年所记"乙酉元日……待漏西朝房,辰初三刻上诣慈宁门率王公百官行礼……辰正三刻,上御太和殿受贺,宣表如仪……"这是光绪率王公百官先给西太后行礼,然后再在太和殿受贺。当时大官十分辛苦,子时(即半夜一点)即在家起身,丑正(约三时)就到了宫中,寅初(约早五时)就被皇上召见,先赐八宝荷包二份,福字一张,然后才换花衣(即蟒袍、朝珠),到时间太和殿皇帝升座受贺,大家三跪九叩。……照现在作息时间算,皇上、大臣等人一夜睡不了几个钟头。《王文韶日记》有许多同样记载。孙宝瑄《忘山庐日记》记他光绪三十三年(一九○七)正月初一太和殿行礼情况,写的极为热闹。有兴趣的,可以翻阅,在此就不多引了。

圆明园与李鸿章

　　圆明园被焚于清咸丰十年农历八月二十二日，即公历一八六〇年十月十八日。据西人资料记载，此日，圆明园和附近所有宫殿，都一齐架火燃烧起来，两天两夜，这些遭劫的避暑行宫，火光熊熊地烧着……并且随着大风，烟雾吹过联军驻扎的营盘，蜿蜿蜒蜒，到了北京。据刘毓楠《清咸丰十年洋兵入京之日记》记载，《越缦堂日记》记载：二十二日，夷兵有赴圆明园之信，翰林花园被烧，土匪肆起，铺户民房焚掠一空；二十三日夷人烧圆明园，夜火光达旦烛天。圆明园被烧前后，就是被抢掠，自然英、法侵略军抢去了许多金银财宝，但周围几十里大，包括长春园、万春园，只是那些侵略洋兵是抢不光的，更多的是附近八旗老百姓，以及后来几十年中从火烬中被抢、被盗卖的一切。李慈铭《越缦堂日记》八月二十七日记云："闻圆明园为夷人劫掠后，奸民乘之，攘敚余物，至挽车以运云。上方珍秘，散无孑遗。前日夷人退，守兵稍敢出御，擒获数人，诛之。城中又搜得三人，一怀翡翠碗一枚，上饰以宝石；一挟玉如意一枋，上有字一行，为子臣永珚恭进，乃成哲亲王献纯庙者；其一至挟成皇帝御容一轴，尤可骇叹。"当时混乱情况可以想见。史书载宋时艮岳，金兵入汴，数月荡然无存，情况一样。

　　圆明园被侵略者英法联军火烧之后，海内外人士，无不十分愤慨，反映在文学作品中，最著名的就是王湘绮的《圆明园词》，这首长庆体的歌行，真能拟之于近代的《长恨歌》，而且比《长恨歌》更详实。因为不但有诗人典丽的诗歌,而且自己在每句后都加了明确扼要的注解,这样就具备了史诗的典则。湘绮老人自己也十分得意。亲笔钞写过三份,赠送知交厚戚。赠送其亲戚长沙曹晋蕃一册,子孙不能守,以一百银元售与武人唐晋棠。后珂罗版印出版。谭延闿跋中云:

> 湘绮翁语余,圆明园毁后,周垣半圮,乡人窃入,盗砖石,伐薪木,无过问者,然品官无敢往游,云禁地也。尔时士大夫迂谨可笑类如此……后数日见于晦若,言"李合肥乙未罢政居京师,与人言及园居时事,凄然伤心,遂往游焉。明日为言者所劾,以擅游禁地下吏议镌级。……"

李鸿章是道光二十七年进士,改庶吉士,授编修。咸丰时,曾国藩在淮扬练水师,让李主其事,是谓"淮军"。李鸿章和俞曲园是同年中举,都是曾国藩门生,曾常说:"李少荃拼命做官,俞荫甫拼命著书。"对之是十分得意的。李鸿章主持淮军,久在南方,在京的时候不多。所说"言及园居时事",那还是在翰林院做编修时的事。李鸿章同治初年,升任江苏巡抚。其时已在圆明园大火之后了。所以他和咸丰时代做过军机大臣、各部尚书、王公贝勒不同,他对圆明园中、禁苑深处,是不会十分熟悉的。恐怕也只不过到过正大光明殿以及在园外朝房住过而已。所以所谓园居,也还是夸张。李鸿章大发达在同治以后,直到光绪初,后来任北洋总督,练北洋水师,成为操大权的疆臣领袖。如果圆明园还在,他有资格谈到"园居",可惜已在大火之后了。乙未是甲午海战、北洋水师战舰覆灭之后,李鸿章被朝野上下大骂为汉奸的时候,李鸿章政治上失意,所以去逛火后圆明园残迹,一温繁华旧梦。这在当时，以他的地位，本来也不会得咎。但为什么被劾呢？起因是没有满足看园太监的索贿。太监恨他，翌日正好那拉氏来，太监告他，没起作用。第三天光绪又来，太监又告，光绪未置可否，却告诉了翁同龢，翁最反对李鸿章，而当时又在戊戌前二年，光绪还比较起作用。因而听翁同龢的话，便加处分。这样李鸿章便因逛圆明园遭吏议矣。

圆明园被烧是英法联军之役（上海有大官信口雌黄对上千名小官作报告，说是八国联军烧的，不知前后相差四十年。小官们自然相信领导的话是正确的）。李鸿章被罢政，是因甲午之役。前后相差三十四年。李鸿章练北洋海军，由光绪十年开始，到甲午海战，共十四年，镇远、定远等舰，当时是最大的战舰，都被日本人击沉，当时花了上亿两白银经营的北洋舰队几乎全军覆没了。邓世昌即牺牲于是役。当时有主战、主和两派，结果主战派胜利，那拉氏、光绪帝秋七月下诏宣战，到九月海军就覆没了。拖延到第二年初，就全败了。后来就订了又一个屈辱和约：《马关条约》。如果不打这一仗，清朝可能还不会急转直下，沦为半殖民地的国家。中国历史上各个朝代，在和战关头上，常常是痛诋主和派，而轻率地主张战争，而又不能像越王勾践一样，十年生聚、十年教训，做充分的准备。清末几次战争更是这样，战争结果，倒霉的是老百姓，说风凉话的又多是主战派。李鸿章倒霉时偷着逛逛被烧的圆明园，宜其被劾了。不过李还是得那拉氏信任的，御史岳维峻就因论他而坐妄言褫职，戍军台的。

记张荫桓

　　光绪二十年甲午之役，七月宣战，九月北洋舰队与日军战于大东沟失败，邓世昌死。陆上，日军渡鸭绿江，长驱直入。吴大澂以湖南巡抚请缨带兵，于二十一年初出关誓师，打了大败仗，接着便是与日本议和，先派张荫桓、邵友濂赴日求和，日方认为不够资格，不接纳。改派李鸿章为全权大臣和日本伊藤博文、陆奥宗光订和约于马关。过了两年，即光绪二十四年，就发生了著名的戊戌政变。

　　戊戌六君子，谭嗣同等人英勇就义，世人皆知，现在还常常被人们提起。而另有一位，也因戊戌政变的关系，被充军伊犁，后来又被那拉氏秘密示意处死的，现在却很少人知道了。那就是广东南海人、表字樵野的张荫桓。

　　张荫桓不是科甲出身，年轻时跟着他舅父李宗岱（字山农）在济南，在道台衙门吃闲饭，后来因为偶然关系，捐了个知县，在山东后补，给当时任山东巡抚的阎敬铭（谥文介）起草奏稿，大受赏识，又派在山东和外国人办交涉，亦颇得力。待到阎敬铭晋京入主枢府，就保他到京，以三品卿衔，在总理各国事务衙门行走。接着因善于办外交，又得到李鸿章的赏识，成为外交能员，不数年便官拜侍郎了。

　　当时在京的大官，除满蒙八旗贵族外，照例是要科甲出身，张荫桓既非贵族，又非科甲，又非祖荫，只是才能出众，机锋四露，自然招人嫉妒，被劾四次，撤销了差事。光绪十一年李鸿章又荐其出使美、日、秘。当时越洋旅行困难,经日本隔年才到了美国金山,上岸时海关人员要查看他的国书,他严词拒绝,电询美国外交部,海关人员才向他道歉。当时华工在美被迫害致死很多,有二百来人,原使臣交涉,未能解决,经张荫桓在华盛顿与美政府据理争论,赔偿墨西哥银元十四万七千多。还宣慰金山华工,再不要自相械斗。三年任满回国后,升侍郎,署礼部右侍郎、迁户部左侍郎。甲午战败,马关议和,本来要派他去,虽因日本人认为他资望不够,不能任全权大臣谈判和约。但也与日使林董谈成商约,达成通商行船条约二十九款。后又奉使访英,经英、法、德、俄数国,在当时被认为是熟知外情的外交洋务派。光绪二十四年,又负责筹办矿务铁路总局。

张在朝中恃才傲物,与翁同龢也小有抵牾。当时他较熟悉世界形势,很得到光绪的信任。康有为见光绪,人说是翁同龢所推荐,实际却是他密奏的。戊戌维新失败,严办康梁,谭嗣同等六君子就义,到八月后,张荫桓也就被发往新疆了。据汤志钧《戊戌变法人物传稿》云:戊戌政变时,后党欲处荫桓以死刑,英国使臣窦纳乐致函日本驻华代理公使林权助营救荫桓,林权助漏夜驱车访李鸿章,谓如杀张,将引发列强之干涉。鸿章授意林权助函告荣禄,荣禄言于慈禧,遂改为流戍新疆。另见祁景颐《鞠谷亭随笔》记云:

> 侍郎丰颐广颡,言论慷爽。乙丙之际,杨文敬公(士骧)官翰林时,与侍郎交密,余时于文敬座上见之,遇人亦和平实厚,而心计甚工。文章雅饬,才足副之,与当时名流,如盛伯羲祭酒、王文敏诸公,以时往还。不意于庚子秋,竟遭奇祸于万里外,可谓惨矣。尤奇者,其子仲宅,于民国后,为强

有力者以党案钩毙之，父子皆不善终，是为可怪。

讲述《庚子西狩丛谈》的吴永，和张关系密切，曾随张出使外国，其任怀来知县，亦因张之密保。据吴讲述：张出使回国，献"红帔霞"宝石给光绪，献"祖母绿"宝石给西太后，照例进贡太后、皇上礼物，必须有李莲英一份，而张恃才傲物，没有理李莲英。李在太后前说坏话道："难为他如此分别的明白，难道咱们这边就不配用红的吗？"

在《庚子西狩丛谈》一书中记张事颇详。可补充各书所记。

樵野和康有为是小同乡，都是南海人。做侍郎时，和康有为往来极密，《南海年谱》所指翁常熟处，大多为张荫桓。庚子夏义和团时，北京突有密电致新疆当局，秘密处死。此电乃西太后那拉氏授意。见于官文书者，为："有密旨以张荫桓通俄，就地正法。"和议成，始昭雪，复原官。其子名仲宅，于民初因反对袁世凯，被陆建章（字朗斋）所害。父子同样死的不明不白，亦近代史中之惨事。

又据文芸阁《闻尘偶记》记载：

> 李仲约侍郎临终前一日执余手曰："合肥与李莲英日日相见，图变朝局，汝等当小心。"既而曰："吾不能与常熟款语，然合肥、济宁各怀不遑，以吾亲家张荫桓为枢纽，二人一发千钧，皆在张一人，胡为至今不去也。"忠诚之心，将死弥笃，乃至不避至亲，迄今思之，可为流涕。

合肥是李鸿章，常熟是翁同龢，济宁是孙毓汶，当时也是军机大臣，兼总理各国事务大臣，这段话所说正是甲午前夕的政局,张荫桓当时在政局中的重要情况,于此亦可见一斑了。

张菊生(元济)先生一九四九年写的《戊戌政变的回忆》文中忆张荫桓道:

> 那时候我在北京和一些朋友办一所通艺学堂(胡思敬所撰的《戊戌履霜录》,说我在上海开办,这是错误的),教授英文和数学。学堂聘请二位教员,一是同文馆学生,另一位是严复的侄儿严君潜。"通艺"二个字就是严复取的。校址设在宣武内象坊桥,租了一座大房子做校舍……经费无所出,由我和创办诸人向总理衙门各大臣递个呈文,请他们提倡。张荫桓最为热心,约了同僚数人联名写信向各省督抚募捐。一共捐了好几千元。……
>
> 被捕的六君子……处以死刑。……那时天天抓人,学士徐致靖、尚书李端棻、户部侍郎张荫桓等均下狱……张荫桓被充军到新疆迪化。到义和团事变时,西太后下诏把他处死。

张菊生是当时唯一活着的参加过戊戌政变的人,所记十分珍贵,可补此文前面所记之不足。

谭浏阳诗话

　　浏阳谭嗣同是"戊戌六君子"之一,世人都盛称其变法失败后,坚决以生命殉变法,谓:世界上各国变法,没有不流血的,中国之变法也要流血,流血请自我起。谭嗣同字复生,号壮飞,又号华相众生、东海褰冥氏。住北京南横街北半截胡同湖广会馆时,名居室为莽苍苍斋,号莽苍苍斋主人。其父谭继洵,官至湖北巡抚。与诗人陈三立同为当时四公子之一。陈父陈宝箴也是巡抚。不过谭嗣同不是科甲出身,他虽然学问很大,但卑视八股,从欧阳中鹄问学,好今文经学,喜读王夫之《船山遗书》。光绪二十二年,以同知资格到北京又捐了个候补知府,分在浙江。后到金陵暂住,读书著述,著名的《仁学》,就是这时写成的。在《仁学》自叙中,特别强调"冲决"一语,冲决利禄、俗学、考据词章、全球群学、君主、伦常、天、佛法等网罗。最后说:"然其能冲决,亦自无网罗,真无网罗,乃可言冲决。"实际还是理想主义的,因为人世不可能冲决一切网罗,冲决了旧的,还有新的。纵然个人冲决一切,主宰世界,被主宰者仍感有网罗。个人又在自然网罗中,因为还要死呢。翌年回湘办《湘报》,宣传变法,一八九八年农历四月,侍读学士徐致靖向光绪密保始入京,任四品衔军机章京,参与康梁变法维新。戊戌政变,他临危不惧,英勇就义,当其被擒前,他仍在湖广会馆住室莽苍苍斋中,写下了"望门投止思张俭,忍死须臾待杜根。我自横刀向天笑,去留肝胆两昆仑"的诗,等着缇骑来捉。"两昆仑",梁启超说是指康南海和大刀王五。这些英雄事迹,世多知者,不必多说。他在刑部狱中的情况,亦极为壮烈感人。

据说当时刑部的监狱,分两种牢房,一种是普通犯人,牢房极为肮脏,简直是人间地狱;一种是官吏的牢房,分各种等级,花钱多的,自能住单间,有书房、卧室,甚至厨房,自起伙食。即使不花什么钱的官,狱卒对其也不敢虐待。因为清官吏,有些是遭皇帝之怒,突然入狱者,亦有入狱不久,又被赦免,重新起用者。

"戊戌六君子"入狱后,管狱者名刘一鸣,传出不少狱中的情况:

谭在狱中神情自若,终日在牢房中闲行散步。拾起地上的煤屑,在墙上划字,刘问谭作什么?谭笑着说,在作诗。刘一鸣文化太低,不懂作什么诗,也不认识草字,没有使谭浏阳的"狱中诗草"流传人间,是十分可惜的。同因的林旭,年纪轻,十分英俊,在狱中亦神情自然,时时微笑。康有为的弟弟康广仁则神态沮丧,一边哭一边用头撞墙说:天哪,哥哥的事情,为什么要兄弟来承担。林见他哭,更笑他怯懦。不数日,狱卒来提犯人出监,康知受刑,哭得更厉害,刘光第是刑部的官吏,知道刑部制度,对康说,不要怕,这是提审,不是就刑。结果犯人带出西角门,这都是押赴刑场的门。刘光第止不住大骂道:未提审,未定罪,就杀头吗?真是混蛋……就这样六君子被押赴菜市口就义了。这是八十三年前旧历八月十三日的事。八月初九庚寅入狱,十三就义,前后不足五天。

谭浏阳在狱中的诗,可惜没有流传下来,与英雄俱泯了。谭就义之后,在南方有人秘密地印了薄薄的一本《莽苍苍斋诗》,上下二卷,收了一百三十多首诗,这是最早的谭嗣同诗的印本。现录一首《残蟹》,以见一斑吧。诗云:

篱落寒深霜满洲，南朝风味忆曾留。

雁声凄断吴天雨，菊影描成水国秋。

无复文章横一世，空余灯火在孤舟。

鱼龙此日同萧瑟，江上芦花又白头。

苍凉沉郁，足以起顽立懦，不只其人，其诗亦足以传了。

戊戌变法维新，从四月光绪下诏书，四月底召见工部主事康有为，命充总理各国事务衙门章京开始，到八月六君子下狱被杀，前后不过五个月，而谭浏阳被赏四品京卿衔，是七月间的事，不过一个月就就义了。再有"章京"是满语官名，即办文书的人员。清军机处于军机大臣之外，设章京若干员，最低只有七品，人称七品小章京。赏杨锐、林旭、刘光第、谭嗣同四品卿衔，大概是章京中官品最高的了。军机处权很大，但办公处很小，在乾清宫外几间很入浅的北房和南房。南房是章京办公的地方，办公桌分满章京和汉章京。他们初到军机处，办公桌也没有。汉章京说他们只办旧案，不办新政，不让坐。满章京处说他们是满文股，也不让掺杂。最后军机大臣出面，才让他们在当中摆了办公桌。可见多么受排挤了。其时王文韶被诏由津回京，以户部尚书为军机大臣兼总理各国事务衙门行走，但查《王文韶日记》，缺这个时期日记，是很可惜的。

谭嗣同诗

　　北京南半截胡同湖广会馆,过去有一位朋友住在里面,有一次我到他家作客,他介绍说:他所住的房子就是当年谭嗣同的莽苍苍斋,我听了肃然起敬,在破敝的庭院中徘徊想象,是否确切,也不去多考虑了。只是想着这位九十七年前戊戌八月初九日被逮,八月十三日就就义的志士仁人的壮烈形象……

　　我有一本薄薄的《莽苍苍斋诗》,扉页上题《莽苍苍斋诗二卷》,字写苏东坡体,十分苍劲,但未署名,不知是谁所题。全书连目录在一起,只十八页,却分上、下二卷,卷一四十八篇,卷二五十篇,另有补遗三十二篇,共一百三十篇。没有印作者姓名。在旧书店乱书堆中翻到时,　看是"莽苍苍诗",我知道是谭嗣同的,但书十分单薄,而且无头无尾,没有印作者姓名,也没有老式线装书的"牌子",我心想可能是谭氏就义后,上海租界的书局印了纪念的。后来想想不可能。又翻到卷一第一页,下面印着一行小字:"东海褰冥氏三十以前旧学第二种",后来查阅海宁陈乃乾所辑《浏阳谭先生年谱》,才知这书是先生自己印的。据《年谱》三十三岁时记载:

　　　　旧学四种,付刊于金陵。《寥天一阁文》二卷、《莽苍苍斋诗》二卷、《远贵堂集外初编》一卷、《续编》一卷、《石菊影庐笔识》二卷。

为什么没有写姓名而署"东海褰冥氏"呢？作者在所著《浏阳谭氏谱叙例》中说，谭、鄟、郯、覃皆通段字，引《说文》徐锴氏《系传》云："杜预曰：东海褰冥是也"后有小字自注："不知何据。"《年谱》一开头就说："自署东海褰冥氏。"既不知所据，却又以之自署。虽志士仁人，亦难免好古成癖，后人对此，似亦不应赞一辞矣。

诗集前没有序，而文集中却收有《莽苍苍斋诗自叙》一文，又收在诗集后补遗中。这篇叙不长，引在下面，以资想象。文云：

> 天发杀机，龙蛇起陆，犹不自惩。而为此无用之呻吟，抑何靡与。三十前之精力，散于所谓考据辞章，垂垂尽矣。勉于世，无一当焉。愤而发箧，毕弃之。刘君淞芙独哀其不自聊，劝令少留，且捃拾残章为补遗。姑从之云耳。光绪二十年十二月也。

写此序时三十岁。三十二岁时，到南京做官，为候补知府。第二年，在南京刊刻了《旧学》四种，包括这本薄薄的诗集。印得并不很好，每页十六行，行二十八字，黑框、小字，加乌丝栏。

谭嗣同父亲谭继洵，字敬甫，进士，官至湖北巡抚。谭出生在北京宣南烂缦胡同，童年在北京读书。少年时其父到甘肃做官，他跟在任上，青年时亦多在西北，且从小练武术，身手十分便捷。诗中反映西北生活的很多。有的且有史料价值，如《和景秋坪侍郎甘肃总督署拂云楼诗二篇》之一云：

> 金城署郡几星霜，汉代穷兵拓战场。
> 岂料一时雄武略，遂令千载重边防。

西人转饷疲东国,南仲何年罢朔方。

未必儒生解忧乐,登临偏易起旁皇。

　　此诗在"东国"句后有长注道:"甘肃军饷,岁四百八十万,皆仰给东南诸省。时总督为家云觐年伯,方请假归里,是以有取于谭大夫小东之义。"从这一注中,知道当时西北军饷的数目和取给东南的情况。西北贫瘠,仰仗东南补助,何时始能改变,今日读之,亦颇感慨。不过就诗论诗,却是一般。《陕西道中二篇》之一云:

曾闻剥枣旧风流,八月寒螫四野秋。

翻恨此行行太早,枣花香里过邠州。

　　这首或有点西北风土诗韵味。

吴大澂、谭延闿

甲午之役,湖南巡抚吴大澂请缨统湘军赴朝鲜督战,清廷允其所请,先带兵驻乐亭,后出山海关,先败日人于亮山,后日军陷牛庄,吴大澂败走,奔锦州,被清廷切责,先命回湖南巡抚任,不久开缺。后又降旨:革职永不叙用。说来也是很冤的。吴大澂为什么自动请缨去带兵打仗呢? 说来他还是有一定经验,而且熟悉朝鲜和吉林情况的。

他字清卿,江苏吴县人,年轻时就很有名,同治六年进士,授编修,后来办赈灾,受到李鸿章、左宗棠等人赏识。光绪六年,已是三品衔,随吉林将军铭安办东北边防,和俄国人办交涉。而且单身匹马跑到夹皮沟大山中,说服拥有四五万人的胡子头韩效忠接受安抚;后又奉命出使朝鲜,日本使臣井上馨索偿无礼要求,亦被其摄伏;其后在吉林与俄国立界碑,使图门江通航等等,都说明他在吉林建树很多。也正因为这些经历,使他在湖南巡抚任上,激于义愤,请缨出师。清朝政府,也因他旧日这些经历,便相信他,真派他带兵去东北和日本人打仗。打败后回来,他自己感慨地说:"余实不能军,当自请严议。"他所带的是湘军,实际湘军最早的高级统帅,都是文人。而到他手里,湘军实际也不比从前,已不能打仗了。再说他还会技击,讲求武术,讲求打靶,很像另一湖南人谭延闿一样。但他机会不好,为此丢了官。另一个却十分玲珑,左右逢源,结果做了更大的大官。虽然二人前后相差一些年代,但却有不少相似的地方:都是名翰林,字都写的好，一个篆隶钟鼎、一个榜书颜鲁公，这又都是一般翰林做不到的。当然啦，写字总也还是翰林的本色，也没有什么可奇怪的，更特殊的是这两个人都还要"打准头"，即练习打靶，而且都练就了一身过硬的枪法，虽不能说百发百中，但常常能打个"全红"。吴大澂的故事，在小说《孽海花》廿五回有精彩的描写，回目下句是"七擒七纵巡抚吹牛"，这是按照"甲午"之后流传的"翁相国三回访鹤，吴中丞一味吹牛"的联语编的回目，说的就是他以湖南巡抚的身份，上书请缨带湘军到朝鲜打仗，结果打了大败仗。"中丞"是巡抚的正式官衔，是从明代沿袭下来。不过吴大澂虽然打了败仗，落下"吹牛"的话柄，而他的枪法的确是打的很准的。

无独有偶，谭延闿也是这样一个人，据陶菊隐老先生记载：民初谭延闿任湖南军都督，广西军阀王芝祥带兵经过长沙，湖南一些军官知道王芝祥枪法很准，请他到校场表演打靶，一连放了十枪，有七枪打中红心，大家都喝起彩来。这时谭立在王身边观看，顺手接过王手中的枪，当时大家都不知道谭几乎有"百步穿杨"的绝技，都以为是随便玩玩，不料他端起枪来，连发十枪，枪枪射中红心，手下的人一时被他的"神枪"几乎要惊呆了。

说起这种情况，虽然似乎很特殊，但在清代末年，由于国家受到列强侵略，有些人便想有"文事"者，必有"武备"，练拳击、练打靶，便也是"武事"之一了。他的幼年老师是安化县黄凤岐，别号芳久，不但是一位通儒，而且精通拳术，一身好功夫，便从小既教这位学生读"四书五经"、作八股文、试帖诗，也教这位学生练习拳击，练的身手矫健，动作灵活，为后来练习打靶、骑马打下极好的基础。他父亲在清代做到巡抚、总督，手下有不少"戈什哈"（即小武官，如后来的马弁），他从这些人学会了高超的骑术和枪法,做军都督时,每天早上在校场骑马,能一口气跑上五十多圈,别人都比不上他。戊辰(一九二八年)在南京他已五十多岁,有《走马》诗云:"伫立广场看走马,旁人应笑老夫痴。谁怜年少挥鞭日,堕埵抛羁总不知。"又《试马》诗云:"独乘千里欲安之,款段无嫌果下骑。何事英雄伤老去,泪零髀肉复生时。"不但有所寄托,仍然对他旧时的"骑术"很得意呢。至于吴大澂,则始终是个学者,钟鼎篆隶专家,一生乐此不疲。即使在行旅途中,在吉林做官的时候,也念念不忘于此。不妨引一篇他在吉林写给王廉生的信,以见其官况、学问和雅趣。信云:"廉生仁弟大人如手:初夏在都,忽忽十余日,独与执事握手畅谈,大为快意……念甚念甚。大澂自抵吉防五十余日,因饷糈军火转运稽迟,赤手支撑,巧妇亦拙,此间风俗近古,二百年来,依然蓝缕。珲春不用圆泉,以化易化,抱布为市,间用白金,称物平施。竟不知五铢半两为何用。真是三代以前之世界。日内拟往三姓设防,由松花江顺流而下,扁舟如叶,有柁无帆,质朴可笑。三姓以东,即赫哲部落,其地专以渔猎为生,有白首未尝菽麦者。见拟招集而训练之,当可得劲旅数千,为东方之捍卫。书生戎马,别树一帜,亦足自豪,虽强邻不能测其深浅也。槁葡一器,为向来金石家所未见,鄙说似非臆断,拓呈鉴赏,乞为考正之。龙节拓全形,可正积古斋龙虎节之误。望以尊藏太室埙拓一纸以报我可乎?簠斋丈久无信至,未识吾弟时通音问否?极以为念。手勒敬请台安,言不尽意。如兄大澂叩首。"

这是光绪十一年在吉林珲春与俄国使臣勘边界时写的信。王廉生即发现甲骨文的王懿荣,和他是把兄弟。簠斋是陈介祺,也是金石学家,比他辈分早。

谭延闿与北京

谭延闿的出身,很有些像著名诗人散原老人陈三立,是"贵公子,名翰林",谭延闿之父谭钟麟做到陕甘总督,又调任两广总督,是显赫一时的封疆大吏。

谭延闿,字组庵,是湖南茶陵人,但年轻时有不少年住在北京。他父亲谭钟麟字文卿,是咸丰丙辰科翰林,由翰林院庶吉士、编修,一直做京官,升到户部侍郎,这期间他跟着他父亲住在北京。谭年轻时在安化老儒黄凤岐教导下,不只经史制艺词章好,而且武术也好,有才子之誉,光绪三十年在北京会试时,中第一名"会元",但是殿试时没有能进入"一甲"(即三鼎甲:状元、榜眼、榜花),只是名列"二甲",赐进士出身,即一般所说的"翰林"了。但毕竟是会试榜第一名会元,所以也是十分出名的。清末先在翰林院任编修,后回湖南办学。

辛亥革命后,谭延闿被推为湖南参议院议长,成为一个政客,野心很大,官也做得很大,这方面世人多知,无足深谈。然他的字、诗,以及熟谙清末京华掌故方面都是其他官僚比不了的。例如,二十年代末他在南京石板桥家中,曾给简叔乾写过一个京华旧闻册页,记了不少晚清轶闻,如记咸丰事云:

宣宗(即道光)钟爱恭忠亲王,而文宗(即咸丰)居长,疑所立。一日命诸子出猎。杜文正受田为文宗傅,语之曰:今日为阿哥一生关系,宜从吾言,出猎终日,勿杀一兽,徒手归,上问则曰:方春鸟兽孳乳,故不杀。文宗如其言,及归,诸子所获尽以献,文宗独无。宣宗怪问,具对如杜言。宣宗默然久之,而立嗣之计以定。

又记云:

孝全成皇后者,文宗母亲也。一日召诸皇子食,戒文宗勿食,问之,则曰:吾将以利汝也。文宗方十余岁,意不然之,戒诸弟勿食。后怪问之,文宗曰:吾已告之矣。后怒,覆馔于地。犬食之,立毙。事闻于太后,大怒,召宣宗将究其事,后遂自缢,谥曰全者,以此云。

以上所记,足补清史秘闻。他父亲是户部侍郎,兼管三库,即银库、缎库、颜料库,其笔记云:

先公官户部侍郎,兼管三库,一日启库入视,梁上有毡帽、茶碗各一,老吏云:道光时库积银高与梁接,当时库丁取银遗置于此,及后库储日匮,虽欲取下,不能矣。闻者皆相顾咨嗟。

此则可见清代后来经济之匮乏。还有的极为发噱。如记戊戌年他去东交民巷看望徐荫轩(即徐桐,体仁阁大学士,是有名的守旧派),徐对他说道:“世上安得有许多鬼子,全是汉奸造的,今日某国、明日又某一国,不过这几个鬼子,翻来覆去,如变戏法。”他当时忍住笑不敢回答,直到告辞出来,坐到车中,才大声狂笑。所记十分有趣,当时迂阔闭塞的官僚之无知,可知一斑。

清末大书家的字,不少受翁同龢影响,其中享大名的有华世奎及谭延闿、泽闿兄弟,这个脉络是很清楚的,翁同龢是咸丰丙辰科状元,是谭父的“同年”,在清代这个关系是十分密切的。谭延闿兄弟年轻时对这位“状元年丈”自是十分景仰,处处摹仿,在书法上受到他的深刻影响是必然的了。他曾记翁骑马到他家去,他父亲不在家,翁直入其父书室,据案作书,他从帘隙窥视,见翁悬臂运笔,潇洒自如,写完后上马自去,他跑到书房去看,案上淋漓满纸,墨犹未干,使他在幼年时留下极深刻的印象,老来写出时犹历历如绘。他作诗得力于散原老人,有诗云:“我年十二度关陇,南归始识洞庭湖。父师延客侍座侧,散原先生来起居。谓我诵习皆俗学,亟亟舍去毋踟蹰。”这是他第一次见陈散原,后来一直到老,仍然过从很密。

一九一二年,国民党成立,谭加入了国民党,一九二四年被选为中央执行委员。北伐时,谭被推为军事委员会委员,国民革命军第二军军长。南京政府成立,先任国民政府主席,后任行政院长,直到一九三〇年去世。他是阔少爷出身,特别讲究吃,顿顿要吃鸭子、鱼翅。在北伐时,行军路上,也是如此。有自制食谱。他死后,他的厨子在长沙开了一家餐馆,名菜有“组庵肉”、鸽羹等。实际作为菜名,“东坡肉、“组庵肉”都不好听,似乎是吃苏东坡、谭组庵的肉了。不过好吃这点,也还是北京官场的习惯,少爷的作风。

谭延闿自写诗草

茶陵谭延闿己酉(一九〇九)《游圆明园》诗云：

> 玉阶金户已无存，寂寞谁能识禁园。
> 福海只今余万苇，属车曾记拥千门。
> 盛时文物留残石，劫后墙砖认烧痕。
> 惟有流泉依旧好，年年不共海潮浑。

谭组庵不愧为考中过"会元"（会试榜第一名）的人。其诗颇沉郁耐读。谭氏一生诗作的不少，但年轻及壮年时的诗大多没有保存下来，这首《游圆明园》诗是宣统元年他三十一岁时在北京时所作，是从《日记》中摘录下来的。其弟泽闿跋他的《诗草》时说："先三兄少日所作诗文多不存草，光绪壬寅（一九〇二年，即光绪二十八年）余兄弟同写日记，偶有篇什，始记录之。尔后二十年，兄于役广州，乃自写诗稿，迄于庚午，凡得四卷。"这部诗稿，后来是影印出版的，计有《粤行集》一卷、《切庵诗稿》一卷、《非翁诗稿》两卷。另有补抄《慈卫室诗草》一卷。谭氏是"八法"名家，大字写颜鲁公，颇见火候；小字则参以二王，更见圆润妩媚。手抄诗卷，不只可以看他的诗，而且可以欣赏他的字。他这部《诗草》当时是印来送人的非卖品，所以流传不多。

老实说，其字比诗更可贵，其间有补注之蝇头小楷，舒展自如，笔笔精到，即使小楷，亦多中锋，运笔如游丝，非深于阁帖劲力者不办。书法家要能写榜书正楷,蝇头精楷,有此功力,才能够格,现在神州之大,再找不出这样的人了。在写字上用过真功夫,自然对碑帖的学问也十分精到,诗集中有一篇《题覆本太清楼帖》七古,诗句对此帖源流,怀古吟叹,中又加注,考证各种版本,更为精当。按,"太清楼帖",为宋哲宗元祐五年以《淳化帖》未刊遗墨入石者,成于大观时,前十卷以年代名,曰《大观帖》,置于太清楼中,后十卷以地名,曰《太清帖》,总称为《大观太清帖》,又刻《十七帖》《书谱》,共二十二卷,金人破汴京后,原石失散。谭诗注考证精详,足见其学问。

谭氏的《诗草》,自癸亥(一九二三)起,都手录存稿,其时正是广州大革命时代,其《黄花岗口占》云:

夹道成阴树已林,十三年事一沉吟。
万人欢动看今日,谁识当时烈士心。

这诗还多少有些时代的气息,这是一九二四年所作。待到七年之后,在南京时各种情况就十分复杂了,诗中的感情也都两样了。其《和展堂(胡汉民)》一首云:

老懒何心敢致师,应缘清夜得新诗。
夙兴自合称朝气,晏起从人消墨痴。
待旦不忘行役事,求衣长是未明时。
鸡鸣总被蝇声误,脱珥无烦更克期。

按,谭为人从好处说,比较和缓平易,从坏的方面讲,比较圆滑。他和汪精卫、胡汉民都很要好。一九三〇年三月胡因反对

蒋介石,被囚于南京城外阳山。有《忆组庵》诗云:

> 太傅冲和未易师,灌兰除艾尚无诗。
> 拟从吏部规棋癖,肯学君虞有妒痴。
> 风景不殊身逝后,江山无恙我忧时。
> 去年今日经风雨,正复回章索和期。

前引诗,即此诗的和章,胡汉民在修养上,是不及谭的。谭又有《苦雨柬展堂》一诗,仍用"师、期"韵。句云:

> 孤负春光是雨师,恼人应只解催诗。
> 已怜乾鹊交愁湿,颇怪乖龙不作痴。
> 官道亭台迷草色,寺门泥泞误花时。
> 牡丹零落荼蘼尽,暇日销忧未可期。

当时二人"师、期"韵唱和诗有十数首之多,均有内容,有感慨,非泛泛语也。江西老诗人夏敬观评曰:"看似容易,意自深远,用力恰到好处,即平平写过,态度亦佳,是唐诗非宋诗。"评价是不差的。

其"鸡鸣"、"蝇声"之语,亦可见其集团内部之噪杂。另外其题画及写景小诗亦颇有可读者,如《题陈树人画松菊》云:"岁晚东篱尚几丛,劫余来护六朝松。披图我亦添惆怅,不失樗园送客风。"散原老人评他的诗道:"蕴义深微,抒情绵邈,其有意无意间,虽若乱头粗服,而老味溢出,风轨不坠。"这些话虽不免有些溢美之辞,但基本上还是中肯的。

"错认秦淮夜顶潮"

　　三年前常熟翁文恭后人翁宗庆先生忽然寄来一封复印的信,信上先录了松禅老人一首题为《谢家桥小泊待潮》的小令《浣溪沙》,后面说常熟翁氏纪念馆已在翁氏故居开放了,为了纪念这位历史人物,特抄了这首意味深长的词,分寄各位,希望以此词为中心,或书,或画,或诗、词和章,写了寄给翁宗庆先生,然后汇装成册,以供展览,纪念老人。这封信我收到后,思想这样近代史上重要名人,四十五年前,我有幸和他后人接头,代表公家买下了他北京东单二条的故宅作为宿舍,我家还在里面前后住了足有五年之久……一恍几十年过去了。十来年前,在上海我又认识了翁宗庆先生,又过了二三年,偶然的机会,我又到常熟访问,有幸参观了翁氏故居,还拍了"状元第"的照片,平时又读了翁氏许多书,这样的缘分,想象这样的历史人物,怎会无动于衷呢? 因此我便随手翻过原函,在背面依声步韵和了两首《浣溪沙》,另用宣纸抄好寄去了。昨天整理杂乱旧稿,忽然见到这封一面是复印信,一面是我写的词稿的纸片,心中忽然一动,感到两首小词,对于这样重要的历史人物来说,未免太少了。可说的话很多,何不以此信做个引子,写篇长文呢? ——这样随手把这封有信有稿的纸片放在一旁,今天一早起来,找出了《瓶庐诗钞》、《瓶庐丛稿》、《翁同龢日记》……等先看起来。

　　原信中说:"先松禅公于归田后,辛丑三月,谱《浣溪沙·谢家桥小泊待潮》一阕,原作如上……久仰先生盛德健笔,肃此拟

乞拨冗以原词'水花风柳谢家桥'句……填词和韵……"当时我和了两阕,和词道:

> 岁晚江乡日暮潮,昆明湖水记兰桡。卢沟晓月过长桥。婉约新词增感慨,曚眬旧梦黯魂消。辽天云淡鹤旧巢。

> 宦海浑如夜弄潮,雾迷涛涌险扶桡。黑貂尘暗正阳桥。竖子难谋刘项事,诗骚每令壮怀消。又看乳燕爱新巢。

《瓶庐诗抄》中卷五附有词抄。《浣溪沙》共五首,第二阕题为《谢家桥小泊待潮》。词云:

> 错认秦淮夜顶潮,牵船辛苦且停桡。水花风柳谢家桥。　病骨不禁春后冷,愁怀难向酒边消,却怜燕子未归巢。

摇曳多姿,意在言外,深得词人之旨,且有画意,不愧为一代帝王师。"未归巢",光绪尚在西安也。《浣溪沙》一共五首,前一首题目是《谢家桥古银杏·辛丑三月廿四日福山舟中》,词云:

> 一扫江乡万木空,眼前突兀各争雄。何年僵立两苍龙?　像没荒凉碑记黯,拂衣肃肃有灵风,微闻野老说双忠。

这一首自然也是意有所指,只是没有前引《待潮》一首潇洒漂亮。《待潮》后还有《食鲥鱼》一首,词云:

一箸腥风餍腹腴,嫩如熊白腻如酥,江南隽味世应无。　　作贡远通辽海舶,尝新忝荷大官厨,酒醒忽忆在江湖。

这首词前半阕也是硬作出来的,只是结尾一转,无限苍凉,无限感慨。后面尚有《坐独轮车》、《田山圣济寺时方重修》二首。五首似是一个时期所作。按第一首题中所记"辛丑三月廿四日舟中",其时是"庚子"后一九〇一年三月间,那拉氏和光绪当时都还在西安,北京还是八国联军侵占着,但和议已成,洋兵将撤。据《王文韶日记》光绪廿七年在西安所记:"三月十九日大风,午初一刻散直……赏香稻米、鹿筋、鱼翅、海参、鱼肚,安徽贡品也。二十四日晴,巳正二刻散直,见客两起,李馥亭、易实甫。二十五日晴,巳初三刻散直,张冶秋、瞿子玖、升吉甫先后来谈。"

王文韶当时是户部尚书兼管三库,庚子时跟着西太后、光绪到了西安,照常当大官。后跟随回銮。

王文韶所记,是西安行在的情况,在同一天,洋兵占领的北京又如何呢?高枬《高枬日记》该日记云:

二十四日,孟甫来……德兵换界,人人虑之,今来安然,而洒扫街者愈净。

高二十一日还记西安人来说"西安饿民全村而死者众"。另仲芳氏《庚子记事》,辛丑三月廿三日、廿四日记云:

二十三日,夜间自九点钟至一点钟,遥闻西苑三海大炮五十余声，震动窗壁。后又枪声不断，又有各国吹打音乐之声。未悉何事，满城百姓莫不怀。

二十四日，闻昨日系各国在三海开宴请客，燃放烟火花爆，远闻声震者，并非枪炮之声耳。

北京闹义和团，招来八国联军入侵。那拉氏与光绪逃到西安，东南两江总督刘坤一、湖广总督张之洞联盟自保，不让义和团入境。同在一天，北京洋人在三海宴客，两宫在西安蒙尘，下野的相国则在江南水乡谢家桥畔的船中待潮、食鲥鱼、吟银杏，春潮乎？政潮乎？正所谓身在江湖，心怀魏阙了。因为这已是翁同龢罢官，褫去一切官衔，交地方官严加管束的两年半之后了。

说起翁同龢，不只是一个名人，而且是关系到十九世纪江南一个著名的氏族。其祖父翁咸封，举人，官海州学正；其父翁心存，字二铭，号邃庵，道光二年（一八二二）进士，翰林院庶吉士，官至工部尚书、大学士，为同治四师傅之一。翁心存三子，长子翁同书，道光二十年进士，翰林院编修，官至安徽巡抚，因罪戍伊犁，后复官；二子翁同爵，由生员官至湖北巡抚，著有《皇朝兵制考略》；翁同龢是幼子，咸丰六年（一八五六）状元，官至户部尚书，协办大学士，长期担任光绪老师。翁同龢没有儿子，其大哥的儿子翁曾源，同治二年（一八六三）状元；另一孙子翁斌孙（不知是否是翁曾源子，还是其兄弟之子？）光绪三年（一八七七）进士，翰林院检讨。这样常熟翁家由翁心存到翁斌孙，四代人中有五个人入翰林，其中叔侄两个都是状元。这几乎是一种奇迹。先天的遗传基因，后天的良好教育，都值得作为氏族学的事例深

101

入研究，不过在此不去多讲，只讲讲翁同龢的点滴。

在仕途上，翁同龢是翁家继承其父任户部尚书、协办大学士、皇帝师傅，并兼任总理各国事务衙门大臣的人。总理衙门就是最早的外交部。掌握国家财政大权达十二年之久。有一个时期还兼任军机大臣，在一定程度上，权势超过他父亲。

在政治上，他父亲翁心存，正赶上肃顺当权，咸丰去世，那拉氏垂帘听政。因太平天国战争，国家财政困难，他与肃顺意见不同，被迫解职，几乎被罗织罪名入狱。同治登基，肃顺一党倒台，他本可以大用，但不久去世了。翁同龢是最受那拉氏重用的人，最早由翰林院修撰，外放陕西副主考之后，被钦命弘德殿行走，当同治老师，还给两宫（慈安太后、慈禧太后）讲《治平宝鉴》。同治死后，又被钦命为光绪老师，衔是"毓庆宫行走"。教光绪读书，自幼年直至成人，前后二十二年之久，对光绪的影响极大。但他久在中枢，主持财政，同地方大吏借外债筹款改革等政策，与外国交涉、主战主和等方面，均坚持己见。与张之洞、李鸿章等人均有些隔阂与分歧。甲午战败，光绪锐意改革，翁同龢为光绪推荐了康有为、梁启超等人，激进人物影响了保守势力，翁同龢被那拉氏免职。戊戌政变失败之后，翁同龢进一步被免去一切官衔，遣送回乡，交地方官管束。据《清史稿·德宗本纪》：光绪二十四年四月己酉"翁同龢罢"，冬十月辛丑"追夺翁同龢职"。翁同龢要不是免职较早，恐怕要直接参与到七、八月间的戊戌政变中去，结果恐要更惨了。

在学术、艺事上，首先就是坚持了四十六年的日记，后来被影印出版的《翁文恭公日记》四十卷，内容极为丰富，纪录了同、光两朝四十多年的朝政变迁，宦海浮沉，而且除了国家军政大事之外，许多当时具体的典章制度、生活情况，《日记》中均有详细记载,是更为珍贵的具体史料。自然这部《日记》当中,当时的朝野重要人物大多写到了,而且都是具体真实史料,近人金梁据此编成一部十分重要的史书《近世人物志》。再有状元字,翁同龢的书法,凝雅庄重,直追颜鲁公,气魄很大,较之其他状元字,似要高出许多。而且还会画南宗山水画,晚年所作,也直师沈石田,折枝花卉亦气韵生动,有书卷味。中国书画,与诗文词章是融汇成一体的,所谓诗情画意,诗中有画、画中有诗,自六朝而后,将此意境推向高潮,代有传人大家,至清代后期,状元殿撰,都是万千人中涌现出来的绝顶聪明的人。翁氏虽然做了四十来年大官,但学养深厚,非俗吏可比,治公之余,都是怡情诗酒书画,有大量诗、词、书、画作品传世,刊印的有《瓶庐诗钞》八卷、《瓶庐诗补》一卷(我所有的是开文社六卷本)。另影印出版的有《翁松禅相国真迹》十二卷、《翁松禅手札》十卷。我收藏的则有《瓶庐丛稿》十卷本、《翁松禅家书》一集。没有见过的还不知有多少。

《翁文恭公日记》是一九二五年影印出版的。据美国国会图书馆恒慕义所编《清代名人传略》,《翁传》是原燕京大学房兆楹所写,有人民大学清史所中文译本。房写《翁传》中说:"有人认为,在变法运动中涉及翁同龢的那部分有些曾被改写。"这可能是真的,因为这事当时关系性命,这不是闹着玩的,适当改一改,也情有可原。不过翁同龢廿六岁通籍,一帆风顺,直到六十六岁,才赶上戊戌政变,被免职,遣送还乡。又八年,七十四岁时去世,这期间,日记天天不断,从一八五三年直到临去世前数日才因老病辍笔,足足半个世纪,这半个世纪又是中国重大事件集中的时代,他又是政治的中心人物,这日记的重要就可想而知了。中华书局最近已把这部日记取名为《翁同龢日记》,排印出版了。

我买到的是第三册、第四册。从年代讲,由光绪元年(一八七五)到光绪十五年(一八八九),前面的第一、二册,出版印数过少,迄未买到,四册只写到光绪十五年,到光绪三十年翁去世,还有十五年,起码还有两大本,可惜不知何时出版? 至于影印的《翁文恭公日记》,自己没有,到大图书馆借来检阅也十分不便,所以前引《谢家桥小泊待潮》的词,如想检阅一下这一天老人的日记,对照一下,加深理解,也就十分困难了。

不过也不要紧,起码"谢家桥"还可以进一步研究一下。《瓶庐诗钞》卷四还有《谢家桥古银杏》诗云:

> 潮塘神宇静,突兀两苍官。
> 对立若相语,孤擎良独难。
> 雷惊枝辟火,秋老果登盘。
> 却怪维摩树,频经石匠看。

此诗后有其侄孙翁永孙注云:

> 叔祖《古银杏图》,甲辰秋永孙见于武林。倩彭颂虞缩临便面。曾赋短句以志哀感:
> > 破空风雨漫相摧,独叹孤高触忌猜。
> > 荆棘塞天鸾凤泣,岩阿竟老栋梁材。
> >
> > 大树飘零撼九州,即今涕泪满山丘。
> > 纵留劲节还天地,乔木能禁故国愁。

可见翁松禅不但有谢家桥待潮词,还有谢家桥古银杏词,还有谢家桥古银杏诗,还有古银杏图。谢家桥古银杏诗、词、图,连他侄孙也感慨万端。而且在谢家桥之外,尚有蒋家桥之名,就在常熟北门外,顶山脚下,尚湖旁边,他新买的墓地。见中华书局新刊《翁同龢日记》光绪十五年己丑(一八八九)八月所记。这年八月翁同龢以户部尚书、光绪师傅身份上折请假回籍修墓,蒙恩赏假两月。旧历七月十八自京起程,七月廿六日到常熟。有关日记择录如下:

> 八月朔,晴,五兄忌日设奠。谒北山先墓……
>
> 初七日,阴……周鸿宝(品官之子),来称有地可卖……晚乘舟至湖边眺望。湖壖有翁家坟号一粒珠者,不知何房之墓。
>
> 廿四日,阴……其间看地数处,所谓一粒珠者,癞团形者,皆不佳,惟顶山左侧蒋家桥一处颇深秀,三峰寺产,朱小五领看。

再《瓶庐词钞》中有两首《买陂塘》词,前有小序云:"戊戌长至后,西山墓庐将成,奎孙侄孙督役勤至,今呈新词两阕,辞意斐然,漫次其韵。落笔草草,切勿示人也。"这两首词是四月罢官归隐庐墓的表态之作。词中说:"蜡屐抛残,围棋输却,莫问谢公墅。"又说:"漫说浮名相误,忠肝要自披露。此湖多少闲风浪,传有隐居尚父。"又说:"西山下,沈痛蒿莪风树……看咫尺湖田……指我钓游处。"《日记》和诗、词诸作汇观,可见翁氏蒋家桥墓地,就是光绪十五年看好的,光绪廿四年戊戌修好的,就在尚湖边、顶山脚下。戊戌被罢,所谓"更沈吟,几间茅屋,也须健骨撑住",可以咫尺湖田,退隐林下,也还罢了。而想不到两年后,国事日非,八国联军入京,西太后、光绪蒙尘西安,退居林下待罪的老相国、帝王师,自然是伤感万端,愁怀难遣,不禁低吟"错认秦淮夜顶潮"、"却怜燕子未归巢"了。

这组《浣溪沙》共五首,还有一首题为《坐独轮车》,亦十分有趣。词云:

粳稻云帆系此邦,惊涛骇浪未全降,居然画断一长江。 柳陌低低行易过,鹿车小小力能扛。莫言失脚下鱼缸。

赞赏江南自保,夸耀小小鹿车。虞山林下坐独轮车的翁相国,使人想起八百年前南京秋风黄叶山路上骑驴子的王荆公……坐着奥迪车奔驰在柏油路上的大官们,能想象到这些骑毛驴、坐独轮车的老相国吗?——真是前不见古人——但却也留下"水花风柳谢家桥"这样美丽的词句,而奥迪车后留下的却只是一股汽油味,似乎传统文化也就在这屁股底下散出的汽油味中消失了。

松禅老人世纪初一首小词,九十多年后我却拉拉杂杂地写了这许多感慨——或者也可叫废话,似乎太啰嗦了,该结束了。但是还想拖个尾巴,就是翁同龢的别号很多,字笙阶、切夫、声甫,号叔平、瓶斋、瓶庐、瓶笙、韵斋、松禅老人,又因是常熟人,有时也可叫"翁常熟",谥号"文恭",史称"翁文恭公",略作介绍,也有必要,不然有些读者看到不同的名字就弄不清了。

父子翰林

　　明清两代科举取士，通过考试，一级一级上去，人才涌现，相对说来，是十分公平合理的。因之在民众中十分心服。社会上十分重视。尤其是考中一甲、二甲的，更为荣耀，进了翰林院，雅称"翰苑清华"。一甲正式叫"赐进士及第"，二甲叫"赐进士出身"，三甲叫"赐同进士出身"，一般只叫进士，不能叫翰林了。在科名上总不如翰林光彩。曾国藩虽然是清代咸丰、同治时的所谓中兴名臣，官做的最大，但终生以未入二甲为憾。就是当时流传的讽刺他的对联"替如夫人洗脚，赐同进士出身"所说的了。家中出一个翰林就很光彩，如父、子、兄弟中两人、三人同入翰苑，那就更光彩了。

　　《艺风堂友朋书札》，都是缪荃荪的朋友们写给他的信，有的只有一封，有的则多到一百余封，其中有杭州人嘉庆时云贵总督吴振棫之孙及曾孙吴庆坻、吴士鉴父子的一部分，十分有价值。这父子二人，都是二甲出身，都是翰林。

　　书中所收计有吴庆坻二十五封，吴士鉴四十二封，大部分都是和《清史稿》极有关系的，是研究《清史稿》的很重要的参考资料。吴氏父子现在可能有不少人已不知道了，实际上他们在清代末年的学者中，十分有名。吴庆坻字子修，一字敬疆，晚号补松老人。光绪丙戌翰林。吴士鉴字絅斋，号公詧，又号含嘉，别署式溪居士，光绪壬辰榜眼，即一甲第二名。父子二人同登翰苑，后来同任翰林院编修。父子二人殿试得中，前后相差只有六年,任编修,相差只三年,在科举时代,这样的事,是被人们极为羡慕,传为士林佳话的。父子二人在学问上的成就都很大,吴庆坻著有《补松庐诗录》、《文录》、《蕉廊脞录》等书。吴士鉴著述更富,有《含嘉室诗集》、《文集》、《清宫词》、《式溪词》等。所著《晋书斠注》一书,一百三十卷,是用了二十年苦工写成的,是研究《晋书》的重要参考书。另有《补晋书经籍志》四卷,也很重要。辛亥革命之后,“清史馆”成立,赵尔巽聘请吴士鉴到馆任纂修,后又任总纂,二度进馆,对《清史稿》的修成,建树颇多,开馆之初,《纂修清史商例》,就是他手订的,曾登在民国五年《中国学报》上。吴氏弃世于一九三三年,其子秉澂等为其所撰《行状》中有数语道:

> 甲寅夏,清史馆长赵次珊丈尔巽聘府君为纂修,时馆事草创,亟待府君商订体例、搜集材料。粗就绪,奉先王父召归,既而赵次丈以列传事有所商榷,手书敦促,并厚致薪糈及聘金,府君皆却不受,终以史事重要,重来京邸,担任总纂。未观厥成,复以先王父母年高多恙,仍回绪里养。

当吴士鉴初入史馆时,他在北京,缪荃荪在上海,其父吴庆坻在杭州,这本书中所收的信札,大部分是这个时候写的,不少内容都是和缪荃荪商量《清史稿》的事,如对列传的安排,请谁写什么传,各种史例,以用谁的为好等等,还有述及开体例审查会的情况,参加的人员,如金兆蕃、宝熙、王式通等人,还有名誉职,如夏曾佑、梁启超等人。信中还约请缪荃荪写有关篇章,如《土司传》、《四藩传》等。总之吴士鉴学问淹雅、办事认真,对《清史稿》的修成,是起了重要作用的。所以馆长赵次珊后来请他担任

"总纂",就是"主笔"和"总编辑"合而为一了。

《艺风堂友朋书札》中吴氏父子信甚多,未便多引,摘引吴士鉴议修《清史稿》诸函数段,以存史料:

> 尊撰《土司传》告竣,《四藩传》亦非大手笔纂述不可。至慰至慰。国初诸老互相作传,由于各人皆有见地,非如今日之随意乱认也。日前陈仲恕来杭,佥告以作传办法,应立传之人以时代为次,然后再分专传、附传,其余归表。……

> 十二日审查体例,仅十三人,将各家拟列汇集,共十余份,逐条斟酌。尊撰史例,早归入其中。是日结果,大致以佥与式之(按即章钰,江苏长洲人)、篯孙(按即金兆蕃,浙江嘉兴人)主持者稍多,梁任公所拟未尽从之……

> 端节发下儒学传目,敬阅一过。顾、王冠首,仍遵阮例,究为允当。此外分并,其见精心甄综。高邮文简,有学问而无政绩,附于石臞先生甚妥。曲园偶尔漏写,当代补在孙仲容之上。越缦于经、小学未有著述,似难列于儒林……若列入文苑,尚可为同光后劲,厕之儒林,黯然无色矣。

> 大稿精实细密……阅毕即代呈馆长也,惟有一二人,拟商之长者,未知尚可附入否? 一为崔东壁,其所著书,虽无家法,而北学除通州雷、肃宁苗、昌平王三人外,尚觉寥寥,东壁久已悬人心目之中,能否增附于雷传之下,以餍北人之望……

所引如加解说,又将费辞。不解说,读者去参考吧!

曲园四代人

俞平伯夫子寄来一张照片：老夫子是侧面背影，正在仔细观看手里捧着的一本书，书的扉页上五个隶书大字，清晰可见，"曲园课孙草"。照片后面题了几个字："此照联接寒舍四代人。"老夫子欢乐之情，从照片中和题字中是可以想见的。

怎么说一张照片，连接四代人呢？这就要作一点细致的解说了。《曲园课孙草》是一本书，是曲园老人特地为孙子编写的一本学习八股文的教材，如今拿在平伯先生手中拍了张照片，平伯先生是曲园老人的曾孙，曾祖父写的书，曾孙拿着拍照，不正好是"四代人"吗？

《曲园课孙草》是我在上海旧书店无意中买到送给先生的。是光绪十年毗陵（即常州）刊本。书前自序道：

教初学作文，不外清醒二字，一篇之意，反正相生，一线到底，一丝不乱，斯之谓清。其用意遣辞务使如白太傅诗，老妪能解，斯之谓醒。然清矣、醒矣，而或失之太薄者，何也。无意无辞也。孙儿陞云，年寖长矣，思教以为时文之法，而坊间所行《启悟集》、《能与集》之类，不尽可读，因作此三十篇示之。光绪六年九月曲园叟识于右台仙馆。

这篇小序，所说道理，不只适用于作八股文，应该说实用于一切初学作文的人。可惜现在没有人注意到。

社会上往往误解俞平伯先生是曲园老人的孙子,这是有原因的,因为曲园老人俞樾的儿子去世早,没有得中功名就去世了,社会上都不晓得,家中亦很少提起。曲园老人把孙儿当儿子,从小就着意培养,那就是俞平伯先生的父亲俞陛云。俞家起名字是按五行金木水火土相生排行的。如金生水、水生木、木生火、火生土、土生金。曲园老人名樾,是木字边的字,他的下一代起名字便取"火"字边的字,火字边的下一代便取"土"字边的字,所以曲园老人给孙子取名"陛云",有一个"土"在内,土生金,俞平伯先生学名"铭衡",铭字有"金"字边。又根据《礼记·曲礼》中"大夫衡视"一句的注:"衡,平也。"取曰字"平伯",伯是"伯、仲、叔、季"的"伯",就是第一个男孩子。这就是从命名和表字中,都可以看出俞平伯先生是曲园老人俞樾的长曾孙。三十年代初期,林语堂办的《人间世》杂志,每期扉页,都用米色道林纸印一大张学人的照片,印过徐志摩、朱湘、黄庐隐、周作人、丰子恺等位的照片,亦印过一张曲园老人拄着龙头杖、拉着曾孙拍的照片。俞平伯先生当年曾把这张照片大量印了送人,在《鲁迅日记》中清楚地记载着这件事,照片的背景是有方格子窗棂的老屋,这就是苏州马医科巷的春在堂老屋。亦就是李鸿章题匾的"德清俞太史著书之庐",后面便是海内外闻名的"曲园"。曲园虽小,但在八九年前,其名气远远超过甚么网师园、怡园等等。所谓"诸子群经平议两,吴门浙水寓庐三",当时中国与日本,两国的学术界,谁不知道身兼苏州"紫阳"、杭州"诂经"两处书院山长(相当院长兼主讲教授)的大学者俞樾——曲园老人呢? 直到今天,他写的"枫桥夜泊"碑的拓片,还常常被游人买了带到海外,作为最高雅的投赠礼品。

　　曲园老人当年有三个住处,即苏州马医科巷曲园春在堂、杭州西泠桥下俞楼、栖霞岭下右台仙馆,这三处哪里是基本寓所呢?主要是曲园,因而老人培养孙儿、培养曾孙,都是在苏州,所以陛云先生的青年时代、平伯先生的童年时代、少年时代都是在苏州度过的。

戊戌那一年(即光绪二十四年、公元一八九八年),俞陛云先生晋京会试,以一甲三名进士及第,即人们俗话常说的"状元、榜眼、探花郎"的探花。中了探花之后,即入翰林院,授编修,从此陛云先生就住在北京,后来在东城老君堂胡同买了房子,院中有老槐树,这就是俞平伯先生在二三十年代中写文章时,常常说的"古槐书屋"。俞陛云先生在翰林院作编修,是冷官,但这在清代是重要的进身之阶,几年中放两次主考,到外省取中一批举子作门生,就在官场中有了势力。编修如外放,一般是道员,弄得好,很快升桌台、藩台、署抚台,就是封疆大吏了。陛云先生一九〇二年放了一任四川副主考,写了一本《入蜀驿程记》,是仿宋人行纪的写法,记由京入蜀的行程的。记中第一天光绪二十八年六月二日出彰仪门,宿良乡县诗中,还说到《课孙草》的事,其首句"廿载芸窗课草留"句下注云:"云幼承祖训,有《课孙草》行世。"其诗下面说:"衡文今忝驾星軺,江头南雁通吴会。"句下又注云:"重闱皆寓吴下,驰书报起程。"当时曲园老人还健在,也有《五月二十二日余孙陛云蒙恩简放四川副考官,电音驰报,喜赋一律》诗云:

> 好音传自日边来,藉博衰翁笑口开。
> 雪案犹存《课孙草》①,星軺竟到望京台②。
> 一家沆瀣原同气③,此地渊云大有才。
> 节使平安江檥便,老夫盼尔共探梅④。

注：① 余旧有此作。

　　② 成都有望京台，唐韦皋所建。

　　③ 正考官毓岑学士即陛云房师。

　　④ 拟令试事毕后，即请附轮船沿江而下，回原籍省亲。

　　放主考之后，没有几年，清代就结束了。陛云先生未能再做清代的大官。后来一直住在北京，直到进入五十年代才去世，享寿八十三岁。

　　陛云先生是著名的词人，他的词集如《乐静词》，叶遐庵编《箧中词》亦收有他许多首词，他的词的格调是花间正宗，不沾豪迈蹊径。下面举一首无题"浣溪沙"可见一斑：

　　　　风皱柔怀水不如，碧城消息近来疏，嫩凉人意倦妆梳。　　　锦幄明灯鸳鸯梦，文梁斜日燕窥书，蕈腾浑不信当初。

　　可以看出，从字句到意境，都是婉约一派的。陛云先生少年时，曲园老人特地为他编了《曲园课孙草》一书来教他制艺。到了陛云先生老年，又因为教孙儿、孙女学旧诗，编写了《诗境浅说》甲编、乙编两种，甲编讲五七言律诗，乙编讲五七言绝句。书前也有自序道：

　　　　丙子夏日，孙儿女自学堂暑假归，欲学为诗，余就习诵之《唐诗三百首》，先取五言律为日讲一诗，凡声调格律意义，及字法句法，剖析言之，俾略知途径，经月积成一卷。老友章君式之见之，喜其便于初学，为署曰：《诗境浅说》，忆

113

弱冠学诗,先祖曲园公训之曰:学古人诗,宜求其意义,勿猎其浮词,徒作门面语。余铭座勿谖,若云尚论古人,则余未敢也。德清俞陛云识。

章式之老先生在序言中说,读到《诗境浅说》,很自然地想到当年的《曲园课孙草》,真是斯文一脉,累代相传,不但未坠家风,更重要的是几代人都在学术上有很大贡献,都为继承和发扬民族的文化作出贡献,这是很不容易的了。《诗境浅说》甲、乙编是开明书局出版的,是两本极为精简扼要的学诗入门书,可惜绝版多年,有哪家书局重印一下才好。由曲园老人到平伯夫子,四代人中,竟有三代学人,真可谓书香门第啊!

龚定庵出都

十月初,有机会又回北京住了十来天,饱览都城秋色。于留连风景之余,自然也殊得师友亲朋之乐。与青年友人张冠生、叶稚珊、徐城北等位叙旧,他们说就要分到新房子了,在广渠门……这真是好消息。"居者有其屋"嘛,从杜甫时代就梦想的"安得广厦千万间,大庇天下寒士俱欢颜",现在正在一点点地实现着。这时忽然说起广渠门来,现在这"门"早已没有了,但名字还保留着。我忽然想起,前几年有一本书名《老房子》,都是照片,十分畅销。为什么不出一本《老城门》呢?再有只是照片,似乎也不够,如读者只会看照片,而不知其他,那合上书之后,又有什么? 长期老看这两张照片,而不知其他,日久天长,照片褪色,思维也就退化到一无所知,岂不大可悲乎?

"老城门"是个好题目,就说广渠门吧,虽在北京有城墙的时候,在外城东面,远没有西面的广安门热闹、名气大、故事多,但也不少可说的。鸦片战争的头一年,龚定庵就是由这个城门出来,离开北京,回到杭州的。这年是己亥,道光十九年,著名的《己亥杂诗》中,有一首诗在"沙窝门外五尚书"句后自注道:

> 逆旅家闻读书声,戏赠。沙窝门即广渠门,门外五里许有地名五尚书坟,五尚书不知皆何许人也。

龚定庵这次是突然离京的,据说因迫于大学士穆彰阿的权势,不敢走热闹的广安门,过卢沟桥,而走东面冷僻的广渠门,而且诗注中说:不携眷属仆从,雇两车,一载书,一自坐出都。可见目的是避人耳目,而且自比落花,吟唱"落红不是无情物,化作春泥更护花"的诗句出都的。当时路程很慢,由城里出城门不远,里外走了几十里路,还没有现在汽车几十分钟的车程,已经"日晚该投宿",就要住店了,所以叫"逆旅",实际离城门并不太远,大约不过十来里路吧。何以见得?又有一诗为证。"逝矣斑骓冒落花,前村茅店即吾家。小桥报有人痴立,泪泼春帘一饼茶。"诗后注云:"出都日,距国门已七里,吴虹生同年立桥上候予过,设茶洒泪而别。"诗中"前村茅店"即前诗所说"逆旅",七里以外,十里差不多了。当时这偏僻城门外景象如何呢?诗中写道:"荒村有客抱虫鱼",又写到"茅店",还有一诗写道:"谁肯栽培木一章,黄泥亭子白茅堂。新蒲新柳三年大,便与儿孙作屋梁。"诗后注云:"道旁风景如此。"可见其荒僻,只有蒲柳,连棵大树也没有了。广渠门俗名沙窝门,虽然古老,但极荒凉。直到解放初仍然如此。三十年代陈宗蕃《燕都丛考》记云:"自广渠门大街而南以达于左安门,均为荒凉寂寞之区,蔬圃麦畦,颓垣废冢,一望皆是。"我年轻时在北京住了近二十年,从来就没有到广渠门去过,更不要说出广渠门了。现在东二环经过广渠门外大桥,劲松小区一带高楼林立,谁能想象旧日的荒凉呢?自然古老的城门早已拆除,无法想象了。我当年没去过,也无法描述,不过可想象之,因为我有另外的经历。龚定庵《己亥杂诗》另一首:"女墙百雉乱红酣,遗爱真同召伯甘。记得花阴文燕屡,十年春梦寺门南。"诗后注云:"忆丰宜门外花之寺,董文恭手植之海棠。"丰宜门,是金代的南门名称。清代文人称右安门为南西门,也叫丰宜门,以示其古雅。右安门外是通丰台草桥看花胜地的大路,明清以来，年年春夏之间，出右安门看花的人不知有多少。花之寺就是西顶，碧霞元君祠年年还要过庙会，文人看花诗文笔记，收集起来，可编一本书，都与这个古老的城门有关。

三十七年前，我父亲还在世，我北京家住电力部宿舍，由灯市口朝阳胡同搬到右安门里里仁街。散步到古老的城门边，不足半里之遥。这一带在解放前也很荒凉，不过比广渠门、左安门一带好些。里仁街也是古地名，清朱一新《京师坊巷志稿》就有记载："里仁街，在右安门东北，距盆儿胡同一里许。井九。宛平王志：仁作神，云有宝塔寺，今圮。"可见古代里仁街又叫里神街。刚解放时，这里还是一片菜园、乱坟堆等。五二年，基建开始，一些部及局在这里盖了不少宿舍，樱桃园往南右安大街，两边盖的是红砖楼房，街东里仁街一带，盖的都是一大片、一大片的平房，一直连到戏剧学院、第一监狱，直到陶然亭。开初搬来的人不多，一九五五年之后，才逐渐多起来。我们家是一九五八年春夏之间搬来的，房子还可以，但这里过去叫南下洼子，地势低，又未修下水道，所以搬来这一年夏天下大雨，水就进了屋子，把床底下堆的旧书、书信等都浸烂了，从书籍文献说，损失是不轻的。

当时我已在上海工作，北京家中只有父亲、弟妹及外甥女等人。我是一九五九年春节回去的，后来暑假又回去，连着六十年代初几年，暑假都回北京去过。当时内外城都有城墙，十路公共汽车由新车站通南菜园，在樱桃园转弯，五路车从德胜门直到右安门门脸，还有十二路到动物园，走城外礼士路。虽然有两路车到城门边，可仍很冷落，乘客很少人坐到城门前下车。我每天一大早遛弯，总爱走到城门边，古老城砖的门洞，城墙砖缝中长出的草，进出的是骡拉大车，还有挑花担子卖花的花农，我花两毛钱买过小盆开淡紫花的水浮莲，花一毛钱买过不带花盆的金盏菊,春天芍药,秋天菊花,一定还有的卖,可是我这几年中春、秋两季都没有时间回北京,只是年年八月,在京居住。靠近城门门脸,路两边有一些破旧老房子,有铺面临街房,也有小院,但没有什么买卖。稍北,两边新盖楼房,一直向北延伸到牛街南口,便道很阔,种的全是白杨树,夏天早晚散步,十分阴凉。有时走过城门边一段破旧房子,出了城门,什么也没有,更为荒凉。站在护城河桥上,平时水很浅、很脏,大雨后水涨,流得很急,哗哗而去。有时看看落日,也全是野趣。看道光时人潘星斋《花间笛谱·锁南枝》序云:"花之寺僧小景极荒率之致,枫叶冷红,柳丝剩碧,万芦萧槭,暮色苍茫,疑有欸乃声在秋雪中也。"正是这一带护城河秋日景象,"秋雪"是芦花,当年护城河两岸都是柳树、芦苇,六十年代时,这些都没有了,古城门的野趣还是十分潇洒的……

妹妹来信说,里仁街的房子要拆迁,给的新房少,不够住,又发愁房少,又发愁老年搬家,又发愁交保证金,已拆的一些,卫生没有人管,厕所没有人掏,垃圾没有人车……不知如何是好,来信问我,我也没有办法,无权无势又无钱,一筹莫展。六月间回北京,我还回里仁街看了看,已经大门口全是自由市场和垃圾,几乎无法进出了。十月初,我又回北京,没有再敢回里仁街,免得发愁、伤心。一切都在变着,古老的城门,早已是记忆中的梦痕了,可惜没有留下一张照片。不过当时纵然拍下照片,在三十年前的浩劫中,火烧四旧、抄家,也都一扫而光了,老城门又能剩下什么呢?

讽刺诗

　　清代末年,本世纪初,大多数识书人,都有点旧学基础,写首绝句、律诗,总能叶平仄,入诗韵。诗虽不好,但总是诗,写起来也熟练,遇到有讽刺的对象时,也便写诗来讽刺。旗人刚毅,字子良,笔帖式起家,曾审理过小白菜一案,获平反,受到嘉奖。一直升官,做到军机大臣,但不学无术,头脑冬烘,是个大草包。庚子时,信任义和团天兵天将,在那拉氏面前,极力吹捧。自称"臣是老佛爷的黄天霸",助长那拉氏乱杀袁昶、许景澄等人。光绪二十五年,那拉氏曾派他到南方视查。有人写二诗讽刺道:

> 刚愎由来是草包,江南一趟大功劳。
> 花头新出随时改,竹杠拿来到处敲。
> 厘局加增非易办,督销报效岂能逃。
> 硬将保甲先裁并,民事从此一概糟。

> 整备钦差去阅兵,东西南北又中营。
> 阵排刘氏高君宝,将练杨家穆桂英。
> 摆样头旗添几面,助威手铳打连声。
> 若教遇着洋人队,站在旁边肃静迎。

　　当时这些旗人大官,不是科甲出身,又未出过外洋,既无中国知识学问,更不懂世界形势。只是看看戏,什么曹操、黄忠、穆桂英、黄天霸等莫名其妙一大堆,要管理国家大事,那还不是一团糟,同世界形势发展差着十万八千里。后一首"刘氏"句,也是戏,即刘金定女将,高君宝像杨宗保一样,也是阵前招亲的,刚毅脑子里全是这些人,自然迷信义和团刀枪不入了。过了半个世纪,五十年代末,满街还唱男的都是老黄忠,女的赛过穆桂英,五十多年的世界风云变化,流血牺牲,人们脑子似乎仍然没有什么变化。现在人们不爱看京戏,未始不是好事。

宣统末年北京菜市口半截胡同有名的菜馆广和居,有人在墙上也题了两首讽刺诗,很快就传诵都下,成为极有名的宣南掌故。事隔多年,不少人已不知道这件事了,现在则不妨旧事重提,诗云:

居然满汉一家人,干女干儿色色新。
也当朱陈通嫁娶,从来云贵是乡亲。
莺声呖呖呼爹旦,豚子依依恋母辰。
一種风情谁识得? 劝君何必问前因。

一堂二代作干爷,喜气重重出一家。
照例定应呼格格,请安应不唤爸爸。
岐王宅里开新样,江令归来有旧衔。
儿自弄璋翁弄瓦,寄生草对寄生花。

这两首诗如何解释呢? 先要交待清楚这是说谁,是清末四个重要人物,即军机大臣领班庆亲王奕劻,奕劻的儿子御前大臣、农工商部尚书载振,接替袁世凯为直隶总督的贵州人陈夔龙,安徽巡抚云南人朱家宝。两首诗写了这四个人的什么关系呢? 即陈夔龙的续弦女人、前军机大臣许庚身的妹妹,拜奕劻的女人(称福晋)作干娘,而朱家宝又让他儿子朱纶通过袁世凯的引进,认奕劻之子载振为干爹,这样互相拉拢无耻的关系,狼狈为奸,以在政治上达到各种蝇营狗苟的目的。

奕劻在清末,以善于逢迎那拉氏,拉拢荣禄、袁世凯,从一个远支"辅国将军",二三十年,爬到"亲王"的宝座,庚子时,留在北京,大权在握,签下了丧权辱国的有名的《辛丑条约》,一边得到帝国主义的支持,一边又得到西太后的宠爱,连他儿子载振也官居头品,爵进"贝子",父子二人成为清末炙手可热的人物,结党营私,卖爵纳贿,不知有多少无耻之徒削尖脑袋钻营于他们门下。有些御史虽然几次参他们父子,但都因权太大,参不动。光绪二十九年,御史张元奇弹劾载振召歌伎侑酒。上谕只是:"有则改之,无则加勉。"轻描淡写过去了。光绪三十年,御史蒋式瑆奏:说奕劻送一百二十万两白银存入东交民巷英商汇丰银行,请提此款送大清银行入股,结果是"查无实据"。光绪三十三年,御史赵启霖奏:黑龙江巡抚段芝贵用一万二千元买妓女送载振,又送奕劻十万两银子。结果是派载沣和孙家鼐去查,不得实,载振、奕劻无罪,御史反而罢了官。这次认干亲的事,御史江春霖以"老奸窃位、多引匪人"的奏折弹劾他,连陈夔龙女人住在苏州娄门内都写的清清楚楚,而仍然没搬动他,江春霖反被降旨斥为"谬妄已极",御史也做不成了。江虽然丢了官,但"直声"满京师,广和居这两首题壁诗,就是支持江春霖的,对奕劻等极尽嘻笑怒骂之能事了。而广和居也未因此被封门,也是万幸了。

赵启霖字芷生,湖南湘潭人。被罢官出都有两首留别诗,一时也颇为传诵。诗云:

　　击筑高歌曳暮蝉,苍茫相对酒樽前。

青蒲謇謇初何有,白简区区但偶然。

物论标题滋歉疚,天心元漠与回旋。

秋霜烈日浑闲事,真觉峥峥愧昔贤。

诸公缱绻念投簪,别路微看天际阴。

玉玦差欣归养便,银台惟觉负恩深。

频闻诏旨彰公道,始识朝廷有苦心。

独向崇兰芳桂处,八埏怅望入孤襟。

诗也很慷慨。

当时清末是封建专制时代,居然有人敢写讽刺诗,讽刺朝中大臣、亲王,而且诗也能流传开来,流传下来,并未变成防扩散材料被销毁,当事人也未被杀头。说明在一定程度上,其专制还不到家,还是控制不住的。

关于瑞澂

　　去年一本杂志上有人写文章介绍瑞澂的续弦夫人,据说现在住在上海,已经九十多岁了,还很清健,这是很不容易的。瑞澂是七十年前的新闻人物,那时他是湖广总督。武昌起义,辛亥革命,清朝结束,他的总督自然做不成了。相对说,还是辛亥成功救了他,否则,武昌起义之后,他便逃之夭夭,那清朝还能不办他临阵脱逃的重罪吗?

　　按,瑞澂字莘儒,贡生笔帖出身。他是鸦片战争时琦善的孙子。他家是正黄旗,姓博尔济吉特氏。清朝旗人的姓氏几乎等于废了,官场称呼,只称他名字的第一个字,如瑞澂,如写全部姓名,应写"博尔济吉特·瑞澂",这便像外国人的名字了。他做总督,按照汉人叫法,应叫"博尔济吉特制军"才是,但是不这样叫,只是叫作"瑞大人"或"瑞制军"。这位瑞制军同他的祖父琦制军一样,升官特别快,庚子那拉氏由西安回北京,即所谓回銮途中,放他为粤海关道,没有几年,便是江苏巡抚,再一转升,就是湖广总督了。他的续弦夫人,是在江苏巡抚任上娶的。他同他祖父琦善一样,都是官运十分亨通的人,但是,如从清朝的立场说,给这种人升官,也注定了清朝的必然倒霉,一个继林则徐之后,去到广州,弄得一塌糊涂,成为中国近代史上最早的一名罪人,一个则在武昌起义的炮声中,仓遑逃走,成了断送爱新觉罗天下的头名人物,这在给他们升官时是想不到的。而清朝是相信这种人的,琦善最后还升到协办大学士。瑞澂自然不行了,辛

123

亥之后，没有人再给他升官了。躲在租界中，四年之后，就翘辫子了。

清朝灭亡的原因，是多方面的。远因是咸丰腐败早死，那拉氏垂帘听政等等。但那拉氏继承了咸丰的重用汉臣经验，所以有所谓之"同光中兴"，统治权延续了四十七年。到宣统登基，载沣主政，破坏了这一经验，很快完蛋了。陈石遗《张之洞传》说："醇王载沣摄政监国，专用亲贵，至十部大臣，惟司法、学部属汉人，以母弟载洵、载涛典水陆军，载洵招权作威福，日营宫室，天下侧目，载泽长度支，无所知。惟与之洞争币制，祖庇瑞澂，以亡其国。"这话说的是有道理。如说瑞澂怕死逃命，那载沣、载涛等人，以及其他王公大臣、亲贵等还不是一路货色。用现在话说，破坏了"统一战线"，专用亲贵，似乎是"父子兵"，最可靠，实际是最不可靠的。

旗人在清朝是有特权的，汉人做官，大部分是三考、两榜出身。而旗人则方便的多，琦善、瑞澂都是荫生出身，他家世袭一等侯。这样便似乎天生就是官了。庚子时，瑞澂正在北京刑部做郎中，侵略军八国联军打进北京后，他被日本兵俘虏，去做苦力，先让他放马，打扫马粪，正好一个日本大尉要找个会写字的人写东西，便找到了他。旗人在某种情况下，胆小滑头，很会看眼色行事。瑞澂给这个日本大尉抄写公文，大得信任，就介绍给日本公使抄写文件。有一次，日本公使会见庆亲王奕劻，庆王说外交人才难得，日本公使说，在我那里抄公事的瑞澂就是一个人才，你们可惜没有用他。庆王听了，就着意提拔瑞澂，那拉氏回銮，在路上就放瑞澂为海关道，都是庆王的力量。

实际瑞澂并无学识和能力，只不过做官会钻营，给庆王"孝敬"的黄白之物多耳。据传瑞澂年轻时路过上海，因骗人家珠宝,被租界捕房出传票传过。做了巡抚,当着下属面,故意高声读公文,把"肄业"读成"肆业",白字草包之名传遍当时官场。

革命军在武昌起义之初,瑞澂得一名册,多其属下新军之名,瑞澂捕获三十二人,诛杀三人,就向北京报功,第二天军人就起义,推陆军第二十一混成协统领官黎元洪称都督,置军政府,这就是辛亥革命。这时瑞澂已乘兵舰逃到上海租界地。过了很久,清政府始以"失守武昌,潜逃出省,偷生丧耻,诏逮京,下法部治罪"。但瑞澂已定居上海租界中,即将覆亡的清政府奈何他不得了。

太炎先生五题

汤夫人

据闻多年息影吴门的章太炎先生夫人汤国梨女士已作古人，寿近期颐，比太炎先生多活了四十四岁，也很不容易。

汤夫人和太炎先生结婚是一九一三年，即民国二年六月的事。这年，太炎先生在东三省筹边使任，衙门在长春。四月间，托事南行，如其自叙诗中所谓"剑骑临边塞，风尘起大荒，回头望北极，轩翩欲南翔"是也。五月，到武昌，见黎元洪。五月底，回北京，袁世凯欲笼络他，授以"勋二位"勋章，在北京住了七天即来上海。六月十五日，和吴兴汤国梨女士举行婚礼，礼堂在哈同花园，证婚人是蔡元培氏。《民立报》新闻云："来宾极盛，孙中山、黄克强、陈英士诸君皆先后至……三时正，行结婚仪式，蔡子民先生为证婚，查士端君为典仪，而介绍人则张伯纯、沈和甫两君也。其婚书词华典赡，闻系章先生自撰。"

是年太炎先生四十六岁，长于汤夫人二十岁左右。汤夫人是上海务本女校（当时叫"女塾"）第三师范班毕业生，结婚时在神州女子学校负责教务。结婚后卜居于北四川路长丰里二弄弄底。原是神州女校的旧址。婚后五日，即偕汤夫人到杭州度蜜月，迨到八月十日，太炎先生即只身赴京主持共和党事，随之即成为袁世凯阶下囚。与汤夫人燕尔新婚，相处不足二月，即告分离,直到一九一六年始南归,"别离怨"已赋三年矣。

太炎先生自撰"婚词"及婚礼时所赋的诗,都可以说是传世之作。其"婚词"云:

> 所愿文章黼黻,尽尔经纶;玉佩琼琚,振其辞采。卷耳易得,官人不二乎周行;松柏后凋,贞干无移于寒岁。

气魄广大,寓意双关。

太炎先生被袁世凯囚禁在北京时,汤夫人在沪多方营救,但始终没有北上。同年十一月太炎先生在京曾邀汤夫人北来云:"且当以讲学自娱,君亦可来京相伴。"未几,被囚于龙泉寺后,则又写信嘱汤夫人勿受袁贿,勿北来。信云:"家居穷迫,宁向亲朋借贷,下至乞食为生,亦当安之,断不受彼(指袁世凯)嘑蹴之食。"一九一五年汤夫人曾上书徐世昌转大总统,"乞赐外子早日回籍"。太炎先生亦一再写家书"力阻",太炎先生也是够倔强的了。

汤夫人去世前,曾有文载《苏州文史资料》,所记多太炎先生轶闻。记黄季刚先生事甚多。季刚,太炎先生大弟子也。因系新出书,在此不多引用。

龙泉寺

辛亥革命之后,北京政党有进步党、共和党等。共和党黎元洪是理事长,章太炎先生是副理事长,民国三年春天,他抱着"不入虎穴,焉得虎子"的决心,到北京来主持共和党党务。住化石桥共和党本部。他在上海写文章反对袁世凯,共和党内有郑、胡二人得袁世凯巨款,提议要太炎来京主持党务,实际是为便于控制他。后来共和党虽然发现郑、胡二人阴谋,登报开除其党籍,但太炎已被监视。监视的人都是袁世凯命令陆军执法处长陆建章派的宪兵,共四名,说是保护,实则监视,虽然一次被太炎发现,操杖赶跑,但这些后来换了便衣,依旧来监视。太炎穷愁抑郁,使酒谩骂,毫无办法。本来经黎元洪与袁世凯商量,想年拨经费十五万,组织一文化机关。而太炎先生开列预算非七十五万不行,最后谈判决裂。后来讲了一个时期学,还想离京,但都未走成。便去总统府见袁世凯,梁士诒接待,被骂走了,把接待室的器物都砸碎不少,结果闹到下午五时多,陆建章进来骗他总统公事忙,让您久等,很抱歉,现在可见总统,出来,上了马车,被骗到南下洼子陶然亭西北的龙泉寺,由一月中旬直到六月中旬,前后有半年之久。轶事颇多,现在旧事重提,仍是很有意义,亦可见其风骨,颇足为异代表率也。

被幽于龙泉寺的第二天,袁世凯派他的二皇子袁克文,亲自带了锦缎被褥,送到龙泉寺。太炎先生在房中听到外面有人声,而且在窗户缝中窥视,便撩起帘子一看,原来是袁抱存(克文字)送被褥。太炎先生想出妙法,跑到屋里,点燃一支香烟,把被褥一个、一个地烧了许多洞,扔在院中对袁克文说:拿走。这位"太子"碰了一鼻子灰,只好去了。

当时袁世凯的京师警察总监是吴炳湘。吴炳湘派了"暗探"冒充"门房、厨师、扫地听差"到龙泉寺监视太炎先生,先生遣随身仆人外出送信,被"门房"所阻,外面追踪而来探视的客人亦被阻于门外,不容会晤。先生便对这些所谓"门房"、"听差"等厉声呵叱,并令其具结写"保状",保证以后不再如此无理。但是这些喽罗都是"奉命"办事,挨骂之后,总是说"奉长官令",弄得太炎先生没办法,给吴炳湘写了封长信,说他们是"卿等所为,无异于马贼绑票,而可借口命令乎? 自作不法,干犯常人,而可言防卫者性气太甚乎?"因为太炎先生要把吴所派的密探赶跑,吴便派了四五十个警察来示威。太炎看其举止可恨又可笑,在信的结尾嘲之云:"昨者以斥退役人,卿遣巡警四五十人一时麇集,此不足以耀威,乃适形其暴乱耳……反不得不胡卢一笑也。"

太炎先生被"囚禁"时,身无长物,不名一文,一切生活费用,均受吴炳湘挟制,日夜思虑,生活大失常态,常常到夜间两点钟才睡,或者通夜无眠,有时睡到下午二时才起身,平素曾学过佛家坐禅,即静坐,在此亦不能实行了。但学问却有进步。《家书》曾云:"迩来万念俱灰,而学问转有进步,盖非得力于看书,乃得力于思想耳。"

袁世凯派人把章太炎囚在龙泉寺,手谕陆建章八点,即:一、饮食起居用款多少不计;二、说经讲学文字,不禁传抄,关于时局文字,不得外传,设法销毁;三、毁物骂人,听其自便,毁后再购,骂则听之;四、出入人等,严禁挑拨之徒;五、何人与其最善而不妨碍政府者,任其来往;六、早晚必派人巡视,恐出意外;七、求见者必持许可证;八、保护全权完全交陆建章负责。当时把袁世凯比作曹操,章太炎比作弥衡,据刘成禺《癸丙之间太炎先生记事》中说:太炎喜欢花生米下酒,特别喜欢湖北花豆夹油炒的,吃花生米必去其蒂,说杀了袁皇帝头了,哈哈大笑。袁世凯手谕条件,及章说"杀了袁皇帝的头了"等等轶事,都似乎也说明了袁世凯虽然想做皇帝,也做了八十三天洪宪梦,但对章太炎这些大知识分子,还懂得重视,并未下毒手。不然成百上千的章太炎还不是也要被杀头吗?

早在幽禁之初,章太炎就曾给袁世凯写信,表示"九死无悔"，坚决不和袁世凯妥协。到五月底写《家书》，表示要"以死争之"，便决意绝食。把一件在日本时亲自找日本裁缝缝的衣服当作纪念品寄给汤夫人以留纪念，说："吾虽陨毙，魂魄当在斯衣也。"六月初，坚持绝食，半个月中，只吃了四顿饭。袁世凯给陆建章的手示要防止太炎先生"出意外"，在此绝食危险之际，才把太炎先生由龙泉寺移到东四本司胡同徐某的"铁如意轩医院"中，后来又租了钱粮胡同的房子。

龙泉寺十年前还在，旁边还有孤儿院，据说囚禁太炎先生于跨院中，有五间北房，十分整洁考究。本来这种大庙方丈的禅室或招待贵宾的房子是很考究的。可惜多少年前，未特地参观一下这些房子，现在自然早已没有了。

绝　食

太炎先生一生的事迹太多了，即以用绝食来对抗强暴说吧，先生一生中就有过三次。其中两次在北京，两次中一次还在宣南。

第一次是光绪三十年(一九〇四)，在上海西牢(提篮桥监狱)，先生因《苏报》案与邹容同时入狱，狱事决后，先生被判监禁三年，邹容被判监禁二年。先生义愤填膺，更不堪狱卒之虐待，和邹容说："我三年，尔二年，尔当生，我当死。"邹容流着泪说："兄死，余不得不死。"后来二人又商量如何死法，因在狱中，刀剪、绳索、金器、毒药等都被禁绝，就决定饿死。太炎先生还举了古代绝食殉国的名人，什么伯夷、司空图、谢枋得等人为例。先生后来著文记云："余断食七日不死，方五六日，稍作咳，必呕血数刀圭。"后因有人告诉他，断食七日不会死，且狱中虐待犯人,瘐毙者多。先生知"食亦死",因复进食。先生虽然没有死,邹容却以二十岁的年纪,被瘐毙在狱中了。

第二次绝食是在北京龙泉寺。那是民国三年,即一九一四年六月间的事。当时先生被袁世凯囚禁在龙泉寺,已五个多月,愤而用绝食抗争。五月二十三日写给汤国梨女士的家书云:"幽居数月,隐忧少寐,饮食仆役之费,素皆自给,不欲受人馈养,今遂不名一钱,延至六月,则槁饿而死矣。"六月二十六日家书云:"槁饿半月,仅食四餐。"当时袁世凯怕先生真饿死,令警察总监吴炳湘设法处置。吴便让他熟识的一个医生假具呈文,以医生的名义把太炎先生接至东四南本司胡同铁如意轩医院给以治疗。

另外据刘成禺《洪宪纪事诗注》记载:太炎在龙泉寺绝食数日,袁世凯问谁能劝他进食。王揖堂说他可以。王在上海时,原与太炎先生一同办党,是先生的门下士。自告奋勇,到了龙泉寺,太炎问他,你来给袁世凯作说客?王说我不敢。坐下来先说家常,然后问:听说先生绝食,有什么意义呢?太炎说:我不等袁世凯来杀,宁愿自己饿死。王说:先生真要自己饿死,袁世凯太高兴了。先生试想,他要真杀你,还不是很容易的事。现在他并不是不想杀你,是不敢杀你。袁是曹操,先生是弥正平,他所以不敢杀你,是怕担历史恶名。你自己饿死,他不担杀你的恶名,又少了反对他的心腹之患,你怎么不为自己打算,反而为他打算呢?一番话说醒太炎,果而进食了。

第三次绝食是在钱粮胡同寓中,时间在同年年末,即一九一五年年初。原因是太炎先生自迁入钱粮胡同寓所之后,名义上是自己的寓所,等待接家眷来京,实际上则仍在袁世凯监禁之中。家中厨师、门房、仆人等都是警察总监派来的便衣暗探,处处监视先生。先生的学生黄季刚氏来京，先生让他住在一起，谈论学问，不料一天黄因说伙食不好，先生责骂伪装厨师之暗探，这些人便用手段，瞒着先生，把黄于深夜中，由住室叫起，赶出章寓。头一两天，先生还不注意，以为黄有事外出，过了三四天，章因其他门人来访，门岗不许进门，才知道情况。因之更加愤恚，毅然绝食，一直坚持了十几天，已经奄奄垂危了。其后才又遇到转机。不过这留待谈太炎弟子时再说，这里不妨先附带说一下先生长女自杀的事。

长女自杀

太炎先生《自定年谱》民国四年乙卯记云：“三月，长女㸚、少女㠭及长婿龚宝铨入都省视，遂居焉。”先生这二位女公子的名字都很怪，正是文字专家起的名字，而社会上一般人是不认识的。长女“㸚”，音迤，按《说文》段玉裁注：是两个爻字，表示交友之广。少女“㠭”，这个字说穿了更是普通字，即古文的“展”字，按字义，即“四工”为展。

先生移寓于北京钱粮胡同后，续弦夫人汤国梨女士未伴随北上，二位女公子和长婿到京省视，都不料在这短短几个月中，演了一场小小的悲剧。钱粮胡同的房子，是一所很大的宅子，先生八月初《家书》云：“庵屋高明，亦为读书、宴会之所。”这所房子有两三个院子，正院是钻山游廊，七间北屋，东西屋亦各五间，太炎先生一人住进去，是十分空荡荡的，家书中说：“连日购得全史、《九通》、《通鉴》、经疏诸书，官料书籍，亦已粗备，尚觉屋中空虚也。”因为房大、人少、东西少，更加寂寞了。一九一五年春间，两位女公子及女婿龚宝铨（字未生）到京之后，才开始稍稍热闹起来。当时《时报》曾有新闻云:"太炎在京,近状殊为安适。近数月来,其女公子来京侍奉朝夕,太炎极为欢愉。"但是不久,即发生了十分意外的悲惨事。

九月八日,其长女焱无故自尽,延医抢救,已经无治。太炎先生遇到这样突然的变故,自然极为难过,心情更坏了。其九月十日《家书》云:"猝遭此变,心绪恶劣,又异前时。"

不久,少女珵及女婿龚宝铨南归,第二年丙辰四月间,先生写给少女珵的信中还说:

> 果熟读《资治通鉴》,在今日即可称第一等学人,何必泛览也……汝姊之死,固由穷困,假令稍有学业,则身作教习,夫可自谋生计,何至抑郁而死也。此事须常识之。

从信中可以看出先生对长女焱之死,一是念念不忘,二是知道原因,不是前面所说的"无故"的。是什么原因呢?当时北京人哄传钱粮胡同的房子是北京的四大凶宅之一,其实这是无稽之谈。大约二十年代初,天津报纸上登过一部长篇小说,名《新新外史》,由清末章宗祥、曹汝霖留日回国,点洋翰林写起,写到洪宪倒台。书中写到了太炎长女之死,说是因外出应酬,打牌赌输,拿太炎的钱去翻本,未告诉先生,原想赢了再补上,结果又输了,据说太炎先生的钱都放在床下一小匣中,银元一枚枚数之,钞票也一张张去数。却不细看一、五、十元之分,每日晚间数一遍。其长女暗以一元钞票掉换五元、十元者,太炎一次发现,大发雷霆,长女不敢对先生实说,夜里便在院中树上吊死了。虽说小说家言,不足为信,但和先生信中"固由穷困"的话对照看,多少是有点影子的。

太炎弟子

钱宾四先生在《师友杂忆》中曾记道:

> 某年,章太炎来北平曾作讲演一次,余亦往听。太炎上讲台,旧门人在各大学任教者五六人随侍,骈立台侧。一人在旁作翻译,一人在后写黑板,太炎语音微,又皆土音,不能操国语,或询台侧侍立者。有顷,始译始写。而听者肃然,不出杂声。此一场面亦所少见,翻译者似为钱玄同,写黑板者为刘半农。

这里所说"某年"是一九三二年春天。据《知堂回想录》回忆:"三月七日晚,夷初招饮,辞未去,因知系宴太炎先生,座中有黄侃,未曾见面,今亦不欲见之也。"又记五月十五日,托幼渔以汽车迓太炎先生来,玄同、遐先、兼士、平伯亦来……十时半,仍以汽车由玄同送太炎先生回去。中间还记四月二十日太炎讲《论语骈枝》的事。这些记录都记了太炎弟子黄侃、钱玄同、马叙伦的事。太炎先生弟子很多,但这几位是大弟子,太炎被囚时,他们常来看他。黄侃,字季刚。当时还陪他住在一起。

宋人朱弁《曲洧旧闻》上记载有王安石的一则故事:某日,佣人说王相公特别喜欢吃鹿肉脯,因为给他端上一盘子鹿肉脯都被他吃光了。他夫人便很奇怪,觉得王安石从来没有说过喜欢吃什么,或不喜欢吃什么。便问佣人,上菜的时候,鹿肉脯摆在什么地方,回答说:摆在相公面前。夫人便说,今天上菜把其他菜摆在相公面前试试。试验结果,摆在面前的那盘菜吃光了,而鹿肉脯却一点也没有动。这时佣人才明白，王安石吃菜，是只吃面前的，根本不管是什么菜，吃完便算数。

这个故事告诉人，有的人注意饮馔，有的人则随便。宋代大名人苏东坡就讲究烹饪，王安石就不讲究此道，可以想见其吃饭时，根本不注意菜肴的优劣。这种人自然亦想不出什么菜名，如果下馆子点菜，这种人是好对付的。我记得黄季刚先生在南京时，亦说了一个故事。他说，章太炎先生亦是这种人，讲国学、讲《说文》，讲排满革命等等，头头是道，而要问他吃什么菜，他却说不出来了。当年在北京，袁世凯的爪牙京师警察总监吴炳湘派了不少便衣人员做他的厨师、门房、佣人等等，来监视他。太炎先生虽然气愤，亦无可如何，便规定了"约仆规则"六条来对付这些家伙，如每日早晚请安；每逢朔望，要一跪三叩首；要称四大人，来客统称老爷等等，以泄愤懑。但是这些人向"四大人"早晚请示吃什么饭菜时，太炎先生却想不出什么，只知道鸡蛋、火腿两样。每来请示，便这样吩咐，因此每天每顿便吃煎鸡蛋、蒸火腿了。

太炎先生亦无所谓，不注意此点。这些人便借此大赚其钱。当时袁世凯经吴炳湘手，每月批五百元作太炎先生生活费，再经吴之爪牙徐医师转来，从中已被中饱去二百元，只剩三百元。这些便衣在伙食中再乱赚钱，七折八扣，更是所剩无几。当时鸡蛋一元可买百余枚，火腿都是变质的，实际有限的一点伙食费，亦都被中饱了，因此伙食极坏。黄季刚和先生住在一起时，对此伙食大有意见。因为他和太炎先生不同，是一个很讲究饮馔的人，如何能够顿顿吃煎鸡蛋、蒸变质的火腿呢？一面向先生提出，一面吩咐这些冒牌厨师、佣人烧这样菜、烧那样菜。这就影响到这些人的根本问题，平时赚惯的外快，不能随意再为所欲为地赚了,哪能罢休。

旧社会干这种差司的人,大都十分阴险势利,他们便暗地里在吴炳湘面前添油加酱地说太炎先生和黄的坏话。然后得到吴的指使,半夜里突然来了一班警察,把黄季刚从床上叫起来赶出章宅。又剥夺了太炎先生的会客权,逼得先生绝食自杀。此事实导因于这些宵小之辈势利熏心,小泥鳅亦能翻大浪也。

太炎先生第三次绝食是在钱粮胡同寓所中,这次绝食,只饮茶,不吃饭。先生在京的门人钱玄同、朱迪先等位听到消息,便想法营救,先联名上书给行政院申诉,又去见警察总监吴炳湘氏力争解除不能见客的密令,一面劝章进食。但太炎先生态度极为坚决,门人、朋友虽已能前来看望,而先生仍坚持绝食。门人们商量,把藕粉等加入茶中,仍然不行,被太炎先生发现,说茶不干净,不能饮用,要重新再沏新茶。这样钱玄同等位毫无办法,拖延十余日,先生垂危了。

在这关键时刻,有一天下午,马叙伦氏前去看望,见先生蜷息在床上,高大的正房中,空荡荡的。先生嫉恶北方的煤炉,不许生火,这时正值严冬,所以更加寒冷、凄凉。马叙伦氏见此情况,十分难过,便想如何来说服先生不再绝食。他略事寒暄,慰问了几句之后,即起立告辞,先生凄惨地挽留说:"我已经是垂死的人了,此后恐怕不能再见,请你再坐一会,再说一会话吧。"马氏回答说:"我中午到现在还没有吃饭,饿得厉害,要急于回家吃饭。"太炎先生说:"这有什么关系,这里也有厨房,可以叫他们给你准备饭,就在这里吃好了。"马氏便又回答说:"我怎么忍心当着绝食的人吃饭呢? 如果您也多少吃一点东西,我便在您这里吃饭。"太炎先生听了,呻吟犹豫,似乎同意。马氏看先生同意,十分欣喜,便说道:"您能多少吃一些,好极了。但是绝食已久,不能骤然吃饭,只能先稍稍喝一点米汤。"

这样,马叙伦氏便让仆人准备晚饭,陪着太炎先生吃,先生果然喝了一点米汤,这样第三次绝食便告结束。先生生命得以转危为安了。

马氏当晚离开章寓后,即将先生喝米汤、中止绝食的消息遍告先生在京门人钱玄同等,大家听了,十分欣慰。感到别人都劝说不过来,而马叙伦氏一去就解决问题,又非常佩服他,认为太炎先生得以不死,都是马氏的功劳。后来,钱玄同前去看望,才知先生第三爱女不久要来了,先生长女、次女由先生长兄章椿柏氏抚养。三女这时才十余岁,北来看父。先生思念爱女,舐犊情深,急于见面,因而绝食的意念动摇了,马氏适逢其会,救了先生一命。

太炎先生一九三二年去北平时,在京弟子很多,曾在西四同和居饭庄宴请先生。已故谢刚主老师也曾参加这次宴会。生前常常和我说起这次宴会的盛况。另外太炎先生晚年在苏州国学传习会讲学,有不少年轻弟子。友人朱季海先生就是太炎先生后期弟子,著有《楚辞解诂》,现已年近八旬矣,但当年只是不到二十岁的小青年。太炎先生弥留之际,各弟子都在床前跪香,即手捧点燃的香跪在床前。其时季海先生正是小青年,觉得可笑,不肯跪。汤师母在晚年写回忆文章时,对此还有微辞呢。

近阅《周作人日记》,一九三二年四月十八日记云:

> 七时往西板桥应幼渔之约,见太炎先生。遇先、玄同、兼士、平伯、半农、天行、适之、梦麟共十一人,十时回家。

二十日记云:

六时半至德国饭店,北大校长宴太炎先生也。

二十二日记云:

下午四时至北大研究所,听太炎先生讲,六时半回家。

五月十五日记云:

天行来,共磨墨,托幼渔以汽车迓太炎先生来晚饭。玄同、逷先、兼士、平伯亦来,共八人,用日本料理五品,绍兴菜三品,外加常馔。十时半仍以车与玄同送太炎先生回去,在院中照一相,各乞书条幅一纸。

知堂日记所记甚详,惜十八年前写此小文时,未见知堂师日记,今于编书时,得补充入之。虽感慨时间之迅速,而亦喜此珍贵文化史资料,补入予文。嘉惠读者,功德匪浅也。一九九八年四月廿日上午,距知堂师写日记时,已足六十六年矣。

沈渔溪事

　　鲁迅先生在纪念太炎先生的文章中，曾引用了太炎先生在上海提篮桥西牢中写的两首诗，那是一九〇三年（即光绪二十九年），章太炎因"苏报"案，被捕入狱，在狱中曾写《狱中闻沈禹希见杀》诗。最初以"重有感"为题，署名"西狩"，刊于该年八月十四日《国民日报》，原诗云：

> 不见此君久，江湖久隐沦。
> 萧萧悲壮士，今在易京门。
> 魑魅羞争焰，文章总断魂。
> 中阴应待我，南北几新坟。

　　邹容有和诗，题曰《和西狩》，署名"庸儿"：

> 中原久陆沉，英雄出隐沦。
> 举世呼不应，抉眼悬京门。
> 一瞑负多疚，长歌召国魂。
> 头颅当自抚，谁为墨新坟。

　　当时因为形势的关系，在题目中，在诗句中，姓名都未指明，后来太炎先生把诗的起句改为"不见沈生久，江湖知隐沦"了。
　　沈生就是沈荩，原字渔溪，改字禹希，后字北山，湖南人。曾参加自立军,后在北京,亦因"苏报"案牵连被捕,入刑部狱,牺牲在狱中,是辛亥革命前较早的一位献出生命的民族革命者。

夏仁虎老先生《旧京琐记》记云:"沈奉密旨杖杀,杖时委顿甚苦,求缢之。而隶役相顾,不敢予以绳,卒解其足带而拉杀焉。"《花随人圣庵摭忆》记此事亦甚详。

按沈荩未入狱前,原来在报馆中主持笔政,鼓吹排满。有一云南人吴某,原官翰林院侍讲,因故被革职。和沈是多年密友,无话不谈,知道他从事革命活动的情况。这个家伙阴险狠毒,便卖友求荣,向清政府告密,沈荩因而被捕,而这个无耻之徒,因卖友有功,被那拉氏开复原官。

沈荩入狱之后,即由宫中传那拉氏的密旨,在狱中杖毙。牺牲时极为悲惨壮烈。后来有人记一位狱卒的话说:彼亦一铁汉也。当行刑官宣读时,彼面不变色,但曰:请快些了事。盖当时正值那拉氏七十整寿期近,又恐公开处死扩大革命者影响,便以极毒辣之手段秘密处死矣。

按沈荩系刑部狱时,同时系狱者,有大名鼎鼎的赛金花,以虐待养女致死入狱;有在越南打了败仗的广西提督苏元春;有名翰林首创注音字母的王照。因之,人谓英雄、美人、文士、名将"四美具"了。再庚子时赛金花在北京与瓦德西如何如何等谣传,也是沈以新闻报记者的关系和另一游戏报通讯员钟广生写成文稿寄到上海两报上发表,造成轰动一时的新闻的。

以上这篇小文,题目原是《章太炎与沈渔溪》,记沈渔溪被杖杀事,文中提到出卖沈渔溪的是吴某。这个"吴某"是谁呢?当时因为文章篇幅所限,而详细说起来,牵连到的方面又多,所以就省略地称之为"吴某",实际自然是有名有姓的。此人名叫吴式钊,字楚生,云南人。要把他出卖沈荩的罪行说清楚,还要先从另外一些人说起。

湖南浏阳人唐才常，字佛尘，是"戊戌六君子"之一的谭嗣同的好同学，和沈荩也是好朋友。戊戌前夕，在湖南就和沈荩谈论如何拯救国家的事，"欲以文字改良社会"，其后办起了《湘学报》。康梁公车上书，北京闹变法之际，谭嗣同电召唐才常去京，但当唐走到汉口时，北京即传来消息，变法失败，莽苍苍斋主人也在菜市口就义了。其后唐即远走上海，赴香港、新加坡、日本，又回上海办《东亚时报》，其间又去日本，这时章太炎也参加了《东亚时报》，沈荩也在。一九〇〇年庚子夏，义和团事起，八国联军侵入北京，那拉氏、光绪逃到西安。唐才常认为时机已到，便准备行动，先在上海与容闳等人召开"中国会议"，宣言独立，但对外还以"勤王"为名，章太炎当时对他说："诚欲光复汉绩，不宜首鼠两端，自失名义。果欲勤王，则余与诸君异趣也。"意思就是要推翻满清闹革命，就应该正正当当地去干。如果"勤王"，我不赞成。但当时形势发展很快，不久唐才常就到汉口设立"自立军"，沈荩也参加了自立军。

自立军的机关设在汉口李慎德堂，后门是英租界，前门是华界。当时的口号是："保国非保皇，保中国不保大清。"人员也非常复杂，有革命志士、留学生，也有哥老会、保皇党，没几天便因上海饷银接济不上，哥老会哗然。这样很快便被发现，一些人逃走，而唐才常、傅良弼、黎科、蔡成煜等就被捕在武昌天符庙前就义了。沈荩后来到北京办报。

吴式钊和沈荩原是很熟的朋友。吴是翰林，庚子前在翰林院任检讨，因同外国人来往，信奉基督教，翰林院掌院徐桐最恨洋人，便将其革职，且永远监禁。庚子时由监中放出，回原籍，不久又回北京，图谋起复功名和原官。向李盛铎（木斋）问主意。

李说:你过去讲洋务,同维新派的人在一起,要起复原官,非检举康、梁余党不可。吴说:举发唐才常余党如何?李盛铎认为可以,便起密奏,由李代奏。沈荩便为其出卖牺牲了。

吴式钏出卖沈荩之后,以六品主事起用。据《凌霄一士随笔》卷二记:"万宝华时为刑部尚书,兼署工部尚书,谓人曰:此卖友之人,如分至刑工两部,吾无以善处之。"从此卖友之名,传遍都下。吴出卖沈荩之后,尚拟出卖他人,友人都以豺狼视之。辛亥后,民国七、八年间,龙济光在北京,吴式钏改换姓名,任龙济光的咨议。不久就死了。据说临死时精神失常,大叫沈渔溪来找吴式钏,我不是吴式钏等等。

清末民初间,上海文人喜用长笔名,如"几生修得到梅花馆主"等等。有一位署名"支那汉族黄中黄",写过一本《沈荩》,另外零星记载沈荩的书还不少,可惜这些书都不易找到了。

刘成禺《世载堂杂忆》记云:"滇南吴检讨楚生(式钏),以崇奉西人,为徐荫轩相国所恶,因案革职,永远监禁。庚子,联军入都,其至好沈荩,为之请于某国公使,商之全权大臣,将其释回。吴返京后,趾高气扬,较未获罪前,尤为诞纵。已而欲图开复原官、问计于李盛铎……唐新为张之洞处死,沈因与唐善,避祸来京,吴知之,乃密呈告发,请李代递。慈禧见之大怒,以在光绪万寿期内,不便用刑,手批'沈荩即日杖毙,吴式钏以六品主事用'。吴犹以未得翰林为憾。复举平生所识而有名于时者三十余人献之,谓皆沈荩之党。慈禧竟置而不问,于是大祸始寝……"所记均同前述。

人心叵测,莫此为甚,看来如交着这样朋友实在是可怕的了。

袁氏父子诗

　　袁世凯远祖汉末三国时袁本初，又说是明末袁崇焕后人。原在李鸿章幕下，朝鲜一役，大大出名，任山东巡抚，正是本世纪开始，庚子时事；其后练新军，升军机大臣、北洋总督，一直到做洪宪皇帝。据张伯驹《续洪宪纪事诗补注》云："世谓项城为武夫，不通翰墨，不尽然。项城能诗，大有阿瞒横槊之概。"曾见"旧闻记者"陶菊隐老先生在其《北洋军阀统治时期史话》一书中引袁世凯诗云：

　　　　楼小能容膝，檐高老树齐。
　　　　开轩平北斗，翻觉太行低。

　　这诗是袁世凯在宣统元年被罢官之后，退居河南项城县洹上村时作的。曾有其高级幕僚沈祖宪和诗云："楼迥凌千尺，平看雁翼齐。岱宗曾弭节，自觉万山低。"王锡彤和诗云："不作登楼感，全将物我齐。槛前列牛斗，谁复问高低。"原诗野心极大，和诗奉承的功夫更高，居然以"岱宗""牛斗"推许之了。自然当时袁在洹上垂钓时的声望、权势和影响，也的确如诗中所说。据说袁画像喜作渔翁装束。开初好像只是自比渭水垂钓的姜子牙，作此诗时，恐怕还没想到做洪宪皇帝。

　　光绪和西太后死后，宣统做皇帝，光绪弟弟、宣统父亲载沣做摄政王，想杀光绪仇人袁世凯，但是又不敢杀、不能杀，因为新军在他手中，只把他罢了官。他回到河南原籍，彰德府项城县洹上村，修了一座花园，名"养寿园"，又挖了一个水池，像"圭"形，名"圭塘"，其地在洹水之北，漳水之南，与曹操铜雀台旧址邻近。他就在这里表面上退居林下，过隐士的生活，实际上则是联络亲信，窥测方向，待时而动。其野心是很大的。这一时期，他写了不少首诗，亲信幕僚又写了不少和诗，汇为一册，由他二儿子自比曹子建的袁寒云手抄成册，书名为《圭塘倡和诗》，刻印出版，不过他虽为大总统，而这本诗却印数、流传均不多。苏州王西野兄收藏有一册，有一次我去苏州，在他书架上见到此书，白纸大字，写印甚精，我借回上海来看，放在我斗室中一年多，有一次亡师谢刚主夫子来，翻阅我架上的一些零本线装书，一边翻，一边说道：你这点玩意不错……正说着，我忽然到隔壁房间有事，一会儿回来，老夫子忽然红脸说："这本书你要割爱，这里有先祖的诗……"我连忙说，这是西野的书，等我告诉西野后，送给您。后来我将书还给西野兄，西野兄托人带到北京专程送到老人团结湖新居中。可惜几个月后，老人就生病住院去世了。

诗中的口气都十分狂妄，每首诗都暴露了他勃勃的野心，都是"身在江湖，心思魏阙"的。不妨再举一首七律《春雪》：

> 连天雨雪玉兰开，琼树瑶林掩翠苔。
>
> 数点飞鸿迷处所，一行猎马疾归来。
>
> 袁安踪迹流风渺，裴度心期忍事灰。
>
> 二月春寒花信晚，且随野鹤去寻梅。

他把宣统、摄政王之流比作"迷处所"的哀鸿，把自己退居洹上比作猎人骑马疾归，高卧洹上，像袁安一样，冷眼旁观，等皇帝来找他。如果未找他，他自期为兴唐的裴度，不过暂时忍耐着，"二月春寒花信晚"，他的奸雄眼光是认识到时机未到，出山尚早的。因而不妨暂时弄欢作乐，且随野鹤去寻梅吧。这首诗次韵的人非常多，在他之后出任北洋总督的贵阳陈夔龙和诗中道："谢傅中年有哀乐，泉明荒径盍归来。"把他比作东山再起的谢安，肯定他是要回来的。自然也还未预见到他做"洪宪皇帝"罢了。

《圭塘唱和诗》和诗除所引沈祖宪、王锡彤、陈夔龙外，尚有吴闿生、费树蔚、谢恺等人。费字伟斋，江苏吴江人，吴大澂女婿。袁长子克定也娶大澂女，故与费连襟，文言称"僚婿"。谢即谢刚主先生祖父，河南商丘人。袁做直隶总督时，官蔚州知州，洪宪时为内史监内史。

寒云艺事

项城袁氏,清室重臣,又因辛亥革命机遇,做了民国第一任总统。又以窥国称帝,洪宪八十三天,遗笑柄于万年,至今仍为论史者所鞭笞,为茶话者所笑骂,细思之,如此过眼云烟,又有何值得?张伯驹先生父亲张镇芳氏,曾任河南都督,为袁表弟。袁死镇芳吊以诗曰:

> 不文不武不君臣,不汉不胡又不新。
> 不到九泉心不死,不能不算过来人。

概括得很不差。袁姬妾众多,儿了亦多,前二名,袁克定、袁克文,世多知之。一个以曹丕自居,一个则真如陈思王曹植。寒云居士,多才多艺,其名句"绝怜高处多风雨,莫到琼楼最上层",即今读之,仍使人怜其身世,凄惋欲绝也。在袁氏诸子中,袁寒云的确是个中白眉,别人无法与他相比。

袁寒云名克文,字抱存,他的母亲是高丽人。他是扬州名士方地山的弟子,师生二人一生相交极为淳厚。阴谋洪宪帝制时,袁克定一心以太子自居,而袁寒云却有临深履薄之感,作诗讽谕。前引两句,即其诗之最后两句。其诗原稿两首,题为《乙卯秋偕雪姬游颐和园泛舟昆池循御沟出,夕止玉泉精舍》,诗云:

> 乍着微绵强自胜,古台荒槛一凭陵。

波飞太液心无住,云起魔崖梦欲腾。
偶向远林闻怨笛,独临灵室转明灯。
绝怜高处多风雨,莫到琼楼最上层。

小院西风送晚晴,嚣欢艾怨未分明。
南回寒雁掩孤月,东去骄风黯九城。
驹隙留身争一瞬,蛩声催梦欲三更。
山泉绕屋知清浅,微念沧波感不平。

　　诗近西昆格调,拟之于玉溪生之"昨夜星辰昨夜风",庶几近之。但是他的诗被太子克定的谋士告密,说他诗中有怨望意,不满意帝制,结果被袁项城家谕斥责,不许他和当时的诗人们易实甫、樊樊山等人唱和,命令他住在北海读书。袁寒云天分既高,又性近翰墨,不能外出,便真用起功来。与姬人小桃红住在一起摩挲金石,精研版本,吟诗写字。先在琉璃厂大买宋版书,使宋版书一度价格飞涨。袁寒云在此时期,书法亦大有进步。楷书完全有了金石气了。这种字体,一般人不了解其所自,误以为是柳公权,实际不完全是。是从柳字变化而来,粗笔像颜柳,但字形较长,用中锋写出勾撇有明显的锋芒,而且习惯写隶古定(即古体字),这种字是谁创始的呢? 创自翁方纲。这种字在清末学术界很流行,不同于馆阁体欧底赵面的状元字,被认为是有金石气的字体。另外袁寒云还能写钟鼎小篆,曾在钟美丈斋头见他一大幅泥金笺钟鼎,字有碗口大,极为精神。

　　袁寒云喜收藏宋版书,周肇祥《琉璃厂杂记》记云:

　　　　抱存以一万金购宋极七十卷黄唐《礼记》、婺州本《周

147

礼》、黄善夫刻苏诗《于湖集》、黄鹤注杜诗五种于旗下人景朴孙。

袁寒云还编过电影。《胡适的日记》一九二二年十月卅日记云：

> 晚与黄国聪去看开明剧院开演上海兴亚公司新出的《红粉骷髅》影片，此影是袁克文编的。情节绝无道理，幼稚的很。最可笑的是最后捉拿恶党徒，本在上海，忽变在苏州宝带桥，忽然上高山，忽然下水，忽然用戏上的武把子，忽然抬出真刀真枪大舞一场，我把他们自己的广告附一段于下：
> 《红粉骷髅》影戏为上海新亚公司所制，确为中国影片中之最好，最有价值之述作……

虽然胡先生说幼稚得很，但也可看出这位皇子的多才多艺，且已会用最……最……的语式来自吹自擂了。

袁寒云除受过袁克定的苦头之外，还受过他另一个兄弟的谗言，差一点发生大乱子。袁项城的三子叫袁克良，比克定、克文小不了几岁，但是这位"三皇子"却大不同于前两个，不但生性愚蠢，读书十分无用，而且有些神经病，平时乐喜呆笑，但有时用心十分险诈。袁项城姬妾众多，最怕家中发生丑事。克良向袁进谗言，说袁寒云与其某姬有暧昧事。袁大怒，经寒云老师方地山解救，得免于祸，后冤情亦白。袁寒云身后有《丙寅丁卯日记》影印发行，但当时印数极少，现在已十分难找，有似宋元善本了。

皇子数"爸爸"

据张伯驹先生《续洪宪纪事诗补注》:袁项城除夫人而外,有八妾,高丽人二,一为寒云母,一为四子克端母。妻妾多,子女亦多,诸子除克定、克文、克良而外,尚有克权、克端、克齐、克桓、克轸等多人,总数是多少,就不知道了。孙辈最著名者为美籍物理学家袁家骝氏。

对于袁项城,虽然在历史上毁多于誉。但对老百姓说来,却有一点极为重要,那就是银元,从本世纪十年代直到三十年代宋子文白银政策时为止,是国家法定银币,到四十年代末、五十年代开市,因纸币贬值,银元在黑市中,又是极重要的硬通货。老百姓对它之喜爱,那真是珍之宝之了。而银元中最多的就是民国三、四年直到民国八、九年铸的袁世凯头像的银元,老百姓爱称之为袁大头。有一个时期,在黑市上,"大头"的价格远远高过于其他银元,如清代的"龙洋"、"孙中山头像"等银元,老百姓称之为"小头",差价最大时,一块"大头"可换两块"小头"。可见其影响多么实际,也可以想见民国初年,国家的财力还是很雄厚的。人们普遍用"大头",对袁的头像,就十分熟悉了。

我很巧,有机会认识他一个小儿子,虽然没有什么交情,但在一起打过几次消磨时间的小牌,因而也算是点头之交了。近五十年前,我住在北京西城一个园林般的大院中,大院中小院很多,在我家小院门前,正对着另一家小院的院门,大家出门进门,常常见面,是很近的邻居,而且相处很好,有通家之谊,我母亲三天两头被邀请过去同他家老太太打小牌。主人姓俞，老辈是北洋政府时期的外交官，但没有攒下多少钱，自己连宅子也没有，据说是卖了，租人家房子住。老太爷已去世了，少爷只不过近三十岁，十分文雅，已在某机关作个小事。下班常带一位朋友回来，大高个子，很魁伟，妙在是头十分大，真可以说是肥头大耳。这人一来，我小妹妹就跑进来告诉我，说是袁世凯儿子来了，也是袁大头。我起先不十分相信，以为是开玩笑，后来经俞家少爷介绍，才知道他真是袁项城的儿子。我比他们小十多岁，偶然他们三缺一，不成局，硬拉我去凑数，因为我还是中学生，没有钱，虽然只是一元逛花园，但也输不起，便同意我赢了算，输了不算。因而我便只有赢，没有输了。但他们还是拉我，因为常常少了我他们玩不成。

在桌上，我常常无心玩牌，而注意研究他的头，其轮廓和肌肉真像银元上袁世凯的浮像。而且十分能吃，有时一桌吃饭，一大碗红烧肘子，几口就吃光了。我少年时，不大吃肥肉，看他狼吞虎咽地大嚼，感到十分有趣。据说袁世凯饭量也很大，大概在这点上也有些遗传。有人记载袁寒云体削瘦、貌清癯、弱不胜衣等等，大概是比较特殊的。而我所见另外一位袁家子孙，也很像袁世凯。四十多年前，《光明日报》刚创刊时，我正在天津，帮朋友办《光明日报》分销处，登报招推销员，一位青年来应征，自称是袁项城孙子，哪一房记不清了，说他有办法推销报纸，听完他自我介绍，便填了表，算录用了。第二天他就出去推销，不到一周，他就推销出上千家订户，他每推销一份报，可得订费的十分之一点五（报社发分销处是七折），收入很不错。这位青年当时和我岁数相仿，也是肥头大耳，其轮廓也很像"大头银元"上的浮像，虽说自食其力，总不免使人感到凄凉。杜甫诗"问之不肯道姓名,但道困苦愿为奴",这是唐代的落魄王孙,而袁氏子孙作报纸推销员,却自报家门,这也可见古今毕竟不同了。据张伯驹《洪宪纪事诗补注》之二十五说:项城身后,子女每人分到现款二三万,股票二三万。有的很早就穷困了。但有任启新洋灰公司总经理者,最富有,却品德最坏,对艰窘兄弟坐视不周恤。这位青年,大概是穷困者的后人了。

至于前面说的那位项城之子,据说是燕京大学毕业生。这位皇子上学时也是很阔气的。不住宿舍,在海淀立公馆,每天上学,两辆自用车,经学校特许,踩着脚铃,叮叮当当,拉到教室门口,一辆自己坐,一辆听差坐。他在教室上课,听差在门口等着,下课出来,先递手巾把脸擦,再点三炮台烟,再递小茶壶喝茶。他摆的就是这个"谱儿"。他数银元不说"一块两块",而说"一个爸爸,两个爸爸……十个爸爸",似乎他的"爸爸"是数不清的。这是燕京大学三十年代初的故事,于今知者是很少了。

学人刘师培

　　袁世凯要做洪宪皇帝,先立筹安会,刘师培以儒教为经师迎衍圣公孔令贻入京。严复以通西学为人望,二人都是筹安会六成员中的重要人物,却又是大学者,而其中,"不幸短命死矣"的刘申叔(名师培,又名光汉)可说是极重要的一位,去世时年仅三十六岁,与他同时代,还比他大两三岁的孤桐老人,一直活到七十年代前期,比他多活了五十五年,严复逝世于民国十年,也活了六十八岁。寿夭之差,实在使人吃惊,但他虽只活了三十六岁,却留下了的六十种著作,真有些令人不可思议了。

　　刘氏生于光绪十年,即公元一八八四年,是戴东原学派的传人刘孟瞻的曾孙,其家学源渊,流传有自。刘在清代末年,以举人保荐知府,任学部谘议官,但那时他主要的是以"刘光汉"的名字和章绛(章太炎先生)、黄节、陈去病等在上海倡办"国学保存会",出版《国粹学报》。刘的大作《攘论》、《中国民族志》,均系鼓吹革命、传诵一时的名文。其后亡命日本,娶了风流一时的名交际花何震为妻,不久便回国入端方之幕,作了出卖志士的鹰犬,辛亥之后,差点送了命,多亏太炎先生"若杀叶德辉与刘光汉,则中国读书种子绝矣"的一封电报,才救了他的命,并推荐他到北京大学文科讲学,却不料他在讲学之外,又为袁世凯所收罗,官封"上大夫",最后成为筹安会的六员大将之一,帮着袁世凯做了八十三天皇帝梦,这些经历,各种书籍中多有介绍,也不必细说了。

汪东《寄庵随笔》记章太炎讲"庄子"时,说到刘氏云:

> 太炎先生以亭林自况,居东瀛时⋯⋯并时称淹贯博通,相为师友者,则仪征刘申叔。申叔袭父祖遗业,著述之富,过于太炎,然精核或远逊。章、刘同僦一舍,刘妻与表弟汪某昵,申叔不察,太炎先生阴规戒之,遂有违言。⋯⋯申叔擅经术,兼综今、古文家之学,疏释疑滞,涣若冰解,小学则非其所长。尤拙于书,笔画欹斜,类小儿初习学者,其妻訾之,申叔不服,曰:我书佳处,唯太炎知耳。妻问果佳否,先生诡答曰佳。复问学何种书,曰:俗人不晓,此乃《比干剖心碑》也。

汪氏当时也在日本,所记是可补充前面之不足。

综观刘氏一生,正像他自己临去世时对黄侃所说的一样,"一生当论学而不问政"。事实上他确实是一位了不起的学人,而却又是一个贪图名利玩政治火把的政治投机家。在后一点上,比起他同时的一些"巧宦"来,那真是其笨如牛。而其等身的著作,却是他同时的其他人一般都比不上的。他博览群书,经史百家,旁及释、道经典,几乎没有一门不精通。家居时手不释书,专心致志,常常到了如醉如痴的出神境界。在北京有一个时期住在西单白庙胡同大同公寓中,这是北京的老式公寓,每月房钱、饭钱一起包算,共计若干元,单身汉住着十分方便。刘住在公寓中,除去看书之外,别无一事,有一次当时教育部司长易克枭去看他,见他正一面看书,一面蘸白糖吃馒头,而白糖碟子放在一边动也未动,他却把馒头伸在掀开着的墨盒中蘸着墨吃得十分香甜。这事后来虽然传为笑谈,但也没有人不佩服他的治学之专了。

　　他的著作在他生前刊行的并不多,如《国学发微》、《左盦文集》、《读左劄记》、《论文杂记》、《中古文学史》等数种。他去世后近十年,他的生前好友,曾在二十年代出任过天津市长的山西人南桂馨氏,广泛征集他的遗著,捐资十万元为其次第刊印,并委托郑友渔整理校勘。其目录极为丰富,内容也极广泛,范围所及有《尚书》、《毛诗》、《礼记》、《春秋》、《左传》、《周书》、《尔雅》、《小学》、《国语》、《管子》、《穆天子传》、《晏子春秋》、《老子》、《庄子》、《墨子》、《荀子》、《韩非子》、《贾子》、《白虎通义》、《杨子》、道教、两汉、敦煌石室、《楚辞》等……

　　此外,还有在北大文科时所编的经学、中国历史、中国地理、中国伦理学、中国文学、中国文学史、中国民俗志、中国民约精义等教科书及讲义,虽然有不少原稿均属未完之作,但大多数还都是完整的,在其短短的生命史中,完成这许多著述,实在是不寻常了,而且这还不是全部著述,如其重要著作《左传疏证》稿本,早在四川时,就已散失了。

　　湖北蕲春人黄侃氏,在他临去世时拜他为师,以其同事而甘心执弟子礼列入门墙,亦可见其在当时学人中的影响,他的诗也颇豪放,有一首《书杨雄传后》五古,其结尾四句道:"吾读杨子书,思访杨子居。斯人今则亡,吊古空踌躇。"今天谈论他,也有些"空踌躇"之感了。

　　刘师培的夫人名何震,对刘影响很大。他的仪征同乡严伟写过一本《心太平斋笔记》,对他很不客气,特将此书内容写文,介绍于后,作为本文的附录。

附录：

《心太平斋笔记》

《心太平斋笔记》一卷，仪征严伟著。收在《无闷堂丛书》中。严伟字觉之，清末在东北做官，光绪三十三年改盛京将军为东三省总督，并裁吉林、黑龙江将军，改置奉、吉、黑三巡抚，徐世昌授钦差大臣，任东三省总督，锡良做奉天巡抚，严伟入巡抚衙门做幕僚。其宦游足迹，亦曾到陕西同州府，府治即陕西大荔，管朝邑、郃阳、韩城等县。辛亥后，回北京，住太平街。不久，到南京，入江苏都督程德全（字雪楼）幕。癸丑即民国二年（一九一三年）任无锡县知事，无锡是苏南剧邑，严伟十分能干，颇能应付。后又任其他重要县份的知事。《心太平斋笔记》，是他薄薄的一册杂记，书前有无锡钱基厚的序，写于辛酉冬十一月，按即一九二一年，已是五四运动之后了。书中没有记刊行年月，但据序言所记年月推算，自是一九二一年之后所印行。书为连泗纸线装，用四号字铅印。每页十三行，每行二十八字，天地均甚宽。字大、天地宽，阅之甚为爽朗。

为什么叫"心太平斋"呢？钱基厚的序中解释说："人莫难于心太平，而亦莫乐于心太平。《大学》言诚意之功，必曰毋自慊。非心太平而能毋自慊乎？孔子七十而从心所欲不逾矩，非心太平而能从心所欲不逾矩乎？王阳明曰：'去山中贼易，去心中贼难。'甚矣，心太平之不易也。"后面说："公今年四十，孔子四十而不惑。说者谓孔子于此始有心功可言，惑之为言，有所动于中也。故从心，心有所动，斯不能太平矣。公行年四十，而有

155

志心太平之学，由是而五十、六十以至七十，必能如孔氏之从心不逾，斯真心太平矣。人人克致其心太平之功，斯国家太平矣。"给书写序言，自然免不了吹捧，但其解释，说明"心太平"的用意，还是比较明确的。

严伟在袁世凯帝制失败之后，著有《民国春秋》一书，也是近代史料中一部重要的作品。这本《心太平斋笔记》所记也多是清末民初的一些官场掌故、地方史料，书很薄，所记不多，但颇有可取者，因而有它一定的史料价值。

他是县知事，民初的吏治基本上还同清代一样，县知事是管司法，要审问案件的。因而他十分注意典型的案例，笔记中记了好多则，都值得一读。如一则云：

> 常州袁薑鼋（励衡）言官抚宁日，东乡报一盗案，失赃甚多。未几获盗五人，薄刑一二人，皆伏罪，赃物一二种，物主亦已认领，刑有日矣。袁终以赃物未能全获为憾。遴差下乡，更搜原赃，十余日始获真盗者五人，赃证完全不少缺。覆讯初盗，则皆畏刑妄供，急省释之。刑官之不易做如此。

这则案例和乾隆时汪辉祖在《佐治药言》中所记一案例极为相似，都是大盗案，获一小盗，而且有一二样赃物。在刑讯之下，招供全案，便据之定谳。遇见一般糊涂官，便成冤狱。假盗或小盗服刑，大盗反因案已结，不惟漏网，更可逍遥法外了。但遇到稍微负责而又精明的官吏，则不能不产生怀疑，认真追查，获到真犯。汪辉祖是乾隆时著名刑名师爷，曾因一大劫案，所获犯人，很容易就招供，而照失单起赃只一棉被，引起怀疑，坚持不定案。刑名师爷虽非县官，但主持司法，维护官声，官也听他的，所以卒获真盗,救一无辜,平一冤案,破一真案。这种情况的案件,在封建时代极多,而大多糊涂结案,草菅人命,残杀无辜。能不冤枉好人或小罪者,百不得一耳。因而他记在笔记中,颇可见封建时代之黑暗,及处理案件之必须十分慎重。

他还记一糊涂案例,令人可气又可笑,且记到一时一地之民俗,不惟可资谈助,亦且可供参考。文云:

> 杭州买鱼,以两计不以斤计。有人买鱼二百四十两,当给值三圆,忽欲图赖。渔人讼之,初至地审(按即地方审判厅),批斥细事,应诣初审(按即初等审判厅)。比至初审,以数在二百两以上,饬诣地审。盖误以二百余两之鱼为二百余金也。再至地审,复饬诣初审如故。渔人展转奔走不得清。讼费又不止三圆矣。愤极罢讼而去。此亦见法庭之颠顸也。

这真是一场糊涂官司,市井歹徒欺压良民,买鱼不给钱;渔人有冤无处伸,又不懂法规条例,白花讼诉费;而审判厅的人,不看案情,乱批乱斥,推来推去,渔民可怜,歹徒可恨,审判厅人糊涂颠顸,更为可气。为讨三元鱼价,而来回告状,讼诉费反不止三元。一里一外,渔人大吃亏,而歹徒却逍遥法外。一件小事,深刻反映出旧社会之黑暗矣。二百四十两鱼,合十五斤,价三元。则每斤二角。很可见当年物价之廉,惜未写明是什么鱼。再以两秤鱼,十五斤仍以两计,亦甚奇,现在杭州渔民亦均以斤计算。以两计重秤鱼,亦成故事矣。惜不知此种风俗始于何年耳。

一九一三年三月二十一日晚十时,在上海火车站,宋教仁被刺。凶手是谁,辗转查得是应桂馨,后来捕房眼线在湖北路迎春坊妓女胡翡云处捕获应,并在应家中查获与袁世凯国务总理赵秉钧、内务部秘书洪述祖密电多份，并手枪及信件等，宋案大白。《心太平斋笔记》中亦记到此事。宋案发生时，严伟正在无锡做县知事。而应与无锡大有关系。应原名应夔丞，原是青红帮土匪头。辛亥后，得到江苏都督程德全的批准，成立"共进会"，开堂放票收徒弟等秘密行动公开化，无锡一县会员有万五千人。总会会长为应，驻上海，程德全任命应为江苏巡查长，这是杜月笙等人之前的上海大流氓头子。在宋被刺、应被捕之前不久，无锡"共进会"头子即分会会长倪天顺因抢案得赃被捕，严伟便趁机查封无锡"共进会"会址，缴收会员票布，解散会员。应桂馨还提出书面抗议。但不久宋案生，应亦被捕。笔记中较详细地记录了这些情况，足资研究近代史者参考。

仪征刘师培氏和严伟是同乡，笔记中记刘不多，但是很不客气，先说他"学问淹博，文与行悖"，又说"筹安祸起，刘一傀儡耳，独居深念，当得封侯之赏，可谓妄人"。更有一条，写到刘的私事，出刘的丑，十分不堪，文云：

> 刘于己未秋日殁没于北京，刘妇性癫痫，刘甫敛，即集门弟子唱《大劈棺》，又欲引俊仆同卧起，忽谓门人，汝知申叔何以死，乃我药杀之也。论者皆疑刘死妇手。

这一条不知真假，也可能是严伟造谣。唯所记刘逝于己未秋，是民国八年，即一九一九年秋。而伦明《辛亥以来藏书纪事诗》注云：

> 仪征刘申叔先生师培，记诵该博，手所校注纂录至多，余于己未始得识面，身顾而瘦，沉默寡言笑，手不释书，汲汲

恐不及。逾年病殁，年止三十八。

伦明所说"逾年"，是庚申，即民国九年（一九二〇），实际据其他材料核正，刘申叔确是逝世于一九一九年十一月二十日，十足年龄只三十六岁。严伟说的对，伦明记错了。刘申叔去世后，讲说其轶事者极多，但有毁有誉，如前所引，严伟多微辞，而伦明则甚尊重。严文所说"刘妇"，不是别人，乃是大名鼎鼎的何震女士。其人知者甚多，不多说了。

严伟笔记中，所说政坛、宦海掌故较多，另外也记到一些文物掌故，其中也有不少有价值的。如记轩辕陵墓前八骏石刻，先被日人掠走，已出潼关，被陕人以重金赎归，置于西安图书馆。白描《康熙瓷谱》，每一器除白描图极精外，尚有说明，对设色用釉诸法，解说十分详细，对研究康熙瓷制法，极有参考价值，结果被美商以二万金购去。又记河南彰德天宁寺，旧有吴道子画古佛像十三轴，宽六尺，长三丈许。袁世凯做总统时，被袁氏子弟拿走五轴，另八轴被张鸣岐拿到河南省署，现在当然不知去向了。从这些零星记载中，可以看出故国文物，近百年中，真不知被盗卖到外国有多少？被私人掠夺，据为己有有多少？言之令人十分愤慨。

严伟笔记中，也有一些迷信的记载，有的十分可笑，很可看出当年某些知识分子的思想状态。但所记事件，仍有史料价值，如所记宣统庚戌（宣统二年，一九一〇年）东三省鼠疫；辛亥（一九一一）四月，吉林省城大火，通衢康庄，悉为灰烬；庚申（民国九年，一九二〇年）甘肃、陕西大地震，毁城镇无数，死伤数十万人等等。都是当年的重大灾害。笔记中稍存鳞爪，亦足起野史作用，作正史之佐证。

蔡松坡之死

在辛亥革命以后的将领中,曾经立下汗马功劳,又不幸短命而死矣,要数蔡松坡将军了。云南起义,反袁成功之后,不久即病死日本,年仅三十五岁,即使活到今天,也只有九十八岁,与他同庚的人,现尚有健在者,而他则已去世六十三年。

蔡锷年轻时是梁任公的学生,梁二十四岁时在湖南时务学堂当教员,蔡十六岁是他的学生。戊戌后,梁亡命日本,蔡也随之东渡,入日本士官学校,与蒋百里氏同为该校的高材生。后回云南任新军协统。辛亥之后,被举为第一任云南都督。袁世凯在北京一是看中蔡是个了不起的军事人才,二是不放心他在云南任都督对西南的影响,便想法把他调到北京,笼络、羁縻、利用,位以昭威将军、参政、经界局督办等重要官衔和职务,为了调和北洋内部的矛盾,有一度甚至想用他为陆军总长。

蔡锷与梁任公,因师生之谊,关系极为密切。

袁世凯要做皇帝,当时先要制造舆论,网罗不少名人写文章。第一篇是杨度的《君宪救国论》,袁大加赏识嘉奖,说是旷代逸才,并亲笔写了匾,赐给他。接着刘师培又发表了《国情论》,严复在清末袁任北洋大臣时,他反对袁世凯,等到宣统时,袁被罢官,他又替袁惋惜。辛亥后,五族共和,他又发牢骚说:有共和之名而无其实。自然他也说到了当时的实际本质。却因此被杨度诱使赞成袁世凯搞洪宪。政治顾问美国人古德诺也写了一篇《共和与君主论》为之鼓吹。但是虽有这些文章为洪宪登基制造舆论,却敌不过梁任公一篇《异哉！所谓国体问题》,一下子向洪宪帝制扔了一枚强力手榴弹。梁启超、杨度都是当时进步党领袖人物。梁当时住在天津租界里,考虑到其他进步党人的安全,据说写下题目,几天未动笔,袁忽派人送来二十万元,十万为其父作寿,十万为他出国费用,想收买他。不想收买未成,他反而把此文很快写成了。

蔡在北京,公馆在宣武门外棉花胡同,经常到他家来的客人,是他在东京留学时结交下的好朋友杨度,在袁世凯面前一再替蔡松坡吹嘘的就是他。待到筹安会正式一开张,蔡便去津与梁任公密谋策划反袁了。袁知蔡不为己用,又有所活动,便授意其爪牙执法处处长雷震春派人演了一出"搜家戏",假装不知是蔡将军公馆,闯入棉花胡同蔡宅翻箱倒柜,大举搜查。一想抓住把柄,一想对蔡施加压力,蔡在京如处虎口,不得不积极谋脱身之策离开北京了。这便是有名的风流故事,在妓女小凤仙的帮助(当时北京阔人一般都结识百顺胡同、韩家潭一带头等小班的妓女,小凤仙是云吉班的红姑娘),在梁启超所派老佣人曹福的接引下,乘三等车到了天津,住进日租界同仁医院。蔡在一九一五年十二月十九日回到云南,二十五日云南宣布独立,蔡率领三千余人北上进军四川,这就是有名的"云南起义"。

袁的八十三天皇帝梦幻灭了,不久这位被传为"蛤蟆投胎"的"洪宪帝"也归天了。云南起义的蔡松坡将军和第一个写反袁檄文《异哉！所谓国体问题》的梁任公,都为这一战役立了首功。但令人痛惜的是蔡将军已经得了不治之症。后来北京在梁任公主持下,为了纪念蔡锷,在西单石虎胡同成立了松坡学会,又成立松坡图书馆,出版了《松坡军中遗墨》,电文都是手稿,给梁任公的很多,现引用一则,作为历史资料,供参考。他的病是喉咙

痛,越痛越利害,不能咽东西,七月十一日在泸州给上海梁新会(启超)先生电云:

> 火急,上海梁新会先生鉴:护密。锷喉病自德医阿密思施治后,肿痛更甚,饮食俱难下咽,发音更微,闷楚殊甚。精神亦觉萎顿。阿已回渝,据称蜀中无械无药,且天候不良。劝早赴沪疗治,否则,恐陷哑废等话。前得督川命,即电呈中央荐罗佩金自代。……自度症候已由慢性而成顽固性,若再荏苒不治,纵无性命之虞,亦必成哑废,万望吾师为我切电中枢,速予解职,俾得东渡养疴。川事有罗、戴担任,可保其必然能翕然无间,渐就安理。周王小丑,经临之以兵,现在穷蹙,日内当可就范。并闻。锷叩、真(当时以诗韵代日,真是上平声十一字,故代十一日)。

其后八月底到上海,已不能说话,后即东渡日本就医,于一九一六年十一月八日在日本去世。死后北洋政府追赠军衔为"上将",运柩回国葬于长沙岳麓山,与爱晚亭、湘江波影互相映辉了。

谭家菜与谭家词

　　说起"谭家菜",在北京是十分有名的,直到今天,海内外还享有盛誉。但是说到这一代名馔的主人南海谭琢青氏,知道的人就不多了。如果说到"谭家"的家世,那知道的人恐怕就更少了吧?说起来这已经是一百几十年前的事了。这里不妨先引一封信,作为资料。陈援庵先生《往来书信集》中,一九三三年写给胡适之先生信中说:

　　　　适之先生撰席:丰盛胡同谭宅之菜,在广东人间颇负时名,久欲约先生一试。明午之局有伯希和、陈寅恪及柯凤荪、杨雪桥诸先生,务请莅临一叙为幸。主人为玉笙先生莹之孙,叔裕先生宗浚之子,亦能诗词,精鉴赏也。专此,即颂,晚安。

　　　　　　　　　　　　　　　　　　弟垣谨上,十三晚

　　信中所约客人伯希和,法国汉学家,早期盗走敦煌文物者。一九三三年又来中国。陈寅恪,著名学者,当时任教清华。柯凤荪,《新元史》作者,名史学家。杨雪桥,诗人,《雪桥诗话》作者。

　　谭家是广东南海人,世居广州西关。琢青先生祖父,名谭莹,字玉生,举人出身,写得一手好"四六",著有《乐志堂诗文集》。曾为其同乡人伍崇曜氏校刊《粤雅堂丛书》,"粤雅堂"所刊书,每种后面都有一段跋语,署名伍绍棠,其中大部分都是谭

163

玉生捉刀的。瑑青先生的父亲名宗浚,字叔裕,是两榜出身,而且是一甲第二名榜眼,同治甲戌科,状元是陆润庠,著作有《希古堂文集》《荔村诗集》,诗文都很当行。到了瑑青先生一代,兄弟们都是家学渊源,瑑青先生出生在北京,清末在邮传部做事,北洋政府时做过议员,北伐后政府南迁便成为京华寓公矣。

谭氏名祖任,字瑑青,因为行三,人称谭三爷。在继承家学的基础上,更精于填词。长期在京居住,与京华词人、学者以及粤籍名流,日相往还,为文酒之会。瑑青先生有两样特别的爱好,一是特别讲究饮馔,一是爱好书画,精于鉴赏。再加他的如夫人又特别会做菜,所以在早期做议员时,经济宽裕,三天两头在家中请客,客人来时,都带一两样书画,来了先在客厅中谈论鉴赏,看看每个人带的东西,品题一番,然后就入座饮宴,菜都是很精美的,每样菜都有独到之处。后来常去的老朋友们,越吃越爱吃,但觉得又不好意思老是白食,便大家凑公份,托其代为经营。进而别人请客,也在他家中设宴,同时总要给主人送一份请帖。这样瑑青先生词家、鉴赏家的雅望反为所掩,而"谭家菜"却名著京华,有口皆碑了。这种宴会组织最早名鱼翅会,见谭写给陈援庵先生信云:"傅沅叔、沈羹梅诸君发起鱼翅会。每月一次,在敝寓举行,尚缺会员一人,羹梅谓我公已允入会,弟未敢深信,用特专函奉商,是否已得同意,即乞迅赐示复。"信后附有参加名单及办法。会员为:杨荫北、曹理斋、傅沅叔、沈羹梅、张庚楼、涂子厚、周养庵、张重威、袁理生、赵元方、谭瑑青。每月中旬第一次星期三举行,会费每次四元,不到亦要交款。派代表者听,以齿序轮流值会,所有通知及收款,均由值会办理。

从信及会员名单、办法中看,最初是私人"蝴蝶会"(即一壶一碟)性质。并不接待外客。其后主人经济日紧,谭家菜名气越来越大，经朋友介绍，便可在谭府请客了。这就是前引陈援庵先生请胡适之先生赴宴信中所说情况了。其时谭家在丰盛胡同，是祖传大宅子，一九三六年初卖了，曾写信给陈援庵先生托借住常家帅府胡同房子。后回广东，又回北京，住在宣武门外米市胡同。

谭家菜最重要的是每人一碗重味鱼翅，已故谢刚主师多次随傅沅叔老人去过。近人东莞伦哲如氏《辛亥以来藏书纪事诗》有一首道：

> 玉生俪体荔村诗，最后谭三擅小词。
> 家有簏金懒收拾，但传食谱在京师。

诗后有注云："瑑青有老姬善作馔，友好宴客，多倩代庖，一筵之费，以四十金为度，名大著于故都。"瑑青先生下世后，"谭家菜"仍名重京华，可惜还未有一本像袁子才《随园食谱》那样的名书问世，是十分可惜的。当年谭家的座上客十几年前，尚有健在者，如容庚老先生便是其中的一位，现在则宾主都是古人了。

谭家菜很有名，实际"谭家词"也是很有水平的，他有词集《聊园词》，叶恭绰氏编《全清词钞》，选他七首词。现引三阕于后，以见其学问、功力和才情。

清平乐·拟韦庄

别怀谁共，酒思如潮涌。满地霜花街月冻，和泪出门相送。　　归来犹自泛澜，背灯渐觉衣单。此地孤鸾无寐，锦衾知为谁寒。

一枝春

李易安酴醾春去小影,黄晦闻属题。

漱玉心肠,对繁英,乍觉芳期孤负。香微韵秀,似见六铢衣皱,留春不住,怪离绪,着人如酒。应自惜,堆锦年华,付与可怜时候。　银闰旧情回首。记书丛赌赛,茶倾襟袖。归来老屋,领取绿阴清昼。飘零漫诉,愿长得比花同瘦。庭院晚,消受黄昏,为谁立久。

解连环

展上巳逖公招集北海画舫斋修禊,分韵得窄字。

意宽春窄,挽佳辰少住,盍簪重集。看稚柳,曲岸摇青,正九日午暄,翠茵堪藉。鉴影波澄,照华鬓,渐惊非昔。叹湖山画里,漱滟酒杯,祓愁无力。　西峰远输黛色。怪余寒未敛,红紫沉寂,渺旧梦,天上瀛洲,只泛水崇兰,尚仍前迹。事逐年新,料草际,铜驼应识。倚斜阳,画栏怅望,乱莺似织。

现在人虽然还能懂得吃谭家菜鱼翅的美味,但能懂得欣赏这样谭家词的人,恐怕很少了。二十年代末,谭公经济困难的时候,写信给陈援庵,希望能到陈所管的辅仁中学、翔教女中找个教席,教教中学国文,信中如此写,后来不知得到这个教职没有。这样的词人,当时只想谋个中学教职,赚点钟点费,补贴家用。这种水平,这种情况,现在人能够想象吗?真是江河日下,斯文扫地,感慨系之了。

近读徐仲可(珂)《康居笔记汇函》记云:"岁丁卯之春,京师有聊园词社,入社者十二人,珂所知者:谭瑑青、洪泽丞、寿石公,所识者:陈倦鹤、邵次公、邵伯䌹、金篯孙同年,尝以清词人故居命题,同人分咏之。朱竹垞古藤书屋也,纳兰容若渌水亭也,顾太清红雨轩也,厉樊榭柏叶亭也,承子久小雅堂也,周稚圭双柏堂也,许海秋我园也,王半塘四印轩也。"所记"丁卯"是民国十六年事。正是北伐声中,当时这些人尚有如此雅兴。或年代记错乎? 寿石公即北京刻印名家寿玺,亦字石工。

萧龙友诗

　　四川三台县萧龙友老先生,名方骏,以字行,号"息园老人",晚年侨寓北京,以医名大显,为京华四大名医之一,海内外均知其名。实际老先生不但医学好,而且书法成家,诗也成家,又兼高寿,活了九十四五岁的高龄,在京华耆旧中,也实在是不可多得的人物。老先生年轻时在成都尊经书院,丁酉科拔贡,后朝考任八旗教习,外放山东淄川、济阳知县,辛亥后在北洋政府任总统府参事,国务院参事,从庚子前就客居北京,虽说是四川人,但在北京足足住了半个多世纪,后人也都在北京,可以算做北京人了。庚子时,龙友先生正在北京任八旗教习,四川泸县高枬《高给谏日记》中有两处记到老先生。八月十四日记道:"萧龙友言,良乡有义和鬃集,洋(指洋兵)往屠之。又言洋已据保定。"另九月十七日又记云:"萧龙友、吴芬两教习欲列为言官,同分接济。经手者难之。乃欲分会试、乡试两层,乡试中又分正途、生监两层。"

　　高枬是四川名人,和兄弟高楷是孪生,二人同时中举,后又与哥哥高树同中进士,点翰林。当时是监察御史,四川籍京官的领袖人物,所记是分救济金的事。当时所谓"正途"是指举人、进士出身,龙友老先生是拔贡,是监生资格,只能领少量救济了。辛亥后萧老曾入黎元洪幕府,公余研究医学,于妇科、肺科均有独到之处,曾治好黎元洪母亲的病。一九二九年北伐后政府南迁,他有《己巳元旦》诗云:

龙降蛇生又改年，春人无复永嘉前。

《岁朝图》就翻新样，家宴风成敝素筵。

默祝五城清盗窟，尽收世界入禅天。

晨兴酗饮屠苏酒，小坐花间意湛然。

诗的末两句写得很清俊安祥，是很有"同光体"的韵味的。这首诗写在国都南迁之后，当时萧已不再做官，专靠行医了。"春人"句下注云："旧政府同侪十不见一，可慨之至。"言外之意，当时不以北京做首都，有似永嘉南渡，是感慨颇深的了。其"家宴"句下注云："舍间祖传元旦全家素食一日，行之百年矣。"这虽然是全国各地多有的风俗，但北京特别讲究这点，而且早年间，街上还有专卖香蕈蘑菇馅素包子的。另外在《岁朝图》句下注云："有人画《岁朝图》，仅松枝柏叶，题曰'青天白日图'，真堪解嘲，此亦有心人游戏笔也。"北洋政府用红黄蓝白黑五色国旗，南京政府用青天白日国旗，老先生此注，可见其嘲弄南府心态，他会指画，可能此画就是自己所作。

再有"世界入禅天"句下注："近年朋辈中皈依佛法者甚多。"当年居士林很热闹，都是北洋政府宦囊充裕的旧人。

这诗已是五十二年前的作品了，当年不少老诗人都还在世，如樊增祥樊山老人还健在，当时已八十多岁了，老诗人陈石遗、陈三立那时都在南方，陈宝琛专作"诗钟"，当时与息园唱和的年纪最大的人当中，要数宣南的樊山老人。

萧龙友老先生有弟名方骐，字紫超，号紫髯翁，诗也好，字也好，老兄弟二人一位住兵马司，一位住旁边玉带胡同，房子只隔一条小胡同，极为相得，人比之为苏（东坡）氏兄弟。绵竹人曹经沅老先生赠诗有"过市姓名人早识，对床风雨弟同听"之句，直接用东坡怀子由诗句意。又云"三绝霜龛吾所敬",把老人比作傅青主,也是很贴切的。傅青主斋名霜红龛,又是历史上最有名的医生,《傅氏女科》是医学典籍中的名著。

老先生老年时有指画墨梅扇面,题五言绝句云:"人老半身麻,带病度年华。指头有生活,随意画梅花。"

此件收藏在他后人处。这点也像傅青主。上海博物馆藏有巨幅傅山《墨梅图》,那真是传世神品,名气比龙友老先生又大多了。

陈师曾诗与印

俗语有"龙生龙、凤生凤,老鼠儿子会打洞"的说法,或可被视为反动的血统论。但从遗传学及家庭影响的角度视之,亦或有一定的道理。我国遴选人才,汉代重乡举里选,六朝重门第,所谓王谢高门,不可攀焉。唐以后重考试,给寒家子弟以进身之阶。但在重考试的同时,也还有门第的影响,有所谓世家,即几代人都得高第,登仕版,甚至都是著名学者、诗人。直到晚近,这样的家庭还不少。如江西义宁陈家,祖陈宝箴,官至巡抚;子陈三立,字散原,名翰林,名诗人,领袖晚近骚坛,直到一九三七年抗日战争初起时才去世;孙陈衡恪(字师曾)、陈寅恪又都是著名学者,名教授,名艺术家。一门三代,世泽绵绵,亦即六朝时所谓高门也。其中师曾先生,门第高华,学问渊博,而更多才多艺。可惜去世过早。其去世在一九二三年癸亥,死时只有四十八岁。据说他是到南方照顾继母的病,传染了伤寒,又错吃金鸡纳霜引起腹疾去世的。当时他住家在西城裤子胡同,除在教育部任职外,还兼京华艺专教习,北京大学画法研究会指导教师,另外,绘画、篆刻,都在琉璃厂挂笔单,享誉海内外。去世后,在宣武门外江西会馆开追悼会,其友人挽以联云:"道旁蹢躅一诗癯,京国十年,赠画忽怜难再得;天上凄凉此秋夕,钟山一老,寄书不忍问何如。"可谓情词恳切。其时散原老人住在南京。三十年代中期北上燕京居住。

师曾去世后数年,番禺叶恭绰从其家得遗诗二册,交给其好友镇江人吴眉孙,后由吴之弟妇江南苹女士小楷缮写,影印出版,款署"传画女弟子钱塘江采写",用白棉纸印刷,极为典雅。封面署端是"陈师曾先生遗诗,庚午贺启兰题"。有吴庠(眉孙)写的跋,其中有几句说:

> 师曾既殁,旧京朋好为景印其所画山水、兰草、花卉若干帧,复搜求刻印若干方,聚刻为谱,虽力有所限,要大慨足以传其人矣……师曾恒言,生平所能,画为上,而兰竹为尤;刻印次之,诗词又次之。盖称心而出之者也。然晚近诗坛,当分据一席。

这话说得不过分,实际师曾先生的诗虽然不多,却也足以传世。既受散原老人的熏陶,又受其岳父范肯堂的影响,其诗味也是十分淳厚的。

当时北京大学有书法研究会,由沈尹默先生任教,也有画法研究会,就由陈师曾先生任教。有《北京大学画法研究会同人崇效寺看牡丹》诗云:

> 还将春服赏春情,迤逦回车又出城。①
> 列座朋簪期凤诺,频年踪迹笑浮生。
> 临风欲谢看仍好,倚树微酣画不成。
> 留取虚堂遮佛眼,人间红紫已分明。

注:① 前日同定之到此。

其题《画萝卜白菜》诗云:

172

肥菜霜干此地甜，胭脂翡翠色相兼。

盘餐自养贫家福，钟鼎焉知高士廉。

小阁围炉温鲁酒，寒窗嚼雪下微盐。

季鹰枉忆莼鲈美，此味三冬又可腌。

又如移居裤子胡同诗中云："自笑裤中能处虱，心悬枝上独承螬。"上句用《晋书》阮籍典，十分风趣自然。

其他题画诗意境深远者颇多，不一一赘举了。

师曾先生除画与诗之外，金石篆刻，更是当行。所刻自己的印，及友人的印，如"五石堂"印、"老复丁"印、"会稽周氏"印、"俟堂"白文印、"双寂堂"印，仿砖文"周作人印"，均见各出版物中。其刻法笔画雄杰，突破徽、浙二派，篆法直追秦、汉而上，但又富有变化，古朴妩媚兼而有之，不像有的治印名字，千篇一律。白石老人刻印则有方方一样之感。

风俗画小议

读陈寅恪先生《寒柳堂集》，不禁想起陈师曾先生来。知堂老人早年说过一个故事：师曾先生为了画风俗画，在马路上常常忘情地注意看老北京人的生活情况，甚至几乎闹出笑话。有一次教育部中午下班，几个朋友步行到绒线胡同西口小广东馆子"宜且"吃中饭，马路上正好遇到一起老式结婚的，前面吹鼓手穿着绿布画团花的彩衣，戴着红缨帽，吹吹打打地过来，后面跟着新娘子花轿。北京娶亲，常怕新娘子"晕轿"，轿帘并不全部放下，再有去娶时，空轿也不下轿帘，坐个压轿嬷嬷。师曾先生追着花轿往里看，眼镜几乎碰在轿杆上，引得大家哈哈大笑，说他"人老心不老……"事后才知道他是在画风俗画。

按师曾先生学识词章，书画篆刻，无一不可以传世，而最特殊者，乃其风俗画，因其他方面，在古人中，在同辈中，都尚有与之伯仲者，惟独这风俗画，可以说是师曾先生的独创。其北京风俗画共三十四种，现在海内外知者甚少，因列其细目如后：

一、《旗下仕女》；二、《糖葫芦》；三、《针线箱》；四、《穷拾人》；五、《坤书大鼓》；六、《压轿嬷嬷》；七、《跑旱船》；八、《菊花担》；九、《煤掌包》；十、《磨刀人》；十一、《密供担》；十二、《冰车》；十三、《话匣子》；十四、《掏粪夫》；十五、《山背子》；十六、《二弦师》；十七、《丧门鼓》；十八、《赶驴夫》；十九、《火媒掸帚》；二十、《老西儿》；二十一、《泼水夫》；二十

二、《算命子》；二十三、《鬠篦手》；二十四、《橐驼》；二十五、《慈航车》；二十六、《喇嘛僧》；二十七、《糕车》；二十八、《人力车》；二十九、《顶力》；三十、《烤番薯》；三十一、《墙有耳》；三十二、《大茶壶》；三十三、《执事夫》；三十四、《打鼓挑子》。

这三十四种风俗画，每幅上都由姚茫父（名华）题了一首词，另有程穆庵（名康）、陈孝起（名止）、何芷舲（名宾笙）等人题句。陈又号大镫，尚有金拱北（城）等人题句。这些画后来在师曾先生去世后，影印出版，装订成二册，题曰"北京风俗图"。姚茫父的题词曰"蓑猗室京俗词题陈朽画"。据陈兼于丈《兼于阁诗话》所录："捡破烂"即《穷拾人》图青羊居士题云："拾破布、拾残布，老夫无日不如此。世间之物无弃材，铁勾收入笼中来。"图画一老人手持铁勾，背一笼。《压轿嬷嬷》程穆庵题云："七十老妪百无事，犹着嫁时红绣襦。出门一步要人扶。南至喜家迎阿姝。岂不以尔无灾无难乐有余。尊尔羡尔扶上新人舆，旁观掩口笑葫芦。点缀一幅朱陈嫁娶图。"图作二少妇扶一老妪上花轿。陈孝起题"老汉磨刀"图云："厨下灯前动叹咨，剪刀在手总迟迟。磨来竟比并州快，如此才能值一吹。"图作老汉背长櫈，口吹喇叭。"唱话匣子"青羊居士题云："话匣子、话匣子，唱完一打八铜子，兄呼妹，弟呼姊，夕阳院落听宫徵，神乎技矣有如此。"大镫题云："绕梁三日有余音，一曲真能值万金。自得留声旧机器，十年糊口到而今。"《掏粪夫》程穆庵题云："携瓢荷桶往来勤，逐臭穿街了不闻。莫道人皆掩鼻过，世间清浊久难分。"斗雀图青羊居士题云："昔日斗鸡，今日斗雀。在我掌中，亦殊不恶。"程穆庵云："小人闲居，无以自娱。一饮一啄，且与鸟俱。"《冰车》图金北楼题云:"世态自炎凉,吾心自清絜,未免效驰驱,不屑因人热。""两人运桶泼水"图青羊居士题云:"十日有雨尔闲娱,十日不雨尔街衢。买臣有妻独无子,奚为呼汝泼水夫?"这两本画册和六本《师曾遗墨》画册,都是琉璃厂淳菁阁印的,当时价钱也并不很贵,如《师曾遗墨》,定价壹元六角一本。不过这是银元的价钱,如折合成现在的币值,那也就很可观了。当然,这些书,在今天说来,虽非宋刊元刻,却也都是只可怀念,而难得再见的珍本了。

师曾先生写真传神之妙,在当年可说是独到的,有一年北京开义赈金石书画展览会,为灾区捐款,师曾先生画《展览会游客图》,图中二十多人,惟妙惟肖,神态活泼,熟人一见都能叫出名字,大家都拍手叫绝。其风俗画颇似"流民图"。后来蒋兆和氏画巨幅《流民图》,不能不说是受到师曾先生的影响。

陈师曾先生的北京风俗画,几十年中,无人予以再版,是很可惜的。不过即使再版,如不加详细的说明,看的人也很难看懂了,因此,我想不但应该再版,而且应该增加说明,以便使后人能看到前人的风俗,也不是无意义的吧。

周遐寿老人在《鲁迅的故家》中曾记北京风俗图第十九图云:

　　其第十九图送香火,图作老妪蓬首垢面,敝衣小脚,右执布帚,左持香烓,逐洋车乞钱。程穆庵题曰:"予观师曾所画北京风俗,尤极重此幅,盖着笔处均能曲尽贫民情状,昔东坡赠杨耆诗,尝自序云:女无美恶富者妍,士无贤不肖贫者鄙。然则师曾此作用心已良苦矣。"

这就是三十四幅中的第十九幅《火媒掸帚》，这已是六七十年前街头所见了。周遐寿老人的解释尚有未尽善处，即所画老妇左手拿的不是"香炷"，而是"火媒"，遐寿先生从来不吸水烟、旱烟、卷烟，所以对此忽略了。而画在画中，香炷和火媒又不易区别，便当作香炷了。实际不是，这是另一种，可能现在还有的特殊东西。

　　"火媒"是什么呢？是用一种米黄色的火纸（大张，较草纸细，易燃）先裁成一寸阔的长条子，然后把十几张纸条叠在一起，比齐、卷拢，使之纸性变成圆形，然后拿一条放在桌上平搓成一根细长的"纸篾"，外面笔直像一根线香，但是像意大利面条"通心粉"一样，中间是空的。再说得形象些，像现代喝汽水的蜡纸麦管，不过比较长些。点燃之后，把火焰吹熄，只剩一个红火头，用嘴对着轻轻一吹，又会把火焰吹燃。这样一燃一熄，一熄一燃，对于吃福建皮丝水烟的人极为方便。过去火柴不便，一般人家也备有这种"火媒"，作日常引火之用。这种纸篾，纸店中可买到搓好的，几十根一把，十分便宜。而家中如果老人们吃水烟，习惯都是买来火纸自己搓。现年五六十岁的人中，年轻时候会搓纸篾的大概还不少吧。

　　风俗画《火媒掸帚》，就是这种拿着"火媒"、"布掸子"形同乞讨的老妇人。大都在戏园门口、公园门口乞讨，有人一掏烟，她便把手中火媒吹燃，给你点烟，乞讨一个铜子；你要上洋车，她拿掸子在车垫子上先抽两下，意思把土抽掉了，乞讨一个铜子；你下洋车，她拿掸子在你鞋上抽两下，掸去浮土，乞讨一个铜子。是十分可怜的流民，师曾先生把她画入到风俗图中，使后世人知道当年有这样孤苦的无告者。

　　其他画幅也都类似这种内容，如"顶力者"，就是用肩膀项颈为人扛重物者,俗名"抗肩"。"穷拾人",就是拾破烂、拾垃圾的、拣煤核的。其画幅意义似乎比后来丰子恺的《护生画册》高明多了。

姚茫父谈脸谱

现代工艺品如瓷器、扇子及泥塑小面具,常爱以京剧脸谱作为图案。其来源当自古代的面具。但具体什么时候,戏剧净角勾脸成各个历史人物,成为"脸谱",却无明确的历史记载。近人姚茫父,他赞美花脸演员勾画脸谱,曾用"书谱"语赞美演员勾脸有"智巧兼优,心手双畅"之妙。这位老先生,亦是近代一位难得的画家、书家、词人、学者,其多才多艺,热情待人,亦是难得的。他是贵州贵筑人。姚茫父名华,字茫父,号弗堂,著有《弗堂类稿》。清代末年,他在邮传部供职,和番禺叶恭绰、江宁夏仁虎都是同事。邮传部在清代末年管铁路、航运、邮政、电信四样。在当时这四个行业都是新玩艺,不少风头一时的才学之士,都在这个部门工作,后来成为有名的"交通系",姚华亦是其中之一,不过他后来成为名画家,而没有当上银行行长或什么部长。

姚华和陈师曾、王梦白三人,是民国初年北京最重要的画家。他们首先是学者、诗人,又是画家,因而他们画品自高,不同于世俗的"画匠"。姚华对脸谱彩画有一套理论,他认为:铜器饕餮花纹,六朝、隋唐的造像、石刻和伽蓝佛像,都同后来的脸谱有密切关系,而且同印度的艺术有关。宋代瓦子古剧,还只有"面具",没有"脸谱",因之脸谱艺术根源虽古,而其形成完整的艺术,则是明末的时代。北京当年有人收藏最早的脸谱本子,是明末的,但是着彩、线条,都没有后来的精美复杂。但是在此之前,是否已有成套脸谱,则不可考。

脸谱勾脸之越来越美，是画家给加了工的。据传，与程长庚同时的名伶钱金福最长勾脸，当年的金秀山，后来的金少山都比不上他。而他的勾脸，就得到当时名画家陈阜民的指点。陈阜民在清代理藩院供职，和当时一个蒙古王爷塔旺布理甲拉都以善画脸谱著称，姚茫父曾收藏有陈阜民不少幅脸谱，是这一独特艺术的希世之珍，不过现在几经秦火，人间是否仍有陈阜民所绘脸谱真迹，则不得而知了。

姚茫父是诗、词、书、画样样造诣都很高的人，因其首先是学者，故其书、画均有书卷气、金石气，这话现在人已很难理解感觉了。他论笔也有非常独到的见解。他认为柔软的兔毫笔、羊毫笔是后来才有的，过去都用刚毫。据说王右军写《兰亭集序》用的就是鼠毫笔，很硬，即刚毫。其实所谓鼠毫，实是狼毫，因俗名黄狼为"黄鼠狼"，黄山谷诗"宣城变样蹲鸡距，诸葛名家捋鼠须"是诗人形容之词，如真老鼠胡须制笔，那要捋多少老鼠才够做一支笔呢。而狼毫是用黄狼尾部的毛，也非用黄狼须。

姚茫父是金石家，对新出土碑鉴别能力很高。在题"汉刻齐桓、管仲画像墨本"诗的注中说：

> 凡古肆所售，十七八伪而一二真，大抵书画伪品，多出维扬，金石伪品，多出青齐。近则洛下诸元志石，犹承其风，拙著艺林虎贲，一一考之，然颇为笃信者抗辨。

所说"诸元"，是指北魏墓志，因北魏拓跋氏后冠汉姓"元"字，取《易经》"元亨利贞"第一字。当时古玩商据《北史》等古书，编出墓志刻石，埋入土中，几年后再挖出来。因多仿真墓志制造，又有史书可证。再在土中埋了几年，有了"土花"，不精于此道的,很容易被骗过,甚至专家之间,一人说真,一人说假,展开争论。引文最后一句,就是说与周印昆争论"前秦广武将军讳产碑"重此之伪。不过当时作伪者及争论者都有学问,所以能作出乱真的赝品,不像现在人伪造曹雪芹墓碑那样拙劣可笑,真是江河日下不值一谈了。

姚茫父又是词人,精昆曲,著有《曲海一勺》。他老年时有一次在厂甸冷摊上买到一幅他给人画的"一年好景君须记,又是橙黄橘绿时"旧扇面,题有"渔家傲"云:

> 一叶何人曾障面,秋风委弃看成贱。好景难常谁更恋,人事换,几钱买得欣重见。 依旧春尘趁厂甸,荒摊冷市游人遍。又赚儿童收断烂,重涤砚,风书与洒新词绚。

多么好的词呢!可惜今天知道多才多艺姚茫父的人已不多了,他的画更难见到了。

芝木匠故事

　　我在初中时,有过两位国画老师,一位是王雪涛,一位是陈小溪。雪涛先生后来名气很大,直到八十年代初才去世。小溪先生未大出名,一直在四存中学做图画老师,实际画的也很好。二人都是河北省人,又都是齐白石的学生,在《白石诗草》中,收有多首给二人题画的诗。当时我在小口袋胡同志成中学上学,常常经劈材胡同穿小胡同过去,便要经过贵门关白石老人家门口,即所谓"寄萍堂外鬼门关"是也。三十来年前,在某期《人民文学》曾经刊登过一篇风格新颖的《苦学记》,内容是写芝木匠的故事,这是很值得一读的好文章。

　　许多人都知道,芝木匠就是已故的老画家白石老人。老人姓齐名璜,小名阿芝。幼年很穷苦,只在八岁时,跟着外祖父读了一年村学,后来就在家放牛、砍柴了。十二岁时跟人学木匠,十六岁时跟木匠周之美学雕花木工,随同师傅到处去给人家做生活,做了十几年,人们称他为"芝木匠"。二十七岁时才有机会跟胡沁园、陈少蕃、萧芗陔等人学诗学画,夹生读《唐诗三百首》,画工笔花鸟,画山水人物。但仍因家境困难,不能继续下去,便又去奔走生活,正规从师学习的生活也就就此结束了。等到稍有名气之后,又拜王湘绮为师,在清末民元之际,湘绮老人是湘中骚坛领袖,艺苑祭酒,齐璜在他的赞扬之下,名气就更大了。老人垂老怀念师恩,前引诗句的诗题就是《寄萍堂,余居宣式内劈材胡同西北数武,堂壁挂湘绮师所书"寄萍堂"三字》,全诗是:"凄风吹袂异人间,久住浑忘心胆寒。马面牛头都见惯,寄萍堂外鬼门关。"王湘绮所书"寄萍堂"三字,现在何处则不得而知了。

白石老人一生,正式跟从老师学习,除去学木工手艺时间稍长而外,其他从师学文化,学作诗,学画画,总起来也不过这四五年的时间,而其中相隔了十九年之久。就是凭着这样的学习经历,后来却在诗、书、画、篆刻等方面都达到了惊人的艺术成就,这该是多么不可思议的"奇迹"呢?

自然,世界上并没有什么偶然的"奇迹",白石老人所以有这样大的成就,是硬碰硬的功夫,是长期的艰苦顽强的自学功夫。老人的文化修养主要是靠自学得来的,《白石自状略》回忆小时失学后的情况说:"将《论语》挂于牛角,日日负薪,以为常事。"老人的绘画基础也是靠自学打好的,《白石自状略》回忆幼时失学后学画的情况说:"在家取账簿纸仍旧写字涂画。"又说:"年十二,王父去世,父教扶犁,因力弱,复令学木工。朝为工,夜灯习画。"老人学诗也是靠自学得来的,《往事示儿辈》有句云:"灯盏无油何害事?自烧松火读唐诗。"自己注解说:"余少贫苦……朝为木工,夜则以松火读书。"老人篆刻同样是靠自学学来的,在《记罗山往事》诗的注解中说:"余初学刻印,无所师。"又说:"余学刻印,刻后复磨,磨后又刻。客室成泥,欲就干,移于东复移于西。移于八方,通室必成泥底。"

从这一系列的故事中,可以看出白石老人年轻时艰苦自学的情况;从而也可以明确,老人的伟大成就,并不是什么偶然的"奇迹",而正是由于这种惊人的苦功了。

在一个人求知的过程中,有老师、学校的培育,当然很好,但是老师教是有限度的,而知识是没有限度的;上学从师是有一定期限的,老师却不能跟学生一辈子,而学习却是活到老、学到老,没有期限的。并且,学校中的老师是老师,社会上、工作中比自己高明的人同样是老师;现代人可以作老师,古代人通过他们的著作同样可以作老师。自学并不是否定老师的作用,而正是要主动地向更广泛的老师去讨教。画家们说:"先师古人,后师造化。"古人、造化、一草一木都可以为师。要学,又何患无师呢?

如无自学,如只靠两年时间的从师学习,白石老人是绝难成其为白石老人的。白石老人不只是在画、诗、篆刻、书法等方面是后人的好师范,而且,在艰苦卓绝的自学精神上,更是我们的好老师。《苦学记》的深刻意义之一也就在于此。自然,名家的成功,靠天才、靠努力、靠功夫,但也更要靠朋友、靠机遇。白石老人在民国初年,离开湖南,北上燕市,最早住在宣外法源寺卖画,当时林琴南、姚茫父、陈师曾早已名满京师,他初来北京尚难一下侪身画坛,得陈师曾之助,先由工笔改画大写意,再经陈将他的画带到日本展出,画价一下子提高了,声望也很快提高了。白石老人对陈师曾的友情是念念不忘的。在《卖画得善价·复惭然纪事》一诗写道:

　　曾点胭脂作《杏花》,百金尺纸众争夸
　　平生羞杀传名姓,海国都知老画家。
　　注:① 陈师曾壬戌春往日本代余卖《杏花》等画,每幅百金,
　　一尺纸之山水,得二百五十金。

壬戌是民国十二年,自此白石老人的画才声价百倍。可是不久陈师曾便作古人了。师曾逝世后,白石老人悼念他的诗很多,引两首在后面,以见二人友谊及诚挚感情吧。一首题为《师

曾亡后,得其画扇,题诗哭之》,诗云：

> 一枝乌白色犹鲜,尺纸能售价百千。
> 君我有才招世忌,谁知天亦厄君年。

另一首《题陈师曾画》云：

> 君我两个人,结交重相畏。
> 胸中俱能事,不以皮毛贵。
> 牛鬼与蛇神,常从腕底会。
> 君无我不进,我无君则退。
> 我言君自知,九原毋相昧。

后一首未免有自夸之嫌了。白石老人自谓诗第一、印第二、画第三,但平心而论,似乎还是颠倒过来好一些。

弘一法师李叔同

　　四十多年前，与朋友在天津，常听人讲说大财主"李善人"的事，当时也没有多注意，后来读弘一法师李叔同的词，以及介绍他的文字，才知道他就是"李善人"的儿子。李善人名士珍，字筱楼，以进士出仕吏部。藏书很多。三十年代伦哲如《辛亥以来藏书纪事诗》中有诗纪他。其诗注道："天津盐商李士珍，人皆称以善人，未谂其实也。喜积书，京津书客争趋之。尝收得上海徐氏积学斋、四明卢氏抱经楼书之一部。士珍殁，其子以所有归北平图书馆，得值六万金。……"

　　这段记载中所说"其子"想来不是李叔同，而是他二哥天津名医李文照，字桐冈。李叔同兄弟三人，还有个大哥李文锦，早已去世。李叔同排行第三，学名文涛，李叔同后来出家做和尚，成为一代名僧"弘一法师"，成为一位由绚丽而转入平淡的人了。在动荡的年代中，同其他由绚丽而转入平淡静寂的人一样，虽出处不同，经历各异，但其始而绚丽多彩，终而平淡静寂则是完全一致的。只是世人只注意到名僧弘一法师，而把他俗家的事忘了。

　　弘一法师是出家人的称呼，他未出家之前的姓名一般人称他为李叔同，实际这是他的字，他原来小名"成蹊"，学名是"文涛"，在上海南洋公学读书时名"广平"，在日本留学时名"岸"，在杭州虎跑定慧寺出家时，法名"演音"，因此可以说：李文涛、李广平、李岸、演音、弘一法师、李叔同，这实在是多位一体，原是一个人的不同名字的变化，像千手千眼观音一样，变化无穷了。

社会上最熟悉的是他在家的字"李叔同"、出家的号"弘一法师"，至于其他的名字，则知者很少了。不止此焉，他还有不少别号呢。他在春柳社演戏时，艺名"息霜"，后来四大名旦之一程艳秋改名"砚秋"，别人替他起字为"御霜"，是多少受了点"息霜"的启示罢。他晚年时自号为"晚晴老人"。另外他在书、画上署的款也特别多，常用的有"一音"、"弘裔"、"昙昉"、"论月"、"月臂"、"亡言"、"慧憧"、"善梦"等等。这些社会上知道的就更少了。

他的青年时代，可以说是极为绚丽多彩的。他光绪六年出生在天津一家浙江平湖籍的富商家中，童年时即聪明好学，且有特殊的艺术天才，入天津县学，做了童生之后，跟着当时名书家康静岩学习篆法、刻印，十九岁到了上海，同当时上海著名书画家任伯年、乌目山僧等办起上海"书画公会"，并刊登出自己的润格广告："醼纨阁李漱筒润例。"如用古人来比，真有如陆机之入洛、苏辙之慕韩，所谓少年得意，英姿俊发了。

清代末年，名噪一时的天津坤伶杨翠喜，与李有很好的交情李有《菩萨蛮》二阕，题为"乙巳七月，将南下，留别翠喜"。词云：

> 燕支山上花如雪，燕支山下人如月。额发翠云铺，眉弯淡欲无。　　夕阳微雨后，叶底秋痕瘦。生小怕言愁，言愁不耐羞。

> 晓风无力垂杨懒，情长忘却游丝短。酒醒月痕低，江南杜宇啼。　　痴魂消一捻，愿化穿花蝶。帘外隔花阴，朝朝

香梦沉。

另当时还有名坤伶金娃娃，与李亦有交情，曾赠以《金缕曲》云：

秋老江南矣。忒匆匆、喜余梦影，尊前眉底。陶写中年丝竹耳，走马胭脂队里。怎到眼、都成余子。片玉昆山神朗朗，紫樱桃漫把红情系。愁万斛，来收起。　　泥他粉墨登场地。领略那、英雄气宇，秋娘情味。雏凤声清清几许，销尽填胸豪气。笑我亦布衣而已。奔走天涯无一字，问何如声色将情密。休怒骂，且游戏。

到江南后，又有《高阳台·忆金娃娃》之作云：

十日沉愁，一声杜宇，相思枝上化梢。春隔天涯，剧怜别梦妖遥。前溪芳草经年绿，甚风景辜负良宵。最难抛，门巷依依，暮雨潇潇。　　而今未改双眉逗，只江南春色，红上樱桃。忒杀迷离，匆匆已过花朝。游丝苦挽行人住，奈东风冷到溪桥。镇无聊记取离愁，吹彻琼箫。

绚丽离不开男女之情的，歌台舞榭，相思艳词，记录了他的绚丽情感。

光绪二十三年，盛宣怀在上海办起了南洋公学，即交通大学的前身。蔡元培先生在校中教书，他到上海后投考了南洋公学。当时南洋公学分四科，第一就是师范科，也正是蔡先生任教的一科，所以他在南洋公学，就成为鹤卿先生的弟子了。当时因受刚刚过去的科举制度的影响，虽在学校当中，也特别重视老师、门生的关系，所以李叔同一直算是蔡的门生。他在南洋公学，独居一室，四壁都是书，潜心于书画、篆刻、诗歌、音乐的研究，这是他的艺术事业的基础阶段。

弘一法师一生中最绚丽的时代，是在日本留学的时候。

他在南洋公学师范科毕业之后，便到日本留学，入东京美术学校，研究西洋画及钢琴音乐等。这时和同学欧阳予倩、曾孝谷等人组织了剧团"春柳社"，这是七十多年前中国人在国外创办的第一个话剧团体，对后来国内的文明戏、改良时装京戏、话剧等的影响是极大的。春柳社演出了《黑奴吁天录》、《茶花女遗事》等世界名著，当时没有女演员，李叔同以"息霜"艺名，男扮女装，扮演爱美柳夫人、茶花女等角色，极为成功，在留学生中风靡一时。他的扮像是十分俊美的，在欧阳予倩的"回忆录"中，印有不少春柳社时代的剧装照片，都可以看出他们当年打扮成剧中女主人公时，是多么娟丽多姿、妩媚动人。而更重要的是表现出了内在的美，心灵的美。这是和学问、艺术修养等等分不开的。欧阳予倩在"回忆录"中记道：

老实说：那时候对于艺术有见解的只有息霜。他的词章很有根柢，会画、会弹钢琴，字也写得好。

从事了一辈子戏剧工作、名重一时的欧阳氏在几十年之后，还这样推崇他，可见他在少年绚丽时期的艺术影响有多么大了。

他在艺术上是全才的，他在东京从名画家黑田清辉氏习油画，又在音乐学校研究音乐，个人出版"音乐小杂志"，他的书法，早期从《张猛龙碑》入手，后来出入晋、唐，晚年脱离人间烟火气，成为逸品。他自己写给友人的信中说："拙书迩来意在晋唐，无复六朝习气，一浮甚赞许。"所说"一浮"，就是绍兴人马一浮先生，其自况及赞许都是恰如其分的。他把书法和刻印结合在一起，以书法治印，以印法作书，都以佛家的经严戒律攻之，全神贯注，无一丝涣散处。这是常人很难达到的境界。一些以怪为好、欺世盗名的乱写乱刻的所谓书家们，应该多接近一点弘一法师的芬芳。

"收拾铅华归少作"，他在中年时代出家为僧，入于寂寥恬淡了。比较一下他青年时写的"春游"歌词和圆寂时的"偈子"罢：

> 春风拂面薄于纱，春人妆束淡于画。游春人在画中行，万花飞舞春人下……
>
> 君子之交，其淡如水。执象而求，咫尺千里。问余何适？廓尔亡言。华枝春满，天心月圆。

读者试看，绚丽平淡之间，还有一线游丝吗？

近年北京法源寺修好，曾为他开过纪念展览会，不过弘一法师一生，天津、上海、日本、杭州、福建……踪迹所到，地方虽多，却一直未在北京做过什么，开纪念展览于宣南，是法师圆寂后的未了缘了。

击技家"魏龙藏"

鲁迅先生是一九一二年五月由南京到北京的。住在宣武门外菜市口南半截胡同路西"山会邑馆",即人们常说的"绍兴会馆"。因为绍兴府城在清代有两个县治,一是山阴,一是会稽,这是山阴县和会稽县的会馆,所以叫"山会邑馆"。清末,废府制,改称"绍兴县馆"。周遐寿老人在《补树书屋旧事》第二段《会馆》中写道:

> 会馆在路西,门额是魏龙藏所写,他是鲁迅的父亲伯宜公的朋友,或是同案的秀才吧,伯宜公曾几次说起他过,但他一直在外,在写匾时不知是否在张勋的幕中。

遐寿老人对写门额的魏龙藏,特地记了几笔,但所说还不够详细。知道的人看了,还无所谓;不知道魏龙藏何许人也的人看了,觉得老先生似乎在故意卖关子,因此想再介绍一下,因为这位也是位奇人。

引文中名为"魏龙藏",实际这不是他的真名。他初号魏龙常,字纫芝,后改名铖,字铁三,号匏公,因为他原名"龙常",又因为他能用隋碑《龙藏寺碑》体作半黍大的小楷,成为一时绝艺,所以人们习惯叫他"魏龙藏"。按,"龙藏寺碑"真碑现仍在河北正定大佛寺中,是我国古碑楷书小楷中最挺秀的一种,是隋碑,还存北碑习惯,未刻写者姓名。但书法艺术价值极高,开唐代欧阳率更书体之先河。对后代书法影响很大。

魏龙藏是山阴人,光绪乙酉(一八八五)举人,传闻他入京会试时,与友人俞某同号,试卷被人偷看,袭其意而得中,他因正副主考争论,一个要点他为"元",一个要中他为十三名,相持不下,结果反而名落孙山,作了一辈子"师爷"。

封建时代的文人,能文、能诗、能书善画这都不足为奇,难得的是他还有不少特殊技艺,成为一时奇人。

他经史、古文、诗词,无一不精。晚年在天津卖字,工魏碑,其他篆籀钟鼎,无一不能。医卜星相,无一不会。而且各种乐器,筝、箫、胡琴、昆乱、皮簧,样样都精。

难得的是,他从十余岁,就练就一身好武艺,精通易筋经拳法,十八般兵器中,最善七节鞭。还有拿手的是"壁虎功",能用背贴着墙头爬上去,一跃能跳上二层楼房。年轻时随他父亲在广西,一群好事少年奉他为首领,给人打抱不平,被他父亲严责,他跪求悔过,自己咬断自己的一根手指,从此改过读书。一次在长江轮甲板上,见外国人打中国佣人,他大为不平,一拳把外国人打昏过去了。他匆忙之间,不知如何是好,这时正好对面开来一船,相隔数丈,他一跃而过。边上的人都吓坏了。他还是一个戏迷,戏剧专家、广东罗瘿公《鞠部丛谭》记他的故事道:

> 山阴魏匏公,奇侠名士,客居津门,今老矣。剧学渊深,其抄旧剧本,自程长庚以至谭鑫培,合四百余出,皆能自唱,其规律极严,剧界老辈皆敬事之,惜嗓音不济,天限之也。每唱必十余出,历数时不倦,恒拉薛凤池为操胡琴。与谭鑫培、梅雨田、陈德霖甚厚(按,梅雨田,就是梅兰芳的父亲)……一日,雨田至津,集酒楼为魏三操琴,数时不辍,雨

田手肿数日……

魏三不恒至京,至则住凤卿或叔岩家,不造士大夫也。袁云台(袁克定)尝问匏公:时局纠纷至此,公有何感想?匏公勃然曰:此当问君家父子,奚问我耶?举座为之色变,盖项城极盛时也。

晚年结交梨园界,不少名伶都是他捧起的。一九一七年去世,死前自书墓碑云:

其国无清,其人无名,其生庚申,其死丙丁。其籍山阴,其葬天津,后世子孙,曷视此坟。

这个自写墓碑是很别致的,但这个墓、这个碑想来早已没有了。

女大学校长

题目确切说,应该是女人做大学校长,而非女子大学校长。

看电视专题播放同济大学民选校长吴启迪女士的新闻,十分精彩。现代科学宠儿电视媒体,把吴校长神采奕奕的形象,传送到千家万户,呼之欲出,欣如面对!吴校长毕业清华,留学瑞士,赶上好时代,可以大展怀抱。同济历史名校,又遇上这样好校长,那必然会蒸蒸日上,成为世界第一流的大学,辉煌于新世纪,今日可预卜了。

中国名牌大学不太多,名大学校长因三四十年前反对成名成家,人才断代,涌现出来的知名度高的校长也较少。其中女大学校长则更少。电视专题新闻,在介绍吴校长之前,还提到两女大学校长,一是南京前金陵女子大学校长吴贻芳女士(后来担任什么校长,忘了),另一位是前些年复旦大学校长谢希德女士。这二位也是有名的大学女校长,都是留学美国的,都是女大学校长的老前辈。吴更老,是解放前就出任大学校长的,谢则较年轻一些,现在仍退而不休,前几天看电视,又担任一民办大学校长,仍在为中国大学教育事业操劳,真是让人钦敬了。

但新闻中却没有提到中国近代另一位女大学校长杨荫榆,自然名气更大,却是不能提,不便提,甚至已不知道她也是当年的女大学校长,而是被骂倒了……这真是十分遗憾的政治历史的牺牲者。不过这是七十多年前的历史了,在此不妨先作介绍。

杨荫榆氏是无锡人。无锡杨氏是世族,其先祖辈杨蓉裳,名芳灿;杨荔裳,名揆。分别是乾隆中叶拔贡、举人,都是名诗人,有才学。与袁枚、毕沅、孙星衍、洪亮吉等人均有往还,我手头有光绪戊子集字版《芙蓉山馆师友尺牍》,收有这些人给杨蓉裳的信,袁枚称他为"世兄",是他的长辈,且带姬人、女儿到无锡就住在他家,接受他伯母、弟弟款待,显系通家之好。另乾隆初无锡人杨度汪拔贡举博学鸿词,不知是否杨蓉裳上辈、袁枚好友。未详细查对,说不清。清末民初杨寿枏,字味云,一字苓泉,也是名人,清末在度支部、民初在财政部工作,是词人骈文家,与傅沅叔、夏敬观、王书衡、刘翰怡等人过从。我手头有他一册《云过书札》,有给这些人的信,书末还有一封给他妹妹著名女画家杨令茀的信。杨令茀是林琴南女弟子,曾做过一具《红楼梦》大观园模型,十分有名。其族人丁众多,杨荫榆就是他们族中的人,哪一房,如何排,弄不清了。年轻时还逃过婚,是一个反对封建婚姻的先行者。后去日本留学,回国后在北京女子师范做舍监。民国七年学校派学监主任杨荫榆、音乐教员沈葆德赴美留学,四年毕业归来。其时原校已改名"女子高等师范学校"。杨仍在原校任职。十一年部委许寿裳为校长,十二年末或十三年初去职。十三年二月委杨荫榆为校长,十三年五月,改名为"北京女子师范大学"。十四年八月学生闹风潮,教育总长章士钊下令解散,年底恢复,第二年春派易培基为院长。杨荫榆去职,是这次学潮的牺牲品。据KP《校潮参与中我的经历》一文中说:

　　论资格,总算够当校长了,而且又是破天荒的第一次的女子做大学校长,是多荣耀呀!……

正如陈琳对曹操说："当时箭在弦上,不得不发。"当时战斗的文字,语带讽刺,十分尖锐,自不必说,但也不得不明确说出"是破天荒的第一次的女子做大学校长"。这在当时的中国是多么不容易？按,"KP"即是许广平先生。许还收藏有鲁迅先生拟稿的《对于北京女子师范大学风潮宣言》,签名者国文系教员六人:马裕藻、沈尹默、周树人、钱玄同、沈兼士、周作人。史学系主任一人:李泰棻。据《知堂回想录》,这启事登在五月廿七日的京报上,知堂老人在《回想录》中怀疑宣言是他起草的,因他最后签名。但又觉不是,以"无从去查考"结束之。但《纪念鲁迅诞辰百周年文学论文集及鲁迅珍藏有关北师大史料》中所收原件,有许广平批语,是鲁迅先生拟稿的。……不过这些都是历史,签名诸位,有几位我都较熟,都是老师,不过都是古人了。这桩历史公案的原件,都收在《纪念鲁迅诞辰百周年文学论文集及鲁迅珍藏有关北师大史料》书中,重新翻阅,觉得真像一场闹剧。知堂老人在《知堂回想录》中对此事记载甚详,称许季茀辞去校长,由杨继任,因其留学美国,办女校最好女校长,"岂知这位校长乃以婆婆自居,把学生们看作一群的童养媳,酿成空前的风潮……"把责任全推给这位中国第一任女大学校长了。

　　女子师范大学杨校长的上级教育总长章行严先生,即孤桐老人,被鲁迅称作"章士钉"的章士钊,是本世纪中国老辈知识分子、学人当中最幸运的一位。而第一位女大学校长却后来回到苏州东吴大学教书,沦陷时惨死在日寇野兽兵的屠刀下。为政治学潮牺牲之后,又为民族抗战作出牺牲。杨绛女士是她的侄女,文中曾经写到,包天笑《钏影楼回忆录》中也有记载。最近《文汇读书周报》顾潮《北大宿怨》一文中又提到此事。我早在六十年代初就听亡友杨醒石兄(杨云史弟弟杨潜庵之子)详述此事……因思百年历史,纷纭杂乱,写历史者或因种种原因,不得不作种种曲笔;而读者、听者,千万不要偏听偏信,要有点独立思考的能力呀!

俞粟庐水磨腔

　　朋友来信说,苏州嘉宾云集,会演昆曲。明年是汤显祖逝世三百六十五周年,所以会上演出了不少"临川四梦"的折子戏。据友人信中说:小生汪世瑜的《拾画》、《叫画》,正旦张继青的《写真》、《离魂》,都是极为出色的好戏,尤其张继青的戏,被誉为半部《牡丹亭》,成了标准杜丽娘了。故人情重,"遗我双鲤鱼,中有尺素书",我虽然未看到戏,仅从故人的信中,已听到水巷吴宫的檀板和小楼隔院的笛声了。

　　苏州是南剧的故乡,远的不说,就说二三十年代吧,当时正是苏州昆剧传习所鼎盛期。据徐珂《康居笔记汇函》记:"丙寅秋冬间,苏州之昆剧传习所,艺成而来上海,演剧于徐园。老伶工徐金虎主之。丁卯元日往观焉。观者不及百,珂寡交游,而遇冯梦华丈、周梦坡、姚虞琴三老……逾夏而息,以园在康脑脱路,地僻左,顾曲者鲜,移爱多亚路之大世界游戏场,甚嚣尘上,士大夫且却走矣。嗜昆曲皆忧之,惧其为'广陵散',乃赁广西路之笑舞台使演唱,名之曰'新乐府昆戏院',十一月二十日开幕,张菊生同年屡约往观……四之日风日晴好,又折简相招。珂亦以杜门旬余,思一游散,诺而往。所演为《荆钗记》之认亲、绣房、开眼、拜冬、上路,《西厢记》之跳墙、落棋,《紫钗记》之折柳、阳关。名角如饰生之顾传玠、周传瑛,饰末之施传镇,饰旦之朱传茗、张传芳、华传萃,饰丑之姚传湄,皆登场串演,极歌舞之能事。"信中说这次不少八九十岁硕果仅存的南北昆名宿都参加了演出。也包括"传"字辈的人了。北昆赶来参加盛会的九十高龄的侯玉山，演唱了"嫁妹"。这正是端午节的应景戏。我不禁想起四十年前，在东安市场吉祥园听侯老演"嫁妹"的情况了，南昆耆宿演出的最珍贵的是俞振飞、郑传鉴演出的"小宴"，俞的吕布，郑的王允，这是"连环计"中的一折，振飞先生以八十高龄，饰雄姿英发的温侯，虽说老树着花无丑枝，然总不免有头白人间李龟年之感吧。

俞振飞是词曲世家，五十多年前，先生尊人俞粟庐、宗海老先生，息影吴门，以诗酒词曲自娱，与词曲大师吴瞿庵、梅诗筒往还，极一时宫商之盛。瞿庵先生散曲"寄俞粟庐、宗海吴门"第一曲"刷子序"云：

书斋数弓，东方暮年，游戏神通，偶翻成一曲清商，传遍了裙屐江东，匆匆。

几句曲子，很能想见粟庐当年的情韵。粟庐老先生七十岁时，瞿庵曾以一大套散曲为寿。第一支"北越调斗鹌鹑"云：

事业屠龙，功名射虎，跌荡词坛，逍遥艺圃，白发青樽，红牙画鼓，老先生，兴不孤，桑海重经，年华细数。

第五支"柳营曲"云：

顾曲徒，遍玄都，先生妙音追太初，按板花姑，撇笛花奴，如意击珊瑚，徐泗溪重起汾湖，叶怀庭再见姑苏，江山余啸傲，裙裾又通疏，吾，丝竹忿歌呼。

这样的曲子,现在已是"广陵散",海内外能谱者尚有几人?振飞先生克绍箕裘,毅然放弃了同济大学的教职,献身于氍毹檀板,几十年来,载誉于海内外,如今以八十高龄,犹演"小宴",金闻道上,声遏飞云,别无他话,惟有祝其长寿了。

《振飞曲谱序》书后

《振飞曲谱》是俞振飞先生编印的自己的昆曲曲谱,有俞平伯夫子的序和自序。四十多年前,俞振飞先生编印过其先德俞粟庐老先生的曲谱,书名《粟庐曲谱》,为俞氏传家秘籍。于今又谱新声,蔚为大观,平伯夫子在序中说:"吾知一篇行世,将于寰区人士,广结因缘,薪火留传,俾先代元音绵绵不绝,斯真颐年之胜业,岂惟近世之珍闻哉?"这样的评价赞许,正是恰如其分的。振飞先生也已是年逾八旬的老辈了,犹精神矍铄,孜孜不倦,为祖国的戏剧事业,为昆曲古调,勤奋终日,奖掖后进,不断作出新的贡献,这种精神,是十分感人的。四十多年前,在北京吉祥园常看韩世昌、白云生的戏,记得在其说明书上总印着:"不辞歌者苦,但伤知音稀。"其词其意,都是无限凄凉的。但从积极的方面讲,正因为"知音稀",所以更要作点工作了。我想这也就是振飞先生从一九二二年筹办昆曲传习所起,直到今天,六十多年如一日地为昆剧事业所作巨大贡献的重大意义吧。

昆曲说它是古调,一因其历史之悠久,二因其词曲之古雅。序言一开头就说:"昆山腔南曲之一派,盖明初即有之,及嘉隆间,太仓有魏良辅者,凤娴旧曲,喉啭新声。清唱南词,曰水磨调。"这说的是昆曲的起源。而且把昆山腔和魏良辅分开来说。

按照梅兰芳先生《舞台生活四十年》中的记载,"俞家唱"即俞派的唱腔,有"啜、叠、擞、嚯、撮"五字的要诀。"讲究的是吞吐开阖,轻重抑扬,尤其重在随腔运气,的确是有传授的玩艺儿。"这同平伯夫子序中解释水磨腔所说的"以五音配合阴阳四声,其度腔出字则有头、腹、尾之别。字清、腔纯、板正称为三绝"。前后参看,内行人一定能在唱法上悟出许多高超的道理。

平伯夫子与振飞先生且是世谊至好。翻阅平伯夫子《癸酉年南归日记》,在杭州十月一日记中云:

> ……饭后昂约唱曲,俞振飞吹笛,予仅度《折柳·寄生草》一曲耳。

三日记云:

> 上午十一时至葛荫山庄,祝外姑六秩寿。午后照像,下午又微雨。日戏以《群英会》为较佳。晚戏章叔三舅之《醉酒》颇有功夫。但亦尚生疏。俞振飞之《奇双会》自多昆小生味,惜配角不称耳。

癸酉是民国二十二年,即一九三三年。距今正好是半个世纪前的事。"逝者如斯夫,不舍昼夜",五十年岁月流水般地过去了,崔九堂前,岐王宅里,龟年不老,风月重温。今天,俞振飞老先生婆娑舞步,又在香港演出《奇双会》,这该是多么值得称颂的艺坛佳话呢!我在重读平伯夫子所写《振飞曲谱序》之后,惟有衷心地祝福诸老健康长寿了。

吴梅词学

上海举行祝贺俞振飞先生舞台生活六十周年会演，盛况空前，而且在剧目中有不少出少见的好戏，比如张继青演的《痴梦》一剧，就是十分难得的。这是一出作功戏、独角戏，是继"马前泼水"救事之后，演朱买臣的妻子梦想她丈夫来接她到任所去，穿戴霞帔、凤冠、载歌载舞，完全是表演她的"梦境"，所以叫"痴梦"。这是一出很见功夫的戏，行话说"女怕《思凡》、男怕《夜奔》"，因为演戏时，人越少越难，这些戏都是台上只有一个人演，所以更难了。

说起这出戏，还是六十来年前，在北京大学教词曲的吴瞿庵老先生为北昆前辈韩世昌谱的本子，当时韩世昌氏正是风华茂发的时候，吴瞿庵氏也正在壮年，于北大执教之余，亲自为韩排了这出寓意深远，刻画世态炎凉的好戏，是很值得纪念的。瞿庵先生在北大教了几年词曲，桃李盈门，为国家培育了不少人才，好多都是海内外知名之士。现在还有不少健在者，如任二北、萧重梅诸位老先生，现在都是八十多岁的高龄，可以称作明时人瑞了。

瞿庵先生在北大任教数年之后，便离京南下，执教于前金陵东南大学。韩世昌氏则仍在北京，与白云生、侯永奎等为昆曲艺术惨淡经营，支撑残局，但曲高和寡，营业始终不好，记得三十五六年前在东安市场"吉祥"看他们演出《狮吼记》，说明书前面印了两句古诗："不辞歌者苦，但伤知音稀。"不用看戏，只看这份说明书,就有声泪俱下之感了。当时韩世昌氏年事虽已不小,但精力、中气仍十分充沛,演来一丝不苟,只一句白口:"季常,我且问你,昨日酒席筵间,有妓无妓?"不用"麦克风",仍能灌满整个园子,韵味清真,即使在最后一排,也听得清清楚楚。那一次连听他不少天,但自此之后,便未再聆霓裳,几十年来,空有绕梁之感了。

瘦庵先生于抗战期间,撤退到后方,客死在云南大姚,去世后,名画家徐一帆为绘《霜厓归魂图》,以寄屈子"招魂"之思,番禺叶恭绰氏为题《浣溪沙》云:

> 凄瑟云车黯大姚,骚魂万里若为招,可堪吴雨正潇潇。　　恨血秋坟添鬼唱,新声乐府断仙韶,剧怜人世尽萧条。

瞿庵先生逝世时,也不过五十四五岁。如果要多活个二十来年就好了,可惜哲人早去,客死他乡,不亦悲乎?

《南唐二主词》

　　高只有十四点五厘米，宽只有九点五厘米，正身只十二页，前面有题辞、遗像等三页，瓷青纸书衣，贴着一个书签，黑边铅印书名："金陵卢氏校刊南唐二主词。"这样小小的一本书，却是这样从内容到形式均完美无瑕，古雅宜人。只是瓷青书衣，已经变色，订书的丝线，下面已经断了，说明它也十分残破，如果有生命，已经苍老了。但是在朋友面前，感到还是那么可爱亲切，书后有校刊者的跋：

　　　　《南唐二主词》，今传者明万历谭尔进、吕远二本，毛晋抄及侯文灿、金武祥、刘继增、朱景行、沈宗畸、刘毓盘、邵长光、王国维诸家复各有增益，唐圭璋笺最晚出，尝谓多据宋本，惜错杂有他家之作。兹余所录词三十七首，则皆二主所为，确可信者。毓麟为写刊巾箱本，馈诸同嗜，时庚寅七夕，余抱病闲居亦逾岁矣，冀翁。

　　"庚寅"是一九五〇年，这已是解放后印刷的小线装书了。但迄今也已近半个世纪，不得不使人惊叹时光之速，面对这样一小本残破线装书，读校刊者的跋语，很可想见"抱病闲居"的卢冀野氏眷恋古老文化的感情了。

　　王国维《人间词话》谓南唐中主词，"大有众芳芜秽、美人迟暮之感"。又谓"词至李后主而眼界始大，感慨遂深，遂变伶工之词而为士大夫之词"。真是一言中的的词论。只是"作个词人真绝代，可怜薄命作君王"。三十几首小词，却是用"别时容易见时难"的"无限江山"作代价换来的。还搭上了小周后的青春貌美和牵机药下的不值钱的性命，这绝代词人的代价未免太大了。千古莫不为之叹息。

说起南唐二主，中主李璟、后主李煜，他们的词，名句如"一江春水向东流"，那知道的人还是不少的。而说到卢冀野（卢前）知道的人恐怕就不那么多了。这不妨还从扉页题字的"霜厓"说起。"霜厓"是近现代词曲家吴梅的号，边上还有个"吴"字小图章，十分古拙。《知堂集外文》收有"卢冀野"一篇短文，一开头就写道：

> 吴瞿安前后在北京大学、中央大学掌教，专讲词曲之学，桃李遍南北，最有名的任二北与卢冀野……

简单说：词曲家吴梅，桃李虽多，而号称大弟子的只有二人，就是任二北、卢冀野二位先生。卢是南京人，专门研究词曲戏剧、编有《饮虹簃丛书》，还编有《南京文献》、校刊明代赵南星《清都散客二种》，是明末俗曲的重要著作。后一种近年有新印的本子。

卢氏"跋"中说："毓麟为写刊巾箱本。""巾箱本"三字是古代线装书的术语。线装书开本不像现代平装书，什么大三十二开、小三十二开，那样整齐。木刻线装，一般开本较大，天地较宽。普通都高市尺八九寸，宽五寸多，大本大字，五六十页订成一册，看上去是十分方便舒服的。也有为了放在枕头箱中。其箱长约一尺五六寸，高宽各五六寸，行路时，晚间可当枕头，内中放书及笔砚等，这种书开本小，叫"巾箱本"，更小的叫"袖珍本"，可以藏在袖中，混进考场翻阅。只三十七首小词，印成一本书，页七行、行十五字，白口（这又是一个线装书术语，以后再解释），薄薄的，也是一本完整的小书。麻雀虽小、五脏俱全，前面还有后主像、近代各家题诗，有沈初、谭莹、周之琦、冯煦等家，卢冀翁自题两首七绝云：

> 吟罢南唐二主词，小楼昨夜梦儿时。
> 官亭遗迹山僧指，玉砌雕阑应在兹。
>
> 何年补筑词皇阁，如此江南剧可哀。
> 花月春风夜管领，玉楼瑶殿照秦淮。

卢氏一九五一年春间就去世了。而任二北先生却寿近期颐，晚年一直在扬州师院，前数年才仙去。

关于卢冀野，在《许姬传七十年见闻录》中有一段记载为他改《柳毅传书》的事，文云："《柳毅传书》，我写出初稿，其中有幕后帮腔插曲，我借用《长生殿》中《弹词》'五转'的格式，写了一支曲子，并填了工尺，有一句唱词写不好。一天，吴瞿安先生的学生卢冀野兄（前）来看我，我把帮腔插曲给他看，他给我补填了一句，还对个别词作了修改……原稿已佚，最近从一本书里找到了曲文底稿，因上面有冀野兄亲笔修改的字迹，就交荣宝斋装裱，现影印在这里，并录原词于下：

> 当日这个姗娘在泾河岸，牧羊受苦。多亏了那侠义的大丈夫，凭肝胆亲自救仙姝。传书信，走长途，因此上才扫

荡泾川无义徒。恰便似，雾散烟消，花明柳舒。恰便似，鱼得水，闯江湖。恰便似，鸿飞万里孤鹜。恰便似，红日下轩轩起舞。恰便似，双飞鸟直上云衢。恰便似，熨他湘锦绣天吴。全仗那夫妻们有良谟。向大同村展开一幅灿烂缤纷耕织图。

原文内加重点的是冀野修改字句，他对"绣天吴"句很得意。因为天吴是海神的典，可切柳毅与姗娘的美满姻缘。最近吴晓铃兄提意见说：'锦簇花团'的'锦'字，与'湘锦'重犯。余即改为'灿烂缤纷'。"

我引用这段文字，加重点的字，排极困难，我就不加了。但略作说明，以见卢冀野词曲功力及雅俗之分，曲词中所有"似"字，原来都是"是"字，这一改便不实，神话剧要有空灵之感，二字读音虽同，却大不一样。二是"轩轩起舞"四字，原文是"红日下人人鼓舞"，如果是写标语、发新闻，"人人鼓舞"通俗易懂，千篇一律，写时不用费脑筋，但写在曲中，便觉粗俗不堪，一改同样是歌颂红太阳的句子，雅俗便大不相同了。也可见当时这些文人歌颂的心情。可惜卢氏过早去世了，没有赶上历届运动，及最后算总账的"横扫一切牛鬼蛇神"，是幸呢还是不幸呢？前引《知堂集外文》，同书尚有一文刊于一九五一年四月二十九日，题为《卢冀野与赵南星》，开头云："昨天刚在翻旧日记，见去年今日的四月二十二日项下记着，上午卢冀野君来访，以抄存《芳茹园乐府》定本赠之。过了一会儿，《亦报》送到，却看见卢君去世的消息，吃了一惊……"可以考见卢氏去世的日子。许书又记云："冀野兄还送我一本他著的《楚凤烈传奇》，这是抗日战争年代写的。"许姬传先生我不认识，而所说吴晓铃先生却很熟，不过二位老人也已先后作古了。

吴梅《霜厓曲录》

　　介绍完学生的书，也更应该介绍一下老师的书，而且这真正是著述，还不同于前者编校古人的诗词，而且也是学生编的。这就是一本薄薄的《霜厓曲录》，前面写着"长州吴梅瞿安撰，受业卢前冀野编"。是学生为老师编的集子。不过不是文章，不是诗词，而是曲子，即小令和套曲。现在理解曲子的人比较少了，即使理解，也只是形式的理解，那不是真懂，真懂首先要懂音乐，明白什么是诸宫调，认识中国老式曲谱，然后懂音律、理解辞藻，才能真懂曲子。而不是只懂文字，不妨先看看卢前书后的跋：

　　　　右《霜厓曲录》二卷，小令四十九首。套数十六篇八十五首，都一百三十四首，吾师壬子以来所为散曲也。散曲者，体与诗词相类，可以直抒胸臆，追溯风骚，有别于传奇杂剧者，顾自元、明而降，传者盖少。近方与同门江都任君，汇亡补佚，编辑为丛集。前更请于师，出此作行世。二百年间，未尝有散曲专集之刻，至今日乃复见之，于是曲海为不寂寥矣。缮校既定，谨识数语于后，己巳季冬，受业卢前书于饮虹簃。

　　这小段跋，说明了三个问题。一是本书内容，若干卷若干首，"壬子"是一九一二年，亦即民国元年，就是这些曲子都是民国以后所写。小令是单只的，只一个宫调、一个曲牌（包括集曲）

的曲子。套数是一个宫调,几个曲牌的组曲(不过我这只是表面上的解释,联系宫商,就要请教会唱昆剧的朋友)。二是编者从文字思想内容上解释散曲"与诗词相类",可以直抒胸臆,即不是写传奇杂剧,替剧中人物拟词句,散曲是作者用曲子的形式表现自己,这点和诗词相同。但诗、词现在只是文字,已不能唱。而曲子直到今天,如"劈破玉"、"皂罗袍"、"桂枝儿"……等等,都是能唱的,写曲子必须懂宫商音律,只是像词一样,按句数、字数、平仄、音韵填上文字还不行。所以词叫"填词",而曲则叫"度曲"、"拍曲"、"唱曲"……不出声是不行的。所以说"与诗词相类",而不能说一样。第三是自元、明以来,有诗集、词集,而没有专为小令、散曲编的集子,这是第一部,值得重视。跋写于"己巳季冬",即一九二九年,民国十八年冬季,当时吴瞿安先生正在南京东南大学执教,后来才改名为中央大学。

这本书也是瓷青纸书衣,黑口、棉纸印刷,半页十二行,行十九字。注及曲牌有时用双行小字印。扉页作者自题《霜厓曲录》,署辛未八月,是一九三一年,民国廿年所写,是商务印书馆出版前付印时所写,后印正式出版日期是这一年十二月。我所有的是"中华民国二十三年五月国难后第一版",已是"一·二八"之后,闸北商务涵芬楼被日寇炸弹焚毁后新印的了。书前有吴梅的自叙:

　　叙曰:歌咏之文,两宋为极,词亡曲作,多杂胡声。南曲既启,追辔天水。惜音非旧谱,拍非旧节而已。余少嗜声歌,杂剧传奇,间尝命笔。小令套数,实不多作,辛壬以后,稍稍为之。大氐应友人之请,题赠酬应,殊无足观。今岁之冬,卢君冀野,为吾写成一册,贡诸艺林,妆嫫费黛,固无益于吾也。其中集曲，雅喜自远。家庭喁于，粗有成谱。艰于印石，遂至缺如。嗟乎！风雪关山，饘粥岁月，丛残泪墨，寄诸长谣，吾亦不自意濩落至此也。己巳冬至霜厓瞿叟吴梅。

叙的写作日期，略后于卢前的跋，已是这一年冬至了。曲分北曲、南曲。北曲是元人杂剧，南曲是明以后传奇。这里用"胡声"和"天水"区别，"胡声"所指是元曲的白话体，就是所谓"本色的话头"。"天水"是姓赵的郡望，指宋朝，即宋大曲遗音，多用词藻、渲染，是文人的曲子。我还有一套吴梅先生的讲义，对此说得清楚。不过要举例赏析，要另写一篇短文了。

关于吴瞿安先生，在《许姬传七十年见闻录》中曾说卢冀野送过他一本所著《楚凤烈》传奇，十六折，是抗战时写的。原是程颂万藏明末王国梓《一梦绿》稿本，送朱彊村，朱请吴改写为传奇，吴没有时间，由卢在汉口写成，名《楚凤烈》，写明楚藩之女朱凤德与王国梓的悲惨事迹。云：稿成，寄呈昆明吴瞿安师，仔细作了校订，并赋《羽调四季花》代序："法曲继长平谓《帝女花》，把贤藩事，娇儿怨，又谱秋声。凄清，前朝梦影空泪零。如今武昌多血腥，旧山川、新甲兵。乱离夫妇，谁知姓名，安能对此都写生。苦语春莺，正是不堪重听，倒惹得茶醒、酒醒、花醒、月醒、人醒。　计三十三板，己卯人日，云南大姚县作。吴梅霜厓。"

己卯是民国二十八年（一九三九年），据卢氏云："霜厓师在病中所作，不到一月，就逝世了。是为绝笔。"许氏据此，又问当时在云南的吴晓铃氏。据云：作于己卯人日，即一九三九年二月廿五日，三月十七日殁于云南大姚县李旗屯其弟子李君家中，后事即为李君料理。其时吴晓铃氏正经罗常培介绍，计划去大姚拜吴瞿安为师，闻凶耗，十分悒怏，名斋舍为"念瞿室"，请魏天行

（建功）书榜，"朣"字双关，一是吴瞿安，二是王万朣（王念孙），因为他是治戏剧与文字声韵之学的，把清代学人与近人并在一起了。这支曲子在《霜厓曲录》中未收，郑骞有《瞿安的绝笔》一文，说这支曲子是吴氏最好的曲子，不论懂不懂，都感其音节铿锵谐婉，结尾凄凉欲绝，已知将不久人世，读此想到周美成的几句词："斜阳映山落，敛余红，犹恋孤城栏角。"吴瞿安去世时五十六岁。

《楚凤烈》传奇尚有章行严题句：

> 武昌城外雨如丝，杜湿垂杨绾别离。
> 亡国仪宾王国梓，又缘荒乱入新诗。
>
> 梦里曾披一梦绿，动人情思惨离前。
> 如何一代丹青手，画故留睛妙不传。

据云，初拟作二十折，内有"别宫"、"哭灵"二折，未作，诗中故有"画故留睛"语。

熊凤凰

　　熊希龄氏字秉三,因为他是湖南湘西凤凰县(在清代建制为直隶厅)的人,所以人称"熊凤凰"。多少年前,誉之者称他为慈善家,毁之者称他为"慈善起家",加了一个"起"字,意义便不大相同。

　　熊氏自光绪十八年点翰林之后,做了一阵子庶吉士,后来回到原籍湖南,和陈三立(陈宝箴子,名诗人,陈师曾、陈寅恪之父)、黄遵宪、梁启超、谭嗣同等筹办"南学会"时务学堂。戊戌时,本来和江标要补"四品京堂",入都引见,不料让王先谦参了一本,戊戌政变后,以"庇护奸党、暗通消息"的罪名,受到革掉庶吉士,永不叙用,并交地方官严加管束的处分。到了庚子之后,赵尔巽为他奏请免了处分,以二等参赞官的身份,跟着载泽等人出洋考察,从此熊又走上仕宦的道路。民国二年,出来组阁,担任国务总理兼财政部长,袁世凯称帝,熊氏去职,住在天津。袁世凯死后,正赶上京南、冀中一带闹大水,灾情严重,熊氏以在野身份,出来督办水灾河工善后事宜,这是熊氏从事"慈善事业"的开始。

　　水灾之后,无家可归的儿童极多,熊氏广泛募集经费,筹备资金,在香山静宜园边上盖西式房子,建立"香山慈幼院",收容这些无家可归的儿童。一九二〇年,校舍全部盖好,请来教师、工作人员,有名的香山慈幼院正式在风景秀丽的静宜园边上成立了。《胡适的日记》一九二二年四月二日记云:

知行昨夜病了,今天不能与我们同去逛香山,我与经农同到香山。天小雨,不能游山。熊秉三先生邀我们住在他的双清别墅里。这一天没有游山,略看慈幼院的男校。这学校比去年九月间又进步了。新设的陶工里,现正在试验期中,居然能做白瓷器,虽然不能纯白,已很白了。试验下去,定更有进步了。熊先生爱说话,有许多故事可记的,我劝他作年谱,或自传。他也赞成。他说他对于光绪末年以至民国初年的政治内幕,知道最多最详。……

　　熊先生说,湖南新化邹氏藏有康熙、雍正朝的笔记,中多可考证史实。我劝他可搜求来,我们可以为他印行,也是史料的一种。

　　适之先生所记,颇可想象熊氏创办香山慈幼院初期的形象。熊氏湖南湘西凤凰县人,人称“熊凤凰”。沈从文先生也是湘西凤凰人,一九二五年五月经林宰平、梁启超二位名家介绍,去香山慈幼院图书馆当办事员,当时“熊凤凰”正在院中,对这位凤凰小同乡,自然关怀备至,惜当年未与沈师谈及香山慈幼院旧事,想像前人,亦渺不可追矣。

　　熊晚年与毛彦文女士结婚,而毛又是吴宓追了多少年的单相思者。《吴宓日记》已出版,一九三六年日记中多处记到,如七月七日记云:

　　阴,是日为香山慈幼院回家节,及集团结婚之日,宓感触特深。……宓原决定于今年暑假居清华养静读书,不赴他地游访。乃熊、毛复以香山此会回平,报纸又如去年春之竞相登载。连日平津各报新闻插画,熊、毛俪影,屡见不一。

宓深受刺激，因之心情又极烦苦，是夕宓遂作诗一首，题曰《七月七日晚作》云：

> 一抹西山映晚霞，芳邻咫尺又天涯。雪中私到窥池馆，月下谁同泼乳茶。七夕长生嗟后约，十年幽恨叹无家。清华水木宜消暑，畏逼楚氛去住差。

熊氏是一九三七年十二月廿五日在香港病逝的，吴宓与贺麟自长沙联合发唁电，在抗战流离中。其后直到抗日战争爆发为止，香山慈幼院在北京一共存在了十六七年，北京沦陷之后，便无形中关闭了。抗战胜利后，又开过二三年，《一个女兵的自传》的作者谢冰莹曾在此工作过。

香山慈幼院办院之初，是收容水灾后无家可归的儿童，但因后来办得很有成绩，校址又在风景优美的香山，所以不少阔人，也把小孩送到香山慈幼院上学，因此香山慈幼院中，便有两种学生，一是孤儿，一是阔人的子弟。因为学生都是住校的，学习专心，所以学习成绩一般说是很好的。学校后来不但有自己的校舍，而且有自己的果园，小工厂，还发行院刊，熊氏一直是慈幼院的董事长，抗战前夕，曾著有《香山慈幼院历史汇编》二十二篇，是世界闻名的了。

"旧王孙"书画

在旧时北京,可以称作"旧王孙"的人很多,旧王孙中能书善画的人也不少,但是因为只有溥心畬氏刻了一方"旧王孙"的闲章,常常盖在画上,一个许多人都可用的雅号,就变成某人私有的了。所以说到"旧王孙"的书画,便是专指这位与蜀人张大千氏齐名,被人们合誉为"南张北溥"的溥儒溥心畬氏了。

溥氏是清代宗室的近支,按,溥儒是小恭王溥伟的弟弟,是溥字辈带偏旁的近支,即都是"立人"旁的字起名字。是末代宣统帝溥仪的堂房哥哥,自幼生长王邸,怡情诗画,最后成为一代名画家。其出身的确是一个"金枝玉叶"的王孙公子,以"萋萋芳草忆王孙"之意,在其法绘上钤一方"旧王孙"的图章,更增诗情画意。黄秋岳氏《花随人圣庵摭忆》记旧京画史云:

> 师曾以癸亥病殁金陵,自后十年间,画家派别分歧,诸子亦风流云散,惟有溥心畬,自戒坛归城中,出手惊人,俨然马、夏……

黄氏于民初姜颖生、林畏庐、陈师曾、姚茫父、王梦白、陈半丁、齐白石以及金北楼、周养庵等众家之后,独推溥心畬氏,誉之为"出乎马、夏",即宋代马远、宋代夏珪(字禹玉),画山水自李唐以后,无出其右。黄氏以马、夏比溥心畬,盖誉北京诸画家山水,溥于二三十年代间,虽然后出,一时亦无出其右者矣。后张

216

大千亦由上海去当时之北平,于一九三四、三五年间,"南张北溥"二氏均在北平,为北平画坛最盛时期。南京、上海诸家无法与之抗衡。

在清代宗室中,书画的艺术传统,也是源远流长的。乾隆、嘉庆时的紫琼道人允禧,是康熙第二十一子,后封慎靖郡王;瑶华道人允祕,是康熙第二十四子,封諴恪亲王,这都是宗室中有名的大画家。尤其允禧画风,远接董源,晚师文徵明,在艺术上成就很大。另外清代中叶著名的书法家成哲亲王永瑆,是乾隆第十一子。其书名直到二十世纪初还声斐艺苑。在琉璃厂古玩店明清书画中,成亲王的字价钱最高。清代宗室中的这种风气,绵绵直到晚近。除溥心畲氏之外,还有他的另一堂兄弟溥忻溥雪斋氏,被人誉作旧王孙中之"二俊",是一点也不过分的。

人们虽然惯称"南张北溥",但二人风格,并不一样,如以诗家作比,张有似王渔洋,以风神、韵味胜;溥有似袁子才、王静安,以性灵、境界胜,四十五六年前,有一次溥氏开画展,家中买了一个小立轴《江天落潮图》,图的左下方用界画法再加花青皴染,画了一所仙山楼台,画的中上部全是极淡的水墨水纹,右上角草书题跋:"吴岫新经雨,江天正落潮。心畲。"有"旧王孙"朱文小印。一派宋人意境,其韵味在赵伯驹、夏珪之间,既深邃、高远,又润泽、妩媚,绝非满纸墨黑一团的那种山水画可比。

溥氏草书,于规矩之中,稍作狂态,十分有味。曾在前北京东斜街口泰兴理发馆见到他用碗口大的草书写过《两般秋雨庵随笔》中的那副名联:"到来尽是弹冠客;此去应无搔首人。"没有上款,只署"心畲"二字。边上还有两个小横额,各写二字,写的什么,记不清了,这幅龙飞凤舞的旧王孙的字,是否还在人间?

这是十七八年前为香港某报写的一篇短文,编入书中,十分寒伧单薄,但当时限于字数,只是一点点,去年夏天在北京有幸又去恭王府花园游览,走在后面溥心畬旧时作画的房子,人们自然想到旧时"旧王孙"在王府的情况。阅台静农氏《有关西山逸士二三事》记当年去恭王府拜访溥心畬的情景道:

> 我与心畬第一次见面,是在北平他的恭王府,恭王府的海棠最为知名,当时由吾友启元白兄陪我们几个朋友去的。王府庭院深沉,气派甚大,触目却有些古老荒凉。主人在花前清茶招待,他因我在辅仁大学与美术科主任溥雪斋先生相熟的关系,谈起话来甚为亲切。雪斋是溥心畬从兄,这两位是旧王孙,同负画苑盛名。兄清癯而弟丰腴,皆白皙疏眉,头发漆光,身材都不算高…

台文记第一次见面,想像旧景,颇能传神。溥心畬氏解放前去了台湾,与台氏又在英千里先生办公室相见,其后过从甚多,文中都有记载,见《台静农散文选》,我在此就不多引了。溥心畬是六十年代中期去世的,到张大千回台定居,心畬去世已将二十年矣。一九九三年,我去台北"中研院"文哲所访问,游览阳明山"故宫博物院",有一室专门陈列"旧王孙"书画,我得以畅所观赏,只可惜还都是小件的多,看来溥心畬氏书画还稍欠气魄了。

苏州殿春簃

　　大千老人的画,仕女、山水、花卉、工笔、写意,无一不是神品,近年用大笔水墨画的大写意山水,烟峦雾嶂,笔意淋漓,拂拂有仙气,偶一作花卉小品,却又别具妩媚之姿,苍老清新兼而有之,这正是丹青技艺的绝妙境界。

　　大千居士早岁画工笔仕女,稍后画南宋山水,再后才常常画花卉。近五十年前,叶遐庵老人有"赠张善孖、大千昆季"诗云:

　　　　休嗤梦董米元章,不数天池与白阳。
　　　　万派奔流来眼底,可知世有大风堂。

　　"白阳"句下自注云:"大千近多绘花卉故云。"可知大千居士笔下之花卉,只是大风万派奔流中之一派耳。抗战后期,大千居士在四川峨眉,为成都诗婢家笺纸店画过不少折枝花卉的水印信笺,稿子都是极为精到的作品。去年又看到大千老人为香港一家参行画的印成年历的折枝花卉,是老人八十一岁的作品,神韵依然如昔,如说当年的折枝花卉笔法谨严,则现在更加到了随心所欲不逾矩的时候了。

　　其中有一幅折枝芍药,一朵盛开,一朵含苞,一朵斜倚,一朵直立,正是谷雨后暮春光景,画上题一绝句云:

　　　　春花忆昔到丰台,接畛连畦烂缦开。

三十年来摧已尽,含毫思赋殿春来。

这一首题画诗,意味深长,不同于其他题画诗。这份年历共印了老人六幅画,每幅都有题诗。大部分也都是老人自作的诗,也都有深刻的用意。如题荷花云:"平生不入春风梦,肯竞铅华斗浅深。"题桃花小鱼云:"一生不识江河大,奈尔波塘跳蹦何?"都很有感慨和寄托,但比起这首芍药诗来,那感情还是大大不同的。其最大区别就是芍药诗有居士的深厚的思旧感情,而且是两重思旧的感情。一是回忆北京丰台的芍药,二是回忆苏州网师园殿春籏的芍药。北京是老人的旧游之地,丰台自从明代开始,就是著名的产花区域,那里花农种芍药,都是成亩地种在田里,花时烂漫无际,近五十年前,大千居士连年春天去春明,开画展,看芍药。网师园殿春籏,那是专以种芍药命名的,这就更不用说了,这是大千居士的故居,自是更使老人思念不止了。"人情同于怀土兮,岂穷达而异心?"难怪大千老人看到美国友人从四川带给他的一捧土壤也涕泪滂沱,故乡的一草一木都是令人无限感慨啊!

杜少陵诗云:"王侯宅第皆新主,文武衣冠异昔时。"一所宅第、园林,如不彻底破坏,总是要不断地变换主人,人生有限,而园寿无穷,即以苏州园林说罢,如网师园和沧浪亭,都是宋代的园林,宋代的人物而今安在呢?而园林却在后代人物经营下,泉石亭榭,花木虫鱼,依然郁郁葱葱,足供后人游赏凭吊。

以网师园说吧,清代末年网师园的主人是李氏。同治初,太平天国之后,李鸿裔,字眉生,买下了网师园,经营为别业,命名为"苏东邻",这个怪名字,知道的人很少。李眉生经营网师园的时候,正是曲园老人在曲园著书时候。这时正是光绪年间,苏州有几个小园林同负一时雅望,这就是饮马桥北顾子山的怡园、马医科巷俞荫甫的曲园、阔街头巷李眉生的蘧园(蘧园是李眉生给网师园起的另一园名),园中有楼房五楹,楼前种桂花,桂花开时,极为清幽。楼房名"撷秀楼",就是曲园老人题的匾,而且有大段跋语,说明始末,现在这个匾就不知在不在了。

民国期间,李家后人式微,将园以三十万金售与张作霖,张买此园作为礼物送给其师张锡銮以庆寿,张锡銮字金坡,清末做过江苏巡抚,后来住家苏州,自己另有住宅,也从未在网师园住过。三十年代初,网师园侨寓了两家名人,一家是番禺叶玉虎,一家是蜀人大千居士兄弟。

叶遐庵先生住在撷秀楼;张善孖、张大千兄弟就住在西面殿春簃。大约是一九三五年吧,《大公报》创刊三十年志庆,张氏兄弟给画了一大幅青山绿水横披,可称是传世之作,就是在殿春簃画的。善孖老人以画虎闻名,叶遐庵赠诗所谓"山君貌出形如许,神笔何殊上将挥"。他自己养着小老虎。有一张在老式铁床前拍的照片,在床前小地毯上,小老虎卧在左边,他蹲在右面,用手抚弄着老虎的背,态度极为传神悠闲。现在这幅画,这张照片,不知在天涯何处了。老辈风流云散,大千老人尚婆娑人间,不知忆及殿春簃否? 正是"年来几许家山梦,应有乡心到殿春"了。

明轩与殿春簃

　　园林专家陈从周教授把"明轩"设计在纽约著名的博物馆，成为一个特殊的展品，而后明轩的名字在国际上大大出了风头。因为把整个房舍照原样一模一样再重建在国外的博物馆中，这在过去还没有过先例。

　　明轩虽然载誉海外，而它的母体殿春簃，却仍然知之者不多，明轩是照殿春簃建造的，一房一室，一椽一柱，栏杆花纹，窗棂隔扇，完全一样。这从明轩所拍的照片中可以看出。殿春簃是无大变动的明代建筑，明代建筑的特征，是还保持着较为浑朴的风格。其廊子上的栏杆就是比较简单浑朴的线条。在清代康熙、雍正之后，风格就大变了，各种建筑的细部越来越纤巧细腻，但却失去了大方浑厚的古风了。

　　简单地说，殿春簃就是苏州网师园的一个西跨院。网师园在苏州阔街头巷，天赐庄，旧日东吴大学近在咫尺，离清代的织造衙门也很近。乾隆时钱大昕《网师园记》云：

　　　　带城桥之南，宋时为史氏万卷堂故址，与南园、沧浪亭相望。有巷曰"网师"者，本名"王思"，曩卅年前，宋光禄悫庭购其地，治别业为归老之计，因以"网师"自号，并颜其园，盖托于渔隐之义，亦取巷名音相似也……

　　小小的一座网师园，也已有八百多年的历史了。作为园中之园的殿春簃,却也有四百多年的历史,算来比合众国的历史还要长得多呢,因之"明轩"在纽约自然要受到各界的重视和欢迎了。

什么叫"簃"呢?郝懿行在注解《尔雅》时说:"连阁曰簃。"殿春簃的建筑结构正是符合这个原则的。三开间小室,前后有窗,前面有廊,而在西面又连着一间面南小屋,无廊。从外面看,风格不同;从里面看,有门可通,如同里外屋连在一起,故曰"簃"。怎么又叫"殿春"呢?"殿"应读上声,是《左传》所说"后军"的意思。殿春就是春天的最后。春花中芍药开的最晚,所谓"此花开后更无花"。这几间房子前面,原来种的都是芍药,栏前看芍药,所以叫作"殿春簃"。

几间小室的命名如此复杂,正显示了中国文化的悠久深厚处,却不可等闲视之。

郁达夫与北京

在"五四"以来的著名新文学家中,郁达夫先生在北京住的时间不算太长,前后三度,总起来也不过三五年之久吧,可是就在这短短的几年,达夫先生却留下了极为深挚的眷恋的感情。他在《北平的四季》一文中写道:

> 中国的大都会,我前半生住过的地方,原也不在少数,可是当一个人静下来回想起从前,上海的闹热,南京的辽阔,广州……汉口……以及杭州的沉着,总归都比不上北平的典丽堂皇,幽闲清妙。

如果说老舍先生有这样感情,那是毫不奇怪,因为这是王粲在《登楼赋》中所说的"人情同于怀土兮"的乡土观念,而郁达夫先生,一位富阳人,在北平住的时间又不长,也是这样地怀念北平,这就说明北平是多么地具有魅力了。达夫先生第一次在北京住,还是民国初年,由东京回国,到北京参加文官考试,住在他哥哥家里,本来想考中高等文官之后,弄个外交官做做,但是后来没有考中,不久便又回东京帝大上学去了。这是第一次。第二次是一九二二年之后,这次时间比较长,其后三四年间都在北京,并在北京大学教书。

据《吴虞日记》,一九二三年十月十四日记:

本学年北大聘请诸人，见昨日《北大日刊》者，录之如后：

教授：戴夏、张贻侗、樊际昌、高一涵、李宗侗、林玉堂、江绍原、汤尔和八人。

讲师：余荣昌、林志钧、赵淞、屠孝实、张煦、于树德、郁达夫、温文光、张健九人。

《周作人日记》一九二三年十一月三日记：

耀辰凤举来，共宴张欣海、林玉堂、丁燮林、陈源、郁达夫及士远、尹默共十人，九时散去。

一九二六年七月三日记云：

晴热、上午达夫来……

这几年中，记到郁达夫处颇多，待到一九二七年，则只记收到达夫函了。

这时正是新文学名家云集北京的时代，胡适、徐志摩、林语堂、刘半农等人当时都在北京，可以说是新文学前期的金色的早晨了。这时的郁达夫如何呢？林语堂氏在其《八十自叙》中记道：

在《语丝》集会中给那个团体增加轻松快乐气氛的，是郁达夫，他那时已然是因诗歌小说的成就而文名确立了。郁达夫一到场，全席立刻谈笑风生。郁达夫酒量好，是鲁迅的至交。我们坐在低矮的藤椅上,他总是以放浪形骸、超然独立而自满自足的精神,手摸索着他那留平头的脑门子……

林氏把郁达夫当年的神情写得十分传神。

达夫在一九二四年曾发表过一篇题为《给一个爱好文学的青年的公开信》的文章,这是在北京教书时期写的,这位"青年",就是现在名闻世界的老作家沈从文先生。当年沈先生只是二十出头的青年,刚刚进入文坛,而现在则已是八十岁的老者了。达夫先生这次在北京居住的时间最长,曾经在大雪天和朋友骑小驴到西直门外骆驼庄过过夜,曾经在钓鱼台边看过隐隐约约的雪后西山,曾经到什刹海、二闸、菱角沟坐过游船,骑小驴到八大处、香山看过红叶……达夫先生第三次到北京,是在一九三四年秋天。一九三五年出版的《郁达夫日记》有《故都日记》,记载较详,八月十五日云:"晚上在五道庙春华楼吃晚饭,主人为孙百刚氏……"孙百刚氏八十年代初还在世,写有关于郁达夫、王映霞的故事。八月十九日记:"去史家胡同甲五四号访叔华、通伯,中午在正阳楼吃羊肉……"叔华即凌叔华,通伯即陈源,《西滢闲话》作者。郁氏既是《语丝》派的人物,又是"东吉祥"派,即《现代评论》派的好友。这一时期,周作人先生去日本,郁九月一日记道:"大约周启明氏将于明日到,以后又有一二日忙了。"九月三日周回平之翌日,郁即记云:"晨八时半,访周作人氏,十年不见了,丰采略老了一些。"

查《周作人日记》同日记云:"上午达夫来访,平伯、废名,启无来,各赠物……"九月四日晚在东不压桥章川岛家请客,为郁达夫、周作人洗尘,有许季茀、废名、孙百刚等。其后就再未到过北京。先生说："在北京以外的各地……谁也会得重想起北京。"可惜先生在一九四五年惨死在南洋了，不然，日本投降以后，我想他也许会回到北京居住吧。

友人寄来一本新出版的郁达夫先生的诗，收集的诗不多。其中一首写于一九一九年十月十九日，题为《晨进东华门口占》的诗道：

疏星淡月夜初残，钟鼓严城欲渡难。

耐得早朝辛苦否？东华门外晓风寒。

诗后作者自注云："今日为高等文官考试之第一日，余起床时，刚三点半，微月一痕，浓霜满地，进东华门时口占一绝云。"这诗写得十分潇洒，颇有些清朝新进士入朝殿试时的余风遗韵。我国科举考试制度，经过几百年的沧桑，到清代末年，即一九〇四年正式废除。辛亥之后，北洋政府订了高等文官考试和普通文官考试的办法，不定期地举行这样的考试来遴选官吏，分政治、法律、外交等等科目，考中了，就以"荐任官吏"任用，政治科名次在前的可以放县长，外交科名次在前的可以放参赞，郁达夫当时在东京留学，赶回北京报考文官考试，报的是外交科。

报考高等文官，由各省地方官推荐，到了北京，还要找两位本籍京官作保，以防假冒，被保荐的人照例要送京官一笔谢仪。清代的京官，官俸极少，这笔仪金确实补益不小。民国初年，仍然参照清代的办法，参加文官考试的人，仍然要有在京的荐任以上的官吏作保才能应考。鲁迅先生当时是教育部月薪三百元的佥事，是荐任最高级，是有资格作高等文官应试者的保人的。不过郁达夫当时的保人是谁就不知道了。考试的地点是在故宫文华殿,所以一大早披星戴月,要赶进东华门等候点名领卷了。

遗憾的是这次考试他文战不利,名落孙山。他在京住在他做京官的哥哥郁家吾(即郁华,名律师)家中,没有考中高等文官,便仍要离开北京到日本读书去。临行时他哥哥赋送行诗云:"一片芦沟月,怜君万里行。清谈当此夜,难尽别离情。"他有《留别》诗云:"迹似飞篷人似雁,东门祖道又离群。秋风江上芙蓉落,旧垒巢边燕子分。薄有狂才追杜牧,应无好梦到刘贲。明朝去赋扶桑日,心事苍茫不可云。"诗中明说下第后即将去日本,临歧惜别,手足情深,很像苏东坡和苏子由了。

郁达夫先生一九一九年十一月间,应高等文官考试报罢之后,仍旧离开北京回日本东京,继续到帝国大学去读书。临行留别其兄长郁家吾的诗中有句云"薄有狂才追杜牧",这句诗颇有些自负,而且以杜牧自比,所谓"落拓江湖载酒行",所谓"赢得青楼薄幸名",读过他的小说《沉沦》的人知道,他也确有些浪漫主义色彩。

当时正是深秋季节,燕云寥廓,游子思归。哥哥家住在北京,故乡远在浙江富阳,他既不能留在北京,得手足之乐,又不能回故乡,得田园之趣,却要再到异国东京去,而且是在名落孙山的情况下出国。为了排遣失意和离愁,他在离京之前,十一月十日特意去凭吊了陶然亭。幽思满怀,在慈悲庵墙上题了这样的诗句:

泥落危巢燕子哀,荒亭欲去更徘徊。
明年月白风清夜,应有蹁跹道士来。

这还不算,又到附近胡同中看望了熟识的人,仿龚定庵离京

时《杂诗》体例,写下了《己未都门杂事诗》两首道:

> 手中芍药眼中波,十二金钗值几何?
> 旧是笠翁歌舞地,韩家潭上美人多。

> 惯闲宰相尽风流,百顺胭脂院院游。
> 一夜罗衾嫌梦薄,晓窗红日看梳头。

　　这两首诗正可以给"薄有狂才追杜牧"一句作个注解。六十
多年前,北京南城有颇有名气的"八大胡同",那是个销金窟。当
时高级妓院风靡一时,"四大金刚"(四个名妓女)高树艳帜,著
名的林黛玉、花宝宝等,其交际之广,是上自总统黎元洪,下至贩
夫走卒都拉得上关系的。达夫诗中所说韩家潭、百顺胡同、胭脂
胡同,正是这些高级妓院集中的地方。李笠翁故居在韩家潭,又
是很著名的掌故。在胡同中访友,把这些都牵扯到思绪之中,也
是很自然的。而诗之所以写得这样缠绵,也就在他自比杜牧的
这个缘故了。

　　郁达夫毕竟"一觉京华梦",不得不离开北京。他是坐现代
交通工具的火车离开北京的,但对于他自己此番离去,却也写出
了韵味高古的诗。其《出都口占》云:

> 芦沟立马怕摇鞭,默看城南尺五天。
> 此去愿戕千里足,再来不值半文钱。

　　诗毕竟是诗,如写成"坐上火车出北京",那成什么话呢?

戴月轩女孙

报载北京琉璃厂重建了,而且还登了照片,临街二层楼的房屋,筒瓦泥鳅脊,卷棚廊厦,磨砖对缝,画栋雕梁,一派京朝风光。看到这些,一派乡情,兜上心来——啊!严冬过去,春天来临,残破的、被人遗弃的琉璃厂,似乎又已经复苏了。因此不由得历历往事,奔驰眼前,不由自主地写下了这样一个题目。

读者也许以为怪,这前二样好联系,后面一样如何联系得起来呢?不要忙,且听我细细说来。

据今四十一年前,也就是一九四四年春天三四月间,当时北京还在沦陷时期。某一天,位于和平门外,琉璃厂北面的师范大学院内,在那有四根罗马式石柱的图书馆前,突然聚集了上千名的红男绿女,使师范大学的学生大吃一惊,这是哪里来的呢?男的大花格子猎式西装,头上的油像一只肥卤鸡;女的大花旗袍高跟鞋,唇红眼黑,外带一副莫测高深的太阳镜……"北大老、师大穷……"师大穷学生哪里看见过这样打扮的"善男信女"呢?而且数量如此之多,自然更感惊奇,于是一群穷学生,便把这些人围住,像参观斑马和孔雀般地欣赏了。这未免有些不礼貌,可是有什么办法呢?

这些人是哪里来的呢?原来是设在新街口的伪电影学校收考演员,主持这次考试的是有"中旅保姆"之称的名导演陈绵博士,舞台美术专家张鸣岐教授。有影坛铁汉之称的名演员名导演王元龙先生。当时师大的校长是安徽人黎世蘅,陈在师大开选课"艺术欣赏",张在师大开选课"话剧",并兼学生剧团导演,与黎均是好友,因为电影学校创办伊始,没有校址,便借师大教室来招生,一千多人只取了三十人,这批人训练了一年多,第二年秋天抗战胜利,前中电三厂在北京新街口成立,这批人都进了中电三厂了。不过很少成为明星的。在上海改名后来出了名的康泰,就是其中一员,不过此是后话,又是题外话,不必多谈,只说我要说的。

有一位好事的师大女同学,发现在这些红男绿女中,有一位只穿了簇新蓝布大褂(自然是罩在夹旗袍外面)的姑娘,身段窈窕,举止腼腆,与众不同,极为可爱,出于好奇和爱怜之心,便上去和她搭讪。女大学生能说会道,而那位作着绯色的明星之梦的小姑娘,却极为天真、单纯,三言五语,便叫这女大学生为姐姐,亲密无间地向"姐姐"倾诉了她的一切。原来在众多的做明星之梦的少男少女中,她是地道的琉璃厂人,父亲是开松古斋南纸铺的,外祖父是有名的卖湖笔的戴月轩,是琉璃厂世家千金,属龙,人称"大龙儿"。

这位女大学生很快与这位琉璃厂的小姑娘交上朋友,结为姊妹之后,又介绍给其他要好同学,大家热衷地为她出主意,如何争取口试、笔试、体型检查等关口,能够金榜题名,又如何争取主演名作,很快成为大明星,当时期望的便是能像李丽华一样……发愁是笔试成绩如何争取,因为她当时只有小学毕业的程度呀!天真的琉璃厂姑娘以为那些大明星都是有多大学问的人物,提心吊胆地为笔试一关发愁。实际她这种担心是多余的,因为这种考试试官主要看的是人,不是书本。

她托我去向陈绵博士说情,而在我去说时,口试、笔试已完,录取名单上早已写好了。这样琉璃厂的姑娘便投身于电影界,成为银幕上的人物了。遗憾的是,演了几部片子,多是配角,始终没有得到演主角的机会。其外子则是鼎鼎大名与石挥同学的名演员、名导演,不过已成古人,她本人自然也有美人迟暮之感了。

她外祖父是琉璃厂享有盛誉的"戴月轩湖笔庄"的创始人戴月轩。当年北京笔墨店有三十余家之多,其中比较著名的,也有贺莲青、王文升、鄠正泰、胡开文、胡魁章、老胡开文、李自实、秀古斋、戴月轩等十余家。当年北京笔店分作三大类,一种卖水笔(俗称衡水货)的笔庄,主顾主要是各商号,以及外地批发,卖给外地的商号、私塾、小学中,因为那时所有商号,包括外商汇丰银行的华账房,都用老式簿记,用毛笔记账。毛笔需要量是大宗的,这种笔不讲笔锋,选毛一般,价钱便宜,都是河北衡水做的,所以叫衡水货。第二种是专卖书画笔的铺子,这种笔不论大小,都要禁得住不停地在水中洗,可以横用、侧用、倒抹等等,其制法是笔巢深厚,笔头虽久洗而不会脱落。第三是专讲写字的笔,以浙江湖州的最好。湖州出有名的湖羊,羊毛便能做很好的羊毫笔。而羊毛放得年代越久,脂肪挥发干净,越好,谓之宿羊毫。"戴月轩"主要就是制这种笔的。至于紫毫、兼毫,真正书家并不欢喜。

戴月轩的外孙女,在未考电影学校之前,也在家里做毛笔。她家住西琉璃厂,戴月轩笔庄则在东琉璃厂路北,她做小姑娘时,几乎每天来往于东西琉璃厂,大家都认识她。考上电影学校之后,她送师大两三位相识的同学每人两枝毛笔,都是特制的,一大一小,我得到两枝,笔杆上先刻两句唐诗,下刻小米粒大小两行字。上下款,刻工之娟秀妩媚,是很难见到的。据说是她自己刻的。我放上樟脑,保存了二十来年,最后没有了——没有了,我思念琉璃厂,思念那笔,思念那人。

从"断魂枪"谈起

老舍先生在《蛤藻集》中，收了一个短篇《断魂枪》，写一个老年镖师半夜里在后院练枪的故事，一路枪飕飕地练完了，僻静的小院中，只有一个人，无限凄凉，叹口气："唉，镖局没有了，洋枪兴起了，断魂枪也没有用了，全完了……枪法？不传，不传……"这是四十五六年前看《断魂枪》留下的深刻印象。据知老舍先生且精于武术，而且到晚年还常常练习。青年时也是下过功夫的。因此我常常想，老舍先生如果以写《断魂枪》的手法，写一部武侠小说该有多么好呢？一定是大有可观的。可惜没有写。

老舍先生如果写武侠小说，其条件会比后来那些一味杜撰乱扯的好得多。早年著名武师的掌故，那是说不胜说的。就以大刀王五来说吧，老舍先生少年时代，和大刀王五有过来往的还大有人在。俞平伯先生父亲俞陛云老先生《入蜀驿程记》忆庚子旧事云：

> 余所乘者大刀王五镖车，王以侠勇有声燕赵间，幸脱于险。

陛云先生去世不过三十多年，也是亲身坐过王五镖车的人。可见离现在并不太远，老舍先生自然也是非常熟悉这些人和事的，短短的一篇《断魂枪》，已经非常传神了。如果写篇长一些的武侠小说,那想象中的精彩艺术效果,还用问吗? 当然,老舍先生要写,也绝对不会写拖泥带水、没完没了的玩艺。

写小说,纵然才气很大,最好也不要拖的太长,连古典小说《水浒》、《儒林外史》都是如此,前面精彩,后面便入陈套,何况庸碌之辈。老舍先生深知这一秘奥,所以他一生几十种作品中,都是短而精彩,连《骆驼祥子》那种垂世名作,也不足二十万字。他最长的作品是在重庆时写的《四世同堂》,却使人感到很松,在他作品中并非压卷之作。

我最早是在《宇宙风》上读到《骆驼祥子》和《牛天赐传》。当年是在暑假中,借了同学家的《宇宙风》合订本看的。我被这两种小说立即吸引住了。因其对我有更亲切的一面:其原因之一是我有六七个拉洋车的朋友,有老头也有小伙子。其原因之二是我从山乡初到北京城不多年,有点像牛天赐。虽然他是北京近郊的,我更远些。而与老北京的关系和自身的土头土脑,却是非常神似的。

我在初中一二年级时,也曾爱看市井武侠小说,什么《三侠剑》、《雍正剑侠图》,以及后来《蜀山剑侠传》、《青城十九侠》、《十二金钱镖》等等,但自此之后,我把《三侠剑》之类的玩艺统统丢了,越来越懂事,但童年、少年时期的不懂事也越来越远了,渺茫了。哀乐中年之后,不觉垂垂老矣。什么金庸、梁羽生种种,只觉其无聊可厌耳。

袁良轶事

因谈《旧都文物略》，说到袁良，因而想到此人也是当年风云一时的奇人，颇有可记述者。

一九二八年之后，北京一度改变建制，称"北平特别市"，直到一九三七年"七七事变"，前后担任市长者，有何其巩、周大文、黄郛、袁良、秦德纯等数人，现在回过头来看，时隔五十余年，可稍作客观评价，似乎还数袁良多少做了一些事。拆除皇城城墙，清除各处垃圾脏土，修北京最早的柏油马路，除城里的而外，还修了西直门直通颐和园的，路面尽管很窄，但也不错了。当时汽车不多，清华、燕京两校的老式大型客车，日日奔驰于这条路上，也很给师生带来了方便。凡此种种，都是在一九三三到一九三五这两三年中完工的。

袁良，字文钦，杭州城里人，年幼时家里十分贫寒，读了几年书，便到了一个店铺学生意。袁为人聪明、勤快。清末杭州拱辰桥一带有一小片日租界，有不少日本商人，他被一个日本商人看中，就雇用他在日人商店佣工，不久便带他到日本东京、神户一带经商，他同日本人一样，成为日人商店中的一员。日俄战争发生时，袁良正是青年，也被征入伍，成为一个日本兵，随部队到中国东北与俄军打仗。日俄战争结束，日本战胜，妄图全部攫取帝俄在东北之利益，贪心甚炽，清政府与之交涉。当时清朝官吏为赵尔巽、徐世昌等人。袁良此时离开日本军队，经人介绍，认亲徐世昌。徐世昌大为赏识，便派其担任与日人交涉之职。袁因在日多年，对日风俗朝政，十分熟悉，又语言通畅，形同日人。且在日本军队，随军打仗，一切皆知，因而据理力争，交涉十分得力，事情结束，袁即任徐高级幕僚，被保举为"候补道"。

辛亥之后，徐世昌任大总统时，总统府有八名参议，每人每月八百元现大洋薪水，但是一点事也没有，人称"八洞神仙"，袁良是其中之一。

一九二八年政治中心到了南京之后，袁良与黄郛过从极密，"何梅协定"（所谓"何梅协定"，中国签字者是何应钦，日本签字者是梅津，签字地点在天津大沽，又称"大沽协定"或"塘沽协定"）签字后，黄郛任北平市市长，后因日本制造华北特殊化，排挤南京嫡系势力，袁良又继黄之后为北平市长。其后日本侵略华北吃紧，袁又去职，由宋哲元将领秦德纯任北平市长。翌年"七七事变"，北平即沦陷了。沦陷时，任日伪北平市长者为余政酥、刘玉书二汉奸官吏。

袁任市长时，著名评戏演员白玉霜在珠市口开明戏院演出，因贴色情戏"拿苍蝇"等，为袁赶出北平。袁卸职后，做沪上寓公，适逢白在沪演出。袁往观，戏后并宴之于某酒家，白问袁，前后矛盾何甚？袁答云："当日你在台上，我在台上，不得不那样；今日你在台上，我却在台下，不必再那样，应该这样了。"袁的这番妙语博得满堂彩声。袁直到五十年代才下世。

八五年末才去世的陈兼于丈（名声聪）是袁良任市长时的机要秘书。为余叙袁轶事甚多，惜写前文时，限于篇幅，未能一一写入，今则又十余年，均忘却矣。

我的房东和邻居

几十年前，北京的知名人士中福建人很多，我很有缘，与三家十分著名的福建人曾做过邻居。一家是我家的居停主人陈玉老，一家是宣统的老师陈太傅，一家是辛亥时徐州兵备道林开謩。这三家福建人，二陈是籍隶闽侯，一林则籍贯长乐，他们都是大官僚，一家大宅子在北面，皇城根开门，是陈尚书宅；一家在西南，八宝坑开门，是陈太傅宅；一家东南面，大门开在灵境胡同内一个小胡同中，是林开謩宅。三家院墙都连着，有小门可通，内眷日常往来，不必出大门，只从小门中来往。

这三家人家中，名气最大的是宣统的师傅陈宝琛，家产最大的是清代革职邮传部尚书陈璧，最善于颐养天年的是卸任徐州兵备道林开謩。陈宗蕃《燕都丛考》第三章述皇城根云：

> 顺皇城根而西曰灵境，旧名灵清宫。灵境之间小胡同曰井儿胡同，吾师陈弢庵宝琛太傅居于是，亦即吾师陈苏版璧尚书之故居也。其西曰八宝坑……东斜街之东，即西安门外南皇城根，亦名西皇城根，苏版尚书筑宅于是，园林甚广。

陈宗蕃福建闽侯人，光绪进士，后又留日，久住北京，所居曰淑园，对弢庵太傅、苏版尚书故居记载明确，惟小地名稍含糊，且未记林开謩宅。

陈璧，字玉苍，号苏版，福建闽侯人，同、光之际进士出身，未膺外任，一直做小京官，累迁至邮传部尚书。"庚子"后西太后回銮，他经办修建"庚子"中烧毁的前门门楼、箭楼等工程，办事十分能干，在修缮工作中自然也有所获，宦囊甚丰，治产、治家均很精明。在宣统元年，为御史所劾，罢邮传部尚书后，还不许他在北京居住，他便到苏州住了两年，辛亥后回到北京做寓公，经营自己的房产和地产，没有再做官。

　　三家中陈璧的房子最大，有二百八十多间，其地是明代"灵清宫"旧址。古树很多，有占地数十亩的花园，名"苏园"。这所房子是"庚子"后他经修前门箭楼时建的，是同时那些木厂包的工，盖的都是西式大院子，大走廊、百页窗，窗户都是上下拉动的。清末他家资产鼎盛时期，津、京二地每天有到期的房租，南苑有大片的稻地。民国三年，为了打了一场人命案子的官司，据说用了八十万银元，当时前门里刑部街的大理院为此案开放最大的审判厅审理。当年这件案子曾轰动过北京城。

　　在资产上，其他二家是差得很多的，住宅房子也少得多。陈宝琛是同治年戊辰科的进士，年只二十一岁，不但科名比其他二人都早，而且少年得志。辛亥后直到一九二四年溥仪离开清故宫，他一直是溥仪的先生。陈宝琛在八十五岁之后，还能灯下作小楷，端庄妩媚，是"馆阁体"正宗，其精力很像文徵明。陈宝琛在光绪初和张之洞、张佩纶、宝廷等交往很深，有"清流"之称。

　　这三家邻居中，名气较小、资产较少的是林开謩，他是长乐人，字贻书，光绪甲午、乙未连捷成进士。他父亲林天龄原是同治的先生，西太后曾有意让他教"大阿哥"，后来他得机摆脱此职。"庚子"时，任甘肃副主考被召回，调署江西提学使。"辛亥"时,他正在徐州兵备道任上,适逢革命军武昌起义,他便去京向袁世凯辞职,住在北京做了二十六年寓公,一九三七年春南游看梅,归来病故。临终有自挽联云:"固知无物还天地;不敢将身玷祖宗。"从其联中,可想见他的为人。

马徐维邦铅笔画教材

　　我初中一年级学图画,用的是北新出的马徐维邦编的铅笔画教材。上下两册,上册是静物,下册是风景。一张示范图,后面便是一张说明,用老五号字排印,看着十分舒服。虽然每星期只有一课时,但我十分喜欢这门课程,不过我天分有限,苦学又不够,所以没有学会画画,自然更不可能成为画家了。而我当年画这两本图画的作业,一般都可以得到九十多分,这都是王雪涛老师教导的成绩。先画静物时,第一我掌握不好轮廓,第二我画不好光线。不知道线条是逐层加深,而且又是急性鬼,不耐心一笔一笔地画。多亏老师教导有方,使我懂了一点画理,成绩有了一些提高。不过我更爱的是那两本书,我没有拿它当图画书,而是当文学书喜爱的。

　　此书编者马徐维邦,现在年纪轻的人,看了这个怪名字,还以为他是外国人呢。其实多少了解一些三十年代电影历史的人,便知道,他是那时的名导演,著名的《夜半歌声》,就是他导演的。他为什么起怪名字呢?他本姓徐,家里穷,就学刘海粟先生办的艺专时,学费高,一位姓马的帮助他,后来他娶了马家女儿,入赘马家,便名马徐维邦了。当年这位大导演也实在是多才多艺的。会画西洋画,会写文章,会导演电影,而且一通百通。文学艺术是相通的,他这几样,每样都达到了很高的造诣。这两本编给儿童的启蒙美术教材,不论从绘画上说、文字上说,美术教育的感染和程序上说,都是非常成功的。我后来几十年中,还没有见过比它更理想的铅笔画教材,可惜这么好的书,现在不但没有书局再版它,而且很少有人知道它,但在我心中,却还是中心藏之,无日忘之的。

给我印象最深的是第一册静物中的一双皮鞋,第二册风景中杭州岳王庙前的牌楼。那双皮鞋使我懂得了如何用爱德华公鸡牌三(B)铅笔画出皮鞋头的光芒。而那岳王庙前的牌楼,则使我从小产生了憧憬杭州的痴情。他那篇图后面的说明写得太美了,我几乎现在还背诵出来:"西下的夕阳把西湖水染成金黄,光线照在岳王庙前牌楼上,牌楼的影子斜落在地上,越来越长了,这时游人很少了,你在湖边,隔着牌楼向湖面望去,高大而苍老的牌楼的影子和你的影子融合在一起,接连湖面上的波光、水气,在那烟水波光闪灼迷蒙处,还有两三条湖船和三潭印月的影子连在一起……"为了这段相思,若干年后,我由北京浪迹到西子湖边,多少个黄昏,徘徊在岳王庙前牌楼下。"谁知更渡桑干水,却望并州是故乡",渐行渐远,唐人的诗已先我而言了。只是,南北方向不同,而那思乡的感情又有什么两样呢?

关于杨翠喜

　　说起本世纪初京华掌故，其中有不少是女性，过去谈过的有刘喜奎、赛金花、小凤仙等人，虽其立身不同，出处各异，都不失为一代脂粉，事迹均有可述者。其中还有一位天津影响到北京的名女人，她就是杨翠喜。这是八十多年前，一桩公案中的重要人物。按，杨翠喜，通县人，光绪十五年（一八九九）生，原姓陈，卖与杨茂尊为养女（杨有三养女，排行翠凤、翠红、翠喜，学梆子戏），十四岁在天津协盛大观园、福仙、景春等茶园演出，十八岁为富商王益孙所眷。

　　一九〇七年，即光绪三十三年四月，御史赵启霖奏参直隶道员段芝贵，贿赂庆亲王奕劻十万两银子，以一万二千两买天津歌妓杨翠喜，送给奕劻的儿子贝子载振为妾。因而得以署理黑龙江巡抚。

　　这一奏参很硬气，奉旨：着醇亲王载沣、大学士孙家鼐查办。当时庆亲王奕劻父子炙手可热，内联袁世凯，外联洋人，谁敢惹他们？因而无能之辈载沣、老朽之徒孙家鼐自然只是敷衍一番，以"不实"二字回奏。结果御史赵启霖夺职，回家吃老米饭去了。载振呢，请开去农工商部尚书等职，就等于给他留点面子，"开去"就是免去了。段芝贵呢？着毋庸署理黑龙江巡抚。"毋庸"者，不用也。两位老官僚奉旨查办，以此回奏，那拉氏照允。其实段芝贵并未碰到一根毫毛，因为他是袁世凯的红人，过了没几年，辛亥之后，袁世凯窃国，洪宪称帝，位子未坐稳，便大封喽罗,安徽合肥人段芝贵是什么爵位呢? 说起来大得吓死人,一大长串是"特任陆军上将、镇安上将军、督理奉天军务、兼节制吉林、黑龙江军务一等公爵",真所谓鸟枪换炮,越来越壮了。当年那个想花十万两银子买到手的黑龙江巡抚又算什么呢? 这时奉、吉、黑三省似乎都是他的了。试想,当年都是这种家伙当官临民,那还会有老百姓的好日子过吗? 不过后来很快被张作霖给轰跑了。

赵启霖虽因参奕劻父子而丢官,但直声动朝野,也可以比之为宁国府的焦大,很出了一点名气。后来也复了官,过了两年,还做了一任四川提学使。

这位杨翠喜呢? 原是天津唱梆子的,人极漂亮,唱得也好。当时袁世凯做北洋总督,段芝贵任巡警总办。载振去京,宴席间,杨翠喜唱堂会,载振一下子就看入迷了,所以段以极大身价银买来相赠。在杨翠喜倾倒观众的时候,名僧弘一法师在天津还是做阔公子的时候,也十分爱慕杨翠喜,曾写下《菩萨蛮·忆杨翠喜》二阕云:

　　燕支山上花如雪,燕支山下人如月,额发翠云铺,眉弯淡欲无。　　夕阳微雨后,叶底秋痕瘦,生小怕言愁,言愁不怕羞。
　　晓风无力垂杨懒,情长忘却游丝短。酒醒月痕低,江南杜宇啼。　　痴魂销一捻,愿化穿花蝶。帘外隔花阴,朝朝香梦沉。

词是一九〇五年写的。这还是载振赏识杨翠喜之前的花边新闻呢。

翠喜的名字，像曹禺《日出》中翠喜的名字一样，这是典型天津式的女伶、妓女专用名。在友人邓珂兄家中，曾见过杨翠喜的一张大照片，是合影，前一排坐着后一排站着，前排七人，后排八人。杨在前排正中，着女装，其他均女扮男装西式大礼服即燕尾服。杨则小脚、花带绑腿，绣花鞋搂根带也十字文花绑在腿上，但穿西式贵妇人沙衣长裙礼服，脚伸在裙外，并戴有纱沿小帽，人亦小样娟秀。这种怪服装，现在是很难想象了。照片背面有邓珂兄尊人文如先生题字，毛笔行书，记述甚详，文中记有"有妇人焉"一句。承邓珂笔录寄赠。可惜忘记放在何处，抄件找不到了。杨翠喜后来也未跟载振，改嫁与盐商王某了。

罗瘿公《鞠部丛谭》记载振事云：

贝子载振眷南妓谢珊珊，一夕与珊珊合演剧于城东某花园，珊珊亲为贝子傅粉。御史张元奇露章劾之。明谕责载振。吾当时曾撰一传奇志其事……今稿已失去矣。女妓之名见上谕者，为谢珊珊与女伶杨翠喜，皆载振事也。杨翠喜之案，牵动朝局甚大，瞿善化之被逐，岑西林之移官，袁项城之入相，皆缘此案而起。翠喜为传人矣。翠喜明丽，花照四座，吾在津屡见之，王克琴与齐名，不能及也。克琴后适张定武，翠喜仍在王小五家，今年长矣。

按罗所记，瞿善化即瞿鸿禨，岑西林即岑春煊，袁项城即袁世凯，均以籍贯称之。张定武即张勋，因其封为定武将军。按，关于杨翠喜事，表面看是一个女伶的故事，实际是有其复杂的政治背景的。这要由那拉氏辛丑回銮后，清室的各种政治力量说起。

庚子时,那拉氏和光绪逃到西安,北京留下庆亲王奕劻和李鸿章议和,和议成后,李鸿章老病而死,奕劻独得了和议迎銮之功,大得那拉氏宠信,任领衔军机大臣;袁世凯任北洋总督,驻天津,练新军,又和奕劻勾结在一起,二人狼狈为奸,形成清代末年最强有力、而又最腐朽祸国殃民的一股政治力量。赵启霖奏参载振时,还正是这股力量最跋扈的时代。当时,稍能和他们抗衡的是瞿鸿禨、岑春煊、张之洞等人。瞿当时也是军机大臣。

赵启霖奏参段芝贵、载振,奕劻等虽然用了很大力量,把事情平息下去了,但做贼心虚,对于那拉氏还有三分恐惧,而对于赵启霖更是极为愤恨。他们想都老爷奏参大僚,后面一定有主使者。因为瞿鸿禨和赵启霖是湖南善化小同乡,认为赵的奏参,一定是瞿鸿禨在后背面主使,恨之入骨。以三万两的大价钱找人参劾瞿鸿禨,只是一时无人应承。但是不久便有人出来作打手讨好奕劻了。五月,翰林院侍讲学士恽毓鼎奏参军机大臣、协办大学士、外务部尚书瞿鸿禨结交报馆、授意言官、阴结外援、分布党羽。得旨:瞿鸿禨开缺回籍。这样,奕劻用那拉氏的手除去了瞿鸿禨,报了赵启霖的仇。这样自庚子后得那拉氏信任重用的瞿鸿禨失败于奕劻的手了,但赵启霖奏参,也不一定是瞿鸿禨主使的。因为段买杨翠喜送载振的事早已闹的满城风雨了。孙宝琦弟弟宝瑄《忘山庐日记》这一年一九〇七年三月二十五日记云:

据御史赵启霖劾:段芝贵夤缘亲贵,物议沸腾,谓曾购歌妓献于载振,并以十万白镪为庆亲王寿,特责成醇亲王载沣、大学士孙家鼐确切查明复奏云云。

二十六日又记云：

　　振贝子受段献歌妓一事，京报早登之，段颇欲自辨，然外间喧传，遂登白简。衮衮朝贵，其肆然无忌，竟以国家之土地生民，供其纵欲之具，可谓暗无天日。犹赖岑帅之突至，以霹雳手段为政府当头棒喝，岂不使人可爱……

　　这是当时的实录，岑帅是岑春煊，这年先任邮传部尚书，不一月调两广总督，未到任，即开缺。似与此事有关。奕劻秘密叫人在上海把岑的照片和康有为的照片洗印在一起，拿给那拉氏看，骗那拉氏说，岑春煊和康有为有关系，那拉氏不懂照片可以造假，便信以为真。这样把岑的前程也断送了。

名人与名伶

偶翻林琴南先生《畏庐诗存》,见有一首诗的题颇长,其文云:

> 戊午正月,沈昆三招同樊樊山、冒鹤亭、罗瘿公……集其寓斋,听陈君胡琴,张君法曲,时贾郎、梅郎、姚郎、程郎均与席,梅郎亦度曲二阕,明日读樊山词,而瘿公并以诗来趣和,作此答之。

戊午是民国七年,公元一九一八年,这是足足六十五年前的事了。与会诸老,自然早已成为古人,而座中诸年少,如果有寿近期颐者,那今天还有可能游戏人间。可惜都未登耄耋,在二十多年前,都相继作古了。《兰亭集序》所谓"俯仰之间,皆成陈迹",不要说樊山、畏庐老人的盛会已成陈迹,即《荒山泪》三游丝腔,《贵妃醉酒》之雍容华贵等等,都渺不可追矣。题中所说"贾郎"是贾碧云,"梅郎"是梅兰芳,"姚郎"是姚玉芙,"程郎"是程砚秋,其诗云:

> 一曲灯屏集众仙,玉盆棐几早梅鲜。
> 居然四座生奇暖,难得诸郎正妙年。
> 华发深惭银烛影,兵尘宁近绮筵前。
> 风怀何似樊山老,明日新词上锦笺。

现在这四位艺术大师,虽然都已成为古人,但当时却正是难得"正妙年"的时候。程砚秋生于一九○四年,当时实足不过十四岁,论虚岁也不过十六岁。梅兰芳也不过十八九岁。贾碧云、姚玉芙稍微大一些,也只二十岁吧。他们以这样的年龄,却在艺术上已经有了很好的成就,能与这些老诗人、老学者在一起盘桓,是十分不容易的。

也可以这样说:四大名旦之所以成为四大名旦,以及贾碧云、姚玉芙等位之所以名重一时,在艺术上最得成功,同这些老辈文人的帮助,和接近这些老诗人们,受他们的文化熏陶,是有密切关系的。有些人虽然也有天才、也很努力,但没有接触过较高艺术境界的人的熏陶、培育,那同样演戏,便浮浅、粗野、没有深度,达不到更高的境界。艺人的造诣,与高深的文化修养,尤其是与中国传统诗、词、戏曲、书画艺术、社会风俗、名士器度等等的熏陶,实在是分不开的。四大名旦的成就并非偶然,樊樊山、易实甫、林琴南、罗瘿公、齐如山、陈叔通等人都起过十分重要的辅导、帮助、宣传的作用。

林诗所谓"风怀何似樊山老,明日新词上锦笺",当年樊山老人为梨园新人写过许多首新诗,其中不少是为梅兰芳写的,长歌《梅郎曲》是脍炙人口的名作。易实甫《哭庵赏菊诗》为梅兰芳写的,就更多了。如《万古愁曲(为歌郎梅兰芳作)》、《梅魂歌》题下注云:"瘿公和余国花行云:梅魂已属冯家有。既非事实,论者多不以为然,瘿公亦自悔之。余乃戏作此篇,浮瘿公一大白也。"《题梅兰芳雁门关剧》、《送兰芳偕凤卿赴春申,即为介绍天琴居士》、《梅郎为余置酒冯幼薇宅中赏芍药,留连竟日,因赋〈国花行〉赠之,并索同座瘿公、秋岳和》……诗题尚多,录以上诸题,以见一斑了。

罗瘿公《鞠部丛谭》记云："梅兰芳初次演《尼姑思凡》于吉祥园。张季直、熊秉三、梁任公并坐台前第一排座,时人谓第一流阁员同时出席云。"因当时熊任国务总理,张、梁均为部长。

有一个无锡人叫程颂嘉,是民国初年在无锡师范做校长,民四到北京开会,留下一册日记,收在其遗著《宝砚斋遗稿》中,记有吉祥园观梅兰芳云:"今日所见之戏,并不足奇。所奇者,皤然老翁二十余人,见梅出,张口叫好,为可怪耳。"这是外地人亲见这些人捧梅兰芳的实录,出自非名人笔下,亦颇有趣。世俗的人可能说这是"大老捧戏子",新派的人也许认为这是腐朽的士大夫的玩艺,这些看法都是极为粗浅,没有理解其对历史文化的一代深远影响,即以樊樊山说吧,他不只是作两首诗送送梅兰芳,他还以其文化修养影响他,甚至还亲自编写剧本,如著名的《盘龙剑》、《后义妖传》等。

梅、程、贾、姚等位,在他们的熏陶下,不但唱戏,而且读书、写字、学诗、学画,从多方面提高艺术气度,这些人诗画等在名家的指导下,都取得了很好的成就。又如一九一七年丁巳,词曲大家吴梅,到京师大学堂教词曲,对当时北昆、京戏以及梆子戏等著名演员都给以很大帮助,亲自教韩世昌、白云生度曲,为鲜灵芝谱散曲《拟西施辞越歌》,第一支《绣带儿》云:"休提起娥眉身价,算和亲轮到奴家,便长留两臂宫砂,怕难忘一缕溪纱。"曲子好,辞句好,一时听者极为神往,便是一例。

过去我家中有一张梅兰芳、贾碧云《姑嫂英雄》的剧照,正是那个时候拍的,真是妩媚英俊、神态万千。现在舞台上找不到梅兰芳、贾碧云,那台下也找不到能谱出这样《绣带儿》的吴霜厓了,台上、台下都已是"广陵散"了。

畏庐老人林琴南诗题中所列诸老,那罗瘿公更是极为重要的一位,可以说程砚秋的成就和享大名,是他一手培育出来的。所以程御霜一生念念不忘他这位恩师在文化艺术上、立身处世上对他的严格培育。

罗瘿公,广东顺德人,但他却是出生于北京、幼年长在北京的。他父亲是光绪时翰林院编修,他大了才回广东广雅书院读书,和陈千秋、梁启超同问学于康有为,同为南海弟子。袁世凯阴谋帝制,他十分反对,便纵情诗酒、陶冶梨园,在一次堂会戏上看准了程菊侬(程砚秋原来的艺名),用六百元银元,为他从原来的师傅荣蝶仙那里赎身,那正是程砚秋少年倒嗓(生理发育时期)最困难的时期,又请乔蕙兰教他昆曲,九阵风(阎岚秋艺名)教武功,后又介绍他拜王瑶卿、梅兰芳为师,直到他成名为四大名旦之一。罗还为他编了《梨花记》、《龙马姻缘》、《琵琶缘》等戏,现在知者已很少了。

刘喜奎

  有人在报上说起刘喜奎的戏,感到真如"白头宫女说天宝遗事",因为现在真正看过刘喜奎戏的人,实在有如凤毛麟角了。每思人世生活,有极为绚丽者,有极为平淡者,由平淡入绚丽易,由绚丽返平淡难。由绚丽返平淡,而又能甘之如饴者,更难。如觅其人,则有刘喜奎在。

  说绚丽,六七十年之前,刘喜奎红极一时之际,真可谓绚丽到了极点。刘喜奎是河北沧州人,缠足,从小学戏,唱京梆子,当时女演员叫"坤角",和刘喜奎同时著名的"坤角",还有鲜灵芝、小香水、张小仙等人,都是红极一时的人物,当时湖南龙阳才子易顺鼎极捧鲜灵芝,甚至到了疯狂的程度,写下了极不堪入目的诗,远远超过陶渊明的《闲情赋》,不能不说是实甫老人的白璧之瑕了。但鲜灵芝虽然那样"红",较之刘喜奎,则仍是望尘莫及的。当时刘喜奎在"三庆茶园"唱,鲜灵芝、张小仙等人在"广德楼"唱,都在大栅栏一带,相距不过数十步之遥。刘喜奎专唱梆子老戏,如《三上轿》、《牧羊圈》、《秦雪梅吊孝》等等,鲜灵芝便编了不少新戏,以时装上台相号召,想压倒刘,但卖座仍然比不上刘喜奎一块头牌,可见刘之"红"过半边天了。易顺鼎《哭庵赏菊诗》附录记云:

  民国三年,刘喜奎从天津来,色艺倾动一时,未几,鲜灵芝来,年十九、二十许,小刘喜奎两龄,争气竞妍,各不相下,要皆能尽声音容貌之美。卒之,刘败而鲜胜……使无鲜灵芝,恐大栅栏日晡遂无人迹矣。

这正是易捧鲜灵芝时所写,但实际情况并不如此,鲜灵芝后来结局也不好,染上了吸白粉的嗜好。

罗瘿公《鞠部丛谭》亦记云:

刘喜奎以避张定武之压迫,匆遽入都,不一月而倾动都下,老谭亦受其影响,又非老谭之所及料也。老谭晚年,以男厄于梅兰芳,女厄于刘喜奎,尝引以为憾。

刘成禺《洪宪纪事诗》吟刘喜奎云:"骤马街南刘二家,白头诗客戏生涯。入门脱帽狂呼母,天女嫣然一散花。"诗后注中说"入门呼母"之人即易顺鼎哭庵,汴中云:"易先生见呼我为娘,我今见面,即呼彼为父,岂不两相作抵?"后拜易为师父,日习艺文,粗通文墨。

张勋复辟失败前,气焰一世,一定要娶刘喜奎为妾,刘颇沉着机智,表面虚与委蛇,暗中却在想对策。一天,不告而别,失踪了。张辫帅的人到处找她不到,张咆哮如雷,没有办法,直到张复辟失败,逃进东交民巷,刘才又在京华露面,重登氍毹,原来这段时间她秘密地回到了沧州乡下去了。

刘再度台登之后,生意更好,当时北京大学一个讲师叫刘少少,在报纸辟专栏专捧刘喜奎,尊之为"刘王",连篇累牍地写旧诗"歌颂"她。因之鲁迅先生写文章挖苦刘少少,称之为"刘喜奎的臣子"。说来这已是六十一年前的往事了。

当时有一出哄动九城的闹剧:有两个荒唐的浪子,二人打赌,一个说:散戏的时候,刘喜奎出来,我可以吻她一下。一个说:你如果有这个胆子,事后我输给你五十块现大洋;否则,你输给我五十块现大洋。二人就这样一言为定了。"三庆"在大栅栏中间路北,似乎没有后门,散戏之后,观众都拥在门前,等着演员出来。当年还极少汽车,阔人和名演员都坐马车,刘喜奎卸装之后,披了一件高领子软斗篷挡着脸,由女佣人簇拥着出来在人堆中急急忙忙上马车。突然一个纨绔少年跑上来拉开斗篷领子吻了一下。随即由在戏园门口维持秩序的警察捉住,带到分局,以"妨碍风化罪"罚款二十元。但他赌注赢了,反赚了三十元。这事曾有人写入小说中,又稍夸大了一些,大概还有不少人知道吧。

　　刘喜奎是穷苦人家的孩子,从小学戏,是"打戏"出身。旧戏班子学戏,不管皮黄、梆子,都不识字,师傅教授,都是口传心记,戏词记不住要打,工夫练不好要打,前台演戏,师傅在台帘前观察,稍有差错也要打,一人犯错要打全体,谓之"打通堂"。所以叫"打戏",这就是当年科班的黑暗面之一。刘喜奎是这样出身,人又聪明,这就有两个方面:一是功夫好,唱功、作功、跻功等等都能出人头地,而且又善于作戏,所以赢得了极大的声誉;第二是她始终记着那学戏的痛苦和作女戏子的苦处。因而她在红极一时之际,忽然下嫁了,而嫁的也并不是一个什么名公巨卿,只是一个陆军部比司长级还小的金事级的官僚崔承炽。刘喜奎嫁人之后,社会上谣言四起,有人便制造了"崔承炽替曹锟娶妾"的谣言,一时颇能惑众。因为人们觉得当年张勋要娶她,她还不肯,特地躲到乡下去,再要嫁人,岂肯嫁与等闲之辈,自然要嫁地位更高的了,怎肯嫁给一个小小的武官呢? 这里面一定别有文章。因而这谣言便不胫而走了。

据萧重梅老人面告，刘喜奎没有文化，字也认不了多少。可是张次溪《燕归来簃随笔》却记有"刘喜奎娴词翰"事。文中记云："刘喜奎，南皮世家女，少孤。其乡居民多习歌曲，喜奎间杂众小儿女中习之，颇能肖。未几，能歌二十余出。其戚某携之津门，登台献技，旋从侯俊山、金月梅游，艺大进，游申浦，名乃大起。喜奎幼慧，夙喜书翰，及其名日高，名流多喜近之。喜奎亦乐从问业，学益进，复从易实甫学诗辞。所作多可诵。其见志云：愁愁喜喜数经春，欢喜登场愁是真……"还引她所作自白书云"喜奎一弱女子，上有老母，下鲜兄弟，孤苦伶仃，无所依恃"等等。实际可以看出，所引四首律诗、一首和李易安词、一篇自白书，很明显都是当时捧角家如刘少少等位代拟的，说不定有张自己写的。

刘喜奎在十分红的时候为什么要嫁崔承炽，现在自然很难说得清了。不过自此之后，刘的生活由绚丽而归入平淡，直到老死倒确是事实。刘喜奎嫁与崔承炽之后，夫妻生活并没有过多少年，两三年之后，崔就去世了。当时刘还很年轻，又有绝艺在身，按照一般情况，完全可以下堂之后再组班唱戏，还能赚大钱。但是刘没这样做，而是在家摆起佛堂，吃斋念佛，认真做起"功课"来，很少出门，更很少与别人来往。家里用一个老妈子，闭门家居，那时崔的大妇的孩子还小，还相安无事。后来崔的大妇已死，孩子已长大成人，但没有什么出息，对刘手中的一些私房积蓄，便起了觊觎之心，明要暗偷，没有多少年，便被弄光了。但是刘也没有什么怨言，仍旧过着极平淡的生活，藏身人海，几乎被人们忘记了。

九十多岁的萧重梅丈，当年是刘的熟人，有一次聊天时，老人说：刘晚年住在锦什坊街，有一次有事想写封信，就到街头一个摆卦摊的老头那里请他代笔，这个老头儿一边问，一边写，一边仔细端相这位老太婆顾客，她也仔细看这个老头，慢慢互相都认出来了，这老头原来是三十多年前齐燮元在南京掌权时的中将田文炳。吴佩孚盘踞洛阳时，他是齐派驻洛阳的首席代表，而几十年后流浪在街头摆卦摊了。刘喜奎当年对北洋军阀的高级将领，几乎没有一个不认识，看到田的落魄惨境，自有"同是天涯沦落人"之感。刘从来不招待男客到家中，这次破例，特地招待田文炳到家吃了顿饺子。因为这时刘尚能节衣缩食，维持生活，田则形同乞丐了。这也说明刘喜奎到老还有点"女孟尝"之风吧。

梅、程师缘

　　著名青衣程砚秋确曾拜梅兰芳为师。对此，也许有人感到奇怪：都是"四大名旦"之一，又都是年纪相仿的，为什么说他们有师徒关系呢？但这都是历史的事实。梅兰芳比程砚秋虽然大不了几岁，但梅很早成名，在梨园行中，辈分较高。当年京剧演员成名之早，现在人们有时很难想象的。如著名老生余叔岩，在十三岁时，就红得发紫，载誉梨园，而且唱念做打，都具大家风范了。记得当年刊物上曾登载他的剧照，《洗浮山》中饰贺天宝，身材还未长足，是个"娃娃生"的样子呢，就气度不凡。梅兰芳也是这样，十一岁登台，到十四五岁已经名震梨园，开始向梅大王的宝座上迈步了。程砚秋是在十五岁时，即一九一九年，经罗瘿公介绍，拜梅兰芳为师，执弟子礼，当时程砚秋尚未出名，但梅兰芳已是南北闻名的伶工了。当时梅兰芳正和余叔岩合作，组成"喜群社"。罗瘿公介绍程拜梅为师，也就是介绍他搭喜群社的班，唱二牌青衣，给余叔岩"跨刀"，唱《打渔杀家》、《御碑亭》等戏。

　　在此不妨引点文献资料：

　　姚茫父《弗堂类稿》诗甲二收有《浣华三十，其弟子艳秋、碧云为之寿，因赠》七律云：

昔年识汝初逾纪，转轴光阴已壮龄。
喜见声名归曲圣[①]，教成弟子拜南星。

催尊菊好迎霜健,揽镜山来斗鬓青。

缀玉簪红春渐觉,胎仙信息问黄庭。^②。

注:① 吴骚评梁伯龙。

② 浣华先榜所居曰缀玉,及纳芝芳,别舍曰簪红,皆本石
帚梅词也。

按石帚就是姜夔,号白石道人,常称姜白石,亦号石帚。诗
后又注云:当日曾语李释戡云:"吾于缀玉书此诗,山用隶楷,若
于簪红,则当作篆书也。相与抚掌。并记。"

当年北京梨园行,最讲究排辈分,梅兰芳一生都不是狂妄自
大的人,他敢于让程砚秋拜他为师,还不单因为他当时已经成
名,而实际他的辈分也比四大名旦中其他三人为高,他祖父梅巧
玲、父亲梅雨田,都是梨园前辈,因而他在梨园界,不论从家世辈
分论或是从学艺的辈分论,他同王瑶卿、王凤卿、余叔岩这些人
都是平辈的。虽然他的岁数比王瑶卿小得多,但他同王是平辈
称呼,而另外三个大名旦,则是王瑶卿的徒弟。所以他有资格认
程砚秋为弟子。

梨园行投师,一是求启蒙,二是求深造。深造要拜名角为
师,请求指点,学些特殊流派的名戏。程拜梅兰芳后,梅先给他
说了一出《贵妃醉酒》。这时正好江苏南通张状元(謇)盖了"梅
欧阁",大事宣传"北梅南欧"(欧阳予倩),同时让欧阳予倩在南
通办"南通伶工学社",开创新型戏剧教育。南通伶工学社行开
学典礼时,邀请南北名角唱戏,先是邀梅去南通,正巧梅兰芳另
外有事,不能南下,便叫程砚秋代表他去。程在罗瘿公等人悉心
筹备之下,南下到上海,转南通,在伶工学社开办典礼的庆祝会
上,代表梅兰芳唱了一出《贵妃醉酒》,名师出高徒,首次演出就

获得成功,大得张状元季直先生的赏识。回到北京后,即加入梅、余的喜群社。其后程亦享大名,后来相继出国,梅去美国,程去欧洲,都是剧坛名人,很少论师徒了。

鼓王弟子

　　还是在三四年前,北京老朋友写信告说我说:白凤鸣已成古人了。我听了十分黯然,记得我和他最后一次见面,是在西郊的一个偶然机会上,他和他夫人——清代宗室溥伒的姐姐,我们一同立在平台上闲谈。初冬向晚,西山暮色直拍眉际,十分安详,谈谈唱玩艺的事,谈谈清代鼓词作者韩小窗,刘宝全的师承宋五先生,又谈到他的哲嗣已上了大学等等。弹指之间,已是三十四五年的往事了。

　　说起白凤鸣,在北京喜欢听杂耍的人,大概都有个耳闻。他是刘宝全的弟子,是能够继承鼓王部分神髓的人。他唱的《关黄对刀》、《游武庙》、《截江夺斗》等,韵味、气度、功架,均能追随鼓王法度,只是限于体力,中气上差一些。

　　白家原住宣武门外校场头条还是二条,记不清了,从小是寒家,后来他念了几年书,拜师学艺,唱京韵大鼓,有了成就,在曲艺界里争得一席之地了。弟兄们也均有音乐演唱天才,其五弟名凤岩,人称白老五,是很好的弦子手;其四弟也弹弦子,收徒弟教唱大鼓,多年在东北,后来回到北京;其侄女艺名小云笙,也唱京韵大鼓,不过没有唱出名。沦陷后期,常连安在西单商场后门办启明茶社,专门说相声,聚了不少相声演员。小蘑菇的弟弟,二、三、四蘑菇,都是这个时期说出来的。现在不用艺名,都用学名,还在各处表演相声。在启明茶社东面,白凤鸣兄弟为主,办了一个杂耍园子,什么都有,就是没有相声。房子是临时建筑,设备很简陋,坐满了恐怕也不到一百人。卖票主持场务是白老四一人包。另外有沏茶倒水的一个老头。"打通儿"之后,由两个小徒弟先借场学艺唱两段。接下来是小云笙、汪淑珍京韵大鼓,宋大红梅花大鼓,葛恒泉快书,王雨田、王桂英空竹。王桂英向葛恒泉学快书,也能唱两口,有时不抖空竹,便唱"黄飞虎大摆英魂阵","正南方、正东方……"几十句一句唱下来,十分不易。最后白凤鸣自己出场唱大轴。白老四、老五,一个弦子,一个月琴,兄弟三人,颇有珠联璧合之妙。

白凤鸣上场,也像鼓王刘宝全的架子,检场早摆好了茶壶,新毛巾。站在鼓架旁,先抖抖袖子,敲两下鼓,然后交待过场:老主顾点唱什么、嗓音如何不好,请多包涵,至至诚诚侍候等等。他不论冬夏,每次唱完,总是一头大汗,我坐头排角上,看得十分清楚。这个原因,一是他完全用丹田音唱,拔高时,小场子,真有声振屋瓦之势;二是他身体素质不好,一场唱毕真有声嘶力竭之感了。

马连良与卓别林

　　近二十年中,梨园名宿颇有凋零之叹,马连良氏的潇洒的曲调,也早已成为"广陵散"了。那《甘露寺》中的老成持重的乔玄,那《蒋干盗书》中的一心想合力破曹的鲁子敬,那《借东风》中的神机妙算的诸葛武侯,那《四进士》中的热心救人、老谋深算的老吏宋士杰,那许多不同的人物和各种炉火纯青的唱腔,到今天对海内外许多戏迷说来,空有余音绕梁之感了。

　　北京,是京戏的故乡,本来在北京生活过的人,多少都会哼两句。而我这个笨伯,虽然走到东南西北,总以北京人自居,却一句也唱不来,对京戏完全是一个门外汉,因而对戏的本身,也就没有发言权了。但又因毕竟生长在这个京戏的故乡,也同梨园界一些人士有过点滴的友谊,不免知道一点梨园旧事,常常浮动在记忆之窗中。就以马老先生说吧,他同卓别林氏的那张极为有趣的合影,直到今天,还如在目前。我说这张照片极为有趣,是照片中一个"古代人",一个现代人;一个中国人,一个外国人;一个穿着戏装的中国名演员和一个穿着西装便服的西方大明星拍在一起的照片,这不是很有趣吗?

　　这已是足足四十五年前的旧事了:一九三六年三月,卓别林到沪,与马连良在剧场见面。照片中马连良氏立在右方,身穿补服蓝袍,玉带,头戴黑绒乌纱,口上挂着萧疏的黑色三缕髯口,正是《法门寺》中赵廉的打扮,两手抱拳,笑嘻嘻地面对着这西方大明星施礼打招呼。左方面对面站着这位滑稽大师卓别林(那时北京译作"贾波林"），身穿灰色条子西装，红斜条领带，也笑嘻嘻地带着好奇的眼光望着这位穿着明代官服、扮着梅坞县县太爷的中国名须生行礼。二人的神态拍得很好，马氏勒了网子后笑时向上翘的细长眼角和卓别林氏笑时的深深的酒窝，都恰到好处地表现出来了。这张彩色照片是为某一期的《实报半月刊》的封面登出来的。有谁保留着这古老的刊物，可能还会找到这张照片，至于谁拍的，在哪个园子的后台，则都不记得了。

按马氏是老科班富连成社"连"字辈出科的，与刘连荣、于连泉（小翠花）同科，开创一代马派唱腔，是智慧与功力的结晶。惜传者乏人，早年有位弟子本有出蓝之望，可惜后来倒仓，一蹶不振了。另有所谓"天桥马连良"者，亦只形似耳。"江山代有才人出，各领风骚数百年"，于梨园界，亦当作如是观，只希望于来者耳。

"硬里子"老生

　　如果是常听戏的,说起"跨刀"、"里子"、"底包"等等,会给你说出一大套。欢喜听的,听上会没有够,什么梅兰芳唱《起解》,萧长华给配崇公道;要唱《奇双会》呢?那就一定要姜妙香的赵宠了……凡此等等,北京人说起来,真是如数家珍,数十人,上百人,谁配谁,都能给你说得头头是道,我真羡慕人家的这种本领。过去,我很少听戏,又不懂戏,便缺乏这方面的知识,说起来真是怪寒伧的。但我却在场外认识了几个梨园界的名配角,还同他们有一点很朴实的友谊,现在想来,亦还是值得回忆的。张春彦就是其中的一位,他是马连良、张君秋的重要配角。

　　现在,一般听京戏的,不知张春彦其人了;老听京戏的,或梨园界内行人,说起张春彦,那是没有人不知道他。他是马连良的"里子老生",马连良唱《十老安刘》,绝对少不了他。他长期搭扶风社的班子。他扮《玉堂春》中的蓝袍,有"标准蓝袍"之称。他唱了一辈子戏,却老是唱配角,从未唱过主角,亦没挂过头牌。

　　我想起他,并不是说他的戏唱得多么好,而只是想到他是一个很好的人,很讲"戏德"的人,代表梨园行老派作风,很朴实、诚恳,又有点儿身份的自矜,就是有那么股子京朝派的谱儿。

　　他家住在西单报子街路南,一所"四破五"的小四合院。我认识他不是在戏院子里,而是在他家里。我有一位同乡,租住他三间西屋,作他房客。我去看同乡时,认识了他。那时我在沙滩上学,他听说我是大学生,对我很客气,我们相差大约有二三十岁吧,却成了忘年之交。

他那小院整整齐齐,井井有条,我一去同乡家,他亦就过来一同聊天。一边夸我那个学堂好,一边又叹息有的学堂如何不好。又说唱戏要有唱戏的规矩等等,都是一派老话,但照老北京说法,说的都是至理名言。有一件事使我特别感动:有一次冬天,那天很冷,还飘着雪花,他突然来到我家,他人有点胖,大冷天一进屋,不免有点气嘘嘘地,还没有落坐,便忙忙地掏出皮包,拿出两张戏票说道:

> 咱们认识那么些日子啦,我亦没请您听过一场戏,这还算个什么梨园行的朋友……后儿个开明义务戏,大轴是《十老安刘》,我送给您两张票,务必请您赏个脸……

这段话像北京伏地小米熬的粥那样可口,听起来那么入耳动听,几十年了,我时时想着这声音。三十多年前,马连良、张君秋去香港,张春彦没有去,仍留在北京。

二牌青衣

现在梨园界内，很少有人提起梁小鸾的名字了，而在四十年代前后，梁小鸾的姓名却亦是很出过一些风头的。她给马连良"跨刀"、搭"扶风社"的班子，在一个时期内，颇得珠联璧合、红花绿叶之妙。梁是正工青衣，《桑园会》《武家坡》等戏，都很见功夫。她不大唱花旦戏，亦不记得她贴过《大劈棺》《纺棉花》之类风靡一时的戏码，她似乎是走青衣中比较老派的路子。实在说，我不懂戏，亦没有多听过她的戏，所以对她演唱艺术的本身，不能多说外行话。只是有个凑巧的机会，认识了她，而且到她府上做过几次客，留下一些印象。

几十年前，某个机关开联欢会，要约人唱一台京戏。旧时唱堂会戏，要有很懂戏、很熟悉梨园界的"戏提调"来主持。可是在我管这档子事的时候，已是"蜀中无大将，廖化作先锋"的时候了。我承乏担当起这个重任后，经人介绍，到南小街珠宝子胡同梁小鸾家，去登门拜访，约她唱一场堂会。她欣然应允，初步谈好，她唱压轴，戏码是《桑园会》，大轴是别人的《霸王别姬》。因此关系，后来几次在她高斋做客。

她住的胡同很小，是南小街中的一条胡同，路东的门，是半中半西小院，只有北屋和东屋。客厅二楹，在东屋内。梁很有室内装饰的天才，把个小客厅布置的十分淡雅宜人。壁纸、窗帘、沙发套、地毯，四样都是深浅不同的绿色，十分和谐悦目。家具亦很简单，三面都是很小的没有扶手的沙发，沙发前茶几下面，

265

放着大本的照相簿，都是梁的戏装照片，那时还没有时兴彩色的，自然都是黑白的了，不过都是大幅的，拍的都很精彩。在另一面墙边，有一扇门可通到其他房间去。四面墙上很柔和的淡绿色墙纸上，没挂任何洋画、国画，更无俗气大照片之类的玩艺，只在靠门不远处挂着一幅工笔仕女像，镶在三尺长的黄杨木框子中，细看却是梁小鸾的画像，作者落的是梅兰芳的款……

一别几十年，想来梁氏亦老了吧？有小词《浣溪沙》一首作个结束吧：

感旧怀人岁月赊，悠悠风月梦京华，小街院落问梁家。　绿幕窗闲闻拍曲，红泥炉暖记烹茶，梅郎法绘妙无加。

小街梁家，今日何如呢？寄以天涯的珍重吧。

沈凤喜的影子

　　张恨水小说《啼笑因缘》写了一个唱大鼓书的女孩子,名叫"沈凤喜",这虽然是一个很普通的名字,但却有其来头的,这显然是受了"龙阳才子"易实甫氏的影响。易氏所写《天桥曲》的主角叫"冯凤喜",也是唱大鼓的,所谓"自见天桥冯凤喜,不辞日日走天桥","三五女郎三五客,一回曲子一回书",等等,说的都是冯凤喜。《啼笑因缘》写的沈凤喜是在地摊上卖唱的,这既非偶然的巧合,也无十分显著地不同。何况当时易哭庵老人的这首《天桥曲》是极为有名的,写的完全是真人真事。《啼笑因缘》是小说,虽然也有真实的背景,但毕竟是演义化了的,因其写的也是唱大鼓书的故事,便很自然地用了写旧小说时影射的手法,把"冯"字改为"沈"字,二字音形都近似,冯凤喜就成了沈凤喜了。

　　因为张恨水小说中写的唱大鼓的在先农坛,即民国初年城南游艺园南一带空地,在先农坛公园中,由先农坛北门再往前走不足一里路,就到了天桥,斜着走,右边就有好几家唱大鼓书的落(乐)子馆。易氏《天桥曲》前有小序道:

　　　天桥,数十弓地耳,而男戏园二、女戏园三,乐子馆又三,女乐子馆又三。戏资三枚,茶资仅二枚。园馆以席棚为之,游人如蚁,然䝉人居多也。乐子馆地稍洁,游人亦少,有冯凤喜者,楚楚动人。自前清以来,京师穷人生计日艰,游民亦日众,贫人鬻技营业之场,为富人所不至。而贫人鬻技营业所得者,仍皆贫人之财。余既睹惊鸿,复睹哀鸿,然惊鸿皆哀鸿也,余与游者亦哀鸿也。书至此余欲哭矣。

《天桥曲》共十首绝句,把感时、伤逝诸情糅杂在一起,十分沉重,最后两首道:

> 哭庵老去黄金尽,凤喜秋来翠袖寒。
> 汝久岂寒吾速老,赖寒博得几回看。

> 苎萝溢浦两红妆,感事怜才益自伤。
> 两种人才三种泪,一齐分付与斜阳。

诗后注:感事、怜才、自伤三种泪,未遇、失路两种人才也。

冯凤喜是天桥落子馆中一名歌女,而且是"旗人"。在清代时,一直沿续着清初又是兵又是民的"八旗"的编制,凡是旗人,只要小孩一降生,便有一份口粮,为数虽然不多,但维持最低生活还是可以的。辛亥之后,这笔旗人赖以养命的银粮没有了,清代又有规定,旗人只能当兵、做官,不准种田做生意。一旦钱粮没有了,既不会种地,又不会经商。那些有产业、积蓄的还可以过悠闲的日子,而一些穷苦的旗人,不得不为吃饭发愁了。旗人玩"玩艺"是有传统的,什么西皮、二黄、八角鼓、单弦等等,都是很有传统,于是在没有办法之时,少数有钱的还可以来玩票,如什么"卧云居士"等等,而一些穷苦的便以卖艺来养家糊口了。这中间也出过不少名角,如梅兰芳先生的夫人福芝芳,唱单弦的老艺人荣剑尘等。冯凤喜便也是其中的一个。

哭庵老人在辛亥革命之后，以遗老的身份在北京放浪形骸，与樊樊山老人交谊最笃，在老人后代家中见其大照片，都是樊樊山题的大段跋语，称"实甫五哥"。他在天桥落子馆中认识了冯凤喜后，了解冯凤喜旗人的身世，便寄以无限同情，加以当年正是北洋军阀混战，中原人民涂炭之时，所以老人以十分复杂的感情，专为冯凤喜写了这篇哀感顽艳的《天桥曲》，名著一时，张恨水氏显然也是在"龙阳才子"的影响之下，来写他的沈凤喜了。

《哭庵赏菊诗》中除《天桥曲》之外，尚有《冯凤喜谣》云：

> 能愁我者梅兰芳，能醉我者贾碧云，能瘦我者王克琴，能杀我者小菊芬，能眩我者金玉兰，能娱我者孙一清，能温我者小菊处，能亲我者小香水，能恼我者小玉喜，能活我者冯凤喜。凤喜凤喜汝何人，天桥桥头女乐子。

"乐"字下自注云："读若闹。"但一般也写作"落"字，实际是京东一带小戏名称。而落子馆中，唱京韵、梅花、乐亭、梨花各式大鼓书，也唱单弦、河南坠子、天津时调等。现称曲艺，已很少说"乐子"之名了。《冯凤喜谣》因写到十人，又题作《十伶谣》。

晚年赛金花

　　说到陶然亭旧事，不禁又想到一代名女人《孽海花》的主角赛金花。她逝世之后，也是葬在陶然亭畔的。其坟在香冢的东面，通往慈悲庵去的那条小路的转角处，墓门东向，墓前立着一通人造黑色金刚石的碑，八分书"魏赵灵飞之墓"，比起香冢和醉郭坟的那两个小石碣来，要阔气多了。

　　小说《孽海花》是一部未完成的作品，没有写到赛金花的晚年。按赛金花到北京做妓女，还是庚子前的事。"戊戌政变"（一八九八年）之后，赛金花从上海来到北京，住在前门里刑部衙门后面，利用曾是"状元夫人"的名声，招揽游客。陆润庠是洪钧状元的同乡至好，看赛金花招摇的太不成话，便用官府力量去驱逐了她。但是时隔未久，便是"庚子"，赛金花便利用机会，又回北京，重操旧业。从此"赛二爷"的大名，在北京便传开了。在近五十年前，北京社会上爱说"赛二爷"故事的人大有人在。原因是赛金花虽然是个妓女，当八国联军蹂躏北京时，她利用特殊身份，的确为北京百姓做了一些好事。

　　晚年生活十分潦倒，靠一点残余的积蓄度日，住在天桥北大森里两间破房中，活的岁数倒不小，一九三六年冬去世时，已经七十多岁了。

　　按《赛金花年表》：

　　赛清同治十三年十月九日生于苏州城内周家巷，时洪钧已三十六岁。十三岁落花船应客为娼，作清倌。十四岁嫁洪钧，随洪出国,十七岁回国在北京,洪做侍郎。二十岁洪卒。二十一岁即光绪二十年在沪复为妓,认识盛宣怀、李鸿章等人,二十五岁至天津开金花班,庚子逃难到京,洋人进城,结识联军统帅瓦德西。三十岁光绪二十九年,在陕西巷开南班妓院,三十二岁系刑部狱,押解回籍。三十三岁到上海为妓,后嫁黄姓。四十岁时,黄某死,又嫁魏姓。后又来北京,四十九岁时,魏死,与魏家不相容,只身携一顾姓女仆,赁屋天桥西之居仁里,景况日渐贫困。以后均住北京。民国二十五年十月廿一日去世。按年表,赛去世时为六十四岁。但另外资料记载,赛金花去世时已七十三岁。所以我约略言之为七十多岁。晚年在京生活近二十年。

三十年代中,刘半农先生曾访问过她,也写文章介绍过。另外有署名洪渊的写过一本《赛金花故事》,再有话剧剧本,社会上都知道,不多说了。另外光绪甲辰进士,常熟人张鸿,曾用"燕谷老人"的笔名,写过《孽海花》的"续集",登在沦陷时北京的《中和月刊》上,写得颇为成功,可惜现在这种书很难找到了(按此书八十年代已出版)。

一九〇二年春天,赛金花因为虐待养女致死,被关在刑部衙门狱中,刑部大狱是清代最高一级的监狱,同时还关有苏元春,是中法战役中颇有名的一位将官;还关一个姓沈的沈荩,是当时维新志士,《轰天雷》小说的主人公;加上赛金花,一时有"名将、名士、名妓"尽入"公门"之说。其后沈荩因那拉氏的"秘旨",杖死在狱中;苏元春被充军新疆,死在戍所。赛金花则援引"报效银两赎罪"的律例,买了个"押解回籍"的轻罪名,被押回苏州,交地方看管。不久又花钱托人活动,重到上海做妓女。辛亥之后,又回到北京,仍用"赛金花"名字挂牌为妓。其后年岁日长,在民国初年嫁与国会议员魏某,待魏某死后,赛金花便只身同一女佣住在北京,过其潦倒生活,靠一点残余的积蓄和老朋友周济度日,晚年更为穷困,住在天桥北大森里旁的居仁里两间破房中,于一九三六年冬去世,其时年约七十了。距离一八八六年下嫁洪钧为"状元夫人"时,盖已五十年矣。赛金花死后,有好事者杨云史、潘毓桂、张次溪为其营葬于陶然亭下,立了一通黑色金刚石的碑,碑上写着"魏赵灵飞之墓",还有碑文。现在这个碑没有了。

潘毓桂是日本女影星李香兰(日女名山口淑子)的干爹,"七七事变"后任警察局长,是大汉奸。杨云史清末做过新加坡总领事。民国十年前后,做吴佩孚秘书长,后在北平卖画、卖字作名人,"七七"后,死在香港。赛去世时正在北平,为赛墓诗碣七绝六首,后两首道:"父老于今肉骨铭,埋香端合葬江亭。我哀遗事谈天宝,不为闲情诔小青。""寒日余姿事可哀,画图省识赵阳台。为君一扫齐东语,自有闲人凭吊来。"诗后有记载,述赛金花庚子时在北京事,大都是他亲见的。结尾记云:

> 门人张次溪与其事,来请余作诗碣……文既成,计购石命工,当四百金。翰茂斋主人宛平李月庭君,镌艺精绝,良工也。其人风雅重义,自白愿为灵非选佳石,手刊此碣,独任其成,不需赀费,于是工竣。如月庭者,风义可风矣。民国丙子冬至立,江东杨云史撰书。

解放前,我几次观赏过这个碑,很高大,是深灰大理石磨光刻的,十分光亮,石头很好。解放后修陶然亭公园时,不知弄到哪里去了。

再有据《齐如山回忆录》,庚子时,他做外国人生意,常见赛金花,赛当时也做生意,据他说:赛不大会说德国话。

过去以赛金花为题材的诗、文作品是不少的。最有名的首推樊樊山的前、后《彩云曲》,过去在陶然亭西墙时候,她的确曾利用她的特殊地位帮助了一些人,营救了一些人,但并不像《孽海花》所写,她和瓦德西在德国时就有暧昧关系。关于她在侵略者面前替一些人排难解纷,办些好事的情况,在过去北京群众中流传的故事很多,三四十年代中,还有不少亲眼见过"赛二爷"的"老北京",都津津乐道这些故事。关于她过去是否认识瓦德西这点,也有人亲自问过他。近人夏仁虎(号枝巢子)老先生《旧京琐记》记云:

> 庚子之役,德将瓦尔德西为联军司令,踞仪鸾殿。赛金花者,故某公使下堂妾,曾随使节,于西语甚娴习。暨复入风尘,遂应德将之召,颇能相机援救难民,或为贵人之陷在都城排难解纷,于是群奉之曰"赛二爷"。实则德将仍以娼妓待之。时人附会,乃谓其随节时即与瓦有情愫云云。曾询之,赛笑其全非事实。

枝巢老人是经历过"庚子",又长期住在北京,与赛金花熟识的人,后来长期在北京做教授,故去并不太久。先生的《旧京琐记》成书于赛金花逝世之前,印数很少,而且是非卖品,书中所记是较为客观中肯的。"妓女"总是妓女,点滴"好事"也总是点滴好事,捧之过高,固然不必;骂之甚狠,压之甚厉,也往往是一时的愤激语,并不必据之为准则。因为历史事实还是客观存在的,客观评价赛金花也还是应该的。

上有嵌壁刻石,樊山老人在《孽海花》一书中也出现过,名

"万范水"。三十年代赛金花潦倒于大森里时,刘半农先生曾去访问过她,也曾写文章介绍过。夏衍同志的《赛金花》剧本,社会上都知道,不必多说了。另外还有署名"洪渊"的,写过一本《赛金花故事》。至于小说,则还有"燕谷老人"的《续孽海花》在。燕谷老人名张鸿,字隐南,号琼隐,又号蛮公,常熟人,清光绪甲辰进士,殿试时是进呈十卷的首卷,本来也很有状元的希望,但因"对策"中主张立宪,被慈禧给降到"三甲一名",由"进士及第"变成为"赐同进士出身"了。后来做过外务部郎中,驻仁川领事。和曾孟朴氏是中表亲,对赛金花事也知之极详。在沦陷时,他用燕谷老人的笔名,为《孽海花》续书三十回,陆续登在当时徐一士主编的纯学术刊物《中和月刊》上。这个"续集"写的较为成功,使《孽海花》这部未完成的杰作,得以成为"完璧",从这部书说,还是有可取之处的。如果现在的《孽海花》,能把燕谷老人的"续书"作为附录印进去,我想就各方面讲,也还无伤大雅。但对读者说来,得见全豹,那应该是极为可喜的了。

小凤仙轶事

蔡松坡去世后,北京各报刊载小凤仙的挽联云:

> 不幸周郎竟短命;
> 早知李靖是英雄。

上联用《三国》,下联用《红拂记》典故,极为贴恰、工稳,不愧为一时名作。刘成禺《洪宪纪事诗本事笺注》云:

> 中山公园开黄(兴)、蔡追悼会,小凤仙伏灵前痛哭。亲挂一联云:"不幸⋯⋯"

另据《许姬传七十年见闻录》载:

> 田象奎兄告诉我,蔡松坡死后,在北京中山公园举行追悼会,悬挂着小凤仙送的挽联:
> 九万里南天鹏翼,直上扶摇,怜他忧患余生,萍水相逢成一梦;
> 十八载北地胭脂,自悲沦落,赢得英雄知己,桃花颜色亦千秋。

许书谓:"典雅贴切,一望而知是文人捉刀。"前联刘书亦记为"某髯手笔"。大概当时报纸上好事代小凤仙拟的挽联不少。但前者简洁确切，一望而知是小凤仙挽蔡联，后者罗罗索索，酸气冲天，比喻不伦，"忧患余生"，不知所云。尚谓"典雅贴切"，许氏也真是内行人说外行话了。云南起义全靠蔡松坡，而蔡松坡离开北京，则全靠小凤仙，是以蔡锷因小凤仙而得以脱险，小凤仙因蔡锷而得以出名，所谓英雄美人相得益彰，不能因她是一妓女而轻之也。昔时曾保存一幅小凤仙之铜版精印照片，好像是从早期的《小说月报》上剪下来的。当时这些杂志的第一页都是一张名伶、名妓、名媛的铜版照片，大都是半身标准照，当时还不大时兴生活照。小凤仙长脸、重眉、厚唇，是北方脸型，妩媚而有英俊气，发型虽因正面像看不见，但从两鬓及当时流行样子推想，是"爱司型"。元宝领、滚海虎绒边的方胜暗花漳缎窄裉衬绒棉袄。小凤仙这张照片是极美的，可惜我所保存的早已失落，至为遗憾。

据萧重梅丈说：小凤仙是河南人，原在开封，后来北京。但另据刘成禺《洪宪纪事诗本事笺注》云："沪妓风云在京张帜，易名小凤仙，名噪甚，松坡昵之。"如果健在，现在也不过八十三四岁左右。当年北京妓院有南、北之分，南方多叫院，如怡春院、鸣凤院，或馆，如潇湘馆，北方都叫"某某班"，小凤仙是北班子云吉班的红人。手头有民国八年《北京实用指南》，食宿游览章尚有"云吉班"名妓女尚有颜凤仙、任桂凤、马金凤等人。蔡松坡被袁世凯注意之后，便故意过花天酒地的生活，以迷惑袁手下人的视听。便认识了小凤仙，做了她的熟客，经常为她摆台吃花酒，作"花头"，二人十分投机，小凤仙很有点"江湖女侠"的气概，而且工于心计，很会安排。据说她安排蔡锷出京是很巧妙的：当时妓女住处，一是妓院，房中都布置得富丽堂皇，二是家中，俗名"小房子",都在小胡同的大杂院中,十分简陋僻静,只有极熟的知交,她才肯带往家中闲坐。小凤仙经常把蔡带到家中,两人乘骡拉轿车,放下车帘,悄悄地出了彰仪门,直奔丰台,在丰台买慢车票到天津,到天津一进租界,袁世凯便无可如何了。这就是当年小凤仙送蔡锷出京的故事。

蔡锷离京,以及去世之后,小凤仙照样在云吉班做妓女,生意更红了。松坡去世她的确祭奠过相知,当时报纸都登载了小凤仙"哭灵"的消息,"所谓哭将军亦是哭自身",飘零红粉,是值得同情的。

另据《许姬传七十见闻录》记载,一九五一年许随梅剧团到沈阳演出,梅收到过小凤仙的一封信,信云:

梅兰芳同志:闻已来沈,不胜心快,今持函拜访。在三十四年前,于北京观音寺(名字记不住了)由徐省长聚餐一晤,回忆不胜感慨之至。光阴如箭,转瞬之间,数载之久,离别之情,难以言述。兹为打听家侄张鸣福,原与李万春学徒,现已多年不见,甚为怀念。梅同志,寓北京很久,如知其通信地址,望在百忙中、公余之暇,来信一告。我现在东北统计局出版部张建中处做保姆工作。如不弃时,赐晤一谈,是为至盼。此致敬礼。

原在北京陕西巷住,张氏(小凤仙)现改名张洗非。来信通讯处:南市区大西区德景当胡同廿一号李振海转交张洗非。

后来梅兰芳回忆起在观音寺青云阁附近福兴居著名山东馆和她同过席,约小凤仙来谈过话,同时谈话的有梅氏夫妇、姚玉芙,由许问话,问小凤仙出身和蔡锷认识经过,原文较长,未便引录。后来小凤仙因梅兰芳托沈阳交际处李处长照拂,当了机关学校保健员……

一九五一年的三十四年前是一九一七年,民国六年,当时名伶、名妓在酒席宴间同席，是平起平坐的，沧桑而后，则地位悬殊矣。梅氏为人厚道，予以照拂，亦不胜"师师垂老过湖湘"之感慨矣。另《孽海花资料》中所收《曾孟朴年谱》对小凤仙出身亦有详细记载，感兴趣者，可参看。

梨园侠义

清代末年，北京士大夫阶层，都喜欢听戏，与名角都有点关系。杨典诰《庚子大事记》记七月十七日户部立山被杀云：

> 是日下午，杀户部尚书立山……立尚书之临刑也，所有平素知交之名优，如叫天，路三宝等数辈，咸至法场跪送。尚书呼叫天曰："尔前来，我语汝。"叫天答以："到此时候，尚有何言，请大人早升天。"路三宝请以其母之寿器为赠。尚书一再辞，三宝不听，卒以其寿器殓之。刽子手等索银四百两，叫天言一切惟我是问。事毕，袖出二百两以完事。

这段记载，颇足补庚子史乘之不足，古诗所谓："仗义半从屠狗辈，负心多是读书人。"清末梨园界的名优有不少人都是很有风义的。有人为梅兰芳的祖父梅巧玲写过《侠伶传》，据传本世纪初、上世纪末北京盛传梨园侠义故事，首先常说的就是梅兰芳祖父梅巧玲，梅巧玲是同治、光绪时十三绝之一，十分有名，人称胖巧玲。有一四川举子，家中十分富有，来京会试，带了几万两银子，会试未考中，就留在北京，等待下科再考。本应用功准备，可是不久，就整天听戏，迷上梅巧玲，一两年间，把钱花光了。四川路远，一时接济不上，正为栈房、厨子逼债，梅巧玲正好去看，见他正在发愁，问是什么事，还不好意思说，边上佣人说了这些人逼债情况,梅巧玲便说,为什么不早说,我这里有不少银子,先拿去用。这位举子还不好意思,梅说不要紧,算你借我的好了。可以写个字据,这样这人便接受了。后来这人仍十分豪侈,钱不够了,便向梅巧玲借。前后有三千两之多,原想考中进士,一做官,便可偿还。不想命运不济,后来死了。办丧事时,梅巧玲去吊丧,当场在众人面前,把借券全部烧了,又送奠金几百两,使其佣人能扶柩回籍,这样他便出了侠义大名,这事见于清人著述者亦颇多。

咸丰时又有义伶徐小香,助人亦十分出名,见《蝶阶外史》。

又有伶人秦稚芬,小名"五九",仗义护送张荫桓充军事,也是传诵一时的。秦稚芬和谭叫天、王瑶卿等当年都是供奉内廷的,而其中秦稚芬很特殊,得到光绪的赏识,是光绪唯一眷恋的伶人。又与张樵野特别好。秦也是梨园世家,其祖父也是伶人,其父五十九岁生他,所以小名叫"五九"。坐科,唱青衣,得到张荫桓赏识。张其时是侍郎,费用豪侈,捧个戏子用多少钱也不吝惜,为秦稚芬买了房子,娶了媳妇,的确花了不少钱。及至张在戊戌一案中,被遣戍新疆,亲戚朋友,没有人敢给他送行,独秦稚芬护送他到正定府。

秦稚芬癸丑(民国二年)还住在韩家潭,罗瘿公常去看他。有人送他的诗中,有"摘鼓怜孱帝"一句,就是指他与光绪的关系。罗瘿公《菊部丛谈》说他:"戊戌后,杜门息影,不复与人晋接矣。稚芬能隽谈,熟谙宫禁亲贵掌故,余喜与之谈,光绪间名流,无不识稚芬者。其书学孙过庭《书谱》,殊秀逸,熟通鉴……吾每遇谈,见其笔砚纵横,恒作长幅书,惜当时未索取之。育化会成立,稚芬充文牍主任,后得狂易疾,不能会客矣。"

稚芬人瘦长,尖脸,以艺事得到光绪和荫桓的共同赏识,虽然是伶人，却与八十年前的政治颇有关系。他有一个徒弟，名叫唐采芝，弹的一手好琵琶。江宁夏枝巢老人，还为此人写了序，题为《听唐郎弹琵琶诗序》文云：

　　壬子之秋，九月既望，刘君葱石，来自沪滨，招白下之旧游，饮朱郎之新第。于时零雨初歇，商飚转清。凉蟾洗曜，徘徊弄阴，候恐惊寒，凄咽答晚。三爵既馨，四座已醺。话小劫之沧桑，数京华之尘梦。座中朝士，不少贞元。源里桃花，宁知晋魏。嘉王席上，酒悲实多。臧洪书来，名灭为笑。朱郎明慧，思娱众宾，忽携一人鞠跽当席。其人也，锦衣花帽，非右丞之谐主门，暮齿颓颜，类龟年之过鹫寺。既敷茵座，遂引琵琶。朱弦始张，银甲徐动。琤鏦金石，刻引商羽。一天秋意，进入四弦；十万春愁，累唏满座。盖奈何辄唤子野闻歌之时，我始欲愁洗马伤神之际钦？于焉审谛新声，摩挲醉眼，板桥老姬，识张魁之箫声，天宝旧人，认李謩之笛谱，迫而视之，仿佛曾识，借问弹者，盖唐郎采芝也。嗟呼，樱桃花下，旧是明僮；枫荻江边，今同商妇。青琴之小名犹绿，紫稼之妖姿已衰。回忆戊戌之岁，射策都门。未披蕊殿之香，先放兰丛之榜。褒然首选，正属斯人，大秋春色，都在眉梢。一曲新声，争传指法。人惟无目，不知子都之姣。帝有缠头，犹惊秦国之侈，斯时意气，良足豪矣。曾几何时，盛游不再。……

就枝巢老人序中所记，唐采芝戊戌时出过大风头，壬子民国元年秋，已老大不小了。第二年，民国二年（一九一三）三月三日，梁任公在三贝子花园（西直门外万牲园）仿兰亭修禊故事，设宴请客。罗瘿公请采芝来，当场弹琵琶，事后还照了像，唐采芝就地坐在众人面前。此像片旧日梁思成先生处存有一张，现在则不知是否尚在人间了。

白　口

　　过去曾写过一篇小文，说到唐若青的沙哑的舞台腔，曾经风靡一时，现在听过这种舞台腔的人，几乎也都成白头宫女了。所好者，现在有电子化的录音、录像等玩艺，可以保存容貌声音，唐朝的杨贵妃如果生在现代，那是更幸福的，她的霓裳羽衣之歌舞，定可保存下来，卖大价钱。可惜她死得太早了，比唐若青去世又早近千年，这就只剩下一曲《长恨歌》，供后人凭吊了。

　　闲话少说，书归正传。说什么呢？说说演员和北京话。唱南昆一定要会说苏白，呒会苏白，是弗来兮格。演话剧、演电影，一定要会说京话，没有两句京撇子，也很难成为大明星。勉强演电影，在上海滩上也算名人了，但让北京人一看，就感到失望，如用上海话说，几乎要使人感到有点"汗毛懔懔"了。记得我小时候，在北京最怕看龚稼农的电影，一口南京话，"南"读成"蓝"，北京人听起来像大舌头一样。唐若青女士创造了沙哑的舞台腔，虽风行一时，也只是在话剧界，一到了说相声的口中，模仿起来，就变成了笑话。另外她父亲唐槐秋先生，却一直说不好北京话，在舞台上是南方口音的蓝青官话，在电影里也是如此。如早期的片子《桃李劫》、《孔夫子》，其对白都是像江南老先生们读书一样，有腔有调，只是没有上韵罢了。或者说连清代官场中说的蓝青官话都不如。

　　中期演员中，魏鹤玲、赵丹都是南通人，开始上舞台、上银幕，都说不好北京话，在名片《十字街头》中，两人地方口音都很重。若干年后，赵丹口音有了较大的改变，听起来比较自然了，而魏鹤龄始终没有改变。三十多年前，有一次在北京东单青年宫剧场看《屈原》，全台都是名角，十分精彩，只有他口音浓浊，听起来十分别扭，不免有美中不足之感。

过去王元龙在北京时，日常说话，总带些天津口音，同舞台美术家张鸣岐先生一样，越急，天津口音越重。上台时、演电影时，虽然十分注意，但仍有乡音，外地江南人听不出，而天津、北京人一听便听出来了，正像老演员姜明一样，东北口音总改不过来。据说口音越接近越难改，似乎天津、东北人总说不好北京话，正像扬州、南京人总说不好上海话一样。

男演员中石挥、蓝马从小在北京读小学，后来成为名演员，读音最醇，尤其石挥，音域最宽，适应老年、青年，所以他演老、演小发音都很自然。

"吴音京语美如莺"，苏沪年轻女孩子，学 口京话，圆润而流利，是特别动人的。此金嗓子周璇之所以为金嗓子也。她除去唱歌而外，一口流利的北京话，更是动人，可惜早成古人了，如果活着，也六十多岁了。

京剧的"守旧"

　　从新闻广播中，听到北京举办舞台美术设计布景展览会的消息，这是一个别开生面戏剧艺术的展览，也看到一部分照片，虽然远隔数千里之外，不能参观，但只在报纸上看一眼，也感到很好玩了。展览会上展出了梅兰芳用过的"大帘"，行话又叫"守旧"，这是很难得见到的一种精美的刺绣品，因为现在唱戏不用这玩艺了，所以在展览会上展出，是很能吸引观众的。可惜新闻照片上看不十分清楚，其五彩缤纷的丝织刺绣品的光芒，都看不出来，十分可惜。

　　什么叫"大帘"或"守旧"呢？这里不得不稍加解说。话要先从旧式戏台建筑说起，老式戏台，好比三大间进深的大厅，前檐就是台口，有柱子，厅的前半部分是表演的地方，即俗话说的"前台"，在厅的中间，横排着一个屏风似的木隔断，隔断后面是堆放"行头"（衣服）、道具和化装的地方，即俗语说的"后台"，这个隔断是木头做的像老式房屋的间隔一样，中间有一大块地方，一般是一个圆形大窗，大窗两侧有两个门，左面是上场门，右面是下场门，过去中间大窗及左右门上，都挂着匾，中间四字：如"霓裳羽衣"、"歌舞升平"等，上下场门上小匾有二字或三字，常见如"出将"、"入相"、"阳春"、"白雪"，也有三字者，曾记得有一台守旧，上场门挂"今演古"，下场门挂"假当真"，十分贴切。这个隔断俗名"龙虎板"，以分前后台，因系木制，窗棂门框，也都雕刻着牙子，也都油漆彩画，新的时候，也很漂亮。但是不管怎么漂亮，真要唱戏的时候，就这样敞着门窗，还是不能唱，最少门上要挂上门帘，叫作"台帘"，再讲究些的，用一个大帘子把龙虎板上中间的大窗也挡起来，这就叫"大帘"或叫"守旧"，这个大帘有一丈多高、两丈多宽，布里子、缎面子，而且全部绣上五彩丝绒或金绒的花纹，颜色配得极为艳丽，如大红缎子上绣五彩牡丹，大红缎子上绣金龙，紫色缎子上绣展翅金凤，挂起来作为舞台背景，富丽堂皇，那本身就是极为精美的刺绣艺术品。上下场门的门帘，和大帘是一套的，京戏演员在上下场门上随着台帘的起动，跟着锣鼓点儿，还有一套十分优美的表演动作，都是十分珍贵漂亮的。

现在，有些戏团不用守旧了，改用现在的那种幕。有时那二道还飘动着，一个摇着马鞭子的人从边上出来，不伦不类，这还谈到甚么艺术呢？

在三四十年代时，不但乡间戏台演出时要装台，要挂守旧大帘，上下场门要挂台帘，就是北京的各个戏园子，前门外庆乐、三庆、中和、开明、东安市场吉祥园、西单哈尔飞、长安大戏院等，也都是旧式舞台，都要挂大帘，谁的班子演出，挂谁的大帘、台帘，如马连良扶风社、尚小云荣春社，都有绣着自己社名的大帘、台帘等等。改成舞台左右立片子，二道幕、三道幕，后面有天幕等这样的西式舞台唱旧戏，实际也没有多少年。没有华丽的守旧大帘，旧时戏台上的花团锦绣的气氛都没有了。

戏校与科班

八十年代初李和曾、李世济等去港演出，成绩颇好。李和曾是前"北平戏剧学校"的学员，是"和"字辈的，同王和霖同科。当年戏剧学校的情况颇有可忆者。不过这也都是五十年前的旧事了。

北京在过去培养京剧演员，只有"科班"，没有学校，如早期的喜连成，稍后的富连成，以及尚小云办的荣春社，教授方法都是比较老式的，而且出科成为名角，要有相当长的时期，所以有"三年出个状元，三年出不了个戏子"的谚语。在二十年代末，程砚秋氏和不少名流筹建了一所戏剧学校，想用较新式的教育方式来培养一些京剧演员，就办了"北平戏剧学校"，还请了陈墨香、齐如山等人为教习。其实说是新式教育，而在教法上也还同科班差不了多少。只是要上一些新式文化课，另外除招男学员之外，还招一些女学员，不过这是北京历史上正式以"学校"为名培养京剧演员的机构，和老式的科班究竟是有所差别的。老科班师傅教戏，专门以打为主，尤其是对家中穷苦，不付膳费的徒弟，更是动辄就打，戏剧学校对这点陋规，基本上革除了。

戏剧学校一共办了五期，按字排是"德、和、金、玉、永"五科，成绩办得较好，在这五科中，生旦净末丑都出了不少名角。"德"字辈中，当年较知名的有傅德威、宋德珠等。宋德珠跻工好，那时是很出名的"刀马旦"，和李世芳、毛世来等被誉之为"四小名旦"。"和"字辈有王和霖、李和曾等。王和霖小时极像马连良，可惜倒仓之后,一蹶不振,再无法唱戏了。"金"字辈则有武生王金璐,以及沈金波等。"玉"字辈女演员出名的极多,如李玉茹、张玉英、白玉薇等,当年有戏校"四块玉"之名。"永"字辈中有一青衣陈永玲,也很不错。抗战开始,戏剧学校因为经费的关系没有多少年就停办了。有原来是戏校的学员,中途因故离开,后来又成为红角的。那就是吴素秋。原本也是戏校学员,脱离戏校后,在艺术上也取得了很好成绩,其《人面桃花》一剧,也是不可多得的。

与戏校同时有影响的是富连成科班。富连成据传最早是喜连成,是北京外馆沈家的班子,最早是吉林省井家创办的。在光绪末年,宣统年间梅兰芳、周信芳都在此坐科的。周是正式坐科,梅因是梨园世家,非正式坐科,但也从小在科中学戏。后来喜连成改名为富连成,总管是叶春善,即名演员叶盛章、叶盛兰的父亲,总教习是萧长华。因为富连成是连着喜连成的科班,所以演员学戏时起的艺名是按喜、连、富、盛、世、元、韵七字排行。早期侯喜瑞是喜字辈,马连良、于连泉(小翠花)是连字辈,谭富英是富字辈,盛字辈叶盛章、叶盛兰、李世芳、毛世来是世字辈,谭元寿是元字辈,冀韵兰是韵字辈。与戏校同时期时,富连成社址在虎坊桥,当时连字辈。富字辈马连良、谭富英,盛字辈叶盛章等已出科成角儿了。在科中学习天天穿袍子排队上园子演出的,正是世字辈,元字辈,都是十四五岁的年纪,如李世芳等,韵字辈还小,记得在哈尔飞看冀韵兰《大补缸》已是四十年代初了。尚小云办的荣春社也是科班,也很晚。现在上海的老演员尚长荣,就是尚小云之子,就是在荣春社坐科的。

闲话太监

一

北京作为国都,有很长的历史了,远的不说,单算明、清两代,也有五百来年的历史。在这五百来年中,北京有皇上,有皇宫,还有一种特殊的,西方没有,今天世界上也没有的,那就是太监。金梁《清宫史略》引康熙训谕云:"明朝……内监至十万人,日有饿死者,今则宫中不过四五百人而已。"清代内监比明代少得多,但也不只四五百人,实际也是很可观的数字。乾隆时近三千人,光绪时近二千人。

太监有时是可怜的,有时又是可恨的,其心理状态似乎是正常的,实际可能是变态的,其生活中的不少秘密,说来总是个谜。不要说现在世界上已经没有了,即在当年,有太监的时候,人们对太监也总是种种猜测,无法理解其秘密。不少书中记载,明代宫中太监和宫女结为夫妻,成双成对共同起居,谓之"菜户",最有名的是魏忠贤和客氏的故事,但总是令人怀疑。过去常想,太监是可怜的残废人,与宫女结合,可能只是心理上的互相安慰,生活上的互相照顾,而非生理上的夫妻。但似乎又不尽然。看清初大思想家唐甄的《潜书》,有一篇"耻奴",专门写了魏忠贤与另一太监魏朝皆私客氏,二阉在乾清宫暖阁吃醋争风,使酒相骂,昏君天启皇帝亲自为之判断,使客氏专私魏忠贤。后面他提出疑问:"阉人无阳者也,客氏何分于强弱而有所好恶于其间乎?"最后他从一个南明亡后太监的下堂妾处了解到一些太监的性秘密。不过也只是"姑妄言之姑听之",虽然唐甄是与顾炎武、黄宗羲齐名的思想家,非写野史者可比,但对太监之谜的解释,亦只能聊资谈助,不能作为信史了。

太监中有不少助纣为虐,祸国殃民的家伙,如魏忠贤及近代李莲英之流,世多知者。但太监中也有著书立说的学者,知道的人就不多了。如《酌中志》的作者刘若愚,就是"善书、好学、有文"的人。这是《明史》对他的评价。他的著作是研究明代宫廷史及阉党的重要参考书,但是对于太监的本身生活、尤其是特殊的生理及心理状态无一语涉及。明代太监参政,历朝都有秉笔太监,文化都很高,可以著书立说,但也不多。清代太监一般无文化,更不能著书了。据说近三十年前,北京有人从一个老太监口中,笔录了一部二十多万字的专门记录太监生活的专著,可惜未出版,原稿已毁掉了。这不只是这个老太监和这位笔录者的损失,这将是历史的损失,现在这种第一手的资料永远找不到了。去年,香港报上有人写文谈太监,也还都是得自传闻的东西。迄今为止,还少一部专门研究宦官史的书。

二

去年八月在北京,承年轻友人创办胡同文化发展公司的徐勇兄请我逛什刹海各胡同,到了后海广化寺游览。寺里是佛教会,还有不少僧众,院落都很整齐。走到后院一间北屋小耳房前,徐勇兄说:"这间小屋内原来住着一位太监,是本世纪最后一名太监,已九十多岁,可惜前几个月去世了,不然倒可见见。"我听了也很感慨,本世纪时间真快,世纪初还叱咤一时的太监,到世纪末已断种了,这将近一百年的时间,人世间毕竟是进步了一大截,没有专制皇上特殊侍者太监,也再没有人把小孩子为了生活送去净身,送进宫拜老太监为师学做小太监了。太监净身是中国特有的医术,几千年前就会做此手术。西方变性手术直到一九五七年在美国才做成功。在这项手术上中国的专制皇帝似乎远远领先了。

世纪开始庚子年太监的气势如何呢?且看当时怀来知县吴永《庚子西狩丛谈》所记初见崔玉贵形象:

> 纷扰略定,忽一太监出门外,大呼曰:谁是怀来县知县,眭目皤腹,声锐而厉,仿佛如演《法门寺》。后知此太监为崔玉贵。当时为二总管,后代李莲英为总管者也。予因起立自认。彼复厉声曰:"上边叫起,随我走。"予见其来势凶凶,意或有所谴责,因私叩以上意凶吉?曰:"这那知道,且碰你造化!"径以手挟予腕而行,入院至正房门外声"报"!始搴帘令入……

这就是当时大太监的形象,吴永后来见了西太后,但要见太后,先要经过他们,患难混乱中如此,平时更是如此,所以有皇太后,有皇上,就有太监。大小官吏办事见太后、见皇上,就得由太监作为中介,太后、皇上有权,而中介仗太监,这中介的权就大了。一有了这样特殊的权,大大小小的太监,那就都是特殊权势阶层了。清代入关,鉴于明代阉党之祸,对太监制定的法则是很严的。裁明代内官十三衙门,内监不得言政事、言官吏贤否、无故不得出京等等,均立铁牌世世遵守,铁牌高四尺五寸,广一尺九寸,厚一寸,存内务府。但到了清代末年西太后时,情况就大为改变,光绪年间,就出了两个著名太监案子,都与那拉氏有关。一是光绪六年李三顺案,李是慈禧小太监,一天派其给醇王福晋送东西,当时醇王府尚在宣武门西南角太平湖,太监出宫图便利走午门出来,但照制度太监不跟皇上不能由午门出宫,午门禁军不许他出,争执起来,李回宫哭诉,那拉氏正在病中大怒,请慈安降谕严办禁军……为此陈宝琛、张之洞上疏力争,结果禁军、太监各受杖、流、打、罚处分。再一件是安德海出京被山东巡抚就地正法案。都是为太监事大臣与那拉氏奋争的故事。

庚子西太后、光绪逃到西安,自然也带了李莲英、崔玉贵以下不少太监,在西安一年多,第二年十一月回到北京。这些太监在西安及沿途也仗势欺人诈钱,出过不少事。在西安,一名太监住处被盗,他让长安县令给他抓贼,几天尚未抓到。一次在宫门口遇到县令,问抓到没有,回说尚未破案,这太监一怒,打了县令一顿嘴巴。县令不敢还手,以朝廷命官,当众受小太监侮辱,实在难忍。便向巡抚升允哭诉。升允很刚强,立即找李莲英,问他此事你奏我奏? 李莲英知道不能庇护,请升允先奏,自己后奏,那拉氏批交咸阳县监禁,光绪当时又在监禁上批"永远"二字,加这二字就等于"无期徒刑",那自然重多了。但回銮时,这个太监还是释放随同回京了。

太监们随驾回銮,对沿途接待官吏,自然少不了敲竹杠,发笔财。天已冷了,传命行馆烧炭盆,县令选本地最好木炭送上,太监说这样的炭如何给老佛爷用? 要一定尺寸、一定样式……县令无法,请人送钱疏通,才收下。但是有时要钱太多,无法满足,亦十分为难。西安往东,最近的一大站,临潼县令夏良材,早就奉到命令,准备好回銮时的一切供应,太监暗示,要孝敬三千两,夏良材没有答应。起銮后,打前站的太监先到临潼,将准备好的行馆一切陈设连厨房水缸全部砸了个光,而且要打县令……县令一害怕,便逃到乡村去了,西太后回銮到了临潼,各太监便向她告状:"请老佛爷示下,这里办差,一样都没有,县令也不知哪去了,未在此侍候……"那拉氏一听,便明白是怎么回事,但对太监敲索,有意放纵,而对县令,也不能责怪,只让巡抚升允把县令夏良材找回来带到宫门请罪,未予深究,只是也因此罢官了。据吴永《庚子西狩丛谈》记有此事。云临潼令已领款二万七千两。太监要宫门费,夏请示升允,升允说无须给,结果夏良材受夹板气,十分为难,只好逃跑了。那拉氏也是有意放纵这些太监,使他们沾点光,得点好处。据说回銮时,一路上李莲英的住处比光绪考究得多,连李莲英自己也觉着不忍……这都是世纪开始时的事了。

太监与寺庙

太监是在生理上受到人为的摧残的人,从人道主义的观点看,是可悲的。现在世界上没有太监,这是文明的进步。如从心理学上来分析,太监的心理状态,应该说大都是变态的。在旧时,据说宫里太监最为迷信。另外太监都不同程度地有钱。又迷信,又有钱,因而对迷信事情就特别舍得花钱。明、清两代北京大大小小的庙宇,最阔气的一部分施主,就是太监。一些和尚、尼姑、老道,变着法儿去赚太监的钱。

四十年前,有一次到陶然亭去玩,顺便往龙泉寺、龙树寺那面闲逛。在龙泉寺西面,看到一座修建十分精美的庙,全部磨砖对缝。筒子瓦的房舍,虽不太大,但极为考究,而且很新。当时这一带很荒凉,这样一座庙,很显眼,不由地进去仔细参观了一下,原来是一座财神庙,怪不得阔气。有好几座碑,看碑文才知是太监出钱修的,有一座碑刻满了施舍银钱的太监姓名,都是光绪年间的,有的几百两,有的几十两、几两,足足有三四百人之多。

北京晚清太监和庙的故事,最著名的是同治十年西太后二总管太监刘多生拜白云观观主道士张耕云为师,先后捐银两万多两给白云观,后来离开皇宫,到白云观做了二十代观主,先后三次在白云观设坛打醮传道,广收太监为门徒,同治十年募银五千两,收徒三百多人;光绪八年募银七千多两,收徒四百余人;光绪十年募银九千两,收徒五百多人。据说陶然亭西南这座财神庙,也是道士庙。因为佛教没有供财神的。这座庙也是在刘多生的号召之下,由太监舍银修建的。当时太监共修了二十几处庙。著名的是鼓楼后娘娘庙胡同的鸿恩观、北海东夹道的素云观,蓝靛厂的立马关帝庙。

清代如此,明代也如此。以《青松红杏图》和牡丹著称的唐代古刹白纸坊崇效寺即是一例。其《重修崇效寺并上人了空行实碑记》云:

> 神京之宣武门外古刹一区,创自唐贞观元年⋯⋯我圣天子嘉靖改元,岁次壬午,内宫监太监袁公福、御马监太监马公玉、尚膳监太监季公福、内宫监太监李公奈、御用监太监李公岑同本寺已故上人了空,秉虔修葺,殿亭庙舍,焕然一新。三十年辛亥,内宫监太监李公朗,捐金三百,治《大藏经》一藏,水陆画像一堂,藏殿一座⋯⋯

由此不难看出,明、清两代宫中太监,都是愿意修建庙宇的。这除去迷信而外,还有更重要的,就是安排一个老年安身和去世后埋葬的地方。因为封建时代,太监死后,照例是不能埋在他家祖坟中的。

清末太监之罪恶

　　明代受宦官之祸,由王振开始,经刘瑾、钱宁等辈,直到魏忠贤,把一个明朝弄得民不聊生。清代吸收明代的教训,一开始就制订了严格的管理太监的制度,在清代前期,太监始终没有得势。但到了清代末年,西太后那拉氏垂帘听政,太监成为她的帮凶工具。如安德海、李莲英、崔玉贵之流,以及隆裕后的大总管小德张等,都是不可一世,炙手可热的人物,贪污纳贿、卖官鬻爵、搬弄是非、离间两宫,直到光绪的死,都与这些人的秘密勾当有关。甚至许多次帝国主义的侵略,也和太监的祸国不无关系。

　　同治八年十月,太监安德海奉西太后那拉氏之谕,往江南织办龙衣。山东巡抚丁宝桢奉慈安太后及载淳密谕,俟机惩办安德海。因为清代规定:太监不得出京,擅出都门者杀无赦。安出京后,丁宝桢派人在泰安把安德海捉到,解往济南。安德海还大言,奉太后命办龙衣,谁能把我怎么样等等,后来奏到北京,奉旨正法。当时还是慈安的主意。安德海出京时带人很多,一路极为招摇。当时正法的除安德海而外,还有四五个小太监。当时安德海虽经正法,而他的家在北京仍安然无恙。二三十年代中,西苑成府有一个奶牛厂,燕京、清华两大学教授家的牛奶,大多是这家牛奶厂包送。厂主姓安,就是安德海的后人(太监都有义子或侄儿等继承,所以太监也有后代)。

　　安德海之出京横行,当然是依仗那拉氏的势力,那时慈安仍能秘谕丁宝桢将之正法。等到慈安死后,那拉氏更纵容太监,为所欲为矣。光绪五年，便发生了为太监而要杀护军的事。

那拉氏派一小太监到太平湖光绪父亲醇王府中有事，太监到王府，按例只能走旁门，不能进正门。这个太监硬要走正门，值日护军拦阻，太监动武，护军也不让，太监便回宫报告。那拉氏认为这是欺侮她，一定要交刑部，杀这一个护军。时论大哗，右庶子张之洞，左庶子陈宝琛，据律力争，刑部审得护军无罪，认为如果要杀，请太后自己杀，和刑部无关，但那拉氏又哭又闹，一定要为太监出气，结果还是把这个护军判了充军。

自从那拉氏纵容太监胡来，曲法判了护军之后，西太后手下的太监就更不可一世，公开营私纳贿，胡作非为起来。据吴渔川《庚子西狩丛谈》记载，庚子后，那拉氏向西安逃难的途中，自总管太监李莲英、崔玉贵以下，所有茶房、膳房、司房等处有职掌之小太监均苛索不已，每个太监每天都要点缀十两，数十两银子，至于总管太监奉献更多。平时在宫里，那就更不用说了。据传光绪六年，有一次宫中演戏，赏王公大臣看戏。照例看戏要看六个小时，有鸦片烟瘾的人支持不了，便和小太监约好，在将发瘾时由小太监送茶，好生吞鸦片。这杯茶一般要给百两银子才能得到。一次，与帝俄办伊犁交涉的固原提督雷正绾入觐，也蒙赏戏。而此人烟瘾极大，钱又极多，太监大敲竹杠。每一时送茶一次，一千两，每天送六次，连看三天戏，用了一万八千两茶钱。当年外官大事搜刮老百姓，太监又狠狠敲诈外官，倒霉的还是平民百姓。

至于李莲英之类，受贿勒索更是毫无忌惮，连王公都要走他的门路。高树《金銮琐记》的注解中注云："刚毅由粤抚入京祝太后寿，献各国之大小金钱于李阉，约计千余元，全球略备，无一雷同，大得阉欢心，遂为太后宠任。"再举一则八十多年前报纸上

的新闻,文云:

> 李总管莲英之犹子,有分户部者,到部即得办稿优差。此差有办十余年而尚难得者,缘荣中堂叮嘱再四,谓李乱后甚苦,此次其侄辈捐官,出于老佛爷见怜,赏给捐官银两,实不能与寻常捐纳同日语也。

从这则旧闻可以看到庚子后李莲英的权势,那拉氏、荣禄都是他的大靠山。李莲英死于宣统年,除他原籍大城县及京中财产不算外,仅在宫中即存现银三百多万,群太监谋瓜分,便起内哄,光绪女人隆裕的总管小德张,被一群太监大打,后来内务府查办,名义上把这些银子充公了,实际自是一笔糊涂账。

太监之豪富更是惊人,溥仪《我的前半生》中说:过年时小德张进宫磕头,穿的一件海龙袍子的价值,比一个小官一辈子的收入还多。这是实情,小德张后来住在天津英租界,他北京的宅子在后门里黄化门路北,一大片磨砖大房子,现在大概还在吧。

活捉康小八

过去北京京戏和评戏中,有八出统名之曰"八大打",如《拿苍蝇》、《拿窦尔墩》、《拿康小八》之类,因为戏情偏重"武打"和"色情",近于黄色,所以是坏戏,常常遭到禁演。而剧中的故事,却不少都是清代的真实案例,如"拿康小八",便是光绪年间一件很大的案子。

在京东四十里外通县,有一村子名康家营,北方乡下村庄,常有"王家庄"、"李家庄"之称,不少都是聚族而居,没有外姓,叫作"一家村"。康家营住的都是姓康的,虽说是一家村,却也是个很大的村子,而且地势重要。在北京通往京东的大道上,过往客商很多。当年这种独家村中,氏族很大,常常有不少土豪劣绅,要让子弟们练武。本来练武的目的是为了保护家产,但是武艺练会之后,强梁之徒,便要仗势欺人,做不法的事,成为地方上的一霸。康家营中这些强梁子弟中,有行八、行九者二人,练就高强武艺,而且健足急走,能一日走三百里。在地方上勾结一群匪徒,专门抢劫,蹂躏妇女,贩卖人口,无恶不作。当时各衙门中报案的越来越多,卷宗积压了不少,大兴县、通县、顺天府、步军统领衙门等机关,几次派出"捕快"、官兵去捉拿。但是康小八等耳目众多,消息十分灵通,官兵未到,就先跑了。官兵一走,又潜回老巢,继续作恶,十分影响京畿治安。

后来找到一个卖艺的赵跷子,是个瘸子,但膂力过人,武艺高强,认识康小八,便用重金请他帮助捉拿。又向镖局找了镖师协助。探听准了康小八去关外营口了，捉拿的人，便也跟踪到了营口，为了防止动手捉拿他的时候，他要拒捕，动手格斗，打死或逃走，都不能完案。因而采取"智取"的办法，别人先不惊动他。只让赵跷子一个人出面，先拉拢他，请他到一妓馆赴席喝酒，趁机把他捉拿归案押回北京。

徐珂《清稗类钞》亦记有《康八康九兄弟为盗》事：

> 光绪中叶，京东有康八、康九者，兄弟之同为盗者也。号召族中无赖子弟，荼毒行旅，且好渔色，有行道妇女之稍具姿首者，率为所污，或更窃取之，使充下陈，久之，则他鬻。康八，人呼之曰康小八……一日至津某剃发店剃发，剃发者问曰："客何从来？"曰："适来自京。"剃发者又曰："客亦闻有康小八乎？此盗虐甚，行旅至重足不敢行，虽捕者四出，不能得，狡哉！"言次，殊怂怂，小八嘿然。剃毕，语剃者曰："随我去取资可也。"剃发者尾之以前行，至一曲巷，出枪向之曰："尔亦知小八耶？尔观吾似小八否？"剃者觳觫不敢出声，伏地求恕，小八遽以枪毙之，扬长去。

据徐珂所记，可见康小八之狠毒与气焰。

活捉康小八这事当时哄动了北京，押解回京时，看热闹的人山人海。我小时接触过的老人中，不少人都亲眼看到：康小八三十来岁，白脸堂，穿着黑缎子皮袍，戴着泥金边缎子瓜壳帽，押差的人因他武艺高强，怕他逃跑，当时没有更好的科学办法，只是用残酷的办法，把铁链刺穿他肩胛骨链起来牵着走，押到刑部。后来问实案情，定为"大辟"，和同党八人同时伏法。这是约一百年前哄动北京的大案子。《拿康小八》的戏，就是照这个案情绘声绘影、添油加醋编的,民愤很大的恶霸康小八确有其人,是事实。

其他窦尔墩因京戏《盗御马》、《天霸拜山》等戏流行一时,知道的更多,也是真人真事,不必多说了。

旧时北京的会馆

北京的会馆，已经有几百年的历史了。但这一与历史上各个时期经济、政治、文化有着密切关系的事物，在半世纪以前，就逐渐失去了它的历史作用。今天，在北京的宣武门外大街上，以及某些胡同中，时时还能见到当年刻在大门上的会馆题字。

北京的会馆，首创于何代何年，一时也难确切地说明。但估计是明代中叶，或者稍前一些时间。明万历时举人沈德符《万历野获编》记云："京师五方所聚，其乡各有会馆，为初至居停，相沿甚便。"明代刘侗在《帝京景物略》中云："会馆之设于都中，古无有也。始嘉、隆间，盖都中流富十十者，四方日至，不可以户编而数凡之也。用建会馆，士绅是至。"看来，在十五世纪二十年代北京就已出现了会馆。

会馆的发展，是与封建社会某些时期政治相对稳定、文化发达、经济比较繁荣极有关系的。清代康熙、雍正之后，直到乾、嘉两朝，是北京各地会馆发展最快的时期，乾嘉时汪启淑《水曹清暇录》中记道："数十年来，各省争建会馆，甚至大县亦建一馆，以至外城房屋基地，价值昂贵。"汪的记载是真实的，乾、嘉以来的会馆，一般都存在下来，直到近代。据近人徐珂《清稗类钞》记载："或省设一所，或府设一所，或县设一所，大都视各地京官之多寡贫富而建设之，大小凡四百余所。"徐珂所说，也毫不夸大，清末朱一新《京师坊巷志稿》现已重版，书中把光绪初年调查的会馆何存、何废，都作了详细的记载。前三门以外，有些一般的胡同中，都有好些所会馆。如长巷上、下头条，当时有泾县、南昌、汀州、江右、丰城等馆。旧有武林会馆，已废。长巷二条，有临江、汀州、浦城、武陵等馆，旧有广丰会馆，已废（按广丰还有一处会馆，在菜市口铁门）。两条胡同中，作为会馆的房屋，就有十一处之多，可以想见当时会馆是遍及京师南城的。如果有人按照《京师坊巷志稿》所记数一数，恐怕是与徐珂所记数字不相上下的。

徐珂说："或省设一所，或府设一所。"实际并不只此，有的大省、大府，甚至有两三处会馆。如福州一府，就有福州会馆、福州新馆。绍兴也有两处会馆，一处在南半截胡同，旧名"山会邑馆"，旧时绍兴府所在县，是山阴、会稽，故名；一处在虎坊桥，馆名"越中先贤祠"，又名"浙绍乡祠"。宣外教场下二条有贵州会馆，教场六条又有贵州会馆。因而会馆并不一定是省设一所、府设一所的。用现代的话说，会馆之设，是一种公益事业。各地会馆有无与多少，主要看这个地方旅居京师的京官多少，政治力量大小，经济力量如何，是否有热心公益的人提倡创办等等。因而并非平均设置，国家也无明文规定。有的省份，一点点的小县在京也有会馆。有的则很大的地方也没有会馆，如山西雁北大同府、朔平府这样的大府，明、清两代在北京都没有会馆。

会馆一般可分两大类型，一种与文化政治有密切关系，一种与商业经济有密切关系，前一种占多数，后一种占少数。明、清两代的科举制度，每隔三年在北京举行一次全国性考试，叫会试。在贡院出榜之后，凡榜上有名的人，再参加一次殿试，分出等次、名次，一甲一名"进士及第"，就是人们常说的状元。每到考期，各省举人大多数都来京参加考试，人数很多，一般都上万人。有的来自边远省份，偏僻小县，如云贵川广一带。那时交通不便，几千里上万里的路程，要走上半年才能到。虽说"公车"，公家提供一些交通工具，但自己也要花很多钱。如果一次、两次都考不中（封建社会时考试，无年龄次数限制，考不中可以继续考），往返再来，路费时间都成问题；如果留在北京等下次考试，住处又成问题，这样便出现了以接待赶考举人、类似地方招待所的会馆。外省在京经商的商人，为了议事、联络同乡感情以及寄居单身客商，也按地区行业建有会馆，如山西人建的颜料会馆、银号会馆等。当然也有两种性质兼有的。即既与商人有关，也与士绅有关，这种士绅、商号合力筹建的会馆也很多。

会馆的房子，一般是在京地方人士和商号集资购置的产业。《林则徐日记》就记载了他在嘉庆二十一年春，为筹建福州新馆购置房产的事，记载有赴万隆号备福州新馆屋价事，但未详细记明这笔款项谁出多少。旧时福州新馆的碑上定有详细记载。现果了巷阎王庙街云南会馆旧址入门墙上，还嵌有一块刻石，刻有重修会馆时捐款者姓名。现在已是字迹模糊，看不清了。大会馆的房屋，有的是买了名人旧家式微后的住宅改建的，如韩家潭广东会馆，就是著名的芥子园旧址，又是康熙时李笠翁住过的房子；广安门大街扬州会馆，就是清初徐乾学故第，有"碧山堂"旧址。

会馆的管理，一般是由同乡人中在京居官地位高、有声望者任其事。同乡人多的会馆，甚至有类似董事会之类的管理团体。这些会馆经常举办一些活动，比如逢年过节同乡人在馆中聚会祭祀乡贤等等。平日住在馆中的工作人员叫"长班"，这一名称是套用封建官场中衙门差役的称呼的。随官外出叫"跟班"，在固定地方服役叫"长班"。做长班的都是随官来京的同乡人，做了长班，便在京安家落户，几代都在会馆中做长班了。

会馆中不少单间房屋,来京会试的举人可以住,考不中也可住下去,在京做小京官的也可以住。供应开水,不收房租,住多少年都可以,但有一个重要条件,就是不能住女人,不准带家眷。如发现谁带着妇女住进会馆,便群起而攻之了。晚清李伯元《南亭笔记》就记有锡金会馆为一住宿者饰婢为童,阖馆大哗的事。这一规定在辛亥革命之后还很严格,鲁迅先生住在绍兴会馆时,馆中一住客也发生过类似的争吵。这一规定在三十年代之后就松了,大多会馆中就住满家眷了。

　　会馆大小相差很大,有的只是一所四合院,有的则是许多大四合院,如著名的虎坊桥浙绍会馆、宣外大街江西会馆等院中搭有戏台,是同乡人重要的集会娱乐场所。清末浙绍会馆几乎天天有堂会戏。民初陈师曾等著名人士的追悼会也是在江西会馆举行的。

　　不少会馆都是值得保留和纪念的地方,如鲁迅先生住过的绍兴会馆,戊戌政变康有为、康广仁住过的南海会馆,辛亥革命后用作讲演会场的湖广会馆,历史上秦良玉住过兵、后来改为会馆的四川会馆,以及举办过名人追悼会的江西会馆等,适当修复保留几处,我想是有意义的。

　　此文原应一刊物之约而写,但刊出时被无知编者删截太多,内容十分单薄,手头有一本民国八年商务印书馆的《实用北京指南》,一本民国二十五年的《北平旅行指南》,均载有北京会馆名单,据前者看,更见旧时京都会馆风貌,计有:直隶十一所,省馆新、老馆及畿辅先哲祠,县馆只河间、正定、津南、深州、唐县、天津、大宛、遵化。山东八所,省馆三所,县馆济南、寿张、汶水、武定、青州。河南十三所,省五所,叫河南一、叫中州四,县馆八处,而归德占两处。山西三十四处，叫"山西"之省馆三处，叫"三晋"两处，其他叫"两晋"、"晋冀"、"晋太"者三处，另"三忠祠"、"云山别墅"亦全省者，剩下曲沃、盂县均两处。而晋北没有。江苏廿八处，而前书漏江苏省馆，至北半截胡同，解放后仍在。扬州有新、老两处，一在菜市口，一在珠巢街。江震两处，即吴江、震泽，一在贾家胡同，一在南柳巷。淮安二处，安徽三十八处，省馆一处，徽州三处，其他歙、黟、泾、旌德、婺源等县均为两处，且多有电话，可见其财力及文化。江西省则更多，全省六十三处，省馆二处，宣外大街江西会馆最大，有戏台，民初许多大聚会都是在此举行的；南昌、南康、抚州、吉安、永新均两处；另外谢公祠、萧公祠、铁柱宫，均江西全省会馆。福建二十三所，福州两处，一在南下洼子，一在虎坊桥，后者名新馆，乃林则徐在庶常馆所买。浙江三十七处，全浙两处，一在下斜街，一在南横街，名新馆，最大，可唱戏宴客；杭州两处，仁钱两处，即仁和、钱塘二县，亦杭州；另有越中先贤祠，亦全省会馆，西珠市口，最热闹。湖北二十八处，湖广会馆在虎坊桥，最大，有戏台，现已新修。湖南二十一所，省馆两处，长沙、湘乡、湘潭均两处。陕西、甘肃并在一起，共二十八处，有关中会馆，在宣外大街，渭南有三处，甘肃有三处；凤翔、富平、蒲城、泾阳各两处。四川十四处，以四川名者会、新、老、南、中、东六处，成都、重庆均有自己会馆。广东三十五处，米市胡同著名的康南海住过的南海会馆，八十年代还在。广西八处，云南九处，贵州七处。除此之外，还有按行业分的，如颜料、药行、烟行、绸缎行、靛行、当行、玉行、金行都有各自的会馆，梨园行也有会馆。民国廿五年还有三百四十处左右，基本上都在宣武门外一带。

惠州会馆杂谈

电影《城南旧事》，是根据台湾女作家林海音的同名小说改编的。故事的第一部分是《惠安馆传奇》。"惠安馆"就是惠安县会馆，惠安是福建的一个小县，这样一个海边省份的偏僻小县，在北京居然亦有一座会馆，可见这个县的文化的发达；亦可见作为首都的北京真是包罗万象。真实的惠安会馆在延寿寺街羊肉胡同东头路北。

会馆，早已不会存在了，但会馆的古老房屋可能还在，里面亦还住着人，可是绝对不再叫"会馆"，而是成为一般居民的住宅了。会馆这个名词，亦很少有人了解它的确切含义和形成的过程。什么是会馆呢？简单说，会馆是明、清两代各省、府、县在北京为本省、府、县的赶考举子和小京官设立的免费招待所。

会馆的出现，据有关书籍记载，大约是明代前期。明沈德符《野获编》记云：

> 京师五方所聚，其乡各有会馆，为初至居停，相沿甚便。

在明末刘侗的《帝京景物略》中亦有类似的记载，并说明"会馆之设于都中，古无有也。始嘉隆间"。嘉、隆就是嘉靖和隆庆，即明世宗和明穆宗的年号，由一五二二到一五七二年，前后共约五十年。会馆由明代开始，发展到清代中叶以后，始到鼎盛时期，北京有大小会馆四五百所之多。宣武门外，直到南横街城南一带,大街上以及各个胡同,到处都有各地的会馆。

不过会馆并不是由国家公费设置的机构,亦不是全国各城市都在北京设有会馆,因而沈德符所说"其乡各有会馆"这句话亦还是一般概而言之,并不能具体到每个县,更谈不到乡了。

会馆有省一级的,如云南会馆、全浙会馆;有府一级的,如淮安会馆、潮州会馆;有县一级的,如洪洞会馆、惠安会馆等。但不管省的、府的、县的,都不是由国家设置,而是由地方人士在京购买房产后开办。因而各地会馆的有无和规模,要与该地文风、得中功名、做官的人多少有直接关系。当地有人在京做官,要给同乡办点好事,一提倡,再捐点钱,再出面向本县的富户捐点钱,或地方上有些节余款,凑在一起,在北京买所房子,找本籍位置最高的京官或外官领衔,组成类似董事会的性质,挂上匾,立上碑,这些人的名字都刻上,这个地方的会馆就算建起来了。

读林则徐《日记》,嘉庆二十一年三月,记有公议购买福州新馆的事,写道"公议新馆款项"、"早晨去万隆号,备福州新馆屋价"、"往董秋渔比部家,偕诸同人成福州新馆屋券"等等,这就说明,北京的福州新馆,是林则徐等人经手购买开办的。为什么叫福州新馆呢?因为福州原来在京就有会馆,还是明代所建,馆中正厅名"燕誉堂",有明代福建籍名臣叶向高的对联:

万里海天臣子;
一堂桑梓弟兄。

林则徐和当时的一般同乡京官李兰卿、梁章钜等又买房开办了个福州会馆,所以叫"新馆"。清代福建和江、浙等省一样,文化最发达,考中进士的人最多,因而会馆亦很多,连小小的一个惠安县亦有会馆。据清末义乌朱一新《京师坊巷志稿》记载：

> 羊肉胡同，西有回人礼拜寺，有惠安会馆。

羊肉胡同在骡马市大街南果子巷内，附近有贾家胡同、延旺庙街等，是各地会馆的集中地。

在科举时代，会试年份，各地举子到京可以直接住进本乡会馆。如惠安人，可以住惠安会馆，亦可以住福建会馆。不管考中考不中，可以继续住下去。考不中，可以住在里面等下一科再考；如考中了，分发在翰林院或各衙门做小京官，仍可以继续住下去。但有一点必须遵守，即不能住女眷，如果你的家眷来了，或是你在京结婚了，那必须另外租房，另打公馆，不能再住会馆。这项规矩，在民国初年还严格执行，鲁迅住在绍兴会馆，张勋复辟时，一个绍兴人带着女人因躲兵要在会馆中住一夜，但馆里的人都坚决反对，为此争吵很烈。但这项规定到二十年代之后，已不大执行，久而久之，各会馆就都逐渐变成住家户了。所以惠安会馆亦变成《城南旧事》中小主人的家了。

当年各地会馆都由该地在京的有影响的京官出面管理，比如房屋修缮，同乡人逢年过节的聚会团拜，穷困同乡的生活赈济，客死京师的同乡人丧葬等等，会馆除可住人而外，还兼有一种"同乡会办事处"的性质，其雇用的会馆管理人叫"长班"，多是流寓北京多年的本乡人，住在馆中长年办事，不但终身，常常是世袭职业。

南锣鼓巷思旧

　　旧时北京大学最有名的宿舍是东斋、西斋,其次是红楼后面的新楼,而说到文学院南锣鼓巷有一幢宿舍,却很少有人提起过,我在那里住过半年多,是抗战胜利那年暑假后的事。一晃,半个多世纪已经过去了,陶渊明诗云"池鱼思故渊",近日因看一位老学长的稿子,忽然想起了它。

　　锣鼓巷,我小时候在乡下时,就知道它,我父亲清末上的那个求实中学就在北锣鼓巷,他常常说起这个巷名,而我小时到北京后,直至上北大读书,已在北京住了近十年了,却从未到过这条后门外著名的巷子。离开家搬到这里来住,感到很新鲜,乡下时每年正月"耍十五",惯闻锣鼓声,北京十年,倒沦陷了八年,久已不闻这欢快的音响了,忽然住到以"锣鼓"名巷的地方,又赶上抗战胜利,因而新鲜之余,十分兴奋,正好新生报筹备创刊,同学编副刊,约我写稿,便写了一篇《锣鼓的思念》,登出后,父亲看了也很高兴。而有些左派同学也十分赞赏此文,但我却政治感觉迟钝,毫未想到言外之意,过了多少年,才慢慢回味过来……

　　这幢宿舍在锣鼓巷南口进来不远路西,临街一溜青砖墙,十分整齐,中间一扇大红门,很气派,很像一座考究的大四合院,可是进大门却不是。进了大门,一溜东房都有宽大的廊子,右拐有廊子连接院子中一幢西式红砖方形平房,东西南三面有窗有门。有六个长方形大小约十几平方米的房间,每间住三或二人。我搬进去的晚,先住门口,后搬到西面一间,搬的原因是冬天到了,每个房间都要生炉子,而宿舍的煤有限,管理员闻国新先生让并几个房间,少生两个炉子,煤充足,房间可烧得暖些,这样我便与另一同学搬到西面一间去了。

我在这里住的时间不长,却十分潇洒,北京过去东西南北城住家,虽都在北京城内,感受却大不一样。北城真正是元代以来,明清两朝大官第宅集中的地方,洪承畴的府第就在南锣鼓巷,民国初年还有洪氏后人住在里面……要考古,几乎每幢大房子都有历史名人住过,而我们当时一群青年学生却无人爱考古,只爱骑车串胡同,往南左拐向南,顺河沿,就到红楼去上课。往北不远,左拐进入井儿胡同往西,再经过帽儿胡同著名的清代步军统领署衙门,一出去,就是后门桥头,路西一家的炒肝、灌肠,是北京最有名的,一穿义留胡同,就是风光秀丽的什刹海河沿了。

北大南锣鼓巷宿舍往南不远,路西有条小胡同,叫蓑衣胡同,这条胡同走不通,往西没有多远就拐向南,不远又拐向东,出来又是南锣鼓巷了。出来的这条胡同叫福祥寺。住到南锣鼓巷宿舍没有多久,我就和另一同学到这条胡同一所宅子中来过,是和许世瑛先生话别。

许世瑛先生是许寿裳的长子,《鲁迅日记》有两处记到他,一是民国三年甲寅二月初五记:“上午季市将其大儿世瑛来开学。”一是在上海新亚饭店参加许世瑛的婚礼,这已是三十年代鲁迅移居上海的事了。《鲁迅日记》下册不在手边,一时无法捡其确切日期。许寿裳字季市,是鲁迅最好的朋友之一,许世瑛先生由鲁迅启蒙,看其长大,参加其婚礼,关系自非一般。但世瑛先生却久在北京工作,沦陷期间,长期在知堂老人主持下的伪北大文学院任教。日寇宣布投降,八年抗战胜利,已沦陷了八年、改称北京的市民一下子沸腾起来了……但是伪北大仍是照常于九月初开学，学生报到、注册、选课。中文系三年级有一门课佛典文学，也称佛教文学，主讲是周作人，但第一次在红楼二楼西北角一教室上课时，进到教室的却是许世瑛先生，说"周先生近来身体不好，这门课由我来代上"云云，大家都知道是什么原因，自然心照不宣，也不说什么了……这样上了一个来月不到两个月，重庆来人接收，陈雪屏先生主持"临时大学"，文学院是二分班，伪北大文学院的教师便全解聘了。

许世瑛先生夫人是宝熙的孙女。宝熙是清代旗人，而且是宗室，不过是远枝，孙子改姓华，就是华粹深教授，后曾在临大二分班短时期任教。宝熙的宅子前门在福祥寺胡同，后门在蓑衣胡同。据说宝熙是清初豫王多铎的后人，多铎是清初打到南京、代多尔衮受降的人。世瑛先生作为他家的孙女婿，就住在他家后面院子中，走蓑衣胡同后门。那年冬天，许寿裳先生已到台湾接任台湾大学校长职务，世瑛先生准备去台湾。我和另一同学由锣鼓巷宿舍去看望先生，路很近，很快就到了。路南大门，进门先是一条引路，通向前院，但沿墙走不远，左手一个月亮门，进去是后院，五间北房，也是三正两耳，花木很多，只是冬天，没有叶子，十分萧煞了……九月初进教室代知堂老人上课时，穿旧灰纺绸长衫，这次话别，已穿棉袍子了……音容如在，已是半世纪前的历史了。

南锣鼓巷宿舍第三位值得思念的是李萃兄，原来后面还有千把字，专写他，报纸刊出时，因为忌讳，被编者删去了。后来收入另一书中，也未补充，十分可惜，原稿虽已遗失，但心中的思念，还存在着，这次便补足它，再编入此"秉烛谭"中，还是一段旧话。

李萃是冀东滦县人，是李蒸的弟弟。李蒸是法国留学生，同北大名教授李书华、李书田等人是同乡，是否本家，不知道了。当年都是河北省的优秀人才。李蒸留法学数学，因李礎、李书华等人关系，"七七事变"前，任北平师范大学校长多年，抗战胜利后，回到北平，曾任三青团北平书记，四九年和谈时，李蒸是南京政府和谈代表之一。李萃是李蒸的小弟弟，中学时在志成中学读书，比我高五年，"七七"后，未去后方，仍在志成上学，毕业后考燕京英文系，太平洋战争，燕京封门，他上了半年管翼贤办的新同学院，就算毕业，被派到东京去了。东京大轰炸，他逃回北京，转学伪北大外文系，和我同住南锣鼓巷宿舍，成了朋友。抗战胜利，他哥哥李蒸回到北平，介绍他去税务局兼差。西南联大复员，他去了清华，大四毕业时，拿到一张清华文凭，一张燕京文凭。还为我父亲奔波过饭碗，未成功。

　　和我同住南锣鼓巷时，一齐从美国《时代周刊》上翻译过《朱可夫将军传》，在当时一家报纸上连载过，报名忘记了。因为中学是先后同学，说起中学时一些老师的旧事，常常当笑话说，十分谈得来。一同去红楼上课时，两辆破自行车，顺河沿骑过来，边走边谈，虽然半个多世纪过去了，他的形象仍如在目前。他生过肺病，面色有些苍白，但却时有红晕。解放初，有一次在南小街遇到了，还立着谈了半天，好像一谈就总有谈不完的话一样，可是后来也没有联系。我五十年代前期，到了南方，再未联络过。只知他先在女附中教中文，后来到北京师范学院教书，好像还是在中文系，虽然他的英文说、写都好，造诣很深，但当时谁还要英文呢？会说英文都可能成为"罪名"……这样的人在历次运动中当然都是在数难逃，而在"文化大革命"中自然更是隔离审查的对象，最后据说跳楼结束其四十来岁的生命了……

鲁迅先生写文时,曾提过向子期的《思旧赋》,这篇"思旧"的短文,似乎也不应该少了这位很少人知道,而我常思念的李萃兄……

陶然亭怪鸟

八十多年前,陶然亭出过怪物。文廷式《闻尘偶记》记云:

> 甲午四月,京师宣武城南陶然亭边苇丛之中,忽有鸣声,如牛如驴,鸣必三声,东西互疑,莫有定处。或云夜见其形,牛首蛇身。于是谣诼四起,听者麇集。上闻之,遣翁尚书同龢往察焉。既覆命,又遣大学士步军统领福锟穷究其变,然蹄涔之水,千夫挹之竟不能涸。至六月初其声始止。甘肃人或云刺猬老者其声如此。巡城御史欲息众疑,则出示曰:"有人藏于苇中戏吹鸣角。"而事后言机祥者又云,此乃城鸣,于兆主兵,非有妖物凭焉也。

文廷式号芸阁,甲午朝考翰林第一名。因劾李鸿章,被西太后削职,戊戌后出走日本,虽非变法参加者,但是帝党重要人物。所记陶然亭水怪,十分离奇,连光绪帝都知道了,让翁同龢、福锟等大官亲自去看,其紧张情况可想而知。孙宝琦弟弟孙宝瑄的《梧竹山房日记》也在甲午三月二十五日记云:

> 传闻陶然亭后有水怪,其声如牛发水中,皆不睹其为何状。余暮诣观之,亦闻其声。数日来观者如堵,喧阗特甚。

他在二十六日又记着:"复诣陶然亭,日暖风和,柳绿摇曳,

315

唯见槛外游人杂遝,多次第作声于于然,远近云至。"江庸《趋庭随笔》也记载了这件事道:

清光宣间,赵尧生师官侍御,时郑太夷、陈石遗、曾刚父、杨昀谷、罗掞东及余父子均在京师,月必数聚,聚必为诗。……犹忆宣统元年集陶然亭,师纵谈甲午三月南下洼怪物事,语极诙诡,一座捧腹师有诗纪之,稿尚存余处,诗云:"郑公二月罗群贤,江亭雪霁春一湾。苇芽出土柳条绿,水光汃汃收晴峦。各寻雅谑破昼睡,敬举国故光绪年。甲午三月此亭下,传有怪物声振天。略如九牛吼大瓮,或图其状如鼍鼋。作鳞之而眒双目,往揭巷陌人聚观。我时寓居保安寺,杨舍人住官菜园(谓杨锐叔峤)。见怪不怪试一往,自龙泉寺成市廛。美人如花着高屐,胭脂涂颊擎双鬟。时逢绣帏中风走,道旁贫妇争夕钱。前行野潦一围碧,万头攒载人如山。是时一哄怪乍伏,竟吹树叶敲铜环。蓦然一声殷地发,事果不谬如人传。杨舍人归舌不下,取五行志终夜翻。广搜异闻定鼍吼,昆明池内海眼穿。前演水雷失窟宅,径攻地道钻城垣。自余厌胜有万法,内务府设宣经坛。西山老道习雷吼,星冠木剑扬朱幡。金吾福公决大计,谓人有力天无权。调神机营备不测,刻日大炮轰黄泉。或云城当化为海,五城御史宜直言。西洋鬼子欲归国,已发电报呼海船。纷纷弭祸说不一,坎坎应节声愈繁。果然是物召兵象,及秋日本争朝鲜。我方妄言冀妄听,郑公大关邀凭栏。西山戴雪可临境,买花神庙楼其间。海棠四面植万本,请君坐此谈神奸。广和有酒且归醉,英俄近日方野蛮。致此咎者是何怪,魑魅魍魉珊瑚冠。众客抚掌我面赤,待修禊事清明前。作江亭诗质众论,游者细考然不然?"

全诗嘻笑怒骂,淋漓尽致。此外李孟符《春冰室野乘》尚有"南下洼水怪"一则引张豫荃(其淦)《梦痕仙馆诗抄》中七古,也咏此事,亦有五十多句,与此大同小异,不抄了。常熟燕谷老人(张鸿)写续《孽海花》,也把此事写到了故事中,十分热闹。以及当时其他笔记小说,记此事者颇多,均可见当时人们之思想水平了。当年陶然亭南面连到南城墙,全是很深的芦苇塘,杂草丛生。春间芦芽出水,柳丝黄绿,风景本是很好的。水中有怪声者,如冷静思维,原不难想出一点原因。但有人一倡怪论,疑神疑鬼,便不免一犬吠影,众犬吠声,乱叫起来。记载这件怪事的笔记还很多,直到庚子时,五六年之后,还有人记载。

那么这种怪声究竟是什么呢?原来是一种怪鸟。民国五年夏初,又有人听见,哄动一时,成千上万人去参观。警察总监吴炳湘让警察去搜捕,外五区的警察把有声音的一块地方芦苇割去,水车干,结果在苇中发现了一个大鸟巢。鸟一被惊动,便怒鸣一声,展翅飞起,被持枪警察开枪打了下来。制成标本,送到中山公园董事会北厅陈列展览。在四十年前我还看见过,比大雁脚高,长嘴,很像鱼鹰,原是一种珍异的水鸟,而且可能是候鸟,习惯于春夏之间来陶然亭芦塘中栖止,可能正是求配偶时期,所以发出响亮的鸣声。这本来是自然的。而无知者却把它当作水怪。发现之后,又开枪打死,还好制成标本了。但标本始终标着"妖鸟"的名称。真可谓鸟非妖而无知者却似妖了。

天坛斋宫

　　圜丘、皇穹宇外面有短墙,正名叫"内垣",共有四门:东曰泰元、南曰昭亨、西曰广利、北曰成贞。成贞门外往西北走,不远到了一所四周有水濠围着的方形宫圃前,这就是斋宫。若干年前,自从天坛改为公园后,这里一直荒芜着,游人很少走过来,里面也不知是什么。前两年,见报载:这里经过修理之后开放了,这也是各界旅游之友的好消息,但是什么是"斋宫",天坛的"斋宫"又是什么样的,因为这都是有关旧时封建皇帝"大祀"重典的事,现在知者较少,因此想稍作一些介绍。

　　简单地说,"斋宫"就是皇帝斋戒的地方。远古不说,即以清代为例,皇帝一年当中,要举行许多次祭祀,要祭天地、祭宗庙、祭社稷等等。又把这些"祭祀"的典礼分为"大祀"、"中祀"、"群祀"三种。天坛是"祭昊天、祈谷"的地方,都属于"大祀",仪礼规定正月上辛祈谷,即正月里第一个带天干"辛"的日子举行。地点在天坛祈年殿。孟夏、冬至都祭昊天上帝,在皇穹宇、圜丘。这些典礼都是十分隆重的。按照《清史稿》中《礼志》所载,顺治三年,定郊祀"斋戒"仪注,规定"大祀"要"斋戒"三日。什么叫斋戒呢?按照仪礼规定,"届日不谳刑狱,不宴会,不宿内,不饮酒茹荤,不问疾吊丧,不祭神扫墓。有疾与服勿与"。所谓"不谳刑狱",就是不审理案件、判处犯人。"有疾与服勿与"就是有病和穿孝服不参加大祀。在祭祀前十日,把应斋戒人名单送"太常司"。太常司把"斋戒牌、铜人"放在宫内乾清门黄案上,本应大祀前三天，皇帝就来"斋宫"居住，但后来都是"斋"二日，坛内斋宫"斋"一日。举行斋戒时，还要领誓词宣誓，这几句话现在看来是很妙的，不妨抄在下面共赏之：

> 惟尔群臣，其蠲乃心、斋乃志，各扬其职。敢或不共，国有常刑。钦哉勿怠！

这种像《尚书·诰命》般古奥的文字，现在很少见到了，偶然看看，也是很有意思的吧。

天坛斋宫在天坛西门内，进了第二道坛门的南面柏林中，其建筑规模，仿佛一个小小的五宫，有两层宫墙，第一层墙内面积约二百丈见方，第二层约一百三十来丈见方，绕墙是一百六十三间回廊，墙外都绕以白石水沟，即小型"御沟"，跨水有白石桥，宫内有正殿、后殿、配殿，在正殿左设斋戒铜人，右设时辰牌。在东北角处设有钟楼。按照《宸垣识略》记载："正殿五间，崇基石栏，三出阶。阶前左设斋戒铜人石亭，右设时辰牌石亭一，后殿五间，左右配殿各三间。"而且内外两道宫墙，宫室规模具备。总之，因皇帝要在这里过夜，所以必须得修成个宫殿的样子。这就是真正封建专制的表现。

斋宫的正门是座西朝东的。到"大祀"那一天，皇帝头天住在这里，第二天半夜里就要起来准备行礼。有关的文武官员都要跟着行礼，那一套繁文缛节，是非常复杂的。而且跟着皇帝祭祀列名的人很多。《明嘉靖祀典》记载，当时由一王公祭算起，直到祭祀时没有什么具体分工的人，姓名记载的就有三百九十八人。可见其规模之大了。乾隆时，几次下上谕修斋宫，声称"朕意于大祀之前，致诚赴坛斋宿行礼"，而且多次有诗记斋宫的事，现引两首，以见一斑。

消息微阳届复辰，虔居斋室洁明禋。
葳蕤凤辇迎黄道，焚丽龙旗出紫宸。（七年十一月）

斋殿南厢十笏居，明窗坐觉体安舒。
案陈诗册从头看，敬怠因心自检予。（四十一年正月）

诗后并注自己卯冬至，每年都有诗，每至辄披览一过。此后等到他几世孙溥仪三岁做皇帝，则是他父亲监国摄政王载沣代为斋戒行礼。那已是清王朝收场的时候，一切都是敷衍而已。

蛤蟆祭天

天坛自明永乐十八年(一四二一)修建,直到宣统三年清王朝灭亡,前后各个皇帝,不知举行了多少次祭天祈年大典。辛亥之后,没有了皇帝,除"祭孔"而外,其他都取消了,祭天本来也成为历史上的名称了,不料一九一四年十二月二十三日,即是年"冬至",袁世凯在搞"洪宪"帝制之前,先演了一出"蛤蟆祭天"的滑稽戏。

为什么说是"蛤蟆"呢? 这原是由清代传下来,一种迷信的传说。据说西山上有"十庨",在北京兴妖作怪,清初的多尔衮是个"熊",到清末张之洞是个"猴",已有"九庨",最后"一庨",就应在袁世凯是个"癞蛤蟆"上,实际这是人们借迷信传说来骂他是"癞蛤蟆想吃天鹅肉",因为他一心想当皇上。再有他人又肥胖腿又短,走路又是"八字脚",穿一件绣了金团龙的绿蟒袍,走起来一喘一喘,就更是一个标准的"癞蛤蟆"形象了。

《日下旧闻考》载乾隆十三年弘历自作的《诣斋宫》诗有句云:"六龙凤驾迎春驭(次日立春),百辟同钦祈谷斋。丽日和风调玉律,彩旛花胜耀天街。"此诗参阅《天咫偶闻》记载在清代皇帝祭天时,前门大街一带,两旁商店,都悬灯结彩,游人来往不断。袁世凯自然比不上当年他主子的气派了。

袁世凯到天坛"祭天",却用几千名北洋军来警戒,由中南海新华门到天坛,戒备禁严,连房顶上也布了岗哨,所过街道的居民铺户,届期不许亲友留宿,前门大街和天桥一带摆小摊的小商小贩,也全部赶跑,以保证这位"癞蛤蟆"的安全。

祭前三天,还用大总统名义下了一道"怪"命令:开头是什么"特牲之典,著仪于戴记"等话,而结尾是"本大总统代表国民"等语。其所用礼服比命令还"怪":大总统头戴"爵弁",即两头尖的皮帽子,上身穿十二个团龙花纹大礼服,下身穿绣有"海水江牙"的紫缎战裙,陪祀各官,特任官的九个团龙、简任官七个、荐任官五个,下面都是紫缎战裙。各位想想,这样的怪礼服,恐怕现在最大的电影公司中著名服装设计师也难以想象吧?(这张照片,去年在辛亥革命七十年纪念照片集中已发表了。大家有兴趣可找来一看。就知道那个怪样子了。)

当年已有汽车,袁世凯半夜三时乘装甲汽车到天坛南门外,换乘两匹大马拉着的金轮、四角垂着缨络的大马车,到昭亨门(内坛南面的门,天坛内坛四门,其他东曰"泰元"、西曰"广利"、北曰"成贞",现均住),再坐竹椅显轿到圜丘坛下,由全身戎装、佩带"斋戒牌"的高级军官荫昌、陆锦二人扶着登坛,手捧"祝版"(如古代的"笏"),上面用朱笔写着"代表中华民国国民袁世凯"十一字,焚燎祭天,八时五十分礼成。这就是"蛤蟆祭天"的故事。真是可以同"沐猴而冠"比美的了。

这次典礼,是其大礼官黄某主持设计的。大约三十年前,这位老先生还健在,其家和我是隔开几个院子的邻居,常常在胡同中遇到他,可惜没有机会向他请教,不然,倒可以了解不少当时的掌故呢?

陶然亭诗话

鲁迅先生癸丑(一九一二)年阳历五月五日到北京,十九日就同许季茀先生到陶然亭去游览,日记云:

> 十九日,与恂士、季市游万牲园,又与季市游陶然亭,其地有造像,刻梵文,寺僧云辽时物,不知诚否?

其后鲁迅先生供职于当时教育部,一直在北京住了将近十五年,而且开始七八年,一直住在菜市口南半截胡同山会邑馆,沿南横街过去,离陶然亭并不远,可是先生后来并没有再去过。而在初到北京不到半个月的时候,便去游览了一番,这可能是由于陶然亭名气过大的原因吧。想想这已是近七十年前的旧事了,当时十岁的儿童,现在都是八十岁的老叟,谁还能再记得当时的情景呢?

阳历五月初的北京,还没有到林木成阴,新绿宜人的时候,先生在五月五日由天津到北京的途中曾记着:"途中弥望黄土,间有草木,无可观览。"在这样的时候,去游览陶然亭,尤其是那时荒凉、冷落的陶然亭,原是没有什么看头的。但是想想那时的情景也是很有意思的:在扑扑的春风中,先生与季市在逛完万牲园之后,游兴未尽,又坐上轿车(骡子拉的轿车),在车把式的吆喝声中,踢踢踏踏地沿西直门外,直奔虎坊桥,穿粉坊琉璃街,过河与城隍庙,沿荒凉的乱坟地边上,来到大悲院门口下车。古府的大悲院高台阶下的老槐树，刚刚吐出一点小叶芽儿，照耀在春日午后阳光的游丝中。这时大概游人是极为稀少的吧，在温暖、肃静而又荒凉、冷落的气氛中，两位南方口音的先生，打着乡谈，缓步走上大悲院的高台阶，先站在门前，看看那陈旧的门楣，那块"陶然"二字的大匾，进入院中，在主持僧人的接待下，随意浏览一番。先生是关心金石的，不免注意一下院子里的那个六棱的经幢，听听僧人的介绍，似信似疑。今天我们略事遐想，便觉情景如见，是很值得使后人思慕而向往的吧。

陶然亭的大大出名，当然是因为康熙时工部郎中江藻的一点功劳。可是在乾隆中叶潘荣陛所著《帝京岁时纪胜》一书中，并未提到它。在光绪中富察敦崇所著《燕京岁时记》中，也只提到"窑台"，说是"时至五月，则搭凉篷设茶肆，为游人登眺之所，为南城之一古迹也。"后面也没有提到陶然亭。把陶然亭介绍得比较清楚具体的则是乾隆时的秦朝釪，在其所著《消寒诗话》中有一则道：

> 京师外城西偏多闲旷地，其可供登眺者曰陶然亭。近临睥睨，远望西山，左右多积水，芦苇生焉，渺然有江湖意。亭故汉阳江工部藻所创。江君自滇南守入为工部郎，提督窑厂，往来于此，创数楹以供休憩，高明疏朗，人登之，意豁然。江君有记，有长古诗，刻石陷壁。诗如初唐体，文学欧阳永叔，书法甚似吾乡严宫允(绳孙)，或即严所书。江君仕康熙时，其时士大夫从容有余力，风流所事如此，可羡也。

江藻修陶然亭，是在康熙三十四年，即公元一六八五年，正是重建太和殿完工的一年，江藻当时以工部郎中提督窑厂，烧琉璃瓦等,任务想来是很重的。文中提到的严绳孙就是康熙时举博学鸿词,屡辞不准,只作了一首诗便离开考场,后来授检讨,又迁中允,不久,就辞官回乡的严荪友。因他官至中允,所以称他严宫允。严是无锡人,秦朝釪是金匮人,清代建制分无锡为无锡、金匮二县,归常州府管,所以秦称之为"吾乡严"某某。严绳孙不但是和江藻同时的著名书画家,而且是个有点民族气节的人。未观其人,先观其友,江藻当时以提督窑厂的工部郎中,修个陶然亭,作为休憩的场所,其度势选景,其命名取义,都可以显示他的胸襟的。比起那些只懂得征逐声色利禄之徒来,是要两样些,同这样有点民族气节的人相与,替他写碑记等,不但可能,而且是可以想见的。因此感到,对于某些历史人物,总要稍作分析,不能就以腐朽的封建士大夫一语概之。

秦朝釪的记载很扼要,既记载了修陶然亭的缘起,也介绍了陶然亭本身及其四周的景物。当时的陶然亭,和鲁迅去游览时的陶然亭,大体就是这个样子。手边有部《敬业堂诗集》,其中有四首提到陶然亭的诗,按次序诗题是《初游城南陶然亭》、《秋日江亭雅集有怀益友,寄晚研……》、《试灯夕吴篁村同年招集陶然亭》、《从刺蘼园步至陶然亭》,第一首写于康熙四十七年七八月间,最后一首写于康熙五十二年五月前后。写最后一诗时初白老人已六十四岁。其时去江藻修陶然亭只时隔十八年。可见当时江藻修亭之后,就已名闻京国,江亭早已成为文人宴集之地了。这几首诗中描绘陶然亭的景物说:

"白露苍葭洗眼秋"、"日斜双鹭起城头"、"谁怜一派萧萧意"、"城角人家墟墓间"、"柏子庭空移白日、荻苗水涸转苍湾"、"此来直与孤亭别,贪得凭栏一晌闲"等等。所写都是"蒹葭"、"白鹭"、"古城"、"墟墓"、"柏子"、"荻苗"、"水涸"、"亭孤"等,不论春秋,都是一派萧然之感,这就是那时构成陶然亭画卷的主要点染。

当时从黑窑台再往南,小路两旁,因为烧窑不断取土的关系,在原本地势就很低的地方,又挖了许多坑,北面虎坊桥一带流来的水自然汇聚在这里,形成许多水塘,芦荻丛生。这些芦塘在春天时,可以观赏芦芽出水,荻苗秀发的清趣,在秋天时,可以领兼葭苍苍、芦花似雪的寒意,在夏秋间芦苇长势最旺的时候,沿芦荻丛中的小路上弯弯曲曲地过去,很有些水乡的感觉。如果是坐在车上,就有一种仿佛坐在小船上的意味,有人在陶然亭纪游诗中,写道"小车穿荻似行舟"的句子,这种纪实的诗,没有经历过这样情景,是很难写得出的。

在一汪一汪芦塘的岸边,都是乱坟,过去我常想这些乱坟,大都是庚子之后,即帝国主义八国联军蹂躏之后留下的,读到查慎行的诗句"城角人家墟墓间",才感到陶然亭畔的这些坟地,在康熙时代就早已有了。查诗"初游城南陶然亭"一首起句下自注云:"余寓居道院,在望远村东,去亭才二里。"可见当时这些地方,还有一些自然村落,虽说在城里,但僻处城隅一角,交通不便,人迹罕到,似乎比城外面交通方便的地方还要荒僻,所以大约在很早就成为义家集中的地方了。

陶然亭的好处,最在于高敞开阔,最宜于凭栏眺远。秦朝釪说:"近临睥睨,远望西山……渺然有江湖之志。"这"渺然"二字用得很好,最能体现陶然亭的意境。北京沦陷时期,白石老人常来这里远眺西山,勉怀故国,曾经写下很有名的"西山犹在不须愁,仍有太平时候"的词句。我过去在一篇《陶然曲》中有两句道"龙钟野老望西山,夜战男儿何日还",就是用了这个故事。不过所说的"亭",并不是真如查初白诗中所说的"孤亭",而是秦朝钎所说的"数楹",也就是在原来古老的大悲院西面,西向的"数楹"敞轩,朴实无华,居高临下,凭栏远眺,最爽朗不过。近看周围的芦塘、坟墓,偶然露在芦苇梢头的人家的屋瓦,缕缕的炊烟,迤南一带古城的女墙,芦苇丛中偶然飞起的鹭鸶,老树间飞鸣的乌鸦,远处透过烟霭、淡淡的一抹西山,若有若无之间,这些景物,最宜于秋季来观赏,所以过去陶然亭最是重阳登高的好地方。要知道那时城里面景山、琼华岛等处全是皇宫内苑,一般民人官吏都是不能去的。南城一带,有点野趣,可供登眺的,就只有黑窑台和陶然亭了。

前面说到的陶然亭周围的乱坟,在庚子(一九〇〇)年帝国主义侵略者八国联军蹂躏之际,北京死的人实在不少,那南下洼子一带的乱坟就更多了。鲁迅先生癸丑年去游览时,距庚子不过是十来年的事,陶然亭畔义冢累累,自是触目皆是。先生日记中虽然没有详细记载,但这些荒凉的情景,对先生说来,自会造成强烈的印象,先生在著名的作品"药"中,写到的义冢的场景,应该说也有不少取材于此吧。

南下洼子的荒坟本来就多,而过去陶然亭的出名,还因为它有几座"名墓"。坟墓也有"名墓",似乎是笑话,而实际也是我国名胜古迹的常有的装点。如西湖西泠桥边的苏小小墓、苏州虎丘山下的真娘墓等等,墓中并不一定实有其人,青史上也不一定实有其事,而几代辗转相传,在湖山佳胜的地方传说她们,遥想她们,使眼前的景物和现实的生活,同历史上的名胜和昔人的轶事,自然地结合起来,地因人而传,人也因地而显了。陶然亭畔的几座"名墓"也是这样的。

一是"香冢",又名"蝴蝶冢",就在大悲院高台阶下的东北角上,其所以出名,是因为有一个没有任何署名的石碣,上面刻着：

> 浩浩愁，茫茫劫；短歌终，明月阙。郁郁佳城，中有碧血。碧亦有时尽，血亦有时灭，一缕香魂无断绝。是耶非耶？化为蝴蝶。

这个无头的碣文，给这座荒坟，也给整个陶然亭增加了不少神秘和浪漫的气氛。按邓之诚先生《骨董琐记》转引《越缦堂日记》说，是同光间御史丹阳人张春陔为悼念曲妓菁云所作。张名盛藻，光绪初曾出任过温州府知府。根据文义，这可能是真的。不过说破了也没有什么意思。因其所以广为流传，主要是在这点神秘感上。说破了，好像把变魔术的箱子翻过来，现了底，也就索然无味了。

二是醉郭坟。按说埋的是庚子前天桥一带一个外号叫"醉郭"的人，生前日日喝酒，喝醉之后，就在天桥闹处大声讲说，大骂洋人，听众很多，以此出名。无疑这也是庚子前群众中自发反帝分子的一员，是托迹于醉乡的一位义勇之士。死了葬在陶然亭畔，在香冢北面，相距不过数步之遥，可惜没有留下姓名，碑上只写"醉郭墓"。当然也可能因绰号名气较大，把真姓名反而掩盖了。

三是石评梅墓。石评梅山西人，也是鲁迅先生的学生，先生一九二六年离京时，她也曾到车站送行。《鲁迅日记》一九二六年八月廿六日记道：

> ……子佩来，钦文来，同为押行李至车站。三时至车站，淑卿、季市、有麟、仲芸、高歌、沸声、培良、璇卿、云章、晶

清、评梅来送,秋芳亦来,四时二十五分发北京……

石评梅当时也是很有前途的一位女作家,可惜后来没有几年就去世了,也葬在陶然亭的东北面,有一个墓碑。

四是赛金花墓,赛金花死在一九三六年冬,十分潦倒。死后有人在香冢的前面给她造了座坟,立了一通很阔气的碑,上题"魏赵灵飞之墓"。这是好事之徒藉死人扬名的办法。关于赛金花这个历史上的传奇式人物,所谓见仁见智,各有不同。虽然鲁迅先生在文章中曾经尖锐地提到过她,但如作为一个历史上的小人物,也无须乎过分地苛求和谴责她吧。

昔日的陶然亭,是在乱坟堆中,因此是不能不说到坟的。但没有达官贵人的坟,有的都是义冢,其生前大多都是有着不同的悲惨遭遇的。说来最为凄凉是那些妓女的坟,像曹禺同志《日出》第三幕所写的那些惨绝人寰地被蹂躏的人,惨死后有不少就埋在这里,每年清明,一些后死的姐妹们的野哭声,闻之是使人极为痛心的。因此昔日的陶然亭,也是万恶的旧社会的见证人。

《鲁迅日记》中的陶然亭,是七十年前的陶然亭,本文所写也大体以此为限。石评梅墓、赛金花墓,都是在此以后的事,但因与先生文字稍有关系,因之一并写进去了。至于说到陶然亭的巨大变化,那是在解放后,已不属于本文的范围,在这里就不多谈了。

上文写的陶然亭,是《鲁迅日记》中的陶然亭,不是今天的陶然亭。陶然亭的巨大变化,是从新中国成立后一九五二年开始的,由那时起开始营建陶然亭公园,说起来真是改天换地的变化。一九六一年夏天回京,看到初具规模的陶然亭公园,抚今思昔,感慨万端,曾写了一篇前有小序的歌行体的旧诗,歌颂它的新生,名《陶然曲》,登在这年十一月廿五日《光明日报》的"东风"版上。一九七七年夏,又去陶然亭公园,在云绘楼小坐和园林工人闲谈,听到一些林彪、"四人帮"时期对陶然亭直接与间接的破坏,十分气愤,就又用前体,写了一篇《后陶然曲》,现在把这两首诗抄在后面,作为前面小文的附录,用以歌颂陶然亭的新生和预祝它美好的未来吧:

陶然曲并序

陶然亭,原为慈悲庵,清康熙三十四年工部郎中江藻于内建亭,题曰"陶然",又名"江亭",附近更有香冢、窑台诸古迹,解放前荒凉不堪,亭外积水成潭,义冢垒垒,俗名南下洼子。解放后,掘池堆山,辟为公园,附近窑台、抱冰堂诸古迹亦均包括在内。一九五四年更将原中南海云绘楼、长安街牌楼迁建园中,与陶然亭相辉映。今夏返京趁便游览,见花草树木,葳蕤成荫,十年经营,规模大具,远人归来,恍如刘阮重到天台矣,抚今感昔,情不能已,书俚句以颂之:

陶然亭畔水粼粼,一派湖光入目新。

艇子二三闲荡桨,儿童四五漫垂纶。

水中阁影云间树,风送箫管来何处?[1]

恍如刘阮返天台,游子归来迷道路。

昔时我亦过城南,古寺颓垣对夕岚。

断碣迷离萦梦草,香冢冷落照寒潭。[2]

寒潭尽是饥民色,芦荻萧萧声呜咽。

多少新坟聚下洼,几家骨肉填沟壑。

龙钟野老望西山,荷戟男儿何时还?[3]

腊鼓声中迎壮士,春风忽报出秦关。④

秧歌鼓吹万民醉,花满燕台酒满肆。

红旗旭日照春明,更见江亭翻天地。

经营自不让云林,水复山重见匠心。

三月春花堪作锦,十年树木尽成荫。

风流采遍还装点,凤阁移来小金圃。⑤

曲栏回廊柳参差,雕梁画栋云舒卷。

抱水堂前好个秋,揽衣更上云绘楼。

窑台仿佛瀛台景,人在将军画里游。⑥

凭栏谁不叹观止,百万人家丛树里。

东南金阙入苍穹,西北高楼连云起。⑦

神州换尽旧人间,岂独城南一陶然。

放眼几多今昔感,微忱谨掬写心篇。

注:① 抱冰堂经常举行小演唱。

② 陶然亭外一荒坟,碣曰"香冢",并有碑辞"浩浩愁"等
语,迷离难解。

③ 陶然亭可远眺西山,日寇统治时,西山中有我游击队,
白石老人当时有陶然亭望西山句云:"西山犹在不须愁,
仍有太平时候。"

④ 北京解放正逢旧历腊月底。

⑤ 移建云绘楼,仍保留旧日金字小圃。

⑥ 瀛台在中南海,陶然亭原少华丽建筑,移来云绘楼,生
色不少,辋川图变为大李将军金碧山水矣。

⑦ 金阙指天坛祈年殿。

一九六一年秋

后陶然曲并序

十六年前，曾有陶然曲之作，今夏返京，又至陶然，见新增水榭、凉亭，位置得宜，云绘楼亦彩绘一新，花葱柳茂，较之旧时，又是一番景象矣。唯慈悲庵尚未开放，再园路中移建之牌楼，则不知去向，至感奇怪。后于云绘楼小坐，听园中老工人闲谈，始知当初移建牌楼云绘楼等，均系周总理指示，意在保存精美建筑，点缀陶然风景。而一九七一年秋，江青忽窜来园中，叫嚣牌楼为封建社会之遗物，一语之后，三日内便即拆毁夷平矣。当时目睹者亦不明其用心何在。粉碎"四人邦"后，始知其项庄舞剑，意在沛公也。闻之不胜感愤，因再赋俚辞，用赋陶然之新风，复歌大治之成效，缅怀总理之丰功，兼作讨迎之檄文，援再赋赤壁之例，为后陶然曲云尔。

昔时我写陶然曲，十六年间加电促。

前度刘郎今又来，一泓秋水照人绿。

水边杨柳万千条，柳外楼台隐画桥。

游客踏歌桥上过，游艇鱼贯柳阴摇。

踏歌弄桨皆年少，湖上桥头传嘻笑。

顾我华颠难入流，林间漫步藓苔道。

步苔缓缓入幽深，欲问江亭何处寻？

绰楔更如黄鹤去，古槐空自有清阴。①

留连不尽路西转，丹彩忽然迎面展。

无恙别来云绘楼，新装明艳开青眼。

登临又喜入廊间，坐爱粼粼水映天。

绮妮清幽看不足，宣南风月属陶然。

坐间亦有二三老，闲话沧桑今日好。

一老何其情激昂，辞锋转作詈群小。
谓言诸紫乱朱时，胜地亦曾罹劫危。②
怒马骄车蓦地入，花愁柳悸鸟惊号。③
园中执事皆回避，跋扈飞扬疑驻跸。
何事华坊触逆鳞，无端一怒令焚弃。④
火攻斧凿毁其基，栋折榱崩片刻摧。
见者心酸闻者奇，逆施倒行意难猜？
浮云蔽日岂能久，一扫阴霾山竞秀。
真象于今得大白，华坊原使牝鸡妒。
华坊原在长安街，大道展时待安排。
大匠公输具巧思，巍然移向园中来。
移来原是周公意，关注元元游息事。
园得装点物得完，两全其美风华备。
凶焰嫉物实妒人，顿教雕楝委作尘。
馨竹书来非一罪，片简亦足记其因。
我闻斯语深感慨，坐对湖山思遗爱。
前辈仪型万古垂，云山虽藐高风在。
云绘楼外碧潭清，曾照将军垂钓纶。
乐与民同留德泽，无言桃李蹊自成。
于今亿众仰山岳，整顿乾坤山水乐。
万象齐蒙雨露滋，陶然又见新颜色。
新风吹遍绿杨堤，水榭凉亭位置齐。
不觉坐来花影乱，归途已是夕阳西。
归来咏兴欲赢斛，再为陶然歌一曲。
斯曲岂惟赋一园，遍歌大治新风物。

333

注:① 绰楔即牌楼,时见牌楼不知何处去矣,而云绘楼已油饰一新。

② "四害"横行时,陶然亭古迹如辽代经幢、壁间石刻、香冢碑碣、门前牌匾等均被破坏一空。

③ 一九七一年九月末,江青忽窜来园中。未来之先,先几度派遣喽罗来园勒令布置行馆、借地毯、借沙发等高贵家具,阿谀之徒,唯恐趋附不及。来时园中一切人等,均集中抱冰堂学习,以事回避。

④ 江青行经牌楼下时,怒道"这都是封建阶级压迫劳动人民的东西"。阿谀之徒,如闻"圣旨",当即令人日夜开工,将牌楼水泥底座凿开,用汽割将其中钢筋烧断,偌大牌楼毁于一旦矣。

《红楼》琐话

辫　子

现在红学是显学，海内外的红学家很多，我想提一个问题：不知道红学家们注意到宝玉的辫子没有？

宝玉梳了一条奇怪的辫子，见《红楼梦》第三回：

> 已换了冠带：头上周围一转的短发，都结成小辫，红丝结束，共攒至顶中胎发，总编一根大辫，黑亮如漆，从顶至梢，一串四颗大珠，用金八宝坠脚。

周围短发，结成小辫，共攒至顶中，因此周围小辫，不是一条，一定是很多条，这是新疆维吾尔小姑娘梳辫子的方法，据此考证：贾宝玉是维吾尔族小姑娘。这个结论，比考证曹雪芹有几根胡子要有根据。单文孤证，在学术上不能成立，在第二十一回史湘云替宝玉梳辫子，"只将四周短发编成小辫，往顶心发上归了总"，又一明证，足以证实前者的结论：贾宝玉确实是维吾尔族小姑娘。你说这个结论怪否？怪就怪在宝玉的辫子上。

这很是值得考证的大问题，虽然说起来好像是笑话。

明代人恪遵古人"身体发肤受之父母，不敢毁伤"的古训，留满头、绾为发髻，如后来的道士头。清兵入关，薙发令下，把额顶三分之一的头发剃去,头顶及后脑的头发,梳成大辫子。而这辫子只是一条,不会先梳成许多小辫,最后总成大辫。贾宝玉如按明人打扮,便不能梳辫子,只能把头发在头顶心绾成髻。如因年岁小,也可梳成左右双髻,就是宋人词中所说的"髻鬟对起",或因年龄小头发短,梳不成髻,便束起来,成一个"冲天杵",亦即宋人诗中以稻秧形容的"秧才束发绿如油"也。总之明代以前中国人是从不梳辫子的,辫发,古人谓之夷狄之制。所以贾宝玉的辫子,既不是明朝的打扮,也不是清朝的打扮,是一条奇怪的辫子。

宝玉辫子上要用四颗真珠,金八宝,清代实际生活中,即使王公贵族,一般也无此打扮,曹雪芹根据什么如此写呢?《大金国志》云:

> 金俗编发垂肩,留颅后发,系以色丝,富人用珠金饰,妇人辫发盘髻。

根据是从这里来的。金人是女真族,满族是女真后裔,风俗一般是金人旧俗。但清代男人梳辫子不扎辫根,是由根部松松编起,一直到辫梢,用黑或绛紫等珠子线结紧。"系以色丝"、"珠玉饰"是没有的。曹雪芹把金人旧俗写到贾宝玉身上,写成特殊的打扮,特殊的辫子,对于曹雪芹来说,是有深心的,点明贾宝玉是女真后裔,而又把当时的"真事隐去"。

帽　子

宝玉有条奇怪的辫子,还有一顶奇怪的帽子,就是所谓的"冠"。

宋、明以来，江南工艺发达，创造出不少定型的喜庆图像，如"福禄寿三星"、"刘海戏金蟾"、"麒麟送子"等。其中"麒麟送子"，是一匹瑞兽麒麟上，骑着一个小男孩，后面有人撑着曲柄伞盖，边上有仙女捧着宝盒，小男孩头顶心戴着有红缨的紫金冠，身穿小圆领蟒袍，足登小朝靴，胸前带黄金螭蟠锁，长的面如满月，目似朗星。不论画幅、刺绣、瓷塑、瓷绘、雕刻、织锦，这个标准形象都是一样的。这是什么意思呢？表示这个仙儿送到人家去，被送人家就会生一个和他一样的胖娃娃。中国是礼仪之邦，外国人的安琪儿是光屁股的，中国的麒麟送子的麟儿，却是冠戴整齐来到人家的。只是投胎出生时，如何换衣服，民间传说中没有说清楚，因而至今还是个谜。

曹雪芹给贾宝玉设计的服饰，就是按照麒麟送子的"麟儿"设计的，因而他头上戴的就是那样的帽子："束发嵌宝紫金冠，齐眉勒着二龙戏珠金抹额。"

这顶紫金冠还有大红缨，第八回写黛玉替他戴笠时道："用手轻轻笼住束发冠，将笠沿掖在抹额之上，把那一颗核桃大的绛绒簪缨扶起，颤巍巍露于笠外。"而他这个"笠"又是什么样的呢？"那丫头便将这大红猩毡斗笠一抖"，这斗笠原来是猩猩毡的，"一抖"也费解，这是戴风帽的戴法，斗笠又如何一抖呢？斗笠外露出红绒簪缨，这又是什么打扮呢？完全是唱戏的武生，如十二郎、王伯党等人的打扮。

清代戴红缨凉帽、暖帽，明代人则戴方巾、纱帽，实际明、清两代王孙公子都没有戴紫金冠的，明代太监刘若愚写的《酌中志》记束发冠云："其制如戏子所戴者，用金垒丝造之，上嵌睛绿珠石……下加额子一件，亦如戏子所戴。"

简单地说：紫金束发冠和额子即抹额，在明代，也都是戏子的打扮。在宫中,太监也是如作戏一样,戴着这玩艺。而曹雪芹却用来打扮他的书中的主人翁,其直接影响,不是明代宫中的故事,而是"麒麟送子"的"麟儿"。他为什么这样写呢?这就是他要把"甄士(真事)隐去"。因此他要把宝玉衣着冠戴写得十分美,十分华丽,但又不能写真,既不真写清代衣冠,又不能完全写成明代衣冠。所以宝玉的帽子也是特制的,必须稍加考证才能说明了。

当　铺

看《红楼梦》,要懂得北京的当铺,因为史湘云不认识当票,薛宝钗家开着当铺,邢岫烟没有钱用,脱了冬衣去当钱……这么些"红楼名人"都和当铺有关系,不懂一点北京的当铺,如何看《红楼梦》? 宝钗家开的当铺是大买卖,我少年时候去当物的那家亦是大买卖,基本上同《红楼梦》时代一样。

北京的当铺在清代有二百多家。开当铺的在江南大多是徽州人,在北京都是山西祁县、太谷等处的人,即所谓"西商"。纵使东家是外地人,而掌柜、伙友亦都还是这些县的人。当年开当铺要领皇家的执照,不同于开一般买卖,所以当铺的伙友叫"朝奉"。清代国家有明文规定:当铺利钱二分半,二年半"死号",即当十两银子,隔年去赎,要付十二两五钱。如过两年半还不赎取,就不能再赎,便由当铺作价变卖了。这在那时物价稳定的时期,利钱已是很高了,因为十两银子,两年半后,就是十六两二钱五了。但到了后来物价飞涨,通货贬值的时候,货币数字似乎增加了,而实际价值却降低了,这样当铺就只能赔钱了。所以在四十年代后期,北京的当铺都纷纷歇业,改做其他生意了。

北京各家当铺的外观基本上都是一样的，我当物的那家，在胡同中，大门面对着一条南北胡同的北口，两边都是住家户，只这一家买卖，但正在"丁"字形的中心点上，三面都能看到，地势十分重要。大高墙，大砖门楼，外面还有木栅栏，大门屋檐两角，挑出弯成回文花样的铁架子，挂着"××当"的金字大木牌幌子。拿着东西走进那包着铁叶子的大门，到了店堂柜台前，你要双手高举把包袱送上去，因为那是五尺高的大柜台。里面的人站在高处，居高临下望着你，而你只能仰着头望着他。旧时北京买卖人讲究"和气生财"，不论什么买卖，铺面多大，对待顾客都非常客气，只有当铺伙计，态度最傲慢，因为他是等人上门求他。当铺伙计失业之后，很难改行做其他买卖，因为他傲慢惯了，容易得罪顾客。一般商铺，不用当铺中的出号伙计，还给他们起个很难听的外号，叫"夜壶锡"，意即很臭，无法改作别用也。

货物当后，给你一个凭据，就是"当票"，是有价证券，在赎取期中可以卖钱。过期即无用了，所以宝钗说"死了号"、"没有用"等等。当票上的字有特殊写法，叫"当字"，一般人不认识。所以史湘云小姐不认识"当票"，这是难怪的了。

王　府

这题目写下来，未免有些耸人听闻。一个是顺治、康熙时的平南王；一个是乾隆年间的小说，二者相差百余年。尚可喜自然不可能看到《红楼梦》，二者扯在一起，此话从何说起呢？且听我从京师繁华之地的一条小小街巷说起。

在北京西城长安街南面，有一条南北街，地名叫六部口。但最早不叫六部口，而叫六部坑。这里原来有两个大土坑，据说是明代修建前门里六部衙署,在这里取土,挖下的坑,一大一小,这样留下了大六部坑、小六部坑的地方。慢慢坑被填平,成为街道。那时西长安街往东去有皇城,人们走近路,这里斜着过去,经绒线胡同往东,不远便可到刑部、都察院、大理寺等衙门,这里成了去"六部"的要道,地名也就被叫作"六部口"了。清代二百多年中,此地住着一户姓尚的人家,人称"六部口尚家",就是尚可喜的后人。大约六七十年前吧,尚家的后代仍未衰落,有房产,有买卖,还是京城的大户人家。家里寄居着不少亲朋闲人,其中有一个姓曹的,在他家寄居吃闲饭已多年,老一辈称他曹大哥,小一辈称曹大爷,孤身一人。尚家后辈,按照先人的规矩,待他很好。到吃饭时,佣人给他开饭,按月给他发点月钱。当时北京大宅门,这样养闲人的很多,主人和食客之间,可以多少年不见面,这位曹大爷就是如此。自己一个人住在小偏院中,成天沉默寡言,也很少外出,只是偶尔一人爱喝个闷酒。若干年之后,临终时,才对尚家晚辈主人说:他们祖先同尚家是世交,他是《红楼梦》作者曹雪芹后人云云。当时尚家的晚辈主人,听了也未加注意,更未深入追究。只是后来偶然和朋友谈起,当作茶余饭后的谈话资料罢了。

我多少年前,听友人讲说这一京华掌故,不惟感到十分有趣,而且是事出有因的。按尚可喜辽东人,原是明朝副将,驻鹿儿岛。降清,授总兵,隶汉军镶蓝旗。后随顺治入关,平湘粤,留镇广州,封平南王,为清初四藩之一。其子尚可信先附吴三桂,后悔罪,仍袭王爵,因跋扈怨望,赐死。其后人在北京居住,宦囊丰厚,只要无败家子,自可多少代吃着不尽。曹家也是辽东人,也是汉军旗,一起从龙入关,自然关系极深。曹家的上代就有随定南王孔有德战死广西的。所以曹家后人住在尚家后人家中,自不希奇。据此传说,可探索二点:一是曹雪芹有儿子,有后人;二是《红楼梦》是否写到清初四藩的事。二点都值得研究。

查　抄

高鹗对林黛玉吃粥的描绘,的确写的不伦不类。但是高鹗并不都是这样,也有写得非常精彩的地方,就是他生活中最熟悉的东西,或者说是他生活中最注意的东西,即当时官场中的事,人物心理,种种弊端,写来便得心应手,惟妙惟肖,是高鹗文字中精彩传神的地方。如第一百五回写"锦衣军查抄宁国府"时的一些片段,先写"有锦衣府堂官赵老爷带领好几位司官,说来拜望"。接着又写"只见赵堂官满脸笑容,并不说什么,一径走上厅来。后面跟着五六位司官,也有认得的,也有不认得的,但是总不答话。……众亲友也有认得赵堂官的,见他仰着脸不大理人,只拉着贾政的手笑着说了几句寒温的话。众人看见来头不好……"

赵堂官的突然而来,先是贾政的纳闷寻思,续是紧张的抢步接待,再是冷淡地总不答话,更是虚伪的说笑寒暄,最后众人看见来头不好。这样写紧张的气氛,一步一步地严重起来,表现得很细致。

忽又报道"西平王爷到了"。这是在极紧张的气氛中,突然又起波澜。即使是事实(自然是小说中的事实),但在文字表现上也十分传神,像音乐在长时间的低音节奏中,突然一声响锣,使人又从其他方面吃一惊,造成强烈的艺术节奏效果。这是查抄的前奏曲,先紧紧地抓住读者的思想感情。

后面写查抄时各种人物的表现更是传神。先是"赵堂官便转过一副脸来,回王爷道:'请爷宣旨意,就好动手。'这些番役都撩衣奋臂,专等旨意"。这是西平王宣读圣旨之前的一刹那,这"转过一副脸来"和"番役都撩衣奋臂"二语,字虽不多,却很有力量,把封建时代两句俗语"一朝权在手,便把令来行"和"阎王好见,小鬼难搪"都写透了。赵堂官之阴险地翻脸无情,番役之急于浑水摸鱼,发横财之神态跃然如画了。而这还是初步。

在西平王宣读圣旨之后,"赵堂官即叫他的家人传齐司员。带同番役,分头按房,查抄登账"。这时贾政等人固吓得面面相看,而另一方面却"喜得番役家人摩拳擦掌,就要往各处动手"。这又是极为形象生动的对照。高鹗从赵堂官外形、举动、言语态度着笔,揭示其不可告人的黑心,层层深入。变化多端,是十分成功的。

高鹗在写完北静王进府,让赵堂官带贾赦回衙,贾政应付两工的查抄问话之后,接下去又有惊人之笔.

老太太,太太! 不……不好了! 多多少少的穿靴带帽的强……强盗来了! 翻箱倒笼的来拿东西!

这里的"穿靴带帽"是明显的,就是"官靴官帽",而"穿靴带帽"又和"强盗"联系起来,这不能不说是高鹗的神来之笔。这正如陈琳对曹操说的"箭在弦上,不得不发"一样,是奔来笔底的语言,而非硬编出来的文字。高鹗写这个的时候,似乎已经把忌讳忘了。按清代早期文字狱中比较晚的是乾隆四十七年安徽歙县生员方国泰收藏其五世祖《涛浣亭诗集》一案,此案未死人,是从轻发落的。此后文禁稍弛,高鹗续书年代,据《中国章回小说考证》推算,当在乾隆五十六到五十七年,去方案已十年之久,可能比较大胆一些了。但这样写，使后人读之，仍然不免感到有些"吓佬佬"的了。

高鹗此回书之文字，也有得有失，限于篇幅，不能细说，但可证明一点，就是他熟悉注意这些东西，写得就自然生动，非常出色了。

他的经历和曹雪芹，似乎正好相反，曹是生长王榭，经历繁华，由极盛到极衰，虽然满腹才学，但无功名，最后穷愁潦倒，著书黄叶村。而高鹗虽然也是镶黄旗汉军人，但祖上似乎无大官，靠自己在仕途上着力，举人、进士一直考上去，两榜正途出身，这样的人，对于官场的事情是极为注意，十分清楚的。因为他有这种丰富的生活基础，所以写这些场景，既不费力，而又十分精彩了。更难能可贵的，他以正途出身的人，能看中《红楼梦》，而为之续书，又唱出与曹雪芹类似的叛逆调子，这不能不说是曹雪芹一个比较难得的知音。

至于那些写的十分拙劣的地方，则因限于他的才华、学识、生活经历和兴趣等等，无法求全，只能原谅一二了。

《红楼》联语

八二年十月底"红楼梦学术讨论会"在上海召开,我有幸参加,且人在上海,有几百万分之一的地主之谊。我想朋友们远道来沪,我送点什么好呢?秀才人情纸半张,我便买了几张宣纸,裁成条儿,拟了许多副红楼联语,用蹩脚的小篆写了,分赠各位方家,聊表芹意。合算下来,每副联语,连纸带墨,只合三四毛钱,大概是世界上最便宜的礼物了,不过或比鹅毛稍重乎?

这些联语每副都嵌"红楼梦"三字,而且要切贴人、事、时,现选抄数联于后,并略加说明,以就正于海内外爱好此道之大雅君子。

> 碧草逢春皆妩媚;
> 红楼有梦本迷离。

党的各项政策,为今天的学术研究创造了极好的条件。红楼梦学术讨论会群贤毕集,畅所欲言,正如芳草逢春,千姿万态,无不妩媚也。而《红楼梦》之作品及其作者,疑点均多,更有待于进一步之研究,故以"迷离"概之。此联书赠胡文彬兄。而玉言(周汝昌)先生特赏此联,谓上联"碧草"正暗合《歧路灯》作者之"碧草轩",此则余事先未想到耳,不敢掠美,特此声明。

> 扶摇碧海三千界;

大梦红楼十万年。

此联赠周汝昌同志。他前年去美国出席国际红学会时,我曾填《水龙吟》赠之,今此联于空处着笔,稍异气魄。

几度御风超碧海;
依然寻梦上红楼。

此联赠冯其庸同志。写法与上联类似,但较虚中有实。宽堂兄赴美开会,又赴美讲学,年来已四次飞越太平洋矣,因以“几度”拟之。“红楼”则其“宽堂”高据人民大学宿舍“红一楼”也。

黄叶红楼处士梦;
白山黑水故园心。

此联赠端木蕻良同志,上联指正在写长篇小说《曹雪芹》二卷,他几次去西山寻访“不如著书黄叶村”的曹雪芹遗迹,想象斯人,同一梦境。下联则从其故乡着笔也。

紫蟹初肥浮大白;
红楼好梦贴花黄。

此联为童芷苓同志写者,因其新戏《尤三姐》、《王熙凤大闹宁国府》等佳作,均红楼关目也。

白发情深犹炳烛;

红楼梦好且寻诗。

此联赠徐恭时同志，因其年老，犹用功甚勤，故以前人"老而好学，如炳烛之明"拟之。

红楼梦好；
碧海情深。

此四言联，偶然得之。重阳后二日，随代表游淀山湖新建之上海大观园，被园中同志拉了写字。是时适有台湾省一渔船之人员由招待人员陪同，也来参观。招待人员据船长之意，代为要求也给写一张，因即兴书此八字赠之。实一浑成之四言联也。

秋色多情来紫塞；
江天寥廓梦红楼。

开会期间，秋光正好，江南沃野，粱稻正熟，代表来自全国各地，有远自新疆、黑龙江、云南者，真所谓"四美具、二难并"，会议极为成功。因之"秋色"、"江天"一联，亦稍概括大会气氛也。

曹雪芹故事

　　早在五月初，就接到端木蕻良先生的信，说是五月三日离京到江南各地游览、参观，为写好《曹雪芹》第二卷找素材。信中并说：此行最后一站是上海，等见面后一定畅谈一番。但自接此信后，虽然天天在期待着见面，而老先生却姗姗其来迟，在畅游了南京、扬州、无锡、苏、杭等地之后，直到五月底才来到上海，六月二日才见了面，六月四日才得到了畅谈的机会，听他细细地谈了《曹雪芹》二卷的内容情节，故事的安排，人物的刻画，以及目前完成的情况等等。

　　看过《曹雪芹》一卷的读者都晓得，故事的进展在二卷中预计要出现新的高潮，或者也可以说要出现一个新的转折，这个转折是什么呢？就是要写到曹家的由盛而衰的突然变故，要写到曹雪芹由锦衣玉食的公子哥儿，落魄到"举家食粥酒常赊"的贫困境地，贫困到"不如著书黄叶村"的隐居生活，这是当年曹雪芹生活上的最大遭遇和转折，也是《曹雪芹》一书中必须写，而且必须写好的重要情节。但写好这些情节，却不是一件容易的事，这不是一个艺术构思问题，也不只是一个文采表现问题，而更重要的是一个历史资料问题，即关于这一问题的史料，直接记录到曹家由盛而衰，曹雪芹由锦衣玉食的公子哥，落魄到一个生活困难的穷旗人等情况的资料，可以说一样也没有，有的只是一些别人的资料，甚至可以说是间接又间接的资料。摆在作者面前的最大困难就在于此，即如仅利用这些间接的材料，写出比较真实的、有血肉生活的曹雪芹的艺术形象。

我们谈话时,在听他初步谈完二卷的字数,已完成的篇幅,交稿的日期等等具体情况之后,我便问他:下面如何写呢?曹雪芹的资料如此之少,只就曹雪芹写《曹雪芹》,恐怕故事很难开展吧?是不是结合当时的政治情况、社会情况,多写一些周围的故事,以反映曹家的盛衰,烘托刻划曹雪芹的形象呢?

他说:的确是考虑到这一点,曹家的资料是那样少,必须考虑另外一种方式来表现,因此在抄家这一重大事件上,考虑要正面写曹寅妻兄李煦的家被抄,侧面写曹家被抄,这样写起来就比较好处理些,可以避免曹家直接资料过少的困难。李煦家被抄以及被流放的资料是很清楚的。再有曹雪芹时代,也正是清代文字狱最严重的时代,要把一次文字狱穿插在故事中,以更细致生动地反映这一时代的政治面貌。而所写的这次文字狱,还要选择一次跨越两代的事件,即由雍正到乾隆两代,不然,和曹雪芹的年龄就接不上。

我听他谈到这里,止不住地便说:至清代皇帝中,雍正这个人要很好地研究、评价一下,他虽然统治时间不长,但其作风似乎迥不同于康熙和乾隆,他取消了"贱民"制度,节约了宫中开支,没有大排銮驾下江南等等,都是很特殊的,的确做了几件事,康熙晚年遗留下来的一些困难问题,在他手里都得到解决。为乾隆的六十年太平岁月准备了不少条件,这个人在清代前期是一个重要的承上启下的人物……

他十分同意我这个意见,接着便谈了一些雍正的情况,康熙晚年造成的困难局面,雍正的处理手段,当时政治局面稳定的关键等问题。谈着谈着,很自然又回到曹雪芹的人物形象上。

他说:曹雪芹生活上重大变化,就是由锦衣玉食的贵公子到

"著书黄叶村"的落魄文士,他的经济生活发生了巨大的变化,自然他思想、他对社会的认识也发生了巨大的变化。写好这一点,是写好《曹雪芹》的关键。而这一点却可以有两种截然不同的写法,即一是剧遽地转折,也就是因为某一宗突然的事件,使他一下子变得赤贫如洗,二是逐步地变化,自然也受到各种突然事件的打击,但并未一下子赤贫如洗,而是逐步逐步地衰落下来,贫穷下来,最后落到"举家食粥酒常赊"的地步。这既是两种在当年都有可能发生的情况,也是作者可能有的两种不同的设想。

他说:周汝昌是主张第一种情况的,即在突发事件的影响下,曹雪芹生活的家庭剧遽地一败涂地,成为贫民了。而他预备写的,不准备采取这一主张,而是计划使曹雪芹的生活逐步逐步地起变化,一方面,根据现有资料和旧时北京旗人生活衰落的通例来看,这样发展,似乎更合理些。另一方面,作为小说,究竟不同于正式历史传记,允许有些想象和虚构的成分,使得当时的社会面貌重现于读者面前,逐步逐步地使曹雪芹的生活贫困下来,在故事情节上也更合理,更能引人入胜。

接着我问他,具体地如何设想呢?

他说:他想写曹雪芹家受到打击之后,在经济上铺子、土地等产业没有了,政治上失势了,而所谓"百足之虫,死而不僵",家中的环境却暂时还没有变化,部分亲戚朋友家还未完全受到波及,还能对他家作些接济,而曹雪芹本人及其家属等人,还都是混混沌沌的纨绔子弟,照样吃喝玩乐,不明世事,关住大门,似乎没有发生过任何事情一样,这样坐食山空,靠变卖家当过日子。卖也不是自己卖,而是由管家佣人卖,这些人都是精通世故的势利小人,表面上对主人还是"大爷长"、"二爷短",打千磕头地奉承,捧着"大爷"玩乐,背地里却用种种手段计算:一件东西卖掉一百两,入腰包八十两,给主人二十两;再拿这二十两去买十两八两的东西给主人;入腰包的银子再借给主人用,引诱他乱花钱,逼着他写借据……北京旧时土话叫"架秧子",曹雪芹等年轻贵族破落子弟就是在这种蒙蔽下生活着,而且从小养尊处优,不通世务,不到山穷水尽之际,还是一天也离不开这些管家、跟班、长随、丫环、奶妈等等,离开了一天也活不成。直到被暗偷明骗,连抢带拿,弄到一无所有,实在揭不开锅的时候,有少数人才恍然大悟,如曹雪芹者,才真正懂得了人情世故,明白了"人心唯危、道心唯微"的哲理,知道人心中有多少险诈的心,世路上有多少炎凉的变化,这样才能使曹雪芹较深刻地完成其由贵公子到黄叶村著书的智者、达人的艺术形象,才能使曹雪芹这个在世路上翻跟头的人,翻得更为合情合理,感动读者。

听他娓娓地谈着构思中《曹雪芹》情节,是十分使人感到有情趣的,但是要把这些构思,这些谈话的内容,写成一本厚厚的《曹雪芹》第二卷,却还不是件容易的事,不只是要一字字地写,不只是要构思出故事的情节,想象出各个人物的生动形象,而且还要描绘多种多样的绚丽的场景,这次他到江南游览参观,就是为了获得写作的素材而来的。他参观南京江宁织造署旧址,苏州织造署旧址,扬州、常州"御码头"旧址,瓜州古渡,参观了扬州天宁寺、大明寺,游览了南京西园、瞻园;凭吊了随园旧址,游览了无锡蠡园、惠山,在常州还看了舣舟亭、毗陵驿,古运河、藤花旧馆……屐痕处处,处处留连,不是单纯地发思古之幽情,而是缅怀二百多年前江南的风物人情,想像他感情所寄托着的人物——曹雪芹当年所生活过的环境的气氛,陈子昂诗云"前不见古人,后不见来者",而他,托诸艺术的想象,都在那里和他想象中的古人时时晤谈着,通着呼吸,共着哀乐……

　　端木蕻良先生,由其夫人钟耀群女士陪同,以体弱多病之身,趁初夏宜人之候,策杖南来,畅游江南各地,舟车旅行,整一个月。四十多年未到江南了,遇事亦多今昔之感,而游履健康,游兴欢畅,收获可谓不少,已于六月五日回京,稍事休息,即将伏案撰述,为海内外读者辛勤地创作《曹雪芹》第二卷了。预祝他身体健康,文思泉涌,早日脱稿吧!

故宫金器皿

　　日前不知是看报纸还是看电视,报道法国人把一个大镀金瓶摆在故宫展览,付给故宫五千万元展览费,有些人感到不伦不类,怎么在故宫为了点钱,展出法国玩艺呢? 我看了这则新闻,不禁哑然失笑,要纯金的大家伙才可贵,这镀金包金的算得了什么? 故宫大太平水缸、大铜狮子、角楼金顶,不都是包金的吗? 一百三十六年前,英法联军侵略北京,火烧圆明园,不知抢去了多少黄金,随军牧师 M. Ghee 的记事中就有记载:"S 君说道这是什么? 金子,不是吗? 于是就有点费劲地拿起一个二尺来高的菩萨,说道:老朋友,这是金子,中国的金子难道如此丰富? ……当焚毁行宫时,我们又找到这尊佛像,或者另一尊相似的,就带回家去,而且卖得一笔大款。"英法人的祖宗抢走圆明园的真金佛像,他们作为几代孙子的,又将镀金瓶,摆在北京故宫展览,是丢谁的人呢? 十分有趣。

　　而从故宫来说,明、清两代,五百年间,真金的大家伙,香炉、供器、台面、用具,真不知有多少,把个镀金玩艺摆在故宫露天展览,这本身也是穷人美的事,从显示工艺、夸耀财富上来说,也都没有什么价值。

　　黄金从人类有史以来,似乎就已代表为财富的标志了,未来如何不知道,今天还是世上多少人梦想、憧憬、追逐的怪物。一个黄灿灿的大金瓶露天摆着,纵然是包金、镀金,也是要引起人的注意的。至于问到清宫是否真有那么大的金家伙呢? 那就真应了一句老话了,"要耍真富贵,还得帝王家",爱新觉罗家族率八旗二十万人入主中华,建立清王朝,康雍乾嘉,一百五六十年,以全国之力,取精用宏,一个真金大瓶算得了什么呢?当年清代宫廷中、圆明园中那些金佛、金供器,不比金瓶小多少,还有黄金器皿,究竟有多少,那真是无法估计,谁也不知道的。

手头有份资料,记载着东陵的黄金供器数字,那真是洋洋大观。不妨引几笔,可以参考一下,更能理解清宫大件黄金瓶炉供器用具的史实了。

孝庄文皇后陵寝供器:金器五件,重一百零三两七钱,镀金银器一百零三件,重一千七百四十两⋯⋯

世祖章皇帝陵寝供器:金器四件,重一百六十九两,镀金银器二百八十七件,重四千四百两⋯⋯

孝惠章皇后陵寝供器:金器四件,重一百四十两,镀金银器一百零四件,重一千七百八十一两。

圣祖仁皇帝陵寝供器:金器三件,重一百一十八两,镀金银器三百六十六件,重五千二百三十四两。另皇贵妃园寝金供器五十八两,镀金银器三百三十九两。

高宗纯皇帝陵寝供器:金器一件,重一百零五两,镀金银器三百二十六件,重四千七百两。另贵妃前金器五十八两,太子前金器一百三十六两,镀金器六百两。

以上这些金、镀金供器,只是随便抄了几样,都是摆在墓前暖阁中,清明、中元、冬至、岁暮、忌辰等五大祭上祭用的。平日则经常摆在供桌上。

清代东陵在马兰峪,北京东北蓟县、遵化中间。孝庄文皇后是顺治母亲。世祖章皇帝即顺治。孝惠章皇后是顺治后。圣祖仁皇帝即康熙。高宗纯皇帝即乾隆,清代另外有西陵在易县梁各庄。西太后那拉氏的坟就在东陵,五十多年前被军阀孙殿英盗了,是哄动一时的案子,至于那些金供器那就更不知哪里去了。

除此之外,不妨再引曼殊震钧《天咫偶闻》中所记光绪大婚时妆奁单子中的金器看看。其中金器皿有:

金大元宝喜字灯、金粉妆盒成对、金如意茶盘成对、金胰子盒成对、金转花洋钟成对、金漱口盂成对、金喜字羹匙成对、金漱口杯成对、金洗手盆成对、金福寿双喜执壶、杯盘成对、金海棠花福寿大茶盘成对、金福寿盖碗成对、金点翠红白玛瑙盆景成对、金四面转花洋钟成对、金油灯一件、金挺头缸成对、金喜字叉子成对、金爹斗一对(按,即大酒斗)……

这些大多是妆台用具,而非首饰,全是纯金打造的,并未写出分量多少。这些金器,大概现在还都在故宫中,究竟有多少,那也不知道。一般老百姓看了,只是眼花缭乱而已,黄金再多,清朝也还是亡了,作为一姓一家,有什么用呢?

故宫标卖黄金器皿经过

偶然写小文谈了一下清代东陵黄金供器的事，这只能说是清代宫庭黄金掌故的沧海之一粟，如果收集资料，编一部"清宫黄金掌故谈丛"之类的书，那将会成为一部洋洋大观的专著。这时忽然想到，不妨再说一桩故宫卖黄金的旧事。

溥仪《我的前半生》中，曾经记载他在宫中，内务府几次卖黄金的事，把很精美的金佛像，按分量卖给前门外金店。卖时还要除去成色和焊药的重量，不但破坏了珍贵艺术品，而且大大的便宜了金店，另外经手人从中揩油，也赚了大量的黑钱。

不过那座美丽的紫禁城中，黄金太多了，明卖暗偷，连抢带骗，直到溥仪被赶出故宫，也并未将黄金卖光。故宫博物院成立之后，也卖过不少次黄金。就笔者所知，谈谈五十一年前，故宫博物院三次标卖残废金器的事。

在其所印《故宫博物院三次标卖残废金质器皿经过情形》前言中云：

> 本院照议决案，凡关合于处分之物品，分批提出，集中整理，先均经监委会之审查，然后分别售卖或仍旧保存。先药材，次食品，再次绸缎皮货，或标卖、或公卖、或零售，迭经办理在案。近以本院永寿宫、景仁宫两处库房内，有旧日用过之残废金质器皿一批，或有碗而无盖，或盖已残破，或缺少配件，类多不整，先由本院按照平常出组手续，分别提出，

355

集中于延禧宫新建之库房……

全文甚长，未便全引，大体情况是这样的。即民国十八年故宫博物院在南京的理事何敬之（应钦）等开会决议，因故宫博物院经费无着落，将院藏无关历史文化的东西出售作为建院基金。其决议由当时南京政府行政院核准，由院方请地方法院、市长、卫戍司令、理事、北京各大学代表，成立临时监察委员会监督执行。在这样的背景下，有计划处理标卖了不少东西。廿一年七、八两月标卖永寿宫、景仁宫两处库房残废黄金器皿，就是以这项决议作根据的。

标卖的东西是金火锅、金盆、金盘、金碗、金八宝、金如意、金八仙、金筷、金杓、金炉、金杵臼、金蜡扦、金盒、金盆架壶等共计三十六种，全部共重五千数百两。都是咸丰以后的制品，定为没有历史文物价值。而且都是残缺器皿，如火锅缺两个环呀，单根筷子呀，金碗缺个盖呀，八宝少一样等等，都是平日太监使用搬运时偷了去的。

在出售标卖之前，故宫工作人员先把这些东西从永寿宫、景仁宫按"藏"字和"金"字账号分别提了出来，原册账号注销，另编"处"字账号，手续十分严密。集中于延禧宫，召集监察委员会委员周大文、刘瑞琛、程千云、易培基、俞同奎、吴瀛、程星龄、江瀚等开会议论，查视鉴定物品，提出决议，认为这些残缺金器，均属咸丰以后年号款式，可以招标出售。但如发现有雕刻精美，或年号在咸丰以前，则剔除不能随便处理。这标就招标出售了。

在此这几位委员就其主要者作一简单介绍，现在读者大多不知道他们的姓名和情况了。周大文，当时是北平市市长，是东北军张学良的部下。易培基，字寅村，曾任孙中山代表，黄郛组阁时,任教育总长,多年任故宫博物院院长。俞同奎,字星枢,曾任北大化学教授,故宫博物院委员会委员,实权人物。吴瀛,字景洲,由内务部警政司管外事警务,文物专家,后调故宫长期任职,即吴祖光先生父亲。江瀚,字叔海,图书文物专家,司法专家,江庸先生父亲,老前辈,好多事常由江翊云(庸)代表。程星龄是当时会计科长,刘瑞琛是地方法院检察代表,周大文每次均由周鹏飞代表,江瀚常住天津,此次标卖黄金,则由何澄一代表。

当时那些残废黄金器皿经监察委员会议鉴定、决议招标出售之后,便定出招标规则,把物品分做十标,向各金店、银号、首饰楼、商会发出通知,公开出售。

招标规则规定:投标商人可任择一标或数标投标购买,十标分配,最重的八百余两,最轻的只一百余两。承购商号在规定看货日来看货,以试金石验看成色。投标人每标应先缴纳保证金三百元。如投中做为价款一部,投不中立时发还。未缴保证金无效。投标时于标单上必须注明所投各标两数、成色、填写商号及铺长姓名,并加盖水印(当时北京商业术语,图章习惯叫水印)。得标人于两日内来院备款取物,过期不来缴价,以放弃得标权利论,三百元保证金院方没收,不再放还。因为当时是官方对私人商号共事,规则定的是很严的。

第一次投标是七月廿一、二两日看货,到金店五十二家;第二次看货是廿七、八两日,到金店六十五家;第三次看货是八月十一、二日,到金店四十五家。看过货后,第三日即投标,由地方法院检察处、市政府、北京大学各监委到场监察开标。得标商号即于当天携带自己所带砝码与故宫博物院之天平、市平砝码双方共同衡量标准重量,并当场用夹剪剪开,如发现有灌银、铜、锡者,照数剔除分量。最后折合成纯金足赤重量,按照当天东交民巷英商汇丰银行所挂黄金牌价行市折合价款。一共三次看货，三次投标，为什么不一次办完呢？因为有的所投过低，不够标底数字，便要再投。什么叫"标底"呢？即内部先定出每标照行市最理想的折算数字。

那时北京金店很多，大都集中在前门外廊房头条、二条、珠宝市街一带，资本都很雄厚，著名的有三阳、开泰、天宝、中源、宝华、全聚、宝兴、三聚源、宝兴隆等。大大小小有一百三十多家，参加了这次投标。得标的商号是宝昌、宝善仲记、乾泰、义聚、富聚、富源、中源、天聚兴、天聚号、三益兴等家。投标单是故宫印刷厂自印的。上面印有"故宫博物院处分物品投标单"字样。前面文字印道：

投标人某某，今遵照贵院处分绸缎及药材临时投标适用规则，愿出价承购贵院现在标卖之各类物品，听候开标，兹依所定各标分别标明价格开列如左表。计开……

金店得标买到后，由故宫守门公安局警士检查后，将物品运走。三次共得款三十八万八千一百余元，存放银行，作为基金。沦陷后则不知此款如何了。

此次故宫标卖残缺黄金器皿，在民国廿一年七、八两月，其时正是日寇侵略者发动"九一八"之后，溥仪已到了东北，又在南京国民党政府古物南迁之前。吴景洲《故宫盗宝案真相》书中，对此略有记载，择引如下：

不久，易院长回到北平……我们内部虽然有些龃龉，外面看来却是非常动人，大批的金砂、金器、锦缎、皮货、山珍海错,不断流出宫外,换成大批的钞票银元……调查我们处分物品案的钦差御史,他首先注意的是黄金。我叫会计上拿来全部金砂,黄金处分案给他看,他将金器案反复看了多少遍。他说:内府的金器应该十足,还应加成,如何有写明九成、八成、七成的?何以还要去重?

　　我答复他:"这些金器的处分,有监察委员会负责。纯金不能制成用品,镶焊加了焊药,所以要除分量。"

可是他回到了南京,依旧参了一本,送到高等文官惩戒委员会。那时委员长是叶楚伧先生,叶先生为难了,一件常识都不够的理由书如何处分呢?只有束之高阁。

古玩铺

    北京旧时古玩铺特别多，后门外鼓楼前大街、隆福寺、东四牌楼、东安市场、东单等处都有，最多是中国古董，也有洋古董。而古玩铺最多的是和平门外琉璃厂。

    琉璃厂向称"文化街"，其商业经营范围是：书籍、碑帖、书画、笔墨、文玩、印章、印刷、装裱等等。这些行业有的又有横向关系。比如书画、文玩、印章三项，就有横向交错的部分。书画中时贤书画，就是书画铺、南纸铺的生意。而古人书画就归古玩铺经营了。印章铺只经营刻图章，卖铜章、石章料。如果古人的图章，什么赵飞燕的印了，汉寿亭侯的印了等等，那又归古玩铺去卖了。"古玩"在文人口中，不说"古玩"，而叫"文玩"，意思是文人雅玩之物。实际如从历史文化的角度去说，也是讲得通的。因为要玩这些玩艺儿，不比玩扑克牌和乒乓球，因为要有一些历史文化知识才行，因而也可叫"文玩"。不过"文玩"的涵意，较"古玩"更广泛些。因为还包含新的。而"古玩"则只是古的了。

    琉璃厂是古玩铺集中的地方。多的年代，有七八十家之多。古玩铺，大部分都叫"某某斋"，而且还加上一个古字，有名的如延古斋、信古斋、遵古斋、茹古斋、赏古斋、敬古斋、隶古斋、敦古斋、崇古斋、式古斋，还有什么"英古"、"尚古"、"古韵"、"古欢"、"古雅"、"苍古"等等。读者试看，单一个"古"字，能翻出多少花样呢？当然也有少数不叫"斋"，不带"古"字的字号。他们都起另外高雅的名字，如有名的"维古山房"、"大吉山房"，也都是古玩铺。

古玩铺门面都不大,一般三开间门面算大铺子了,大多是两间或一间门面,不过有的后面带着很精致的磨砖小四合院,这样门面虽小,里面还比较大。不过广义地说"琉璃厂"时,除东西琉璃厂外,还包括南新华街、海王村、火神庙、土地庙等处。海王村四周则都是一间间的单间,开着不少小古玩铺,那都是没有院子的小买卖了。三十年代中,琉璃厂古玩铺中还有不少开在咸丰,或同治初年的老字号。如德宝斋,开于咸丰九年;英古斋,开于同治六年;论古斋,于同治元年开张。不少都是七八十年的买卖。小小的铺子,春夏秋冬,年年月月,门上挂着成亲王、翁同龢、贺寿慈等人写的金字匾额,灿灿发光。门窗洁净,室内四壁光可照人的紫檀多宝阁上摆满了一般人叫不出名堂的玩艺儿,铜的、瓷的、漆的、刻的……掌柜的坐在八仙桌边的螺钿太师椅上等客人,小徒弟在边上站着侍候着,手还不停着:一手拿只炉或瓶,一手拿一大块丝绒,不停地擦呀,磨呀,磨呀,擦呀……门口有买主儿一进来,立刻站起,把手中玩艺儿交给徒弟,满脸堆笑,迎接客人了……

古玩又叫"古董",又写"骨董"。《桃花扇》"先声"一上来就唱道:"古董先生谁似我?非玉非铜,满面包浆裹。"已故现代著名史学家邓之诚先生的笔记书名《骨董琐记》,一可看出"古董"得名之久;第二"古董"、"骨董"哪一个对呢?《通雅》说"骨董",并引《说文》:"呼骨切,古器也。"宋代朱熹《晦庵语录》作"汩董"。《通俗篇》说"骨董"是方言,初无定字。这样"文玩"、"古玩"、"古董"、"骨董"、"汩董"等等,这么许多奇怪的名称,实际上是一种东西,从汉语的复杂性说,多么有趣呢?

古玩不但名称复杂,其内容就更复杂了,小小的古玩铺,包孕着几千年的历史,几万里的土地,几十代的智慧,几亿人的生活。三代钟鼎,有的是当时多少人吃饭的家伙,秦砖汉瓦,还沾着不知多少能工巧匠的汗水⋯⋯每一件古玩要和人联系起来,和历史联系起来,那就有说不完的话了。

古玩铺中那些"古里古董"的玩艺儿虽多,但是主要的两大类,即古瓷和古书画,其他铜器,包括三代鼎彝和明代宣德炉,汉玉珮件,摆件,象牙雕刻,漆器,绣品等等。古玩铺有行话,叫"硬片"、"软片",或叫"硬彩"、"软彩"。所谓"硬"者,以古瓷为主,旁及古铜器、古玉器等,但古玉又入玉器行。因此有的古玩铺收汉玉,有的则不收。所谓"软",主要指古字画,旁及绣品。但绣货比较少,以书画为多。

鉴别古物,从明清以来,就是非常高深的专门学问。在马派名戏《一捧雪》中的汤裱褙不就是因精于鉴名古器物而受知于奸相严嵩的吗?琉璃厂那么多古玩铺,每家的掌柜的都是一个古器物鉴赏家,都必须先具有起码的古物常识。看瓷器知道甚么是"冰纹"、"窑变"、"釉下蓝"、"粉彩"⋯⋯看铜器知道甚么是"土花"、"包浆"、"铭文"等等,这些对普通人说来莫名其妙的字眼,而对古玩行业说,则只是鉴别古物知识的 ABC 耳。其实其中每一样都有无穷的学问。

香山饭店

  坐落在以红叶闻名的北京西山，由美籍华人著名建筑师贝聿铭先生设计的香山饭店，近已竣工，并开始试营业了。这真是一个十分逗人相思的好消息，这样一座出色的饭店，正好在金色的秋天落成，开幕的日子正好选择在红叶满山的时候举行，我仿佛已经望到在那碧云红叶之间，隐隐而现的新屋脊、新楼窗了，真是"高下楼台红叶间，碧云白发且盘桓"。因为距饭店不远就是碧云寺啊！

  说起香山饭店，这新建的，论起辈分来，也像电子计算机一样，是第三代的了。这或者是年轻人不大晓得的事。不妨稍谈谈。

  香山饭店的第一代，是二十年代张恨水写《啼笑因缘》时代的饭店，在《啼笑因缘》结尾的地方，写关秀姑随刘将军来到香山饭店，愚蠢而顽恶的刘将军原以为已经到了温柔乡中，不想上了关秀姑的圈套，夜间血溅芙蓉帐，刘将军在香山饭店一命呜呼，关秀姑为樊家树、沈凤喜报了仇。故事极富于传奇色彩，把关秀姑写的像唐人传奇中红线女一样，当年曾两三次拍成电影，那时的香山饭店其实是十分简陋的，不要说与新建的无法比拟，即同第二代的香山饭店也是相去甚远的，那个香山饭店就在山脚静宜园入口处，都是灰砖的西式平房，同香山慈幼院的房子差不多。目前，曾经在第一代香山饭店住过的人，恐怕很少了吧，因为那已是五六十年前的事了。

至于第二代香山饭店,还得由《啼笑因缘》说起,书中写到樊家树在去西山途中遇匪,忽然为关秀姑所救,又忽然送他到一所小洋房中,原来是何丽娜小姐的别墅,结局设计的非常美,最后樊家树和何丽娜并肩立在鹅黄丝绒的窗帘前,后楼窗上望着关秀姑父女,骑上小驴沿着红叶满山的小路,得得而去……这样的别墅多么美呢?这种别墅后来做了什么呢?有不少就做了第二代的香山饭店。

那时香山上名人的别墅是很多的,朱启钤的、周作民的、周学熙的、梅兰芳的、同仁堂乐家的,还有不少外国人的,都是隐藏在山腰上,白云和红叶中的一幢幢的小洋楼,这些洋楼因为主人都不在了,有一个时期曾集中管理作为饭店,这就是第二代香山饭店。如今新落成的是第三代香山饭店了。

我接到老友报道新建香山饭店已经落成,并已试营业的信后,诗意顿兴,诉诸章句,一寄情怀吧,我便写了一首词,调寄《永遇乐》。其词句云:

故国浮云,频年客馆,月明千里。喜得秋来,重阳近也,佳节无风雨。登临纵未,也应载酒,欲约黄花一聚。奈天涯,良朋念我,日归犹未归去。 飞鸿目送,谢它辛苦带到,京华寄语。染遍霜林,香山不老,总是多情侣。音书报我,征车待发,还应抽暇蜡屐。相思在,白云深处,红栌影里。

我把这首词,和我无限思念香山的情愫,诚心祝贺新香山饭店落成开幕的芹意,托天上的秋云,托窗前的月色,寄到京华红叶深处。

结尾一句,为什么说"红栌影里"呢?因为江南的红叶大多是枫树、乌桕树,而香山的红叶则是黄栌树和柿子树。黄栌叶深秋尽赤,所以叫"红栌",实际就是红色的栌叶也。既然有柿树,为什么不说"红柿"呢?那不行,柿是仄声字,这里只能用平声,栌字是平声故也。"相思在,白云深处,红栌影里",我想,新建香山饭店之美,大约就是美在这种诗的意境里吧。

香山,我曾多次在感旧录中怀念过,它是自然的山,是西山的一峰,它的最高峰俗名"鬼见愁",正名"香炉峰",因山顶有巨石,白云缭绕,好似香炉中的香烟一样,因名香山。冬日雪后,尤其远望,风景绝佳。因而"西山雪霁"或曰"西山晴雪",是"燕京八景"或"金台八景"之一。乾隆帝弘历御题"西山晴雪"的碑,就在香山静宜园中。

如果冬天住在新盖的香山饭店里,赶上天降大雪,依窗看看山中的雪景,雪后的晴云,自然很好。但我更感到好的,则是春天的春花,盛夏的浓荫,和深秋的红叶,这三者才是香山饭店的绝景。在春天,杏花、海棠以及其他果木树的山花,是极尽高下烂漫之致的。盛夏则"双清"的泉水和参天老树的浓荫使整个香山成为离北京最近的清凉世界。至于深秋红叶,那就更用不着多说了,经霜之后,那又比春花烂漫多了。古人诗云:"霜叶红于二月花","红于"者,红过也,有人以之作为书名,改作"霜叶红似二月花",平仄不调是小事,而且意思上也讲不通了。香山饭店盖在这样风景如画的地方,又在满山红叶之时开幕。白云深处,红栌影里,风景如此之美,怎不叫人无限相思呢?

武侠小说杂忆

　　记得初中一年级的暑假里,看过一本残破的《红楼梦》,从此便和"红楼"结下了不解之缘,断续迷离几十年,前年偶制小联云"碧草逢春皆妩媚;红楼有梦本迷离",盖纪实也。不过现在世界上"红学"是显学,开口便说《红楼梦》,未免太平凡了,几乎要使读者倒胃口了,还是说点别的吧。

　　当时平、津两地的高小、初中学生中,流行着看武侠小说的风气,这在山乡中是不知道。偶然从同学书包中看到一本《三侠剑》,这是一种印刷最恶劣的书,居然吸引住我了,什么"童林童海川,手使子母鸳鸯铠,三只金镖压绿林,甩头一只震乾坤",嘿,多大的能耐呀! 这样我在一个时期内,对这些玩艺入了迷。什么《三侠剑》、《雍正剑侠图》,以及后来的《青城十九侠》、《蜀山剑侠传》、《十二金钱镖》。按《三侠剑》、《雍正剑侠图》不是写小说的人写的,而是说书先生的本子,平时都是各个平民化的茶馆说书先生每天一段、一段地接二连三说,说给一些不识字的劳动人民听的。天津有报纸用最坏的印刷纸,灰色面子书皮,印刷极坏,每本二十多万字,一本接一本,两种大约都有三四十本。《三侠剑》的主角是胜英,《雍正剑侠图》的主角是童海川……这样这两种书就成了不少初中男生书包中的"珍藏"了。而另外还珠阁主的《蜀山剑侠传》、《青城十九侠》、宫白羽的《十二金钱镖》则是作者写的,先在报纸连载,再出版发行,白纸封面,印刷也较好。还珠楼主姓什么,忘了,四川人,同北京名医萧龙友先生家的后人认识,常一起打牌,有鸦片嗜好。宫白羽是天津人。前者"七七"战前就开始出版了,后者是沦陷时期写作出版的。《十二金钱镖》我看过八九本,写保镖人以"十二金钱"作旗、作镖,百发百中,因之镖旗走到哪里,都无人敢抢,但从不伤人……看完这些,再看名作《江湖奇侠传》、《小五义》、《七侠五义》等,反不如这些书热闹。不过大概这种书,从艺术影响上讲,《七侠五义》是开山之祖了。这是曲园老人当年赞赏过的书呢。

《七侠五义》是清代中叶北京说书先生石玉昆的本子,后经整理成书的。而后滥觞者渐多,在五六十年前,小印刷所很多,看准这是好生意,便把天津"三不管"一带说评书艺人的本子拿来印成书,印刷低劣,发行量并不很多,但速度快,而且没有完,没有了,一集一集尽管印下来。大概《三侠剑》、《雍正剑侠图》二种,每种都印了足有四五十集之多,从字数上讲,恐怕比巴尔扎克的《人间喜剧》多得多。但作者是谁,却无法说清,因为这都是自道光、咸丰以来,评书艺人口传声授,代代相传,原本没有文字记录。其后有人记录成一部《彭公案》,但那时印刷条件没有后来方便,所以篇幅不能没完了,这个直到《三侠剑》出世,才有了连续印刷出书的条件,这就成了俗话说的"豆腐渣擦屁股,没完没了"了。

作俑之后,造成很坏的后果。有人看见这玩艺迎合社会心理,大有销路,便创作起这种小说来,平江不肖生的《江湖奇侠传》是个中翘楚,还不失为一部有头有尾的作品,到了还珠楼主的《蜀山剑侠传》、《青城十九侠》等等,就是廉价的荒诞不经,有头无尾,问他自己,也不知扯到什么地方去了。天津人宫白羽写的《十二金钱镖》,抛开剑仙,又写镖局镖客,开头还能吸引人,可惜后来瞎扯上没有完,变成胡说八道了,遗憾的是今天还有人走前人的履辙,真使人感到"前车可鉴"的格言是浪费了。

红灯照

　　三十年代时，我母亲已经是五十来岁了，她少年、青年时，都是在北京度过的，亲身经历了八十三年前的"庚子"，因此她对于什么义和团、红灯照、八国联军、烧教堂、抢当铺等等，不惟耳闻，不少都是目见的。我小时，她常常对我讲她青少年时期的故事，讲的最多的就是"庚子"时的见闻，什么"天兵天将"、"梨山老母"，夏夜在黑黝黝的夜空中浮动着一盏红灯，十七八的大闺女，红袄红鞋红裤子，一踢脚，便跳到半空中，随着红灯，不见影踪，这便是"红灯照"……据仲芳氏《庚子纪事》记当时街上到处贴有黄纸扶乩神语道：

　　　　庚子义神拳，戊寅红灯照。丙午迷风起，甲子必来到。壬申不算苦，二四加一五。遍地红灯照，壬申到庚午。己酉是双月，庚子才算苦。等到乾字号，神追鬼又叫。家家户户每晚向东南方焚香叩头，可保平安……

　　这是真实的"红灯照"，而到了群众中，就变成奇奇怪怪的故事，常常引起我的幻想，感到又羡慕，又害怕，那摔下来怎么办呢？后来我慢慢大了，上了学，长了知识，知道了义和团、红灯照、八国联军等等历史事物，便不是以神秘的心理去想象，却是以胡适之先生所说的历史癖去研究了。我有一次看到一幅"红灯照"的少女照片，增加了我的实感，颇使我有恍然之喜，迄今留下深刻的印象,时时思念这个八十多年前的少女……

发型是很怪的,三寸长、两头足有二寸阔,中间用红头绳紧扎,乌黑油亮的大抓髻,不是梳在脑后,而是梳在脑门正中,四周头发都向上梳起,极为光亮,正面稍微低一点在脑门上梳一个抓髻,长型,中间用头绳扎紧,脸庞瓜子形,鼻子笔直,上身带大襟紧身袄,下身扎腿带,小脚,外罩坎肩。在一山子石旁,一手叉腰,一手柱一单刀,金鸡独立式站着,不过十三四岁年纪,容貌姿势极为娟秀英俊,是贴在硬纸板上的六寸老照片,收藏者邓文如先生,毛笔在边上写"红灯照"三字,这张照片八十年代初曾在《团结报》上刊出过。

福建吴鲁《百哀诗》中咏《红灯照》云:

> 红灯照,垂髫弱女年小少,吞符念咒一身轻……中庭尽日设斋醮……腾云驾雾高复低,睁睁万目齐瞻眺……

另其《驴背集》中,也有《红灯照》绝句,诗后并有注说:"贼匪中有名红灯照者,皆选室女未嫁者为之。室中祀九达道人,以铜盘贮水置神前,绕行叫飞字不绝。自言练习四十八日即能飞行空中,人各燃一灯,以红纱罩之,悬诸门外,一夕红灯匿不见,里中惊传诸女伴飞入海外,焚洋人庐舍矣。其党奉天津林黑儿为师,黑生长水滨,本船家女也。"惟这照片不知是林黑儿否?

北京人的扇子

扇子，是北京人度炎夏而爱不释手的宝物。伏天里，虽说人人手中都摇着一把扇子，但由于性别、年龄、职业和文化修养的不同，所用的扇子亦各有别。

用蒲葵叶稍事加工即成的芭蕉扇以及用竹篾、麦秆编制的普通扇子，物美价廉，颇受大众欢迎；但究其历史和艺术价值而论，则不如羽扇、团扇和折叠扇。

羽扇的历史最为悠久。据晋人崔豹《古今注》一书所载，远在三千多年前的殷代就已有用鸟头羽毛制成的扇子。唐以前宫围中所用的扇子，皆由羽毛制成，诸葛武侯与宣王司马懿在渭滨交战时，武侯就是手持白羽扇，指挥三军。羽扇出风缓软，不入肌理，对人体有益。北京的老人或僧、道、尼等佛门弟子，深知古人"避风如避箭"这一养生之道的奥秘，故而于盛夏皆喜用羽扇取凉。

团扇为圆形短柄的扇子，古代宫中常用，又叫宫扇，为古代年轻女子一种不可少的装饰品，其作用主要是用以遮盖，手执一扇不但可以增添主人无限娴雅文静的仪态，有时却又能体现少女活泼天真的个性。唐朝诗人王建《调笑令》中"团扇、团扇，美人频来遮面"以及杜牧七绝《秋夕》中"银烛秋光冷画屏，轻罗小扇扑流萤。天阶夜色凉如水，卧看牵牛织女星"的辞句，把少女既文静又活泼的二重性格，描绘得活灵活现。

正因为团扇带有装饰性，所以扇面大都选用丝绢绫罗一类的织品,以便在上面点染绘画增加装饰美。故而梁朝的大文学家江淹有"纨扇如团月,出自机中素"之句。

昔日北京豪门中的太太、小姐以及梨园界的坤伶多喜用团扇。北京崇文门外花市的绢花作坊,每年夏季必集中人力、物力大批制做团扇,以供市场需求。其所制团扇,分素扇、字扇、画扇三种。字扇与画扇,是将成批的普通素扇"过行"给画匠或写字匠,雇用他们在扇面上书写唐诗、宋词,彩绘花鸟虫鱼。至于素扇,上面虽无字画,都是工精料细的上等品,扇柄以象牙或沉香木为之,柄端系有小巧玲珑的翡翠或玛瑙雕成的"扇坠儿",价格昂贵,专门卖与有钱人。

北京人喜用的折叠扇,又称聚骨扇或紧头扇。本是外国的贡品。苏东坡记载说"高丽白松扇,展之广尺余,合之止二指许",由此可知折扇至少在北宋时已由朝鲜传入我国。明代张东海亦以为折扇贡于东夷,永乐间始盛行于中国。据说传入宫中时为太监所见,觉得此物展开即用,收拢易藏,非常方便,于是纷纷仿制,后逐渐传入民间。清高江村《天禄识馀》所载"折叠扇古名聚头扇,仆隶所执,取其便于袖藏,以避高贵之目……今则流行寝广"等语,就说明了这点。

久居北京的达官显贵、文人骚客及名优,不仅喜用折叠扇,而且对扇骨、扇面的选择非常考究。他们经常云集在琉璃厂的韵古斋和荣宝斋,选购扇骨与扇面。韵古斋所售之扇骨,有紫檀、象牙、乌木、棕竹、湘妃竹、毛竹、梅鹿竹、广漆、菠萝漆、嵌金银丝、嵌螺钿等精雅的上品,并时而出售从宫中溢出民间的雕有正龙、侧龙、百龙、百鹿、百鸟等极为罕见的老扇骨子,这些价值连城的宝物,皆为清宫造班房御制,所刻鱼龙鸟兽及蝇头细楷,刀法清晰,不失规矩笔意。

荣宝斋出售的扇面，有重金、红金、洒金、块金、发笺、白面、黑面、珊瑚面等。这些质地精良的扇面，价值并不昂贵，但一经配上张大千、溥心畲、齐白石等著名书画家的水墨丹青，便成了稀世之珍。昔日的荣宝斋，还出售明清两代董其昌、文徵明、米万钟、郑板桥等名家所书的古扇面。据《坚瓠集》记载："折扇至于挥洒名人翰墨则始于成化间。作伪之徒乃取宋元明初名人手迹入扇，良可哂也。"正因为书画折扇现存最早不过明代中叶，故而董其昌等名家所书的扇面每每被殷实的官宦人家或富商大贾不惜以重金争购。在折扇上挥洒翰墨并非易事。不但章法很难安排而且纸面高低不平。明代祝枝山以为在折扇上写字，犹如令舞女在瓦砾堆上跳舞，"环肥燕瘦，终减态耳"。但熟能生巧，一旦掌握了它的特性，加上巧妙的布置，在这小小的天地中却能产生其他形式所不能产生的另一番情趣，成为特有的一种艺术表现形式。那一行长一行短的特殊章法，加之熟练精能的真、草、隶、篆各体书艺，疏密有致，静雅清丽，犹如满目珠玑，美不胜收。北京人对名家书画扇在小心翼翼地用过一段时期后，往往请西城的扇子工（胳膊上刺有西城王塔，技术精湛）将扇面扇骨折下来分别保存。扇面则装裱成平面册页，但也有不裱的，称之为"成扇"。

半斤八两

"半斤八两"，这句过去人人都懂的俗语，流传了最少几百年，现在要打问号了。我看电视播放反映解放初期北京市民生活的电视剧《小井胡同》，忽然忍不住笑了起来，想起了这句话。

在破小胡同里，一个人正买切糕，卖切糕的切了一块切糕，用秤一秤，不多不少，说了声："八两!"买的人在边上说："我要半斤!"那卖切糕的人便又切掉一些，再一秤，说道："半斤……"就给买切糕的人拿走了……我看到此处，哪能忍得住笑呢？

我不知道，这是不是故意安排的，为什么卖切糕的秤切糕后，不多不少，偏要说"八两"呢？为什么那个买切糕的人，不多不少，偏偏要买半斤呢？"准斤十六两"，这是过去卖东西的小贩最爱夸口的话，如果是"八两"，那卖切糕的人，绝对不会说"八两"，而一定要说"半斤"，当时的小贩是绝对不会说"八两"的。我不知那么许多编电视、拍电视的人中，连这点最起码的常识都没有吗？或者是故意编成的逗笑镜头，考考观众？

总之，这实是一个人人生活中都会遇到的有趣问题。一市斤有多少两？现在是十两。但在久远的历史生活中，在港、台以及其他海外华人店铺中，还有不少用老秤的，都知道一斤十六两，"半斤八两"，是相等的，必然的。我们市秤改为一斤十两，即十进位，是近些年的事，具体年代忘记了。

过去斤与两之间进位，是十六进位，即准斤十六两。而两以下，却都是十进位，即十钱一两、十分一钱、十厘一分等等。改为十进位,两的重量增加了,钱以下如何算,忙坏了中药铺,因为抓药都是以几钱几分计算,而药铺成批买进药料,则是以斤算,几十斤、几百斤,每斤都等于十六两,一百六十钱……一改十进位,全面重新计算,和历史文献记载,也全对不上,增加不少麻烦,现在都改成"克"了……历史上白银、黄金都以两计算,不大用斤。如一千六百两白银,没有人说成一百斤白银。书上文件也不这样写。

一斤桂元一元二角五,七两多少钱? 一斤切糕五十八大枚,六两多少钱? ……如何算,不要紧,很容易,珠算中有"斤秤流法"口诀:"一退六二五,二一二五,三一八七五,四二五……八五、九五六二五。"即一的十六分之一,即"零点零六二五",二两则是"零点一二五"了,以此再乘价钱,计算自然较繁,但算盘熟的,一拨弄算盘子,很快就算好了。南货店、糖果店……站柜台卖货的,没有一个不会算盘,打不来算盘,还做什么买卖人呢?

两以下的微量可到几位,一般金店、药铺用到"钱"、"分"、"厘"、"毫"、"丝"、"忽"、"微"。我过去知道的只有七位。实际使用一般只到四位。近日收到青年友人韩府君寄来的一本《大同县志》,新印道光本。内中记到各项地丁银数很多。如:

> 共改征银四百八十二两七钱七厘六毫九丝一忽二微九纤六尘外,实征米银四百五十两七钱九分五厘一毫五丝一忽二微四纤三沙五尘四渺六埃七漠。

前一项两后小数用到八位、后一项两后小数用到十三位。用现在话说,真叫绝了! 我不知是如何测量出来的? 而且都有名称,现在电子天平自然不成问题,当年手工天平如何测呢? 这不也是民俗吗? 太有趣了,但不是胡编的。

《青松红杏图》

　　北京崇效寺现在没有了,但是在明、清两代,其名气是极大的。名气大,并不因为庙场大,香火盛;而是因为其历史悠久,故事多,看花出名,有名僧主持。旧时寺庙僧人除一般者外,其名声藉甚的,大约可分三种:一种是佛理精深的法师;一种是世路通达能经营庙产的方丈,这就是所说的"出了家比在家还忙"的那种和尚;另外一种则是藏龙卧虎、英雄人物失败之后做和尚。崇效寺庙虽小,但出过著名的和尚。

　　明代嘉靖年间重修崇效寺的了空上人,就是当时有名的第二种和尚。他俗姓郭,山西大同人。明代宣化、大同二府是边防要地,有宣大总督,武官很多。他是左卫武略将军之后,先在五台山天成寺出家,法名智胜,师傅是大用和尚。后入伏牛山建立"石梯丛林",招纳僧众参禅礼佛,成为著名和尚,后托钵云游名山大川,名动王公贵戚中,最后来到京师重修了崇效寺。

　　崇效寺第二位高僧是清代初年的拙庵和尚。他的经历就更可歌可泣了。崇效寺自清初以来,有一传寺之宝的画卷,名《青松红杏图》,画不大,画面是一株红杏,一棵青松,松树下坐着一位虬髯和尚,正在参禅。这和尚是谁的像呢?就是拙庵和尚。这拙庵和尚是甚么人呢?是明代锦州边防的一员武将,打了败仗,明代亡了,隐姓埋名,出家为僧,后来人们只知他是拙庵和尚,不知他真实姓名了。他请人画了这样一张图,当作镇寺之宝,请名家题诗,这是康熙庚午(一六九〇年)的事。当时给他题诗的有王渔洋、朱竹垞、查他山等人，后来这个卷子一直保存着，历朝诗人都有题诗，直到本世纪初的王湘绮、樊云门等人，有千余家。

他为什么画此图呢？是有爱国深心，纪念辽东战役松山、杏山明代军队大败的。前此四十多年，明蓟辽总督洪承畴师十三万军队援锦州，八名总兵官包括吴三桂在内，结果在锦州附近松山、杏山间，被清兵打了个大败。据《东华录》所载："是役也，破明兵十三万，如摧朽拉枯，计斩级五万三千七百八十三，获马七千四百八十四，驼六十六，甲胄九千三百四十六……"此后明兵损失惨重，洪承畴被围松山，第二年即因副将夏承德叛明破城投清，洪被俘，亦降清了。为纪念此役绘制的《青松红杏图》，其用心又多么可哀呢？此图现在则不知是否尚在人间了。

北京崇效寺名气直到解放前仍然很大，一是牡丹，一是《青松红杏图》。前不久在上海一家报纸上还看到有人写类似年谱的文章，还记给《青松红杏图》题字，只可惜把崇效寺写成崇孝寺，错了。读《王湘绮日记》民国三年四月十九日记云：

> 朝食后至石虎胡同答访议长汤化龙，午正至崇效寺，芝昀大设，招集同来诸人，看《红杏青松》长卷，国初诸人及近年故人均有题记，翁覃溪八十四岁题字，余八十三岁，欣然继之，字更小于覃溪，亦雅于覃溪也。未入座，谭仆传来一条云，申初朝见总统，促令亟去，完夫从之，午诒为介，亦亟去，可笑也……

民国三年，王湘绮应大总统袁世凯之招，以八十三岁高龄老人携周妈来北京做国史馆馆长，三月十二日自汉口坐专车来京，其车是"电请总统饬交通部发来者",《日记》中调侃袁世凯云："可谓劳动大神也。"

再崇效寺牡丹,我在沦陷时,大约是一九四一年春吧,曾随先父汉英公去看过一次,在寺庙西北角,只两三畦,有名种墨牡丹。解放后,记得曾见叶遐庵先生写文介绍过,云已建议市政当局移植于景山公园。现在如何?则不得而知矣。

东岳庙

《红楼梦》第八十回《王道士胡诌妒妇方》中写到天齐庙,原文道:

> 正说着,贾母打发人来找宝玉,说:"明儿一早往天齐庙还愿去。"宝玉如今巴不得各处去逛逛……次日一早……坐车出西城门外天齐庙烧香还愿。这庙里已于昨日预备停妥的,宝玉天性怯懦,不敢近狰狞神鬼之像,是以忙忙的焚过纸马钱粮,便退至道院歇息。

这里所写的天齐庙,就是影射北京朝阳门(又名齐化门)外的东岳庙,这在俞平伯先生的文章中很早就提到过了。在名称上的影射手法是很容易理解的:其一"东岳庙祀的是天齐仁圣帝;其二在"齐化门外";其三说部有"齐天大圣"之名,所以信手拈来,改个庙名,非常得体,也非常自然。东岳庙是道士庙,东岳庙的面目狰狞的神鬼之像最出名,所以俞先生说天齐庙影射东岳庙,北京人是完全能够想得通的。但如果说天齐庙就是东岳庙,则也不能那样说,因为小说毕竟是小说呀!

说起东岳庙,在北京是非常出名的,是一座又古老、又宏大的道士庙,地址在朝阳门外大街路北,往东一点,南面有条小街,地名"芳草地",在北京所有地名中,同"百花深处"一样,是最漂亮的。东岳庙三间磨砖大庙门,对着庙门,隔开马路,还有一座高大的黄、绿琉璃砖瓦砌的牌楼，把庙门衬托得更为雄伟。明代刘同人《帝京景物略》记"东岳庙"云：

> 庙在朝阳门外二里，元延祐中，建以祀东岳天齐仁圣帝。殿宇廓然，而士女瞻礼者月朔、望日晨至，左右门无闲阒，座前拜席为燠，化楮钱炉火相及，无暂熄。帝像巍巍然，有帝王之度，其侍从像，乃若忧深思远者，相传元昭文馆学士艺元手制也。元，宝坻人，初为黄冠，师事青州把道录，得其塑土、范金、搏换像法，搏换者，漫帛土偶上而髹之，已而去其土，髹帛俨成像云。始元欲作侍臣像，久之未措手，适阅秘书图画，见唐魏徵像，矍然曰："得之矣，非若此，莫称为相臣。"遽走庙中为之，即日成。

这是元代的东岳庙，神像是历史上的名塑像家刘元塑的。庙中原有三座碑，一座是赵孟頫写的、一座是赵孟頫弟弟赵世延写的，都是楷书，一座虞集写的，是隶书。明英宗朱祁镇正统年间，东岳庙重新修建扩大，修了"地狱七十二司"，有各种狰狞恐怖的地狱图景。还修了"天齐仁圣帝"后妃行宫，在"帝妃"像前悬一"金钱"，道士骗人说，用铜钱打中这"金钱"，就可以得子，因而到庙里来的人都来用铜钱打这个金钱，所谓"不中不止；中者喜，益不止，罄所携以出"，道士就可以大得其利了。

在明代，每年三月廿八日，所谓"天齐仁圣帝诞辰"，东岳庙有很热闹的庙会，要把塑像抬出，打上旗锣伞扇执事，前有鼓吹吹奏，各处游街，经过之处，各家妇女都到街上来观看。这种风俗，一直到清代末年还很盛行，最早沈榜《宛署杂记》就有记载，叫作"拜者"。其后记载的书籍很多，光绪时让廉《京都风俗志》记云：

> 三月十五日，朝阳门外东岳庙，日日士女拈香，供献、放生、还愿等诸善事，及各行工商建会，亦于此庙酬神。盖此庙水陆诸天神像最全，故酬神最易。至二十八日，为东岳齐天圣帝生辰，特建掸尘等会，其游人与修善事者，较平日称为更甚。

按《京都风俗志》记载，其祭神仪式，清末与明代已有许多不同，但其热闹则是一致的。《红楼梦》原文中特别写出"宝玉天性怯懦，不敢近狰狞神鬼之像"，东岳庙也的确是以塑像狰狞恐怖著称的。首先是庙内两廊地狱"七十二司"的塑像：有的面目凶恶、青面獠牙；有的身首异处，自己提着自己的脑袋；有的被锯成两半，有的被磨成齑粉，极尽惨酷之能事。其故事来源是佛教的"轮回"、"地狱变相"等等幻想又结合了道教的神秘观，塑造成种种恐怖像。除两廊"七十二司"外，还有阎王殿"十八层地狱"的塑像，什么上刀山、下油锅、铜柱炮烙、剜眼割舌等等。最恐怖的是有的殿中进门处地下装了木消息，香客一进殿门，踩中消息，迎面的判官、无常等狰狞塑像，会突然转过身来，无思想准备的人，会吓一跳。如果是儿童、老人，或胆子小的，自然更不敢看了。这就是《红楼梦》中这两句原文的历史背景。

东岳庙之创建，始自元朝，据《天咫偶闻》记载，直到光绪末叶，即二十世纪初，"赵子昂所书张留孙碑尚在东阶下"。明代增修"七十二司"，规模更大。清代康熙时，东岳庙天齐仁圣帝殿被火烧过一次，元代塑像多被烧毁，后来所看到的神像，都是康熙时被焚之后重建的。曼殊震钧曾按虞集《刘正奉塑记》考证，认为是刘塑在长春宫东，与此无涉，并云其误自《燕都游览志》。今查虞集《道园学古录》卷七原文云："大都南城长春宫，都提点冯道颐，始作东岳庙于宫之东。谋其徒曰：不得刘正奉名手，无以称吾祠……正奉祝曰：愿亲造仁圣帝像……"虞集记载十分详细，后来刘同人《帝京景物略》记东岳庙，很多都是摘抄虞记的原文。而元代大都旧址在明、清两代北京城内城北部，其南城墙即在东西长安街位置上，所谓"南城长春宫……始作东岳庙于宫之东"，其方位与后来东岳庙并无差错，曼殊震钧在《天咫偶闻》一书中，对辽、金、元以来北京城区位置记载十分清楚，并绘有沿革图，而在"东岳庙"一条上，却自己把自己弄糊涂，亦可谓"智者一失"了。东岳庙最后一次大规模修建，是在嘉庆年代。《红楼梦》中所反映的东岳庙，正是康熙年间被焚后重新修建的东岳庙。清代皇帝到京东谒东陵时，这里也是路上休息的地方，庙中还备有行宫。因而庙中的当家道士专门结交豪门，是十分有势力的。《红楼梦》中的张道士、王道士等，都是这种道士的具体反映。

所谓"七十二司"，有什么"速报司"、"福寿司"等等，都是讲因果报应、孤魂怨鬼等等道家迷信设想，《红楼梦》中所写"太虚幻境"、各种"司"等等，无疑也都是受到道家的影响，产生的想象。东岳庙正门对面有一座十分高大精美的琉璃牌楼，在北京也很少见。使人不禁想到所写"太虚幻境"的牌楼，在这一点上，说不定就有东岳庙直接的影响存在于作者的思想中。

胜地龙华会

胜地龙华会，迎春烂缦天。

绿茵明晓日，红雨记经年。

塔势依云古，池清照水妍。

不辞郊路远，又得小留连。

上面所引是我前年春天坐在龙华公园露椅上随口哼成的一首歪诗，诗实在不好，是张打油、胡钉铰的腔调，如被戴着桂冠的某些大诗人看见，是要笑掉大牙的。不过它是一时纪实之作，所以还引了来作为这篇小文的开场白。久住城市，困于烟尘，每遇暇日，总想找个地方透透空气。记得那天正是谷雨，是江南黄金般的好日子。头天做好准备，一大早，吃了点东西，就骑上破车向龙华出发了。进得园来，芳红满树，落英缤纷，桃林中有的还在盛开，有些则已阑珊了，找了一张露椅坐下，太阳晒得暖洋洋的，浑身舒服，几乎有些蒙眬，但是我没有睡去，却一个人望着那龙华塔的塔影，龙华古寺大雄宝殿的高高的屋脊，不由地胡思乱想，发起"思古之幽情"来，想到龙华的过去、现在和未来。

名蓝远溯赤乌年

龙华……龙华，如果说起它的年纪来，那实在太古老了，不论从建刹开山,创立龙华寺算起,还是从分"舍利子"、建造龙华塔算起,都已有一千七百多年了。那时不要说繁华的上海市没有,就连古老的上海县城也还不知在何处呢? 唐代皮日休《龙华夜泊》诗云:"今市犹存古刹名,草桥霜滑有人行。尚嫌残月清光少,不见波心塔影横。"在唐代诗人的笔下,已称这里为古寺,可以想见其古老了。

据传后汉吴大帝孙权赤乌五年(二四二年),康居国僧人僧会"杖锡东游",乞食于吴娄间,过此地,"见水天一色,藻荇交横,指曰:'此地尘辙不到,原来兴福。'鸠工车卓,遂定基兴建梵刹"。这是最早的龙华古寺。孙权听到僧会建寺的事,道是汉明帝时佛教传入中国的遗风,对建寺给予支持。因之僧会又向孙权说:如来佛的故事,已经千年了,"佛骨舍利",光辉常在,请迎舍利建塔。孙权信了他的话,便施建塔钱二万缗,在赤乌十年(二四七年),建成舍利塔,开光之时,赐名"龙华会",寺名龙华寺,塔名龙华塔。这就是古刹、古塔最早的史实。

为什么叫"龙华"呢? 这原来是佛经上的话。"龙华"原是树名,鸠摩罗什翻译的《弥勒下生经》上说,弥勒佛下生时,坐在龙华树下"得无上正等正觉,在华林园三合说法,广度人天",意思就是弥勒菩萨于龙华树下得道成佛。所以在佛教中留下龙华会的故事。宗懔《荆楚岁时记》云:"荆楚以四月八日诸寺各设会,香汤浴佛,共作龙华会,以为弥勒下生之征也。"这就是龙华寺、龙华会得名的由来。

龙华的历史,上溯到一千七百多年前,在这漫长的岁月中,这座吴大帝顶礼过的古刹,真可以说是历尽沧桑了,其间几兴几废,一言难尽。简单说,赤乌年建造的龙华寺,武则天垂拱年建造的大殿,早在唐末就被焚毁,鞠为茂草了。当时只剩下破旧的塔还存在，宋代初年，吴越忠懿王钱俶知道这是龙华古寺的遗址，便命人赏金重建佛寺，重修宝塔，赐名"空相寺"。其后南宋时又不断增建。到了元代，先后有著名法师大智和鉴堂二位和尚主持，僧徒繁衍，成为江南著名梵刹。元末再被兵火焚毁，又只剩下一座古塔，在明代永乐年重建，规模更大。前人记云："绀殿莲宫，檐牙复道，近古土木所未有。前辟放生池，筑施食台，其他隐室窈窕，林木翳瑟……"从这些记载中，可以想见永乐时龙华寺重建后的规模了。但是后来在嘉靖中叶，江、浙沿海闹倭寇，龙华古刹又遭劫火，被焚大雄、大悲两殿，廊房山门及市廛千余间，便再度废为丘墟了。嘉靖四十一年，主持僧人一真、慧林又筹资重建，先名"万寿慈华禅寺"，万历时，又御批加"大兴国"三字，全名"大兴国万寿慈华禅寺"，列为"天台宗"十刹之一。这是龙华古寺在明代最风光的时候，万历母亲文明太后派太监赵永赐给龙华寺许多法物，包括"大藏经七百十八函，裹金绣袱七百十八张"。以及五彩织金桌衣、范金千叶宝莲毗庐遮那佛、日月宝幡、缕金彩结幡、大红销金龙幡、供佛古铜器等精美法器，还有御书"承恩堂"匾额，金印二物。增建东轩禅堂、陈眉公题匾额，董其昌书记。明末崇祯时，还重修宝塔、天王堂等建筑。清代以来，龙华古寺，香火不断，历经增修，康熙二十三年（一六八五年），正殿倾圮，僧人霜林募资重修。四十年，僧人仁如发愿修塔，劝募四载，修完六级，只有最后一级未修。康熙以后，龙华寺荒芜年久，太平天国战役中，因战争关系，荒芜倾圮更甚。同治九年（一八七〇年），僧人观竺募建大悲阁楼房，十三年请领《藏经》。光绪元年（一八七五年）僧人静在募建大雄宝殿，大方丈；六年僧人月溪募建金刚殿；九年僧人文果募建三圣殿、弥勒殿，并建百步桥；十二年僧人迹端募建伽蓝殿、客堂、斋堂；十五年僧人志拱募建观音殿、祖师殿、地藏殿;十八年僧人授源重建大佛殿、钟楼、鼓楼,重修宝塔;二十一年僧人功极募建五百罗汉堂并塑像;二十四年僧人本泉募建新三圣殿、星宿殿,在大雄宝殿东隅。以上是龙华古寺及龙华塔的简史,我们今天看到的龙华寺的大雄宝殿等残存建筑,基本上都是光绪年间重建的,而那座七层的玲珑秀丽的古塔,虽经几度重修,却仍是明代旧物。

龙华塔历来称为镇寺塔,是龙华寺的灵魂,也是龙华风景线的中心。历代咏龙华的诗,从皮日休的"不见波心塔影横"开始,几乎没有不提到这座古塔的,前人所谓"规制秀丽,诸方所无,有评者谓其工巧得中",这评价是恰如其分的。这座塔是可以攀登的,过去上海未开埠,没有什么高楼大厦,登上此塔之后,可以饱览江村阡陌,黄浦风帆,是十分寥廓的。昔人诗云:"登塔遥瞻极浦东,往来舟逐一帆风。饶他多见江村景,近水楼台此不同。"这写的是登塔眺望的风光。相反远处看塔,又有不同的感受。"秋江塔影"昔时一直列为龙华八景之一。塔影可以从不同的角度看"树深藏古塔,雪霁迸寒泉",这是冬日苍松深处望塔影;"潮声来歇浦,塔影入禅床",这是禅房日暮、老僧入定时所见的塔影;"堂高悬慧日,塔古荡晴空",这是春和日丽,晴空万里所见的塔影;"疏星沉塔影,花雨暗经台",这是借宿古寺,夜空中所见的塔影。总之,朝暮四时,阴晴雨雪,花间竹下,树底桥头,秋江明灭,浮云飘渺,背景各不相同,塔影的情调也因之而异。但不论在任何的背景下,这个塔影都是娟秀的、美丽的,发人遐想的。昔人赞美杭州的塔道:"雷峰如老衲,保俶似美人。"那么龙华的塔像什么呢? 我说像一个英俊的翩翩美少年吧。

从历史上讲,是先有龙华寺,后有龙华镇的。建寺之初,龙华镇还是一片汪洋,后称龙华荡。据传是"广泽龙王"的故宫,这自然是荒诞的说法,但据此也可知龙华地势的历史变化了。后来有龙华港,水路通陆家浜流入浦江,而且龙华港口上,还有一个小岛,舆地形象家认为像"龙颔之珠",因而叫作"一粒珠",又叫"骊龙珠"。据说"凫鸥翔集,葭苇葱茏,居龙浦银涛雪浪间",风景殊为可观。后来则因城市变,这些早已没有了。龙华港过去有一座桥,横跨在港上,名"百步桥",所谓"睇帆樯于烟树,聆钟梵于晨昏",风景也很好,是旧时人们送别饯行的地方。另外龙华寺外有小河环绕,名"玉带河",山门外有桥,正名"永泰桥",俗呼"香花桥"或"寺桥",另外镇中亦有"香花桥",所谓"朱栏碧流、春堤如绣、柳阴掩映、长虹如带",都是很能体现水乡特色的好景致。可惜现在修建名胜古迹、各处园林,一味只知修马路、种街树,而不懂水的利用,几乎把构成江南水乡景物的灵魂丢掉了,是十分可惜的。

塔影桃花古寺春

说起龙华,不能不想到牺牲在龙华的革命志士。

过去因上海市内许多地方都是租界地,所以由北洋政府开始,直到三十年代反动派统治时期,龙华古寺一直是驻扎反动军队的地方。大革命之后,反动派控制上海的许多军警特务机构都设在龙华镇,疯狂地迫害革命志士,不知有多少革命烈士在这里为了拯救祖国人民献出了他们的生命,如有名的革命作家柔石、白莽、冯铿等人。鲁迅先生《为了忘却的记念》一文,给这些死难的烈士树立了不朽的丰碑。解放后修建龙华公园,为了纪念这些烈士的革命精神,在公园进门处,用红色的岩石堆了一座挺拔的假山,象征革命烈士的精神。这座假山堆的非常成功。

本来过去园林中堆石,太湖石好堆,因其本身就玲珑剔透,便于取势;黄石、青石就难堆,要错落有致,很不容易。龙华公园假山的红石,同黄石、青石性质一样,堆出风格来,是颇见匠心的。这座假山堆的既雄壮、挺拔,有悬崖峭壁的气势,又浑厚、质朴,说句古话吧:有"仁者之风"。既体现了革命者对待敌人勇敢、严竣、坚定不移的斗争精神,也体现了革命者对人民的宽厚、善良、朴实的爱护感情。这二者是不可分的。这座假山唯一的美中不足之处,就是用水泥堆砌,石块接缝处没有空隙,顶部接不上地下泥土的地气,因而上面所种的一株象征革命烈士永垂不朽的青松,长势不旺,也很难再种一株大一些的,这是十分遗憾的。

今天的龙华,包括龙华公园、龙华古寺、龙华塔、龙华苗圃。这四者虽然各自分开,但还是有机地联系在一起的。尤其是龙华公园、龙华寺、龙华塔这三处起着极为重要的"借景"作用。龙华塔影、龙华寺大雄宝殿的屋脊,从公园的不同角度看去,都有飘渺、深邃之感,这是十分难得的。龙华公园本来是龙华寺的右山门一路的地皮,后面还有圆通殿的遗址。这一带过去有白莲禅院、西隐山房、听松山房等胜迹,现在自然都没有了。龙华塔在寺的南面,本来也在寺院的范围之内,可惜修马路时,把塔和寺分割为二,现在公园和寺在马路北,塔在马路南,另成一个院落。因而现在的塔只能以它娟丽的身影飘渺云天,点缀古寺和名园的风光,而不能寻幽探胜,登临凭眺了。

龙华的花木,在昔时有著名的松树,康熙时张宸所辑《龙华志》云:"左山门,在正殿左,其内列植梧柏,阴荫森布。乃韬明禅师手植。"又云:"听松山房,在寺之西北隅,有罗汉松一株,约二百年物也。苍秀偃蹇,若高人傲世,秋风入梦,谡谡可听。"古人所谓见乔木而思故国,如果这些老树还在,当更生色不少,更能显现龙华悠久的历史,可惜现在都没有了。龙华在近代则以桃花著称,近代上海曹钟焌《己丑上巳游龙华杂咏》有一首道:"龙华寺畔草萋萋,柳绕江村花映溪。十里桃林红不断,画船常滞画桥西。"可以想见当年龙华的桃林胜景。现在龙华公园桃花也很多,只是比起当年的"十里桃林"来,那还显着少多了。龙华寺的牡丹也很可观,记得二十年前,还曾经人指引到龙华寺东北角一个偏僻而残破的小院中看过一次牡丹,都是多年老本,着花很盛,现在又经了若干岁月,就不知这些花木是否还健在了。

报载龙华古寺已经修缮,又要开光了。这是很可喜的消息,预祝这座一千七百多年的古寺得到新生。而且觉得公园和古寺还应该联系起来,花木不够,还应该多种些桃花、樱花、海棠、榆叶梅、紫薇、丁香、紫藤等等,以期春花能次第开放,照耀古寺和名园。再有一个极为重要、可以说关系到龙华"生命"的问题,就是在龙华寺和公园的东南一面,也就是龙华塔的周围,千万不可盖高层建筑,不要说烟囱、厂房不能有,即使边上摆上一座六层楼的工房,那也就面目全非,再也没有龙华风景可谈了。

龙华的古迹还多,如昔时高大的钟楼,有一万三千斤的大钟;所谓"江寺鸣钟到夕曛,山僧不语带归云",与古塔对峙,是极为有名的,再如山门前的两口古井,一清一浊,也名"龙井",俗称"阴阳井",说是大旱不涸。而且有金鳗出没,见到的人可以得福。这些古老的传说现在年代久远,都再已无人道及。现在龙华的风光,则主要是塔影、桃花和古寺了。因此去龙华游览,千万要掌握好时间,从"雨水"之后,到"谷雨"之间,九十春光,可以饱览塔影、桃花、古寺的春色,阳光灿烂的晴天固然很好,而春雨潇潇的日子里,在雨雾中看朦胧的塔影、桃花、古寺则更佳,更能体现出江南三月的特有的情调。要知道:娟秀的塔影,烂漫的桃花,苍茫的古寺,也是"淡装浓抹总相宜"的啊!

西山古寺

　　说起溥心畲，又不禁想起戒坛寺、潭柘寺，盛夏之际，在北京如果有条件避暑，不要到远处去，到戒坛寺、潭柘寺，那就是最好的去处了。这两座庙，一般游人，都是一路游览的。戒坛寺在马鞍山山腰，潭柘寺在山脚，两庙相距也就十几里路，其形势很像杭州的灵隐寺和韬光寺。其相像处，都是古木荫深，围绕着古寺，山门外面，更是树木参天，凉风习习，虽在盛暑，也全是一派清凉世界，北京西山其他的庙宇是无法相比的。其情调比之灵隐，有更胜一筹处，就是潭柘、戒坛入山更深，离开城市更远。灵隐在西湖边上，交通便利，即使在过去，走路去，由岳坟过去，经玉泉到灵隐，也不过十几里路，而戒坛寺离北京少说说也有六七十里路，在过去是一天的程头，一早由北京出发，要到夕阳挂山时才能到达，因而当年去戒坛、潭柘，非要准备好过夜才行。

　　潭柘寺建于唐武德五年，开山祖师是鹅头和尚。所以旧时北京有"先有潭柘寺，后有北京城"的说法。戒坛寺是辽代清宁年间所建，开山祖师是法均和尚。潭柘寺后面有一股泉水，引为"龙潭"，再有就是柘树，历史上曾以"千章柘树"闻名，不过早已所剩无几了。但一泓潭水，仍旧涓涓不息，清澈沉碧。同时泉水流入潭中的声音，亦十分激荡可听。几十年前，有两棵老银杏树，有十几丈高，极为壮观。这两株银杏还有一个故事。据说一株是康熙时生的，到乾隆时又生一株，后来两树合抱为一。乾隆认为这是爱新觉罗家族的祥瑞，称之为"帝王树"，乾隆还题过碑。现在就不知道此树、此碑是否还在了。

戒坛寺当年以松树闻名，一是山门外有一棵白果古松，高七八丈，九株树干纠结在一起，寺僧名之为九龙松。二是毗庐千佛阁前，有一株"活动松"，枝干横盘如龙，稍动其一枝，全树其他枝叶都动摇不止，好像大风震撼一样，蔚为奇观。不过这两株名松大约在光绪中叶，即上世纪末都已先后伐为樵苏了。在清代光绪初年，这里还有过一位奇怪的苦行僧，原是北京城里的一名石匠，三十五六岁，出家为僧，左右手指火烧去四指，两臂为戒火烧得伤痕斑斑。师父圆寂后，他守塔三年，不再剃发，成为一名长发头陀，而且守"不语戒"，十几年中，不说一句话，看见施主，只以手问讯。比有名的诗僧"八指头陀"苦行要高深多了。

近人有潭柘寺消夏诗云："松阴中着一亭闲，扪腹逍遥散步还。五月行人不知暑，拖棉带夹听潺潺。"友人来信说，潭柘、戒坛二寺正在修缮，准备接待游人，旧游如梦，什么时候再到戒坛寺过个夏天呢？

地质水脉与植物的生长，说起来有时是很奇怪的。不要说距离远的地方，差异很大，有时在田野中隔陇相望，这块田就肥腴，那块地就贫瘠，当地老农知之甚稔，而城里人却感到不可理解。相距很近之处，地质水脉不同，生长植物也各异。据说有名的龙井茶，也只有靠近龙井的几棵树是真龙井，离开几十步远，一样的茶树，味道就两样了。

北京也有不少特殊的地方，如颐和园中能种玉兰花、太平花，其他地方就种不活。这些南方的花木，在北京种不活，是可以理解的。因为北京地处北纬四十度左近，冬天地面冻土约一尺来厚，南方花木如梅花、桂花不能在户外过冬，这是科学常识，尽人皆知。但却有不少例外，即同样是南中植物，有不少却能在北京种活，如梧桐、竹子等等，而更奇者，是同样北京，这里种得活，那里就种不活。如竹子，在北京不少园子中就长得很好，而在不少地方却又种不活，说迷信话叫作"风水"，实际也真是要看水、土、风、日光的性质。潭柘寺的"玉镶金线竹"便是一个奇迹。

潭柘寺山顶有一泉，名"龙潭"，水流湍急，蜿蜒而下，建寺时引入寺中，刻石仿山阴兰亭作"曲水流觞"，泉水在石槽中蜿蜒而流，酒杯浮泉水上，流到谁面前，谁便吃酒。上面盖了一个亭子，名漪玗亭。漪玗亭四周种的都是"玉镶金线"又名金线竹的竹子。这是一种十分名贵的竹子，粗者约小儿手臂粗，较一般小青竹为壮。奇怪的是苍翠欲滴的竹竿上，都有一条凹进去的金黄线，所以叫作"玉镶金线"，长得极为茂盛。潭柘寺还在京西门头沟煤矿西面，门头沟的山都是瘠土劣石的荒山，连好草都生长不出，而翻过山去，没有几里，便出现这样水木丰茂的地方，能长出这名贵品种的修竹来，这难道说不是奇迹吗？前人不少记载中，常把这里流水修竹的风景，比之于杭州之韬光寺。但我旧住杭城时，于上下天竺、韬光、云溪等处，都没有见过这样精致、漂亮的竹种。而在这北国山坳名寺中却生长得这样茂盛，这里水、土、风、日特殊有利于植物生长，是可想见的了。

《天咫偶闻》一书中，有一首游潭柘寺的长诗，其中写到竹云："明晨拂衣起，竹影青一庭。……檐虚万竹摩，窗启众峰会。"又云："相携漪玗亭，流觞皆酩酊。……晚来憩竹院，坐久风益凉。我友为我言，此景似韬光。"诗很长，并不好，但几次提到竹，亦可见此竹之不平常了。吴世昌先生写《红楼梦》文章，为了证明大观园在南方，一再在文中说北京没有竹、没有笋，有竹便要发笋，不然小竹从何而生呢？北京不但有竹、有笋，而且还有名贵的金镶玉竹。吴先生多去看看，慢慢自己就要否定自己了。

城南情调

　　林海音的小说《城南旧事》搬上银幕,而且得到了金鹰奖,这是很可喜的消息。可惜的是:我过于孤陋寡闻,直到今天,还没有看到过这部电影,亦没有读过林海音的原作,因此我还只是对这个《城南旧事》的标题想象着,想着它必然是美丽的,亲切的,只看这四个字,我便有他乡遇故知之感了。

　　"城南"二字是值得思念的。"城南"不同于"南城",这二者在北京旧时的语言中,有很明显的区别。北京城是四方的,有东西南北之称,而当初"凸"字形的城墙中,又有内城、外城之分。前门里面的内城,有东城、西城、北城之分,但无南城。南城则是专指前三门——正阳、宣武、崇文之外。虽然外城亦有东、西方向,但只统称之曰"南城",便不再分东西了,而且范围似乎只限从前门到珠市口一带。宣外、崇外则似乎不包括在内,因之又有西南城角、东南城角的说法,就是指右安门白纸坊一带、左安门天坛以东一带。那么"城南"又是哪里呢?这就是指骡马市大街及东、西珠市口以南一带。但东珠市口以南旧时住家、名胜都不多,大部分是各种手工业作坊,而旧时住家、会馆、商业、旅店、名胜、古寺都集中在西边,尤其是南横街一带,因此"宣南"、"横街"、"城南"都变成特有的名称了。

　　"城南"这一名词,不但是特有的名词,有特定的范围,而且是一个文化气息十分浓厚,与清代的文人词客有着特殊因缘的名词,以之写入诗词中,便有一种特殊的春明气氛,有一种使人徘徊眷恋的书卷气。袁子才《随园诗话补遗》中有一则云：

> 庚申初春，余与兼山及诸同年在京师游陶然亭。兼山《次壁间田退斋少宰韵》云："欲雨不雨春昼阴，城南亭子同登临。雪痕消尽苇根出，磬响断时禽语深……"

近人夏孙桐崇效寺看牡丹《瑞龙吟》起句云：

> 城南路，还见绣陌横芜，绀墙欹树……

这些诗词中，都叫"城南"，不叫"南城"，一方面因为这些地方的确是在北京城的南面，而且甚至是最南面，如陶然亭，已到永定门西面的城墙下了。而另一方面，亦是更重要的一方面，就是那点特有的情调，特有的气氛，这点情调不同于其他城，是城南所特有的，其特点是什么呢？就是永远值得使人思念，时时进入梦境的情调。

从《城南旧事》获奖，想到城南，与城南那特有的情调。

城南的情调，说得简单明确些，是京华特有的情调，它是包孕全国文化的情调，是几百年中形成的。在全国范围来说，不论是哪里的人，一领略过这里的情调，便如饮醇酒，如坐春风，熏沐怡情，终生难忘。夏孙桐词的起句是"城南路，还见绣陌横芜"，"还见"者，所见非只一次也，多么一往情深！夏孙桐字闰枝，是江苏江阴人，在北京，他也是客居，而对"城南"的情调，却是一往情深，所以写出这样缠绵悱恻的词来，这点奥秘何在？且听我慢慢道来：

明代以远，不去多说，只从清代说起。清代近三百年中，北京是国都所在,是京师。全国各地的人,尤其是各地的读书人,都憧憬着这日下文物之邦,春明风物。三年一考,各省的最杰出的读书种子都来到北京,使各省的文化气氛在北京得到一个总的汇合。这汇合集中在哪里呢?就是"城南"。当年内城除宫城而外,东西北三城,主要王公贵胄、八旗旧家、尚书侍郎、一些大官的第宅,以及各大衙门,一些庙会商店。全国的举子来京,极少在城内落脚。极大多数集中在宣武门、和平门、南横街两侧。

他们来京时,不论是湖广路的、江南路的,还是陕甘路的等等,进的都是彰仪(即广安)门,如果住店,也在骡马市大街一带,如果住会馆,也在这一带的各条胡同中。他们不管考中考不中,最少要在这一带住上几个月,甚至几年、几十年,如清末的大名士李越缦,由三十岁出头没有中举人就来北京起,一直住了三十多年,直到去世,名义上是绍兴人,实际上已经是北京人了。如果这些举子有考中进士的,或留在北京做京官的,便也在这一带租或买所小房安个家,就是客居宣南了。如果用现在的话说,这一带是几百年来全国文化人在京都比较集中的地方。这就是形成城南情调的最根本因素——文化。

一般来说,住在这里的人都是文化较高的,他们客居在京师城南,但无作客之感,他们各有各的同乡人,可以打乡谈,吃乡味,年年在本省、本县的大会馆中团拜,有南货挑子挑着他们各自家乡的土产上门打着乡谈来卖。他们又有各自情投意合的其他省份的好友,讲学问、讲诗文、讲书、讲画、看花、访胜、甚至喝酒、看戏,各随所好,无不极为融洽。他们爱上了纸窗老屋,煤炉天棚,有岁时之乐,无客中之感,这是几百年形成的,可以包孕全国的北京城南情调。

城南游艺园

　　京华的城南一带，自清代康、雍以来，游胜之处就很多，但直接以"城南"命名的地方却没有。直到本世纪初才出现一个以"城南"命名的游乐胜地，那就是"城南游艺园"。这个名盛一时的娱乐场所，现在客居国外、外地的人，恐怕知道的很少了。因为它差不多在半个世纪以前就没有了。逛过城南游艺园，现在还能记得那里的情况的，最少要在六十三四岁以上的人。如果再年轻，即使在孩提之时，跟着大人去过，那记忆也不真切，或者有一鳞半爪印象，但多半是模糊的了。

　　由辛亥之后，直至一花甲前，这段时期里，是城南游艺园的鼎盛时期。当时北京社会上有夸耀繁华去处的两句话道："东四、西单、鼓楼前，前门大街游艺园。"这游艺园即指城南游艺园。它的园址就在北京外城南端，天桥之西，先农坛之北，具体说，城南游艺园是先农坛的一部分，陈宗蕃《燕都丛考》引《顺天时报丛谈》云："缘先农坛在今日已分为四：一为先农坛，一为城南公园，一为城南游艺园，一即为先农市场……城南游艺园，该园景物，久为都人士所欣赏……园中景物，本先农坛之旧观，茶坊酒肆，少资点缀，亦足为红尘中之清凉世界，游人蝟集，每至夕阳西下，绿女红男，成群结伙而来。"由西珠市口中间往南一拐，经万明路、香厂一带，笔直一条马路，就到了城南游艺园的大门了。

　　这个大门是坐南向北开的，园址原是明、清两代皇帝祭先农，举行"九推"仪式，亲自扶犁种御田的先农坛。先农坛地方很大，方圆好几里，游艺园占了先农坛西北隅一大片地方。辛亥之后，由教育部社会教育司主持，把先农坛这块地方划出来开辟了一个城南公园，虽说是公园，却也没有什么树木和风景，只有一个水塘，可以种荷花，多少有一点趣味。

二十年代，北洋政府在北京，北京出现过几年畸形的繁华。原因是民国初年直到欧战时期，北洋政府经济尚可维持，当时除政府官吏外，还有参、众两议院议员八百名，人称"八百罗汉"，这些人的收入都很多，各部科长月薪都在二百五十元大洋以上，议员、总长等每月只车马费、薪金都在五六百之谱。再有各省大小军阀，各种官吏，刮足了地皮，年年要到北京借公干的机会挥霍一番。因之前门一带酒楼戏馆，生意极好。当时还不时兴跳舞，也无十分低级的黄色玩艺，只是小凤仙树艳帜的八埠，也就是俗名八大胡同的妓院所在，每夜都是车水马龙，征歌逐酒。城南公园距此近在咫尺，于是有一些天津商人，又利用军阀资本，便在这一带投资，修万明路的东方饭店、新世界游艺场、大森里弄堂楼房、城南游艺园等等，这完全是仿照上海大世界、天津劝业场等经营方式投资修建的。

说来这也是商业眼光，果然做了十五六年好生意，算来投资应该连本带利早已收回了。东方饭店、大森里、新世界、城南游艺都是前后同时修建开办的。连万明路、香厂路的马路也是当时新修的。到过这一带的人一定还记得，这里马路两旁，都是民国初年的那种灰色洋式建筑，迥不同于北京的老式街道，是另有一种味儿的。这里不说别的，只说城南游艺园。

城南游艺园是由商人投资，先在城南公园内盖了许多房屋，然后再召商承办各种娱乐、饮食及其他行业，很快就繁华起来了。最热闹的时候，有京戏场、文明戏场、杂耍场、落子馆、电影场、台球房、地球房、中餐馆子、西餐馆子、新式茶馆、各种吃食摊、耍货摊、书报摊，另外在房屋外面，还有一片以荷花池为主的小花园，有回廊、凉亭、小桥、山石等等小而曲折，亦有情趣。好的是：在戏场、电影场等处看倦了。可以到这个小花园内透透空气、游玩游玩。如果又想看热闹，再随便钻到那一个场子中去观看。极为方便自由。它的经营方式，完全像上海大世界一样，花一角大洋买一张门票进去，随便你看什么都可以。如果你高兴的话，从一早晨进去，在那里盘桓一天，直到半夜再出来，也只要那一角钱，这样逛法，那当然非常合算。但喝茶、吃饭、买零食等还是得另花钱。

这一天如何安排呢？不妨拟个游览时间表：上午九点钟到园门口买票进去，这时各种戏及玩艺都未开场，但台球、地球已可玩了，进去打一盘，不过要另花点钱；或浏览一下场内算命、看相的摊子，听听他们的江湖口；或到小花园凉亭上坐一会儿；然后到茶室或吃茶点，或吃炒面、汤包、春卷都可以。饭后出来转转，即可入文明戏场看张笑影的"锯碗钉"，或到杂耍场听十样杂耍，最后听徐狗子的相声或刘宝全的《大西厢》。反正无分身法，看了这个不能看那个。日场五点钟结束。出来就在园中吃饭，中餐、西餐任便，如果嫌贵，那在摊上买点牛肉干、腌鸡子、面包也可当饭。等夜场开了再进去看：京戏贾碧云的《狸猫换太子》，西洋戏法韩秉谦的催眠术，无声电影卓别林的《摩登时代》……要看什么都可以，直到午夜才散场。这样可以走了吧？还不要忙，还有最后的精彩节目呢？那就是放西洋烟火，其实是日本烟火，在那花园中把五颜六色的烟火一一放完看足后，游人才矇眬着眼，游兴阑珊，出园回家。

瀛台思古

　　德龄公主的名著《瀛台泣血记》已在去年重印出版，"瀛台"这个曾经囚禁光绪、名闻中外的宫苑，又将引起人们的注意了。

　　瀛台是北京中南海里面邻近南海北岸的一个小岛。北京城内有不少叫作"海"的小湖泊，其水都来自西北面的玉泉山。这股清泉汇合其他水成为高梁河，被引至德胜门，从水关进城，先是积水潭，次是什刹海后海、前海，再向前即被引入元、明、清三代的宫苑，以金鳌玉蛛桥为界，桥北为北海，桥南为中海、南海。南海为圆形，直径约四百公尺，瀛台在这一圆形小湖的北岸边，宛如一朵碧莲花中的黄色花蕊。

　　瀛台在明朝时叫"跃台"，清代顺治时改名"瀛台"，取"蓬瀛仙山"的意思。康熙时，在这小岛上修建了一所精致的宫殿，绿水环绕，林木幽深，夏日极为凉爽，是清初皇宫内苑消暑胜地。一到冬天，瀛台周围都是明镜一般的坚冰，宫中还在这里演习溜冰。

　　南海北岸与瀛台之间，相隔两丈多宽的水面，过去由一座大木头活络桥连接着。登岛沿着水边走一圈，大约有四五百米。过桥向西南方向走去，是宽阔的汉白玉石阶。历级而登，不远，便到了"翔鸾阁"，雕梁画栋，共有五间，左右延展开去，环抱着的是弧形的楼。旧时有匾，东面曰"祥晖"，西面曰"瑞曜"。这座翔鸾阁，南北门窗都是对开的。穿过翔鸾阁，是个南北短、东西长的大院子，对面就是瀛台正殿"涵元殿"的后墙。涵元殿东是庆云殿,西是景星殿,前是蓬壶殿、香扆殿。其他还有楼名"藻韵"、"绮思",有室名"虚舟"、"水一方"。四周都有暗廊连接,各楼、各室都能走得通。最南端有一座结构十分别致的十字形小殿,名"迎薰亭",三面临水,四端凸出处是门,曲折处有窗,门窗全部打开之后,凉风习习,碧波粼粼,虽在炎暑,也极为凉爽宜人。

如果登上瀛台,不进翔鸾阁,而由左右两侧沿水边道路走去,风景又完全两样了。一侧是老柳倚岸,碧波涟漪;一侧则是用太湖石堆的假山,都有一两丈高。据记载,这是清初堆石名家张南垣和他儿子的作品,所用太湖石是宋朝汴京"艮岳"的旧物。假山上面和背后都是参天古树,老槐、老柏,郁郁苍苍。从树隙中可以望见涵元殿等建筑物的黄琉璃瓦屋角,衬着高空蓝天白云,极为幽静深邃,有仙境缥缈之感。在园林建筑艺术上,瀛台是极为成功的。那里还有样怪东西,便是"木变石"。它如一石笋,而上面有明显的木纹,深灰色,有绿色苔藓,看看是木头,敲敲却作石音。

瀛台是个好地方,但在历史的长河中,有一段时期,却变成囚禁光绪帝载湉的宫廷"牢房",前后约十年。光绪二十四年(一八九八),"戊戌政变"之后,八月,西太后又听政,囚光绪于瀛台,对外声称光绪(载湉)病重,不能视事。实际上,光绪并无病,只是被囚罢了。他住在四周环水的瀛台涵元殿,拉起活动木桥,便与外界隔绝。光绪三十四年(一九〇八),载湉死在瀛台,时年三十八岁。清代遗老们称这一事件为"涵元旧事",也就是德龄据以写《瀛台泣血记》的史实。

辛亥革命之后,在袁世凯阴谋称帝前夕,即以瀛台接待来京履任的副总统黎元洪。当时的黎元洪,也等于袁的高级囚徒。

太炎先生曾改唐诗讥笑道：

> 云移鹭尾开军帽①，日绕猴头识圣颜②。
>
> 一卧瀛台经岁暮，几回请客劝西餐。
>
> 注：① 指当时将军军帽上的羽毛。
>
> ② 骂袁世凯沐猴而冠。

　　诗中颇见太炎先生"嬉笑怒骂皆成文章"的战斗性。这已是七十年前后的旧事了。瀛台，这一当年名闻中外的胜地，解放后回到人民的手中，如今又有机会供大家参观了。

　　按北京的各个公园，在三四十年代中，我去的最多的是中南海，因为我家住西皇城根，离开府右街极近，中南海内当时有游泳池、冰场、成达中学，还有不少住家的，如流水音一带，就住着画家徐燕荪、音乐家老志诚。一位小同学的祖母是同仁堂乐家老姑奶奶，住在瀛台桥下三大间西屋中，因而我们从西门骑车进去，经过怀仁堂前门，骑车一直就冲上去了，不要说不要买票，连下车也不用，晚上也不关门，我在沙滩北大上学时，每天晚饭后回家看看，再骑车回学校睡觉，总是在中南海穿行而过。至于中南海里面，小时候三天两头进去玩，东面万善殿、东南流水音，西南万字廊，中间居仁堂、瀛台，没有一个地方不是跑熟了的，春夏秋冬阴晴雨雪，各种美景，没有一个地方不熟悉，自从抗战胜利后，李宗仁在里面用部分房屋作其所谓"行营"，进去的就少了。解放后，只五十年代初因听报告，去过一趟怀仁堂，就再未去过。自到上海工作后，那真是回首燕云，如在天上了。而打倒"四人帮"后，中南海南面居然有一个时期内部开放了。几次开会，都曾进去参观过，而且不少人听我说，都公推我做向导，由南长街东南角进去,什么瀛台、春藕榭等处房屋树木都保存得很好,只是瀛台木桥换成水泥桥,桥旁同学祖母旧时租住的房子,都拆去了。最可惜的是东南角一带,康熙初年由名家张南垣修的"流水音"大面积假山、楼阁等等,当年康熙在钓鱼、查初白赋"臣本烟波一钓徒"的地方,那么美的珍品古建筑群,全部拆光了,都改建成兵营式的二层楼灰楼房,真是要多难看有多难看。想想真是可惜、可怜,没有文化的时代,又有什么文化遗产可谈呢?

喇嘛打鬼

得硕亭《草珠一串》中有一首竹枝词道:

京城番寺极巍峨,佛事新奇喇嘛多①,黑寺②曾瞧打鬼,未沾白土又如何?③

注:① 原注:黄衣僧。

② 原注:在德胜门外,正月佛事,名曰"打鬼"。

③ 原注:打鬼但以白土打人,中者为晦气。

这就是黑寺打鬼的故事,《燕京岁时记》云:"打鬼日期,黄寺在十五日,黑寺在二十三日,雍和宫在三十日。"现在说起"打鬼"的事来,在北京年纪大些的老居民,对于雍和宫打鬼,可能还知道一些,对于黄寺和黑寺打鬼的事,知道的人可能就更少了。实际在当年,这都是正月里极热闹的所在,所谓"每岁逢期,聚众至万余人之多",可以想见其热闹情况了。具体的情况,光绪时让廉《京都风俗志》中写得很细致,其记黑寺云:

廿三日,德胜门外土城关东北慈度寺,俗呼黑寺,黄衣番僧,诵经送祟,谓之"打鬼"。城中男女,出郭争观,寺前教场,游人蚁聚云屯。又有买卖赶趁,香茶果食,及彩装傀儡、纸鸢竹马、串鼓蝴蝶、琐碎戏具,以诱悦童曹者,在在成市。至时僧众出寺,装扮牛头鹿面,星宿妖魔等像,旗幡伞扇,拥护如天神,听钟鼓法器之声,聒耳炫目。其扮妖魔像者,皆番僧年少者数人,手执短柄长尾鞭,奔于稠人中乱击之,无赖者谑语戏骂,以激其怒,而僧奔击尤急,以博众笑。喧闹移时,黄衣归寺,则游人星散,紫陌尘飞,轻车驷马,鱼贯入城,而日已近山矣。

这就是当年黄寺、黑寺"打鬼"的情况,其热闹不下于厂甸、白云观等处,只是会期较短,一处只有一天而已。按,黄寺在安定门外,名"普净寺",黑寺在德胜门外,名"慈渡寺",都是喇嘛庙,习惯上又叫"黄寺"为"东黄寺","黑寺"为"西黄寺"。西黄寺内有五间佛殿,建筑华美,据传是辽太后萧氏听政的殿址,但是按照辽、金、元、明北京城址旧图考核,辽大内还在今天广安门外面,离西黄寺还有二三十里路,萧太后不大会跑到当时的东北郊区去临政。而这一带在元代时,却在城内。实际东黄寺建于顺治初年,是给活佛恼木汗建造的。西黄寺更晚,建于雍正初年,又名"达赖庙",是为当时的"班禅·额尔德尼"建造的。西黄寺的主要建筑是一座楼,是仿照乌斯藏式建造的,共八十一间,高窗小阁,曲折相通,十分华丽。据说当时班禅将入朝,就仿照西藏布达拉宫建了这座庙,班禅来京,就住在楼上,饮食沐浴,不履平地,卧室中铺着华丽的厚地毯,陈设金银佛像,极为堂皇,距今一百二十年前,即一八六〇年,英法联军入侵北京,军队就驻扎黄寺和黑寺,住了两三个月,连抢掠带糟蹋,两寺精华,便破坏的差不多,自此而后,又多次驻兵,这两座宏大的喇嘛庙,再也无法恢复当年的盛况了。

说起"打鬼",也颇复杂。按汪启淑《水曹清暇录》记载:喇嘛中最尊贵的是"呼必辣吉",人称"胡图克土汉",意即"再来人"。其次为"朝尔吉"、"勺撒"、"喇木占巴"、"噶卜处"、"温则忒"、"德穆齐"等十几等,女喇嘛为"尺巴甘赤",这些都是西藏名称译音。"打鬼",喇嘛话叫"部勺",亦译"步扎",是一种宗教仪式。"打鬼"这天,殿上点几百盏灯,殿四角竖大旗,绘四大金刚像,大喇嘛座摆在殿东,由名"戳巴金"之喇嘛鸣金,"朝尔吉"以下各喇嘛都就座。由一位名叫"茶勃勒气"的喇嘛把净水淋在每个喇嘛手上,名叫"打净"。几案上摆的供品叫"胡郎八令",是用奶茶拌面粉作成"人兽"形,来给鬼吃,两个喇嘛扮成武士在旁边监视,甲士用布束口,防人气沾在供品上鬼不来吃,"班第"喇嘛装二鬼,跳跃,一夜叉看后一叫,诸喇嘛就撒面,以迷人眼。殿上吹"锏冻",是一种用人骨作的像唢呐一样的乐器,声音凄厉,接着大钹、柄鼓、诸乐齐奏,声如雷鸣,接着称作"哈素尔"的喇嘛十二人,戴假面具,装天神双双相对跳起舞来,又有称作"哈楞"喇嘛十人,装地藏菩萨,锦衣花帽,手持"天灵盖盨"、"髑髅棒"、叉杵等物,随后出来,旁立数百名喇嘛,各持鼓、钹打击,随着节奏,一齐舞蹈,舞完之后,"温则忒"喇嘛宣开经偈,诸喇嘛齐念秘密神咒,吼声、铃声一时齐作。这时"喇木占巴"喇嘛把供品"胡郎八令"扔在地上,二喇嘛戴牛鹿假面,持刀砍地,意思是杀鬼。另一喇嘛装武士,持"方天战",吐火吞刀,谓有神"附体",这时观众皆膜拜行礼,献"哈达",舞蹈。这时称为"哈由巴"的喇嘛捧着糖缸,等在门口,用糖抹在众喇嘛的嘴上,"打鬼"的仪式便结束了。

《东华琐录》云:"绣衣面具,皆由内制,王公大臣,朝服临之,虽近儿戏,典至重也。"于此可见清政府多么重视此事,用宗教怀柔远人,这在清代政策上是获得很大成功的,"打鬼"一事,亦可见其一斑了。

太液荷花

　　我爱写关于燕京乡土的小文章,也爱读别人写的有关北京风土的文章、书籍,自然是指那些有深厚感情、文笔优美的作品,而不是那些稿贩子的东抄西窃的玩艺。我很幸运,近来读到一本日文的写北京的书,那就是日本作家陈舜臣氏的《北京之旅》。除了文字外,特别爱看里面的那些彩色照片,其中有一张使我久久不忍释手、完全沉醉在那画面中的,是一幅北海的荷花、白塔照片。画面上下面二分之一的地方全是茂密的荷叶,中间是碧绿的柳浪,最上部画面是蓝天,在这蓝天中有一个雪白的白塔尖儿,有半只白塔前面小亭的影子,整张照片的色彩,几乎五分之四都是绿色,真是浓翠欲滴,给人一种强烈的盛夏的感觉,尤其是我这个老北京看了,觉得整个生命似乎已经渗透到这浓重的绿色中去了。

　　拍这照片的位置,一看可知,是在一进前门,不过"堆云"、"积翠"桥、就折而东、在那东南岸边(这里的水面、堤岸,很像杭州断桥北面的里西湖,水中自然也全是"接天莲叶无穷碧"的荷叶),就可以选择位置拍摄这幅荷叶翠盖、柳浪碧波、蓝天白塔的照片了。时间正是初入盛夏之际,过早,荷花长得还没有这么茂盛;再晚,在那密密的翠盖间,就要有星星点点的荷花了。所以,凭我这点老北京的经验,从照片画面上,就把这位传播友谊的瀛海作家拍摄这幅美丽照片时的地点、季节都推断清楚。但也正是它牵动了我的感情,引起了我的无限乡愁,在江南作起思念北海夏景的荷花之梦了。

北海的荷花是永远在京华游子的相思梦中的。川人杨沧白《都门杂兴》诗云：

> 不教北马笑南船，荡桨名姬似水仙。
> 海子荷花香十里，歌声遥识采红莲。

这首诗写的就是在北海荷花中划小船的风景。北海过去除去几条水路：如五龙亭到漪澜堂、道宁斋，环绕琼华岛一圈、北海后门大水闸水路等比较深，不能种荷花外，其他广大水域，都是比较浅的，所以大部都种着荷花。苏东坡诗云："映日荷花别样红。"固然娇嫩的红莲花最好看，尤其是含苞未放时，挺直地立在翠盖中，更是招人喜爱。高士奇《金鳌退食笔记》所写：

> 盛夏芰荷覆水，望如锦绣，吐馥流香，尤为清绝。

说的正是这种风光。不过北京当年却喜欢种白莲花，因为白莲花的藕好吃，莲蓬也大，莲子也好吃。当年北海北岸静心斋前面，大面积水面全种的是白莲花，大荷叶都绿得发黑，真是茂盛极了，我看着《北京之旅》中的照片，眼前就立刻浮现出这一大片荷花了。

湖上桨声

说完北海，不禁想起西子湖："画船尽入西泠，闲却半湖春色。"

西子湖，不要从唐朝白居易修白公堤算起，就从南宋"销金窝儿"的临安算起吧，在那柔媚的绿揉蓝的湖面上，千百年来，日日响有欸乃的桨声。但究竟有多少条画船留下过涟漪，那仍然是个谜。

帝王将相，过眼云烟，《梦粱录》、《武林旧事》等书中所记载的宋王朝的华丽的游艇，什么"小乌龙"等等，早已灰飞烟灭，无处探寻了，但六桥烟柳，三潭印月附近的桨声、歌舞、笑声，却仍年年如是，月月如是。当然春天一到就更多了。

在西子湖上划船、坐船确是别有韵味的。出力者与享受者同在一个优美的环境中，摇船也不大费力，而且游湖吗，不要快，要慢慢领略才好，如果坐船的是对对情侣，那就更可以慢慢摇了。如果有太阳，那便扯起遮阳，坐船的人晒不着，摇船的人也晒不着。小风吹着，有一搭，无一搭地说着话，真可以说是梦境般的岁月。偶看《曲园壬辰日记》（《春在堂全书》未收），有一处记云：

> 以婢瑞香嫁新市人沈阿长，阿长在西湖为余操舟有年矣。人颇勤谨，因以婢妻之。并拟为制一小舟，使操以为业，赋诗遣嫁云：

浮家莫笑似浮萍,为制烟波一小艒。他日我来湖上住,
渔童前导后樵青。……

　　云水光中,浮家泛宅,亦是神仙眷属,数十年后,吾此诗
留播人间,好事者来游西湖,以此两人及事曲园,争求一见,
则雨笠烟蓑,青裙白发,亦西湖志中人物矣。

　　这段文字写得实在好,而且这事也很有诗意。曲园老人在
那个时代中,能以这样的深心待人,可以想见他的襟怀和情趣。
而这一则日记的本身,也可以说是西湖游船史话的一则优美的
插曲了。壬辰是一八九二年,距今九十余年,如果这对烟波爱
侣,当时是二十岁,那么在三十年代中,也不过五六十岁的人,三
四十年前在西湖上坐过他们船的人,又知不知道这一段小小的
往事呢?

　　在几十年前,西湖上大约有四五百条游艇营业,在六公园湖
滨码头、孤山中山公园码头两处接待游客。宋代临安的画船,
明、清两代的西湖船,《儒林外史》中马二先生在西湖上所看到的
船是什么样子,现在我们都看不到,不好乱说。但是,几十年前
所见到的那种西湖艇子,可能现在也还有吧。

　　这种船是木船,有一丈长,中舱最宽处,大约五尺来宽,面对
面置座位,如对面摆两只双人沙发,可以坐六位。胖子则只能坐
四位,也还宽绰。座位都是弹簧垫子,弹簧靠背,有很好的白套
子。座位两旁的木扶手,很结实,还雕着镂空花。船尾处,有一
个横放的板座,那是摇船的舟子的座位。坐在这个座位上,一抬
手,正好扶住橹的柄,便可以俯仰着身体,优哉游哉地摇了。因
为西湖这种小船,是很小的橹,坐着摇,水又很平稳,只要不是顶
头风,即使坐四五个人,摇起来也还不重。

这种船设计最好的是它的遮阳。在船舱座位后面，各有一个四尺来高的粗铁圈，半圆形，两头钉在左右舷上，在这两个铁圈的顶部，穿着一根二寸见方的方木，同船身一样长，有太阳或下小雨的时候，把遮阳的布拉开，就用绳绑在这根方木上，又轻巧，又简便。遮阳四周飘着锯齿荷叶边，把坐船的人和摇船的人都可以遮住，在湖中荡漾着，远远望去，更显得轻盈美丽。这样的游船，不知开始于何年，尤其是那个遮阳的设计，经济、简便、实用、美丽，真是慧心独具，太聪明了，可惜不知道最早设计者为谁！但是我想这个人年代不会太远，因为这些船有弹簧软垫，上面那根直贯船头、船尾的方木，还起一定的平衡作用，游客上下船，还可以扶一下，借借力，总体设计都是很科学的。

　　过去人画西湖时，这样的船的侧影，几乎成为西湖的特征了，只要几笔就可以把西子的风韵勾勒出来：左角用淡墨画半树柳线，再加水渲染一下；右角画一抹山， 个插向晴空的保俶塔尖；再把二者用一根线连起来，中间画个小桥洞；然后再在下面画三五只小船，就是一湖春痕了……这小小的西湖船，淡淡的西子春，悠悠的家山梦啊！

万牲园

　　北京动物园最早叫"万牲园",把动物都当作祭坛上的牺牲,似乎是准备要杀的。这多么难听呢? 因而改名为"农事试验场",因为里面当年还有大面积稻田、还有许多瓜果树木,可供农事试验的是很多的。辛亥之后,末代状元肃宁刘春霖老先生做过农事试验场场长,坐着大马车到西直门外上班,小时是常常听老人们说起的。但是试验场的这个名字很别扭,人们不大叫,便把"万牲园"叫成"万生园",反正动植物都是生物,叫万生还是讲得通的。另外老北京则习惯于叫"三贝子花园",在五六十年前,北京北城、西城一带,老旗人多,那贝子、贝勒、大格格、二格格还叫得滚瓜脆呢! 所以叫"三贝子花园"更顺口了。

　　"万生",是指各种生物,包括动物和植物。在最初设计上,东面展出动物,西面是植物,昔人诗所谓:"入园分两界,中隔一湾水;植物与动物,划然分彼此。"好在万生园的入园处,多少年来并没有改变,现在仍可看出旧时痕迹。只是旧时展出的动物少,只集中在东边二内那一小片地带,不但象房很小,其他几个猛兽馆也很可怜,都是养在房中,没有一点露天场所。那时大一点的猛兽,只有两头狮子、一头豹、一头老虎、两三只熊。这些猛兽分别关在三四座六角亭子似的兽馆中,里面像大铁笼子一样,有固定的铁栅栏,外面还有一圈玻璃窗,游人便隔在敞着的玻璃窗外面,看铁笼子中的猛兽。最早这点动物哪里来的?

　　原来曾有过一头斑马,当年叫"文马",老早就死了,后来制成标本,也供人参观。游客中不少人从"动物学"中是知道长颈鹿,又名"麒麟"的名字,但万生园中从来没有饲养过;至于"熊猫",这种珍贵的"宠儿",当年一般人就连名字也没有听说过了。那时经费不足,再加贪污,仅有的一些动物,不少后来都饿死了。蜀人邓忍堪二十年代曾有诗道:"豹房虎圈尽空虚,兽簿何从问啬夫。"并自注云:"园中豢养猛鸷,多以馁毙,唯猴类尚多,游人聚观,顿有时无英雄之叹。"从诗注中可以想见五十多年前万生园凄惨的情况了。

不过当年万生园,仍有它的可取之处,那就是因为它本是宗室的名园,旧时乔木比较多,又有河,有池,夏日颇得水趣,风景较好,这是别的地方的动物园无法比拟的。湘人叶焕彬《观古堂诗集》中收有一篇七古长诗《游万生园》其中描写风景道:

> 西行忽见飞桥连,下有曲涧鸣流泉。
> 舟子抱桨眠柳絮,园丁缚帚扫榆钱。
> 桃李杏梅柰柿枣,百果分种莲花田。
> 灌花老人笑且语,别有温室辟寒沍。
> 春花秋花冬亦开,四时已失羲和御。

因为当年除去动物展览之外,还有植物园,所以百花、果树,都得到应有的点缀,不然,单纯几样动物,像马戏团一样,又有什么意趣呢?

当年万生园中另有最最出名者,就是门口收门票的那两位巨人,现在年纪大的人,应该还有不少看到过这两位的,像两座塔一样,站在门前收票,就是《游万生园》诗中所说的:"入门突见两长人,伛偻接客如山倒。"孩子们对此特别感兴趣。其中一人,后来应美国好莱坞之约,出国表演,一度成为国际新闻人物。中外报纸上都刊载过。现在年纪近六十岁,小时候在北京生活的人,大概都还记得这两个人。前两年听友人说:他们因身材高大,饭量也大,沦陷时期,生活困难,都饿死了,说起来也是非常凄凉的了。有谁能花点工夫,给他们写篇传呢?

古城墙

　　记得几十年前商务印书馆出的《东方杂志》，某期扉页上刊印过一张艺术照片：画面的左上方是西直门北面城墙转角的角楼，照片是早上拍的，逆光照，角楼背景透出早春的阳光，但正面却黑乎乎的，下面是一段城墙，右下方是一角护城河中刚刚融化的春水，河边还有点点残冰、残雪，而水中却有几只雪白的鸭子在凫水，临水还低垂着几根柳丝，画面上却没有树干。根据画面分析，这张照片是站在护城河的北岸向东南拍的，通过裁剪，显见是把照片底部北岸部分剪去了，而把南岸部分，即城墙和护城河之间的那条古道突出出来，留在照片的中部，而在这条古道上，正有一队骆驼缓慢地经过。

　　几十年前，骆驼还是从西山往北京城里运煤、驮石灰的主要运输工具。一般是五峰一串，多的也可能七峰、九峰一串。后一峰的缰绳系在前一峰的后鞍桥上，最前面一峰有人拉着走，所以人们习惯上不叫"赶骆驼"，而叫"拉骆驼"。照片中所拍拉骆驼的人已过中线，后面有三四匹骆驼，最后一匹尚未全部走入画面，大概是只露出多半个身子吧。这样角楼、古城、城壕、骆驼、春水、白鸭、柳丝七样东西，组成这张能表现当年北京早春之美的照片，真是太美了。当时虽然不懂什么艺术，但是直接的美感感染着我，真有点爱不释手。曾把它剪下来，装在一个镜框中，在墙上挂了许多年，但是照片标题和作者姓名我则早已忘记了。

　　常常感到，美既是抽象的，又是具体的，没有具体的事物，就无法表现任何美的内涵。而只有具体的事物,却没有构成美的内涵的抽象条件,则任何具体事物都不能显示其美感。当然大多美好的事物,都能给人以一定的美感。但这些美感又随着风俗、文化、情调等等差异,也有其不同程度的差异。但其中有一个重要因素,就是情调的和谐、声的美、色的美、意境的美,这一点都是十分重要的。绝对的不调和,往往绝对不会产生美的感觉,而只会破坏美。这七样东西,正好极为协调地、有机地显现出北京古城的美。我总感到,当年北京的城垣、城楼、角楼、城道、护城河的建筑配合,由大的布局、外形、一直到小的细部,都是足以显示我国悠长高深的历史文化艺术的杰作,因而这样的照片在我的记忆中留下极为深刻的印象。这个印象是美的印象、民族历史文化的印象、艺术感染的印象,因而其后虽然萍居无定,虽然这张铜版精印的照片早已不知去向了,但它却像用定影液印在我记忆的银幕上,只要一闭眼,就展现在我的眼前,仿佛耳边又响起丁咚的驼铃声。难道小小的一张照片真会有这样大的魔力吗?我想主要还是当年北京古老的城郭展现在早春中的画面太迷人了,怎不令人惆怅呢?抄一首往日作的忆旧小诗作为本文的结束吧:

> 燕山柳色忒凄迷,浅水溶溶有鸭知。
> 春入古城曾记得,驼铃有梦是儿时。

有谁还曾记得燕山脚下,春风古道,护城河边上,角楼下面的驼铃呢?让它缓慢地走入到梦境中来吧,不也是很有情趣吗?

江南城隍庙

　　蒲松龄的《聊斋志异》是部好书，第一篇就是《考城隍》，文章中有几句警句："一人二心，有心无心。有心为善，虽善不赏；无心为恶，虽恶不罚。"说得很好，但现在读者对于这种考试已不大理解了。对于所谓"城隍"之类的名词，更不理解了，这是时代的进步处，因为"神道设教"，那毕竟是封建时代愚弄老百姓的事了。因为当时各地除去有活人的官府，还有死人的"城隍"。"城隍"，似乎各个城市还有一个死的"城隍老爷"在管着这个城市的事。百姓对于活的贪官污吏，失去信心，把希望寄托在死的城隍上，常常幻想某些难得的清官，如包拯、况钟之类的人，死了还能做城隍。因此有了城隍庙。这是纯粹中国式庙，是道士庙，与佛教没有任何关系。事实上各地城隍庙都变成了各地商贩聚集的场所，晚近最有名的是上海城隍庙，直到今天，还是上海最著名的热闹去处，自然已经没有城隍了。早已去世的日本名作家芥川龙之介的《支那游记》中，曾特别写了一段游览城隍庙的文章，留下了一个六十年前的、一位外国作家眼中的上海城隍庙的场景。

　　上海的城隍庙名气很大，北京过去也有城隍庙，也很热闹，名气也很大，只是在好多年以前就没有了，所以现在很少有人知道了。

　　早年间北京的城隍庙，在宣武门里沟沿西面，在明代就是热闹的庙会，不只名闻京师，当时是全国都闻名的。同东城的灯市一样，是百货云集的热闹市廛，每月初一、十五、二十五开市三天，同后来的护国寺、隆福寺等的庙会差不多，可是在清代初年这里平时每月三天的庙会取消了。据《宸垣识略》记载：城西的都城隍庙，西至庙，东至刑部街止，三里许。其市肆大略与灯市同，每月以初一、十五、二十五开市，较灯市多一日。"今庙市以每岁五月初一日至初十日止，非复每月三日矣。"关于城隍庙市记载，在明人著作中是很多的，如《帝京景物略》、《谈往》、《野获编》中都记载了当年的热闹情况。什么"开则市声嘈嘈，自朝至夕"；什么"人生日用所需，精粗必备，羁旅之客，但持阿堵入市，顷刻富有完美"等等，可以想见当年盛况。

但是清初为什么把每月三天的庙会改成为五月间初一到初十呢？现在推想起来：可能是因为离刑部太近。刑部是当年最高司法重地，为了加强京师治安，司法重地近处，自不能经常有热闹市廛，因而把都市城隍庙的庙会改为每年的五月举行一次。

清代末年，每年五月初一至初十还照常举行城隍庙庙会，最多的是卖估衣的。《京都竹枝词》云：

西城五月城隍庙，滥贱纱罗满地堆[1]。　乡里婆娘多中暑，为穿新买估衣回。

注：[1] 庙外卖估衣者极多。

不过其后年代不多，已日趋萧条了。《燕京岁时记》中记城隍庙，已经是"无甚珍奇，游者鲜矣"。城隍庙会已成历史往事了。其后北京城隍庙，在虎坊桥南南横街，离陶然亭很近，俗名江南城隍庙。崇彝《道咸以来朝野杂记》记云：

> 江南城隍庙，在南下洼，庙外为丛莽处，大凡妓女死去多葬于此，故每岁清明、中元二节，妓院中多去焚纸哭奠，亦兔死狐悲之感。

这是很凄凉的地方，几十年前，去陶然亭，必须经过这个地方，当初这里是南城之南，已经很荒凉了。附记于此，由上海城隍庙说到北京历史上城隍庙的热闹，以及南下洼子江南城隍庙的荒凉，拉杂写来，非是讲说迷信，只是使读者具体地了解一点历史社会情况罢了。

偃松与龙爪槐

看电视新闻,日本评比著名松树,得奖者有东西二株,被授予什么"钢"的美称,还有柔道武士为之挂彩,典礼很隆重,也很有意义,很有趣味,只是可惜镜头变化太快,未能仔细欣赏。听新闻报告说,这松树树龄约六百年,树围九米,覆荫约一千平方米之广,从很快变化的画面中我看见那枝桠不少都用木架撑着,我不禁恍然大悟:啊,原来就是"偃松"。

岁寒,然后知松柏之后凋也。松树,不只后凋,而且是栋梁材;不只是栋梁材,而且是观赏树木。松树作为观赏木,种类很多,白果松、塔松、罗汉松、五针松、云萝松等等。偃松是观赏松树的一种,其美丽的姿态很像罗汉松。树身长得不高,而枝桠针叶伸得很远,换言之,即不向高处长,而只向横处伸,树龄年代很长,土质好,这种松树活上几百年不成问题。因为树身低,树枝伸得远,好处是覆荫的面积极大,好像一个大的绿凉棚一样,但是树枝要拖到地上,便影响继续生长,这就要想办法用木架像架葡萄藤一样,把树枝架起来,越伸越远,这就蔚为奇观了。

这种松树一般是很少见的,北京在历史上有过极有名的偃松的,自从明代开始,直到清代末年,前后四五百年中,都名闻海内外,这就是下斜街报国寺的偃松。此松见于前人记载极多,常见的书如《帝京景物略》,"报国寺"条记云:"送客出广宁门者,率置酒报国寺二偃松下。"另在"韦公寺"条记云:"京师七奇树⋯⋯报国寺矮松也,干数尺,枝横数丈,如浅水荇,如柱架藤。"

据说报国寺这两株有名的偃松是元代就有的，到刘同人记载时，也已生长了三百来年，又过了二百来年，到十九世纪末叶，还很好。《越缦堂日记》咸丰十年正月十八日记云："上午偕叔子、卤芗游报国慈仁寺，观二偃松，曲盘其高仅五尺，而荫蔽十亩。"据记载，李慈铭去游览时，这两棵松树还是蔚为奇观的。但是没有多少年，到曼殊震钧写《天咫偶闻》时，则是"今寺已全颓，山门倒尽，不久将成白地矣"，有名的偃松，则更不提起了。不过震钧记录了另一"架松"云："架松之名，于京师旧矣。松在广渠门外和硕肃武亲王墓上，不甚高，而偃蹇盘礴，横荫十亩，支以朱柱百许根，真奇观也。"显见，这又是一株偃松，未加深考，不知过去北京其他地方尚有著名偃松否？

不过几十年前，在北京再没有亲眼见过蔽荫十亩的偃松，所见只是很小的，因而更加羡慕典籍中描绘的报国寺的名松了。现在北京不知还有没有小的偃松，如果有，也应该好好爱护培养，让几百年后的儿孙们，再看看北京高只数尺，蔽荫数亩的奇松吧！

在北京的观赏树木中，龙爪槐是很著名的。龙爪槐属豆科植物，也是槐树的一种，落叶乔木，初夏开黄白小花，是一种很幽雅的树木，它与槐树所不同者，是它那盘曲下垂的特殊形状，同时它很难长成参天大树。龙爪槐不是直接栽种自然成长的，是园艺工人用槐树来嫁接的变种，是用接枝法培植的。俗谚道："千年松，万年柏，抵不上老槐歇一歇。"槐树本来生长就十分缓慢了，嫁接成龙爪槐，生长似乎就更慢。所以人们很少见到凌云参天的龙爪槐。

园工培育龙爪槐，故意使它的枝条蟠曲下垂，所有树枝都由顶部弯下来，向下生长，无垂杨之轻柔，有老槐之劲屈，真好像是某种野兽的利爪下伸攫物一样，"龙爪槐"取这个名字，近似于佛手、仙人掌之类，是很形象的。

龙爪槐又名"蟠槐"、"盘槐"，早在明代就很著名，都把它当作一种庭院、门前、寺庙间的理想的观赏树木，明代文震亨《长物志》中道：

> 宜植门庭，板扉绿映，真如翠幄，槐有一种天然樛屈，枝叶皆倒垂蒙密，名盘槐。

明末谈迁《北游录》中记他经过临清游大宁寺时道：

> 龙爪槐，婆娑可爱。

这种树枝条下弯，树叶又很密，夏天绿油油的，蟠曲下垂，即使小树，也颇有苍老之态。谈迁的话，虽然简短，却很能想见其神态。

北京一说"龙爪槐"，除去树名而外，还有庙名、地名的意思。清末富察敦崇《燕京岁时记》记"重九"云：

> 九月初九日为重阳节，居民率多提壶携榼，出郭登高，南则天宁寺、陶然亭、龙爪槐等处。

这里所说的"龙爪槐"，即既是地名、又是庙名和树名，那时在陶然亭西北面，有一座由明代就有的大庙，名兴诚寺，有一株明代培育的龙爪槐，经历了三百多年的岁月，直到清代咸丰、同治时还葱茂地生长着，因而这兴诚寺就因树得名，改名为龙树

寺,又名龙树院,俗名直称龙爪槐,庙外地名也便叫龙爪槐了。李慈铭《越缦堂日记补》咸丰十年正月廿六日记云:

> 叔子设燕于龙树寺……寺在南洼子,本名兴诚寺,以有龙爪槐一树为明代物,颇奇矫,寺遂以树名,地颇旷野,名人多游之。

这个龙树寺,俗名"龙爪槐",在当时与野凫潭、陶然亭、小有余芳、窑台、龙泉寺等,构成一个总的风景区,是那时宣南名士上巳修禊、重阳登高的好地方。越缦老人同治元年九月初九日又记云:

> 重阳佳节,尊俎萧然,故人半归,羁愁万绪,因独行至南下洼子,游龙泉寺,观壁间石刻……出,访龙树寺,车马甚喧,登看山楼,座客已满,酒肉重午,略一倚栏啸咏而下,将访陶然亭,以夕照渐西遂返。

李莼客的文字是绮丽潇洒的,聊聊几笔,就把以明代龙爪槐出名的龙树寺的重阳盛况写得十分动人了。龙树寺的这棵龙爪槐后来过了几十年就枯萎了。光绪末年曼殊震钧《天咫偶闻》中记云:

> 野凫潭在先农坛西……其北为龙泉寺,又称龙树院,院有龙爪槐一株,院以此名,久枯,僧人补种一小株。

曼殊震钧氏写此记时,上距越缦老人独游时,不过四十年,不但明代的龙爪槐早已枯死,即龙泉寺、龙树寺,原来是两座庙,似乎也合而为一了。盖其时又在"庚子"之后,故国乔木,又经历一大沧桑了。此后北京龙爪槐就再没有什么特别著名的了。

前两年夏天回北京,去看望老画家王雪涛先生,在一个胡同中,路北的小小的四合院磨砖门楼前面,种着两株蟠曲的龙爪槐,其时正值雨后新晴,翠绿的叶子带着水珠闪耀在早上的阳光中,院门敞着,显得极为清雅安静。与老先生四十年未见面了,后来赠与老先生的诗中,有一联道:"双槐院落无关锁,四纪长安似奕棋。"正是因这两棵龙爪槐所得到的纪实之句。这是近年来在北京见到的十分宜人的龙爪槐。至于前面所谈,则大多是北京历史上的掌故树,陶然亭亭西北的龙树寺早已没有,不要说明代的龙爪槐,即使"僧人补种的那一小株",恐怕也早已伐而为薪了吧。

兰　花

　　二十年前，好友陈从周教授给我画过一幅兰花，淡墨写生，楚楚有致，一共三片大叶子，六片小叶子，四朵花，纸上沾着江南的春雨，幽谷的芳馨，和故人的情意。兰花在纸的右上方，一片叶子成半圆形，直拖到纸的右下角。中间倒有三分之二的地方是白纸。谢国桢夫子为题句云：

　　　　心史画兰不着地，玉娘婀娜太缠绵。
　　　　惟君识得兰成意，广被仁风本自然。

　　刚主夫子是举世闻名的南明史料专家，一落笔便有白下烟水气，用的是秦淮掌故，马湘兰、卞玉京的故事。几十年前在上海曾经看到过马湘兰写给王百榖的信，簪花格小楷，娟秀刚劲，兼而有之，即使不看姓名，只凭纸、墨、字迹等等，即可看出其韵味，是南明的东西。清朝人的东西再好，但其味道两样，晚近则再无此高手矣。我看到刚主夫子的诗，不禁又想起这封马湘兰写给王百榖的信。

　　过去有副常见的对联道："芝兰君子性，松柏古人心。"中国的文人，自从屈原开始，就是最爱兰花，不断吟唱兰花的。所谓"美人芳草"，是寄托了多少对故国的眷恋之感的。明清二代，诗人画家，不但爱画兰、咏兰，而且也养兰花。兰花的种类也很多，最好的是素心建兰，一般的是春兰，不过不管名贵品种也好，一般品种也好，只要一盆在室，便能添不少幽韵，尤其着花时，偶然一缕幽时飘过，实有沁人心脾之感。在江南养兰花的人很多，一般也好养，清明分根，用山泥，土要松，忌烈日，再适当施肥，有此数点，就可养好兰花。沈三白《浮生六记》中说：

> 花以兰为最，取其幽香韵致也。而瓣香之稍堪入谱者，不可多得。兰坡临终时，赠余荷瓣素心春兰一盆，皆肩平心阔，茎细瓣净，可以入谱者……一旦忽萎死，起根视之，皆白如玉，且兰牙勃然，初不可解……事后，始悉有人欲分不允，故用滚汤灌杀也。从此誓不植兰。

沈三白的记载，至今读之令人发指，世界上是不乏阴险奸宄的。苏州人艺兰有悠久的传统。过去每年要开兰花会，评"兰花状元"，一盆兰花可值多根大金条，这自然不是一般穷书生、穷画家所能问津的了。从周虽是名建筑家，但也只能养养春兰，画画墨兰，说到黄金购兰的话，他也只能望兰兴叹了。最近老友茶禅翁，息影吴门，年老多病，近日来书并诗云：

> 朱子安赠我盆兰，苗花十二箭，今萎悴矣。入夜无寝，开灯痴坐，风叶弄影，可以入画，腕弱不能画也。记之以诗：
> 香兰与我共衰残，不耐今春特地寒。
> 看到无花还看叶，满楼灯影舞姗姗。

其函读之使人下泪，我想起了"芝兰君子性"的老话，愿兰花与友谊永馨。

翁相国宅

看过《孽海花》的人，一定还记得其中写到的翁同龢"访鹤"的故事。翁同龢养了一只仙鹤，有一天飞走了，他急于想找回来，便用双红纸写了"访鹤"二字，贴在胡同口上，谁知刚刚贴上，便被好事者趁浆糊未干揭去了；他接着又写了一张，又被揭去，这样连贴三次，被揭三次。其时正值甲午战后，在此战役中，湖南巡抚苏州金石学家吴大澂请缨出征，大败而回。都下好事者传一联云：

翁同龢三次访鹤；吴大澂一味吹牛。

又翁是常熟人，李鸿章是合肥人，都下又传一联云：

丞相合肥天下瘦；司农常熟世间荒。

这都是九十几年北京盛传的爱国名联，知道的人很多，不必多说。这里只要说说这位松禅老人"访鹤"时的住宅，就在东单二条胡同东口路北。据徐凌霄、徐一士《随笔》卷二记载：

这房子在宣统二年庚戌时，曾被蒙古亲王僧格林沁曾孙阿穆尔灵圭租来办过蒙古实业公司，在德昌饭店开成立大会，载泽、毓朗、盛宣怀均来演说，只公司成立后，业务未展开。张謇、郑孝胥当时在实业界有声望，来京即住该公司中，张謇住在西

426

院。入民国后，章炳麟、熊希龄来京亦下榻于此。阿穆尔灵圭派人到东北清理旗人土地，得罪张作霖，被张抓起，要判死刑。当时熊希龄为国务总理，大力营救。才免于死，被释放回京。未几蒙古实业公司亦结束了。四十多年前，我曾代表一政府机关，买下这所房子，作为家属宿舍，我家也在此住过三四年。翁常熟宅邸的规模，在北京说来并不十分宏大，格局也不太讲究。进大门往西先是一排南房，再往西有一个小小的园子，靠临街南墙有点假山子石，上面一个小亭子，有一条走廊蜿蜒而上，可能这就是当年养鹤的地方。可惜我卜居时，已在甲午之后五十多年，不但早就黄鹤已杳，而且连故家乔木，也都荡然无存了。不过小亭仍在，可能当年这位两任军机大臣的帝王师曾在这里日夕盘桓过吧。

花园后面是四五所四合头院子，都是三正两耳的格局，没有十分大的，不过都有游廊可通，还较幽雅深邃。只是有些年中，这所房子租给一家外国香烟公司做办事处，几个院子都改为西式窗户，装了地板和暖气，后来又把水汀片拆掉，房子弄得不中不西，面目全非，自然早已不是相国门第的格局了。四十年前，相国的后人把这所房卖给了国家，后来就把临街群房和西面小花园拆去，盖了一排红砖的三层楼房子，后面的老房子还照旧未动，只是为前面楼房所掩，过往行人便看不到相国府邸的气势了。《翁文恭公日记》，有一九二五年影印本，好多日记都是在这所宅子中写的，都是关系到中国近代史的重要资料，老屋犹有存者，有几位好古者会过此而发山阳闻笛之思呢！

光绪二十年，甲午前后，翁是光绪师傅，军机大臣，加太子太保，赏双眼花翎、紫缰，户部尚书协办大学士。

光绪二十四年，戊戌政变时翁松禅因系协助光绪召用康有为等议行新政的主要帝党,被谕:"开缺回籍,以示保全。"这样便离开北京回到江苏常熟老家。后又下朱谕云:"前令其开缺回籍,实不足以蔽辜。翁同龢着革职,永不叙用,交地方官严加管束。"光绪三十年卒于乡里,终年七十五岁。前后在常熟故居瓶庐住了六年。甲辰五月二十日临终绝笔云:"六十年中事,凄凉到盖棺。不将两行泪,轻为汝曹弹。"近年常熟已将松禅老人故居修为纪念馆。老人后人以瓶庐词《浣溪沙·谢家桥小泊待潮》征集和词以留纪念。原词云:

错认秦淮夜顶潮,牵船辛苦且停桡,水花风柳谢家桥。 病骨不禁春后冷,愁怀难向酒边消,却怜燕子未归巢。

词境与当时老人心境恆为吻合,殊有意味。我也和了两首:

宦海浑如夜弄潮,雾迷涛涌险扶桡,黑貂尘黯正阳桥。 竖子难谋刘项事,诗骚每令壮怀消,又看乳燕覆新巢。

岁晚江村日暮潮,昆明湖水记兰桡。芦沟晓月帝京桥。 婉约词新思故事,朦胧梦醒感魂消,辽天云淡鹤旧巢。

第二首末句用了"访鹤"的典故,是与东单二条翁相国宅有关的。

燕园鸿爪

　　现在北京大学用的是旧时燕京大学的校址,在海淀北面,通常所谓"燕园"是也。在当年那是北京最漂亮的校舍。小小的"未名湖"本是清代淑春园的旧址,燕大校舍的房屋,全部是宫殿式,连体育馆边上那座水塔的设计,也是仿天宁寺隋塔的样子建造的。未名湖畔,塔影波光,丛树幽径,互相掩映,构成了"燕园"的特有的情调:这张"底片"不知印在多少人的脑海中,纵使岁月流驶,也绝不会模糊失色的。

　　燕园的风景,没有十分必要多介绍,因为燕园尚在,谁如果有兴趣,有机会再去参观一下不是更好吗? 而我这里所要说的,则只是几件记忆中的小事,因为我虽未在燕园读过书,但却很有几个"燕园"的朋友,因此还是不断去玩的,这就留下一些雪泥鸿爪了。

　　雪泥鸿爪之一是少年时曾看燕大举行完毕业典礼后,毕业生捧着文凭从礼堂鱼贯走出来的情景。那是近五十年前的事,我从乡下出来准备考中学,随大人到燕园后面成府街上一位在燕大图书馆工作的父执家中去,他家小孩在燕大附中读初一,带我进去玩,在"华表"前正遇到毕业生捧着文凭出来照相。他们一色都是蓝绸大褂、黑马褂的所谓"乙种礼服",而又都戴着像"平天冠"一样的垂着穗子的学士帽,一个个都是"仙姿道骨"、风度翩翩,使我艳羡不置,在脑海中留下极深的印象。过了一两年,一位近亲又考取了"燕大",又带我到他学校中去过一两次,就更恋恋于"燕园"的景色了。"七七"之后,这个亲戚跟着梅贻宝先生去内地了。而燕大仍在北京继续开课。

雪泥鸿爪之二是过了三四年以后,中学高年级同学有上燕大的了,但也正在此时,太平洋战争爆发,燕大被封门,教室中贴封条时,同学们还正上第一节课,被迫纷纷由窗户跳出被赶回宿舍,背上一点简单行李,步行进城。我们曾到北沟沿去等接燕大的熟人,他们尘土满面地都回来了。后来这些人中不少人都和我同过学,先生中容庚希白老先生就是一位。

雪泥鸿爪之三是抗战后了,燕大又从成都华西坝回到燕园。有一些老同学去过内地,那时又回到北京,住在大宿舍中,我常去燕园看望他们。有一次在进校门往南的大路上踏着黄叶闲谈散步,东面就是一排排的画栋雕梁的女同学宿舍,大路上静静的,只有碧空的燕云,迎面的秋阳,至今印象犹存。

厂甸看游人

读宋人小词:"月满蓬壶灿烂灯,与郎携手至端门,贪看鹤阵笙歌举,不觉鸳鸯失却群。"不必再引下半阕,只这四句,似乎就使人看到当时北宋都城在正月十五,元宵佳节时热闹的情况了。这就是所谓倾城而出,金吾不禁。这种热闹情况,使我联想到当年厂甸的游人,其肩磨毂接之势,庶几近之。《越缦堂日记》咸丰正月十三日记云:

> 偕叔子、卣芗同车游厂甸,都中岁华,为此地为最盛。百肆罗列,车马驰扰而已,大家宅眷,平康里姬,率以车围而观之,蜂屯蚁拥,至有褰帷平视者……

这是一百二十多年前李慈铭由浙江到了北京,第一次逛厂甸所见,似乎有些刘姥姥逛大观园的感觉。在他游过七十多年之后,亦即五十来年前,我作为半大孩子,年年正月里又大逛厂甸了。真是"江山留胜迹,我辈复登临",那时厂甸还在,风光还差不多,是十分值得庆幸的。自然,今日思之,真如隔世了。

厂甸游人多,多得数不清;厂甸游人的种类多,多得分不清。从年龄分,由几岁的儿童到七八十岁的老人,各种年龄都有;从学问来分,大字不识的白丁到学贯中西,中外闻名的教授,各种程度俱全;从身份讲,从拾煤核儿的到内务总长,俱会在人流中也相安无事;从国籍讲,中国人、欧美人、日本人各国友朋咸集……总而言之,男女老少,丑俊村俏,大家都来逛厂甸,都簇拥在人流中,向各自的目标,追求各自的欢乐,厂甸都能给不同的人以不同的满足。

首先是各种年龄的儿童,五岁六岁的买几个彩色气球,买两团棉花糖;十来岁的,买个"黑锅底"(风筝名),买个小空竹;小姑娘买两个水生花、江米人;十三四岁的大小子买个"大沙燕"(风筝名),买个袖箭,买个单空竹……

老太太逛厂甸,给姑娘买两朵绢花,在茶座喝碗牛骨髓八宝油茶,在摊上吃碗山楂元宵,吃盘豆馅糕,临走坐洋车回去,还得买串山里红,再不然买架"风车",哗哗地一路响回去。

大学教授、画家书家逛厂甸,专门在书摊上、画摊上徘徊,最后,抱着一大包书上洋车。也许再在鲜花摊上买一小盆水仙、红梅,一齐带回去。

全家来逛厂甸,老太太、老爷、太太、少爷、少奶奶、大小姐、二丫头、小孙子,厂甸不会让你空跑,各人会买到各人称心的东西,得到最大的满足。

按北京自明代至清初,正月里最热闹的去处是东华门灯市,后来罢了灯市,自雍正、乾隆之际,几朝盛会,由灯市便移到琉璃厂厂甸了。罢东华门灯市之年代,据《康熙宛平县志》记载,早在康熙年间就开始了。康熙时人龚鼎孳《定山堂诗集》中有诗题云《初春琉璃厂灯市肇开,观者甚盛》,诗中写道:"天宝传遗事,华灯帝阙东。即今多锦树,依旧领春风……"当时琉璃厂一带房屋还不多,还是"余地颇广,树木茂密"有数十仞高的土阜的景况,龚鼎孳诗中所写,正是灯市盛会初移至琉璃厂的情况。自此而后,绵绵二百余载,厂甸便成为北京正月里最迷人的万花筒,最赡丽的岁华胜事,最热闹的集会了。

蚕　话

一

过去每年春天在小学上学的孩子们差不多每人都要养几条蚕,少的十条八条,多的二三十条,老师是不管的,有的老师还鼓励孩子们养蚕,给孩子们讲嫘祖教民育蚕的故事,有的师范毕业的老师,还给孩子们讲中国丝绸出口的事,当讲到中国丝的出口,在国际市场上已经竞争不过日本时,孩子们瞪大了眼睛出神地听着,幻想着那遥远的江南的大片桑林,那采桑、育蚕、缫丝的村姑,那缫得的白光光、黄灿灿的丝,整捆、整包、整箱地卖到外国去,幻想着会卖得最多最多,再没有人要买日本丝、印度丝,而都来买中国丝,家家养蚕,人工养蚕,中国本来是文明古国吗,本来是以农立国么!

听着老师讲的,常常幻想着这些,在书桌上的用硬纸折的小纸盒中,蚕儿蠕动着,吃着那嫩桑叶,天真的、幼稚的心灵,把种种幻想寄托在那些小虫儿身上去了。

当时虽然是山乡的孩子,但多少还有点旧风气,不管是私塾,还是小学,总要读两本老书,而且是老办法,都是念的滚瓜烂熟的,什么《孟子》里的"五亩之宅,树之以桑"呀,什么唐诗里的"开轩面场圃,把酒话桑麻"呀,纵使十来岁的小学生,也还能出口成章,也都还理解;读到高小的学生,那就懂得的更多了,什么

《陌上桑》的古诗也读过了,对于采桑养蚕等等,是一点也不陌生的。虽然大家都没有真正看过大量的养蚕的,但是感到亲切的。山乡唱野台社戏,天天要点戏,管事们常常爱点一出"采桑",那白水袖、黑衫子、翠蓝腰带、轻轻地提着小篮上场的罗敷女,多么妩媚呢……

二

我母亲的童年是在河南省南面的一个县城中度过的。中国古代,两三千年之前,黄河流域也是种桑养蚕的,连山西省的东南角潞安府,不是也出产有名的潞绸吗?河南省南面不少地方也有种桑、养蚕的传统,这样从儿童时期,就学会了那些细腻的养蚕的技艺,住在偏僻的北方山村时,她还年年要养一张小白麻纸的蚕孖的蚕。

蚕刚刚破壳而出的时候,一点点小,比小蚂蚁还小,用硬鸡毛当小笤帚,轻轻地、小心翼翼地,把这些小虫儿扫在嫩桑叶上。

北方山村中没有竹篾编的大蚕箪,便用柳条编的圆筛子、木制的方托盘代替,用写过仿的大白麻纸裱糊过,把刚刚孵出的小蚕养起来,刚刚开始时,二尺见方的大托盘,四周用纸裱糊过的地方,都白光光地露在外面,只有中间心里有几片嫩桑叶,上面爬满了黑黑的小蚕,随着喂着,蚕越长越大,头眠、二眠……等到快吐丝作茧时,可爱的蚕都长成雪白、滚壮的小手指粗的样儿,不停地吃着翠绿的桑叶,这时那木托盘也好,柳条筛子也好,再也看不见下面糊的纸了,那绿色的叶子、白色的蚕儿组成的极为美丽的画面,似乎要从四周溢出来一样,养蚕人的喜悦这时似乎也在心底里盛不下了,要向四外洋溢了……

母亲说:蚕是世界上最干净的东西,一点脏东西也不能沾,一点油腻邪味也不能沾,采来的桑叶,张张都要洗过,然后张张都用干布擦干,油绿的嫩叶上不能沾水,沾了水的叶子给蚕吃了,蚕是要拉稀的。

要清除蚕粪,把这个容器中的蚕倒在另一个容器中,把那一粒粒的墨绿色的蚕粪清除干净。这些东西不能丢掉,晒干了,用来装枕头芯子,是最清凉不过的。而且像茶叶装枕芯一样,有一股清凉芬芳的叶绿素味。

成语中,有"蚕食鲸吞"四字,"蚕食"一词,来源于《诗经·魏风·硕鼠序》,原句是"蚕食于民,不修其政"。鲸吞,只能想象,没有看见过。蚕食,那是熟悉的,我还想不出其他哪一种动物,能像蚕儿那样能吃,日日夜夜不停地吃东西,蚕快要吐丝的时候,长得很大,吃得更快,新叶子加上去,一会功夫,就吃光了,又要加新叶子,把耳朵贴上去一听,只听到沙……沙地一片嚼叶声,甚至使人有一种恐惧之感,"蚕食"的说法,深感古人遣词状物太工了。

三

我想,蚕可能是世界上食量最大的动物了。北国山村中没有江南的桑园,没有那些一簇簇的低矮的、易于攀折的桑枝。山村也有不少桑树,但那是权桠繁密的高大的树木,在村边菜园子的井台旁,在场院的四周都有不少大桑树,山村中没有多少家人家,都是沾亲带故的,而且又不以养蚕为业,桑叶白养着,并不卖钱,因而孩子们爬到树上摘些叶子,即使本家叔叔、大爷们看见,也从来是不管的。

蚕越养越大，食叶越来越多，母亲把蚕拿一条，放在手心里，轻轻地抚摸着它，一边温和地向我说："好孩子，千万不能饿着它呀……"我放了学，约上小伙伴，抬上梯子，撑在老桑树干边，攀上去，分头骑在那粗壮的权桠间，探着手捋那碧绿、肥厚的叶子。桑葚熟了，一边将桑叶，一边吃桑葚，那甜甜的又稍有点怪味的桑葚汁沾在嘴上，沾在衣服上，紫黑色的，采回桑叶来，都变成大花脸了。还有在权桠上听着那青红鸟的叫声，姑姑鸟的叫声，黄莺的叫声……

蚕长的越来越大了，我帮着母亲添叶子，母亲喜欢叫我把衣袖撩起来，轻轻地掏一条粗壮的蚕，放在我的臂膀上，凉凉的一股感觉直透我全身，那点快慰的凉意，在我皮肤上蠕动着，我凝神地望着它蠕动；母亲微笑地望着我和我臂上的蚕儿……

蚕养大了，要吐丝了，北方山村养蚕不是正业，只是养着玩玩的，既不能缫丝，也无处卖茧，因而如果照江南的办法，蚕吐丝的时候，全部上"山"作茧，那样吐成许多茧子，就不好派用场了，这样就不能让它都作茧子，把大方桌子用白纸糊上，把吐丝的蚕捉来放在纸上，让它沿着平面吐丝，它高高地仰着头，连着一根亮晶晶的游丝，艰难地吐着，许多条蚕在同一个平面上吐，慢慢地宽大的桌面上布满了银亮的白丝，像一幅天然的白缎子。有吐黄丝的蚕儿，就拣出来摆在另一张桌面，又会吐成一幅金黄的缎子，闪耀着宝光的缎子。蚕在平面吐丝是很吃力的，它不愿意这样吐，常常自己蠕动到桌腿角落上想作个茧儿，每当这时，总把它拿起来轻轻放回到桌面上，但每当拿起时，看着它那嘴中连着的游丝，似乎牵着它的肠胃一样，似乎它是很疼痛的，又感到太残忍了。蚕的本性是作茧，那是它用自己的生命营的巢啊！

四

　　山村的童年生活结束了,我来到了北京。这是几百年的国都,早年间人们常说,这是有皇上的地方,但当我初到北京时,不用说老皇上,就连人们常说,一坐龙椅就呱呱哭的末代皇上也被赶走不少年了。那时既非国都,更无皇上,只留下不少古老的传说了。关于养蚕的,在北京更有不少的故事,虽说北京郊区的老乡,都没有以养蚕为业的,但在北京城里,却有正式的、像江南一样的养蚕的地方。说来也许不信,虽然我后来久客江南,和养蚕的故事有了特殊的因缘,而第一次看到真正的桑园,却是在北京,那时我还是个刚刚踏进中学门的孩子呢!

　　我在北京第一次见到的桑园在哪里呢? 说来很奇怪,就在我读书的那个中学的隔壁,六十岁上下的老同学都还记得,而在北京知道的人,不要说现在,即在当时,也是不多的。

　　我的那个学校的所在地,有个怪地名,叫"小口袋胡同",而这个"小口袋",却比仙家的"袖里乾坤"还要广大,不但装着一所两千多人的中学,还装着一所很大的"蚕业讲习所"。中学是河北省人办的,讲习所也是河北省人办的,两处的房舍连在一起,好像最早都是讲习所的,后来分了一部分给学校。学校的正院,实际就是原来讲习所的正院。讲习所的大门在东面,校门在西面,而东面的大门是正八字、高大的水磨刻砖门,有点西式的样子,熟悉北京近代建筑史的人,一看这种样式的大门,就知是清朝末年盖的,这种偏僻胡同中变化不大,可能这个门楼现在还在吧?

　　学校正院有九间楼,楼上是学校的三间教室,楼下另外走门，就是蚕业讲习所织绸的机房，几台木机天天在织着绢，我常常扒在这面的窗台上，从窗眼中张望那黑糊糊的机房中，几个老工人投梭织绸的情况，我多么熟悉他们呢？但是没有说过一句话。我在这简陋的楼上读过三年书，不要小看这简陋的教室，现在美国的世界著名原子加速器专家邓昌黎博士，也是在简陋的教室中读完中学的。

讲习所有一个两亩大的桑园，与学校的引路隔着一带短墙，有一个栅栏门，从不开放，但可清楚地望到桑园中一行桑树，低矮的树干、权桠的桑拳，年年抽出许多嫩条，长满碧绿、肥大的桑叶，在我记忆中，是长得非常茁壮的。

五

我在这个与蚕业讲习所一墙之隔，楼上楼下的学校中读了六年书，年年从栅栏门中望着那桑园中的桑树，由光秃秃的桑拳抽出嫩条，长满绿油油的叶子，嫩条剪去，叶子采光，又变成光秃秃的桑拳，在这桑园周而复始的变化中，光阴暗中流去了。

但因隔着墙，隔着门，这个很少为人所知的京华养蚕机构，我每天从它门前走过，但从未进去过，我想它是一个养蚕的全能机构，由培桑、育蚕、煮茧、缫丝、织绸，在这个小小的天地中，应有尽有了。不过为我所窥见的，只是桑园和织绸，其他只是听人说过罢了。

这是清朝末年讲求新政时成立的机构，不是官立，是民间组织，可能有什么董事会之类的组织吧，但详细情况，我没有调查过，在文献中，也没有看到过有关的记载，它一直似乎靠自己的经济收入，维持到四十年代末期。

北京过去有皇家的养蚕机构,这也是很少有人注意到的,因为它一直没有开放过,地点就在北海的东北角,人们逛北海,沿着东岸走向北海后门,在北头水边有一排高大的白杨树,杨树后面很高的红墙,那便是皇宫中的"先桑坛",它的地位同天坛、先农坛一样,不过本着中国古代"男耕女织"的遗教,"先桑坛"年年是由皇后妃子等行礼如仪的。据金梁《清宫史略》记载说,每年季春吉日,皇后来先桑坛行礼,在坛上张起黄缎子帷幄,请先蚕西陵氏神位入坛,皇后、贵妃以及贵人、才人等依次行礼,进胙进酒,然后礼成。行完礼之后,还要举行采桑、饲蚕的仪式。蚕坛中也有桑园桑畦,东西排第一株是皇后采叶的桑树,皇后右手持钩、左手持筐,入畦采摘,这时桑畦外采旗招展,太监鸣金鼓、蚕母二人助采,唱"采桑歌",以下妃子、命妇再采,完了还要到蚕室撒叶,等到蚕作茧后,还要举行缫丝的仪式。皇上女人采片桑叶,这样麻烦,这是罗敷女做梦也想不到的,只是那时还没有电视,不能实况宣传。清末《清宫词》中有一首道:

　　　桑园深锁绿阴酣,油盖安车重祀蚕,召取吴兴村妇至,绮华馆内染云蓝。

　　诗注中说西太后那拉氏命浙江巡抚选湖州蚕妇数人入京,教习饲蚕之法,设立绮华馆,招募机户,缫丝织绸。可能前述蚕业讲习所与那拉氏这措施是有关系的。这也可以说是京华养蚕的掌故吧。可惜未能推广,致使北京未能广收蚕桑之利,也太遗憾了。

六

我与养蚕的缘分是很深的,我的妻子是杭州蚕桑职业学校的毕业生,我又在丝绸之乡的杭州居住过,我对蚕桑的感情也就更深厚了。

还是先从杭州蚕桑职业学校说起吧:这所学校在杭州古荡,那是比较偏远的,旧时杭州交通不便,走到湖滨,旗下要四五十分钟。二三十年代中,浙江的有志之士,感到本省的蚕桑事业由培桑到缫丝,都比较落后,在国际市场上,越来越难以和外国竞争,便谋求改革,引进优良品种、引进先进技术,自然也要办学校,这所学校就是在这样的背景之下诞生的。学校招的全部是女生,小学毕业考进去读五年、初中毕业考进去读二年的是专科班,小学毕业考进去读二年,实习一年的是职业班。这个学校办的年代虽然不长,但为杭、嘉、湖及苏南一带,的确培养了不少蚕桑人才。

这个学校在教材上主要用的日本的教材,有日本教师,有留学日本的教师,他们把比较科学的种桑、育蚕、缫丝等技术介绍过来,使浙江古老的蚕桑事业能吸收一些新技术,能够在质量上、产量上出现一些新水平。但是因为战争的关系,这个学校毕业的学生,直接从事种桑、育蚕的人比较少,大多都进了大城市的缫丝厂工作了。

在几十年前,缫丝厂的生活是不好做的,尤其是缫丝车间,第一是生活比较艰苦,要在滚烫的碱水中捞茧子,缫丝头,第二丝厂中是季节性的工作,春、秋茧子上市时,厂中能收购到蚕茧,厂中便可开工,等到收购的茧子做光了,那就没有原料可做,厂中便要停工了。所以在当年,是吃丝厂饭的人,不管是做工还是做职员,一般都是做不满十二个月的,一年中总要停个三四个月,自然这段时期内,拿不到工资。所以有些办法的人,总想由丝厂转到其他行业去工作。我妻子就是在丝厂做了一段时间,离开丝厂干别的去了。虽然她始终很欢喜蚕桑,但还是不得不改行。这正应了陶渊明诗中所说的"饥来驱我去,不知欲何之"了。

她是茅盾先生《春蚕》中老通宝的乡亲,又学的是蚕桑,因此她后来虽然改了行,却仍然对桑叶、蚕宝宝有着深厚的感情,每当朋友或邻里们请她翻丝棉的时候,她一边绷着棉兜,便一边闲谈起蚕桑的事,什么土桑、洋桑、土茧、洋茧,在嫩绿的桑叶上蠕动着的雪白的蚕宝宝……本是她从幼儿时期就看惯的啊!

七

中国大概在两汉以前,黄河流域以及西北一带,都是蚕桑很发达的地方,不然孟子怎么会随便地说"五亩之宅,树之以桑"呢?可是后来因为战争的关系,主要大概是因为两晋、南北朝之际的长期分裂吧,北方水土流失,农桑受到很大的破坏,种桑、养蚕,主要就变成河南的专利了。四川成都盆地也是重要的蚕桑区,过去上海丝号子出口蚕丝,四川帮也是大帮,但情况我不熟悉,我比较熟悉一些的是杭嘉湖一带的情况,远的不说,就以明、清两代说吧,都是经之营之,得到五六百年利益的事业了。这五六百年中,自然积累了丰富的蚕桑农艺经验,其工序按时令是非常细致的:

正月,立春、雨水,天晴时种桑秧、修桑;阴雨时,撒蚕沙,编蚕帘、蚕簀。本月还要准备好桑剪。二月,惊蛰、春分,天晴,浇桑秧;阴雨,修桑,捆桑绳,接桑树。三月,清明、谷雨,天晴浇桑秧;阴雨,把桑绳,修蚕具、丝车。四月,立夏、小满,天晴,谢桑、压桑秧、栽桑、浇桑秧、剪桑;阴雨、窖蚕沙梗,雨后看地沟桑秧,还要买粪谢桑、买茧黄……一直到七月还要修桑、把桑,忙个不停。

要养好蚕,必须先种好桑,没有桑,就没有蚕。明末湖州涟川沈氏,编过一本《沈氏农书》,收在《学海类编》丛书中,对种桑讲的十分详细。他说当时种桑最好的品种是湖叶桑、黄头桑、木竹青;其次是五头桑、大叶密眼,最次是细叶密眼。另外有一种火桑,较其他桑树早五六日发叶,便于养早蚕。种桑根不必多,要刷尽毛,泥要筑实,清水、粪频浇,使之尽快引出新根。大雨之后,要逐株踏看,有泥水潲眼,速速挑开,否则树就死了。桑树要不断地剪去嫩条,多留傀儡,以便多发枝条,多长桑叶,一年要修剪四次,当年有"孝顺种竹,忤逆剪桑"的说法。又说"人家不兴少心齐,桑树不可少河泥"。桑树根部全要用河泥护好。蚕桑之乡,种桑最重要,自己养蚕固可以,卖叶子也可以,有蚕无叶最紧张,有叶少蚕不用愁,所以蚕桑之乡的人,第一是讲究种桑,第二才是养蚕。记得过去常常坐沪杭车,一路上车窗两面,接连不断都是桑园,多么美丽的田园风光呢!

作天难作四月天,蚕要温暖麦要寒,插秧的老哥要落雨,采桑的娘子要晴天!

我写着蚕桑的旧事,不禁又想起这首熟悉江南民歌了,几十年了,声音还在耳边回荡着。

学府往事

清华、北大、师大

中国自从清代末年仿照泰西学制、开办西方式的学校以来，到了北京作为文化古城的时候，前后五六十年，不但发展十分迅速，而且规模十分整齐了。以一九三七年"七七事变"作个界限，当时北京只大学、专科类的学校，就有十六所之多，如把北平大学的六个学院，当作六所学校，那总数要超过二十所。这些学校体制不同，经费来源也各别，年轻朋友们是弄不清楚了。如把它分类谈一谈，好像白头宫女说天宝遗事了。

先说国立大学。国立的中间又有不同，即分庚子赔款办的、教育部拨款办的、铁道部拨款办的三种。

清华大学是国立的，但他的经费不在教育部拨款，它是庚子赔款的专款。即一九〇〇年八国联军之役后，强迫清廷签订辛丑和约，赔款四万万五千万两。其中给美国的部分赔款，后由美退给中国办文化事业。清华的前身，留美预备学堂，就是由这笔专款办的。后来清华大学直到一九三七年为止，一直还用这笔专款。

北京大学、师范大学、北平大学、艺专、体专等校，是由教育部直接拨款的。当时教育部规定：三个系才可成立一个学院，三个学院才能成立一个大学。北京大学是文、理、法三个学院。当时政治中心已南迁,在地名上"北京"改为"北平"——实际上这真是小妇人的见解,明代二百多年不是南京、北京并称吗?为什么一定要改呢?足见其浅薄了——但是北京大学坚持不改,仍然叫"北京大学"。当年北京叫"北平"的阶段中,坚持未改名称的只有两家:一是中国人办的"北京大学",一是外国人开的"北京饭店"。这种情况,现在很少人想起了。

师范大学当时校址在南新华街,也有三个学院,即文、理、教育三学院。校长是李蒸。当时校舍很小,学生却很多,因学校不收学费,还发饭费,所以穷学生、苦学生多往就读,一曰"师大穷",二曰"吃饭大学",但却也是十分难考的学校。

北平大学自"七七事变"后内迁到西北去,后来就没有了,现在海内外不少人,甚至有的专门学者都把它同北京大学混淆起来,这是十分遗憾的,它是一所存在不少年的重要学校,下文再详细谈谈。

平　大

北平大学是一所什么样的学校呢?还得从北洋政府时候说起。民国初年,北京有好几所专门学校,如北京政法学堂、北京医科学堂、北京工业学堂、商业学堂等,这些学校都有很好的师资力量,长校人员也往往是学术界、教育界有声望的人,如北京医学专科,当时是在汤尔和氏的主持之下,有自己很好的附属医院,培养了不少医学人才。一九二八年初,这些学校合并改组成为"北平大学",体制固定之后,共设六个学院,即医、法、工、农、女子、文理等,其中女子文理后来实际并为一个学院。这几个学院合称之为"北平大学",但校址却不在一起,各学院又有相对的独立性,只有校长分配各个学院的经费,统一发北平大学的校徽和文凭而已。当时北平大学各学院的地址,就记忆所及,大概是这样的:工学院在北沟沿祖家街,是清代八旗公所的旧址;医学院院址在和平门孙公园,其附属医院在西单商场后背阴胡同;农学院好像在阜成门外、朝阳门外都有地方,抗战之后,农学院并入北京大学。女子学院在朝内大街"九爷府"。马叙伦先生就在这里做过教授,最早叫"女子大学",在《两地书》中,一九二九年五月间鲁迅先生写给许广平的信,说到李执中在来今雨轩结婚,"新人是女子大学学生,音乐系"。可见当时还叫"女子大学"。后来和文理学院合并,合称"北平大学女子文理学院",院址在西城李阁老胡同。抗战胜利后,初任台湾大学校长的许寿裳氏当年曾担任过院长。当年在北平大学的各个学院读过书的,年纪最轻的,现在也在六十四五岁之间了,如果读到此文,回忆往事,能不感慨系之乎?"七七"之后,北京沦陷,北平大学部分师生,流浪到西北,组成了西北联合大学,但没有西南联大成绩好,后来四分五裂,烟消云散了。

留在沦陷后北京的平大各学院,汤尔和主持的医学院,没有停顿,在"七七"之后,照样开学,附属医院更是一天也未停,为病人治病。其后工学院、农学院都并入了钱稻荪氏任校长的伪北京大学。女子文理学院先改为女子师范学院,后并入师范大学。伪北大人员在胜利之后,又并入北京大学,所以在胜利后北大复员,成为文、理、法、农、工、医及先修班都齐全的大学,而"北平大学"则成为历史名词了。

艺专、交大、燕大

　　那时由教育部拨经费的大学、专科等,除前面所提的外,还有北平艺专、北平体专。艺专校舍在西单京畿道胡同,著名的电影明星张瑞芳就是这个学校的学生,一九三七年春天,她第一次演戏时,穿蓝布大褂,布鞋,围一条红羊毛短围巾,神情浑如昨日,而四十五年已经过去了。

　　当时有一所特殊的学院,现在很少人知道了。那就是交通大学铁道管理学院,经费由铁道部拨,属于唐山交大,校址在府右街李阁老胡同东口,校门开在府右街上。有一幢丁字形的大屋顶三层楼,是仿南新华街师大丁字楼宿舍盖的。这两座楼房直到今天还在,我回京时还经过门口眺望过,可是很少人知它原来是什么单位了。这所学院毕业生直接分到铁路上工作,在当时说来,是仅次于海关的金饭碗了。

　　当时学界有流行谚语道:"北大老,师大穷,清华、燕京好通融。"意思是当时的小姐们找爱侣,最好是清华和燕京的学生,人家看见带着这两个学校徽章的人来了,摩登女性会窃窃私语:好通融来了。不过当年私语者和通融者今天如果相逢,也都是鸡皮鹤发的老妪、老翁了,能不哑然一笑乎?

　　当年除国立大学外,还有教会大学。而教会大学之中,又以燕京为最好,这有两个原因,一是经费充足,二是学人集中。燕京大学的前身,是汇文大学,开办时在崇文门东船板胡同,后来买了西郊校址,由美国各教会、财团提供经费,大兴土木,没有几年,就盖起了燕园最漂亮的校址,外观全部琉璃瓦,大屋顶仿古建筑,内部则是当时最新式的西方设备,连抽水马桶都是由美国运来的。

鲁迅《两地书》中一九二九年信中说："燕大是有钱而请不到好教员。"不过事实上燕大还是请到不少一流学者的,现在还有不少健在者,像现在上海的郭绍虞先生、广州的容庚先生,都可以说是今天的鲁殿灵光了。

一九四一年十二月八日,太平洋战争爆发,日本宪兵一早就去封燕大的门,教室门贴了封条,学生来不及出来,都从窗户上跳了出来。当天下午陆续捆载行装进城,旧燕大结束了,一部分撤退到成都华西坝,直到胜利之后才又回到北京复校。

协和、辅仁

教会学校中有一所特殊大学,那就是世界闻名的协和医科大学,它的附属医院协和医院在二三十年代中,是远东一所设备最完善的医院。一九三六年美国煤油大王的儿子到北京游历,突然得了急病,协和医院把他装在"铁肺"中,派医生、护士用专车、专轮,护送回美国,当时成为轰动世界的新闻。协和医院可谈者甚多,将另写专文来介绍,这里还是只谈协和医科大学。

协和医科大学是一所完全由美国教会出钱办的学校,在当时北京,它是很特殊的。第一它不在中国立案,而在美国纽约州立案。它的毕业生的文凭是由纽约州直接发的羊皮烫金文凭,自然上面全是英文。第二它招生不招中学毕业生,在燕京大学读过两年生物系的学生,才能投考协和。考进协和后,由进校到毕业成为正式医生,包括临床实习,前后要八年之久。协和还有一个专门培养护理人员的系,叫护育系,专招女生,也要在燕京生物系读过两年的人才能报考,不过考进去之后,读的年代较少，有四年就毕业了。协和学生很少，自开办直到结束，全部只有六十来名毕业生，不过都是专家，现在海内外健在者还不少，著名的妇科专家林巧稚就是协和老校友，今年已八十多岁了。

另一教会学校辅仁大学是天主教办的，有男部、女部。辅仁大学的女院就在被认为曾是大观园的恭王府，有正殿、配殿、楠木厅，很大的大花园，百年以上的老树，把它说成是大观园似乎有根有据，实际是捕风捉影的说法，这里原是清朝大臣和珅住宅的一部分，而和珅时，《红楼梦》早已流行在社会上了，世界上哪里会有先写《红楼梦》，再盖大观园的道理呢？

辅仁校舍在定阜大街，规模虽比燕大小，但校舍全部磨砖楼房，十分精致。"七七事变"后，在日本侵略者统治时期，它没有受到损失，因为它是天主教学校，经费归罗马教皇拨，再有它的教务长是德国籍神父，因为德、日都是法西斯轴心国的体系，再有有一日籍贵族出身的天主教徒任顾问，所以辅仁在八年沦陷期间，一直未中断过。它的校长陈援庵（垣）先生是世界闻名的历史学家。它的毕业生很多，老校友在世界各地的一定不少吧。

中法、汇文

同外国人有关系的大学中，有一所不是教会学校，却有些经费要由外国来提供，这就是中法大学。它的经费由中法教育基金委员会拨给，最早的主持人是高阳李石曾氏。中法大学有一个特点，即进校读两年或毕业之后，可以直接去法国留学，不用再参加留学考试。沦陷初期，它仍在继续办着，最后一批留法的学生是一九三九、一九四〇年之间出国的。与我住同院有一位先生，就是这次出国的，学了一套洋人习气。每次从我家居室的走廊出来入去,嘴里总大声唱洋歌,可全不管别人是否正在睡午觉,似乎根本不大懂得"公德"二字,此公后来去法国渺如黄鹤,再未回来。

中法大学的校舍在东皇城根北面路东,离沙滩北大红楼不远,规模不大,但房舍也很好,都是灰色磨砖的宫殿式二层楼房。当年中法大学的教授,现在也还有不少健在者,如翻译《罗曼·罗兰传》和法国古典名著《巨人传》的鲍文蔚老先生,现仍在北京大学任教的商鸿逵先生,当年都在中法大学教书。可惜的是,当年有"中国旅行剧团保姆"之雅号的大导演陈绵,即中法大学教授陈伯早,不幸去世已多年了。

中法大学的老校友中,有一位名气最大的人物,就是陈毅将军。

太平洋战争后,中法同燕京一样,也被日本侵略者封闭了。后来部分教授和学生都并入伪北大,中法大学东皇城根校址,改成伪北大的法学院,北大原来的法学院,即北河沿北大三院的旧址,在沦陷期间,被日本人占去作豢养其爪牙的警官学校去了。

教会大学中,曾经有过一个汇文大学,同汇文中学在一起,后来改为燕大之后,汇文大学再没有办下去,汇文就只剩下中学了。汇文的校长高凤山先生,河北省遵化人,在美国留学,曾获得教育、哲学博士,同著名的杨荫榆氏一样,是去美国学教育的少数人中的一位。汇文过去都是外国人做校长,他是汇文的第一位中国校长,前后为汇文服务二十二年之久。三十年代中,教育部曾经规定,外国人不能作中国的大学校长,因而燕京、辅仁等校长都是中国人,燕京是陆志韦。由外国人担任教务长而大权都在教务长手中,校长也只不过是"聋子的耳朵——摆设"罢了。

朝阳、中大

三十年代时,北京有不少所私立大学。其分布地址是:朝阳大学在朝阳门内海运仓,中国大学在大木厂二龙坑,民国大学在西便门附近的太平湖,华北大学在西皇城根,孔教大学在甘石桥灵境胡同口上。这许多私立大学办学的成绩不一,其中最好的是朝阳大学,它的校长是长汀江庸老先生,是法学界的老前辈,它的法律系最有名,法学界不少老法官,律师都是毕业于朝阳的。因为它的学院和系凑不满三个学院、九个系,所以它一度称为朝阳学院。阅读一九三四年刊行的《趋庭随笔》,后面的发行者就写着"朝阳学院出版部"。可是在社会上,一般人对它还很尊重,称之为"大学"而不叫学院。它在沦陷时期停办了。

私立大学中,年代最久,学生最多的要数中国大学,它最早的校长名义上是王正廷。校址在大木厂郑王府,这是同治元年死在西太后那拉氏手中的端华、肃顺的府第。那里的花园名"惠园",据传是李笠翁(渔)设计的,乾、嘉之际,在北京极为有名。中国大学买下郑王府作为校舍后,在西面花园中,开辟足球场、篮球场,原来花园中的景物,还有点小假山,有个亭子,是惠园的残余。

中国大学的体制还算是比较完备的,有文、理、法三个学院。沦陷期间,它还存在着,而且人很多。校长是何其巩,冯玉祥的西北军在北京得势时,他做过一任市长。沦陷时期,一直做中国大学校长,在北池子南口有很大的公馆,是一个政治人物。日本人允许中国大学存在,其拉线人物是其教务长方宗鳌氏和其夫人日籍教授方正英氏,方宗鳌氏沦陷时做过伪教育总署的署长。

相当于副部长、次长。

私立大学的经费靠学费，这就要广收学生，当然程度难免不齐了。中国大学的政经系，一个班竟有二百七十多名学生，其他班级学生也很多，其中多数都是混文凭的朋友，但是也全靠这些朋友，把大把的钞票交给学校，不然这种学校是办不下去的。太平洋战争之后，燕京大学部分未离开北京的教授，不少人都到中国大学任课，大名鼎鼎的俞平伯老先生，当年也在中国大学任过教。其他如邓以蛰、齐思和等，都是海内外的知名学者。

大学生费用

当时也有些私立大学、专科学校，实际上处于似有似无的状态，就不多谈了。如华北大学，校址在西皇城根礼王府，离我家很近，经过它门口，也看到有红男绿女进出，但是学生太少，学校名气太差了。民国大学校址也是王府，是太平湖醇王府，光绪父亲的故第，后来也无声无息了。更妙的是孔教大学，这是民国初年办的，那块牌子一直挂到四十年代中叶，由它门口经过时，却从未看到过它有学生，是十分滑稽的。

三十年代前几年，北京真可以说是学生的世界，虽然当时《何梅协定》已签定，国难当头，有"华北之大，放不下一个书桌"的说法，但学生还是从全国各地拥向这个文化古城。尤其是几所著名的国立大学、教会大学，更是群贤毕至，江浙湖广的，东北各省，西南各地，远及海外华侨子弟，都慕名而来，赶到北京考大学，上大学。那时各省、县的会馆还在，有的外省青年，来北京考学，没有考取，便在会馆中，一住一两年。我认识一个江西广丰人，那时就一个人住在菜市口铁门广丰会馆中，表面上也像大学生一样,实际他没有学籍。当然,也有不少纨袴子弟,拿着父兄的钱,住在公寓中吃喝玩乐,样样都干的人,但这毕竟是少数。

当时在北京上大学,一个人要花多少钱呢?这个问题说起来出入很大,一个苦学生和一个大少爷中间可以相差几倍甚至几十倍以上。固不能一概而论,这里只能说个大概。最便宜的是读师范大学,住在学校宿舍里,吃学校伙食不要钱,不用交学费,个人只用点衣服、书籍等费用及零用,一年有一百五十元(银元)就很富裕了。在北大读,比师大花钱多些,要交饭费,但节约一些,不乱花钱,二百元也够了。贵的是像燕京这样的教会学校,一学期学杂费交下来就得一百多元,还不算宿费、伙食费、书籍费,穷哥们和穷姐们是读不起的。

三十年代时,各省、各县常为考上清华、北大的学生提供奖学金,我有一个表兄,当时在清华读土木系,原籍省里每年补助二百元,且里又补 百五十元,他父亲和亲戚长辈还给钱,他很过得去了。自然,更有特殊豪华的,如袁世凯小儿子上燕京,有听差替他提书包,这个不必多谈了。

招生广告

记得是一九三六年夏天吧,报纸上发表过一张漫画,画着一个运动员在跳三个栏架,标题是"一口气跨三栏"。是什么意思呢?指的是当时的各级毕业生,在暑假中一共要参加三种考试,即本校毕业考、地方会考、升学考,小学升中学初中升高中高中升大学都要经过这三种考试。学校毕业考,升学考,现在都能理解,这会考又是什么呢?即由各地教育局统一命题,统一考各校的学生。以防止各校程度参差不齐,保证学生质量,会考及格,才发毕业文凭。所以当时会考很重要。

那时每到暑假，北京就形成一个各级学校考试的高潮，小学、中学、大学都要考，一到快近暑假，翻开报纸，《世界日报》、《晨报》、《益世报》、《大公报》等等，几乎全是招生广告了，而这广告也是五花八门的。著名学校，如清华、北大、附中、附小等，登广告最简单，也最神气，先把"国立"二字冠在头里。其次市立、河北省立。再其次著名的私立，在前面冠上"教育部立案"、"教育局立案"等等，表示是国家承认的，毕业之后的文凭，全国各地都有效。最凄惨的是那些办的不好的私立学校，在招生广告的前面，冠上"教育部或局备案"，甚至等而下之，冠上"已报教育部或局备案"，这就是说此校教育部、局未正式承认，那文凭的价值自然还是大成问题呢。

招生广告之热闹，还在于其不同的内容：大学的院系介绍，中学的班级分别等。当时各校间竞争除招初一、高一、大一的新生外，还招各年级的插班生，旁听生。还有补习学校也应运而生，补习外语的，补习数理化的，补习准备升学考试的等等。

在五花八门的招生广告中，最重要的一点是什么呢？就是都要收报名费，大学一般都是一元，好像最高有两元的。中学就不同了，一般五角，而生意好的（当时人叫私立中学为"学店"）则要一元。当时物价便宜，一元钱很可观了。像那时育英、汇文、志成等中学，都是上千人投考，一千元报名费，可订一百二十一桌的鸭翅席了。监场的、阅卷的先生们，辛苦一番，好好地吃两顿，大热的天，也是应该的了。

入学考试的秘诀

旧时的学校，都是各校招自己本校的学生，没有什么统一招生。学校多，各校招生日期不一样，有早有晚，大抵是有名的学校早些，招不到学生的学校晚些。从七月中下旬开始，到九月上旬为止，陆陆续续几乎每天都有学校在考新生，城外郊区的学校，如清华、燕大；外省的学校，如天津南开、北洋；上海交大、圣约翰都在市区内借地方作试场招生。

因为招生的学校多，各校的水准不同，所以有的投考的人就选准目标，全力以赴，志在必得。但也有的人考好的学校把握不大，不得已而求其次，考差一些学校，总比没有学校上好些。有的人功课实在差，不要说一流大学不敢考，即使中等大学也望而生畏，那就只好到最差的"学店"去混张文凭了。

比较优秀的考生，志在北大、清华等校，别的不考，今年文场失利，明年再来，一般都能考上。最差的考生，也无所谓，有个学校可上即行。只有学业中等的考生，要动动脑筋，他们往往多在几个学校报名，先考好的学校，再考差的，再考好的。先考好的，是为取得经验，并不抱考取的希望；再考差的，较有把握，保险有学校可上；最后再考好的学校，经验有了，能考出水平，就能上好学校。当然，那个较差的学校即使考取也可放弃了。

考学校有时也真气人，有的人一个好学校也考不上，有的人却一流大学可以考中好几个，自己可以选着上。有一个老同学前后一两年中，同时拿到伪北大、伪新闻学院、清华、燕京四张毕业文凭，全部货真价实，详细说太复杂，而这位同学现已不幸成为古人了，如果健在，也不过六十出头的人。

我在前后五六年中,每年暑假都要考新学校,即使不是升学的年代,家中老人也一定让报名参加三四处转学考试,这样可以检验学习成绩,还可以取得考试经验,在这种特殊训练之下,我答出的卷面,往往总能稍微超过我的实际水平,而且不会让阅卷人皱眉,这点窍门,是技术秘密,恕不细说了。

考学校回忆

我很小的时候,去到北京上学,原来没有读完小学,当然也没有文凭,在北京考学校时,可以考小学六年级的插班生,也可以"同等学力"考中学。我就小学、中学都报了名,而且都报了好几个,只要时间错得开,就都去考考。记得最清的,就是北师附小、师大一附小、师大二附小、崇德中学、育英中学、志成中学等几家。考的功课反正都差不了多少,国语总是作文一篇,而且要用毛笔答卷,卷子也是毛边纸印的绿格纸。算术则用铅笔答卷,考的是四则难题,什么鸡兔同笼、工程问题等等。还有常识,包括史、地、动植物等等,还有公民(这个课名,现在也很少人知道了)。笔试之外,还有口试;口试之外,还有检查身体。我记忆最清的,是考辅仁的一次口试。那正好是距今四十年前,报了四个大学的名,勉强都考上了。辅仁口试者是沈兼士先生,什么古诗十九首、李陵、苏武等问了不少,我总算对付下来了。这是我平生第一次与这位前辈谈话。后来不久,他就去了重庆。三年之后,抗战胜利,先生又以教育部特派员的身份回到北京,可是没有过几个月,先生就归道山了。辅仁我虽考上,但未上,因为我家里穷,辅仁的学杂费缴纳下来,数字颇为可观呢。

考学校都是上下午都要考,中午要在考场附近吃一顿饭。

因此，举行新生入学考试的学校门口，便集中不少小贩。卖馄饨的，卖面包、冰激凌、雪花酪的，卖老豆腐的，卖烫面饺的，学校附近的小饭馆更是要做一天的好生意。有的学校，则发给考生一餐中饭。如志成中学，它向考生收了壹圆大洋的报名费，好像也觉得太多了，便在考试那天，每个学生发两个圆面包，四个白煮鸡蛋，这点小意思也能吸引一些人。我就吃过它这四个白煮鸡蛋，后来还进这个学校读了六年书。虽然年年也参加转学考试，可是始终未离开这个学校，一直到毕业。看来，未始不是这四个鸡蛋的力量。可当时壹圆钱可买上百个鸡蛋呢！后来纸币贬值，当然就无法说了。

私立中学

我读书的中学，私立志成中学，本不是什么好学校，但在私立中学中，它还是数得着的。它人数最多时，男女生到过两千多人，这在当时的北京可说是首屈一指的了。

当时北京的私立中学（不算教会的，只说中国人办的）确实不少，现在记得起名字的有：志成、四存、成达、宏达、北方、中华、山东、求实、燕冀、春明、明德、华光、平民、艺文等，这些学校，各有派别。在教员中，主要是两大派，即师大派、北大派。而师大派的实力雄厚，在地域上，也各有派系，如志成是冀东派，四存是河北高阳、蠡县派，它是讲求清初颜习斋、李恕谷学派的四存学会办的。如北方、宏达，都是东北人办的，也是师大派。有的资格很老，如求实中学，在光绪末年就办起来了。当时中学男女分校，大的私立学校，有男校也有女校。有的则只有男校或只有女校，如春明在宣外大街路西，光华在西单白庙胡同，翊教在西单堂子胡同，这些都是女子中学，著名的已故名伶言慧珠，就曾在春明读书，演电影的白光，在光华女中读过。

私立中学，都有一个董事会，选一个在政治界、教育界有声望的人做董事长。志成中学的董事长，就是在二十年代末、三十年代初做过北京师范大学校长的邓萃英氏，也就是美籍原子能加速器专家邓昌黎氏的父亲。三十年代中叶，滦县李蒸氏由法国深造归来，为河北高阳籍的李石曾氏所看中，就支持他当了北师大校长。志成中学校长吴鉴同李蒸有亲戚关系。因而李蒸对志成十分支持，师大附中的好教员，如教数学的萧佩苏、申介人等，都在志成兼课，两边赶场，一部包月洋车，跑来跑去，这边早下点课，那边晚上十分钟，中间再加十五分钟课间操，在三四十分钟内，可以由和平门师大附中直跑到小口袋胡同志成中学。

私立学校经费全靠学生交学费，它又要广收学生，又要培养能考上名牌大学的学生来为它作活招牌，以广招徕。办学者想出窍门，即按程度分班，成绩最好的班级，人最少，只有五十人，教员也好，而成绩差的班级，人都多，八九十个，教员也差。实际就是用差的班级的钱来培养好的班级的学生，再用好的班级的升学率为学校制造声誉。

教会学校

教会学校登招生广告时，也说是私立，并不说是"教会"立的。当年这些学校的数字也不少。并且居然也会有派系，什么圣公会、公理会、长老会等等，各有各的学校。

教会中学中，资格老的要数汇文中学，学生最多；最热闹的，要数育英中学了。汇文在船板胡同，育英在灯市口，男女分校。

汇文、育英只有男生，而在它们旁边，又都有女中，汇文旁边是慕贞，育英旁边是贝满，好像是标准的一对儿。著名女作家冰心是贝满的老校友，今年已八十多岁了，当年在《晨报》读《寄小读者》的小读者，如今也都六七十岁了，时间是一个多么令人感到吃惊的怪物呢？

教会学校中崇德、崇慈也是一对儿，不过二者离的较远，崇慈在交道口，崇德在绒线胡同。

天主教办的中学，首推辅仁附中男女校，男校在什刹海西，女校在太平仓。此外，西什库教堂前有一所学校，和万桑医院对门，校名记不清了。还有一所很少被人知道的天主教中学，就是宣武门里顺城街，天主教南堂的首善中学，办的无声无息，几乎被人遗忘了，要不是我作学生时替它改过一个时期卷子，我也不知道有这么个学校。

有一所非教会学校，却与天主教有密切关系的学校，那就是以法国哲学家孔德命名的孔德中学。这也是中法教育文化基金会提供经费的学校，它还得到北大文学院一些名教授的支持，如马隅卿、沈尹默、钱玄同、周作人等都在这里兼过课，而且马隅卿主持过这里的图书馆，买过不少好书，并且不少都是孤本，当年在琉璃厂、隆福寺买旧书的大户，"孔德"也算一家。

北京私立中学大多都穷，房子很差，不是设在破庙，就是破会馆、破大院。而教会学校则不同，它们经费充足，房子也不差，在当时北京人看来，是很了不起了。如汇文，校舍大，全是灰色砖砌的洋楼，还有风雨操场。再如崇德，在绒线胡同中间路北，有很大的足球场，有三层教室大楼，而且它还有一个小游泳池，这真是了不起的事！当时全北京市只有中南海有一个公用游泳池，而崇德以一个中学也有游泳池，多么难得呢！

公立中学

公立中学包括国立、市立、省立三种。国立的有师大男附中、师大女附中。男附中在和平门外新华街，这处校址原来是清代邮传部尚书陈璧建造的五城学堂，林琴南由杭州来北京，最早就是到这个学校教书的。师大女附中，在西城辟材胡同。两校同属师大，都是师大毕业生"试教"的中学，但各自为政，各校有各校的领导。这两所学校，一直是北京中学中的天之骄子，教学质量最好，学生出来大都能升入清华、北大等最高学府，现在在世界各地师大男、女附中的校友，一定不在少数吧！自然也有没有升大学，走了另外途径，后来取得很大成就的。如抗战时，有"重庆程砚秋"之称的京剧名伶赵荣琛，就是师大附中的学生。

北京当年市立中学，男校有五所，即市立一中到五中；女中有两所，即市立女一中、女二中。另外市立的中等学校，还有市立师范、高工、高商等。其中北京市立师范影响最大，有一个时期，几乎北京的小学教员，十分之八是北师毕业生。北师在西城北沟沿祖家街，出过一个著名人物，那就是《骆驼祥子》的作者，真名舒庆春的老舍先生。他在国内的最高学历是"北师毕业生"。北师毕业的学生，不能直接考大学，要当几年小学教员之后才能考。因为它是免费又管饭的学校。

五所市立男中，一中在南长街，二中在内务部街，三中在祖家街，四中在西什库，五中在交道口南府学胡同。女一中在北长街南口，女二中好像在方家胡同，后来又在西四历代帝王庙办起了女三中。在这些市立中学中，男中以四中最好，几乎可以和师大附中一较轩轾。已故著名留德历史学家朱偰，就是四中的老校友。女中内女一中较女二中出名,也培养过不少知名之士。市立中学都是由北京市教育局提供经费的,经费有限,所以当时发展也不大。有的市立中学还比不上教会中学或私立中学呢。

省立有一所河北省立第十七高级中学,简称"十七中",只有高中,经费由河北省提供,这是一所著名的学校,成绩很好,毕业生基本都能考上国立大学。

小　学

北京当年作为文化古城,大学、中学不少,小学也很多。而且有不少著名的特殊的小学,现在海内外不少知名人物中,都是在这些小学中度过他那美丽的童年的。"千秋万岁名,不如少年乐。"人,即使做到大总统,恐怕也不会忘记他背着书包第一天上学时的情景吧!

北京小学,几十年中首屈一指的,还是师大第一附小,师大第二附小。第一附小就在和平门外师范大学对门,校舍最好,师大没有礼堂,常常集会要到附小礼堂举行。二附小在西单东铁匠胡同,在某种程度上,它比一附小的名气还大。这个小学的毕业生后来不少都成为著名人物,王光美就是师大二附小的老校友。它在三十年代时,很有点特殊性。当时各小学都规定穿黄咔叽布的童子军制服。只有师大二附小例外,它的制服很特别,夏天女生穿月白士林布大襟小褂,黑裙子,领子上镶两条红线,戴白布做的小边帽子,像运动场上裁判戴的一样,也有两条红线。有谁还记得这特殊的儿童制服呢? 穿过这种制服的人,现在还有几人呢?

北京师范附属小学办的也很好,地址在甘石桥红庙胡同。

这个小学是北京师范的"试教"小学,办得很活泼。当时在学校中有一种活动:成立模拟的市级机构,曰"拂晓市",在同学中选举"小市长",各局"局长"。老同学张中和,荣任过一九三五到一九三六年度的"拂晓市市长",前年见面,还谈往事说:一下课就到"市长办公室"料理"市政"。口气很大,大小也是拿过印把子的人了。可是后来,他从来也没有当过市长。

不少教会中学,也都有附属小学,如育英、汇文都有小学。孔德小学也是很有名的,这是陈香梅女士的母校。东单三条的法国学校,更是特殊的学校。当年大诗人徐志摩的夫人陆小曼女士就在这里读过。自然是十分贵族化的了。西长安街艺文小学,也是特殊的,它用的是奥地利人夸美纽斯的"导生制",由学生自治,成绩好的同学教成绩差的同学。相对的四存小学,则用的是老的读"四书"的办法。各有千秋,都教育出不少好学生。

香山有个熊希龄氏办的香山慈幼院,也是小学。甘石桥有个洁民小学,校长是章宗祥氏的女儿,办得很有成绩,是私立小学中的好学校,办了不少年,现在很少人知道了。

如烟散去

屠格涅夫的名著《烟》,把世事写的十分飘渺,好像是烟一样消失了,其实这种虚无主义的表现,是不足为训、也不符合人生的。往事如烟,固然飘散了,但记忆却长留在人的心中,古人说"事如春梦了无痕",能够说这样的话,实际还是有痕的,如烟如梦而都有痕,这痕却是消失不了的。我写了不少段"京华学校旧事",这也是痕的再现,好像是把一张多年的老底片,又翻印一下,虽然有些模糊,但还是看得出旧时的影子的,给青年朋友们看看,也许感到很稀奇呢……

旧时的印象,十分清晰,篇幅有限,不能详谈,只是约略地说说罢了,详谈是谈不胜谈的。因为每一桩小事,都曾留下很深的痕迹,都能谈出不少细节。如经过不晓得多少次的考试,日久天长,在记忆的储存器中,便留下不少信号,直到今天,晚上做梦,还常常梦见在考场中,或为答不出题目而着急,或为答出题目而高兴,这有多么奇怪呢?真想找个专门研究梦的专家讨教讨教。

比如在考场中领鸡蛋的事记得清清楚楚,第一天开学没去上课,便被记了六节旷课,那个油印的单子贴在布告栏中也记得清清楚楚,当时虽然是私立学校,上课点名,考勤制度也是很严格的。

有趣的小事还多得很呢:比如第一次上课,我特别注意教师手中的粉笔盒,那是一种五寸阔、三寸长,绿色喷漆的洋铁匾盒了,上面还有大红圆圈,有英文字,这个中学的教师全用这种粉笔盒。若干年后,我才知道这是美国香烟五十支装"红光"的废盒,三十年代中叶,社会上并不时兴吸美国烟,而这个学校却弄了这么些红光烟盒作粉笔盒,直到今天我还感到奇怪。

再有初中一年级教室的隔壁,就是教师厨房和食堂,那时食堂吃饭也坐圆桌,我们每到上午第三节课下课,十分钟的休息时间,总喜欢站在食堂门口向里面张望,很小的房间,门口一望,一目了然。桌上已摆好,白台布上大盘大碗的菜,什么坛子肉,炸丸子,红烧茄子,十分丰盛,花卷、白米饭随便吃。我们看着很馋。同班一个同学,他叔叔是本校教员,他中午能在这里吃饭,我们羡慕极了。这么好的饭,当时只要五块半钱就吃一个月……可是好景不长,一年之后,"七七事变",北平沦陷师生都成了"苦瓢子",老师也吃不起这样的伙食了。

孔德学校

　　前者报载陈香梅女士回北京,曾看望其母校——孔德学校老师,有人问我:孔德学校是不是专讲"孔子道德"的学校。我不禁哑然失笑。实际上它不但不是宣传"东方圣人"的学校,而且还是宣传"西方哲人"的学校。它是以十九世纪中叶法国实证主义哲学家孔德命名的学校,其经费来源是李石曾氏所主持的中法教育基金委员会。

　　这所学校在东华门大街,北池子南口往东路北,校门不在大街上,而在一个胡同中,在早年皇城尚未拆除时,这里正好在东安门(俗称外东华门)里面路北,进胡同还要转个小弯才到,这是一所很大的老式房子,在清代时是一所公主府,还是一所庙,记不清了,总之是很气派的。

　　"孔德学校"并不叫孔德中学或孔德小学,因为它既有小学也有中学。它在北京是一所非常特殊的学校,别的学校分中、小学,它不分;别的学校外国文教英文,它这里外国文是教法文;别的学校小学教师,师范学校毕业就可以了,而这所学校却都是大学毕业的,如陈香梅女士一年级时的老师,不就是北大的吗? 不只此焉,它还有大教授大名家呢:当年"孔德"的教导主任是沈兼士,图书馆长是马隅卿,讲课教师中有钱玄同、周作人、徐祖正、江绍源……这些人虽然都是兼职,但无一不是海内的大名家,一个北大毕业生来教教小学生,又何足大惊小怪呢?

　　孔德学校不算教会学校,但它和中法大学一样,经费是来自中法教育基金委员会,所以十分充足。宁波马隅卿氏以北大教授兼任其图书馆长,买过不少好书,尤其是珍本小说,曲本极多,

《鲁迅日记》一九二九年五月二十五日记云："往孔德学校访马隅卿，阅旧本小说，少顷幼渔亦至。"这就是马隅卿担任孔德图书馆长时的事。其后又过了三四年，马隅卿就去世了，他自己也收藏了不少曲本，死后卖给北京大学，得万数千金，当年是很了不起的数字了。孔德这样一个小小的学校，当年也办有"孔德月刊"，写文章的都是那时第一流的名家，北大教授的子女，不少都是在"孔德"读书，几乎成了北大职工子弟学校了。

"假文凭"

钱锺书的小说《围城》中，曾经写到过一个拿着假美国留学生文凭的教授，在人前夸耀，而另一人在国外报纸上看到过这家专卖博士文凭机构的广告，不由地暗笑，但并未说穿他。故事写得非常生动，但原文很长，无法在此引用，读者如感兴趣，请看原书吧。我说此事，只不过作个"楔子"，而我要说的是另外一件事，即四五十年前琉璃厂造的假文凭。

那时生活困难，有人读过几年书，家中无钱，中途辍学，或因天资差，功课差种种原因，未能读到中学、大学毕业。老大无成，找个小事混口饭吃。或者有官亲，仗势力弄个一官半职。但要报履历，必须有张毕业文凭，才能换张委任状，怎么办呢？便托人买张假文凭。什么某某中学毕业，某某大学毕业，方形带穗子的学士帽一戴，拍张四寸照片，反正照像馆有现成的这种有三角领子的道袍式衣服，有这种洋学士的帽子，花不了多少钱，全办了。贴在那张纸上，盖个假钢印，假橡皮签名大图章，校长某某，教务长某某，你买到这么一张纸，你便是某某高级中学，或某某在学"成绩及格，准予毕业"的毕业生。你只要有硬梆梆的"门窗"靠山,就可以凭这张纸报请当年的铨叙局报请委任或荐任,官运亨通,长袖善舞,照样可以升官发财,谁还来查你这张纸呢?

当然这种假文凭可以出钱购买,但在使用者和制造者,都是有干法纪的,任何国家的法律,恐怕也没有允许制造假文凭的条文,因此当年琉璃厂某些偷着制造假文凭的人,即在当时来讲,恐怕也是犯法的吧?不过当年琉璃厂中有大量的假书画,假古董,而许多赝品,不少都是琉璃厂制作的,假文凭是其中之一。

自然,制造的假文凭,都是最普通的私立学校的,没有人制造国立名牌大学或不为人知的冷门学校文凭。前者不敢造,因为难以冒充。后者没有人买。当年琉璃厂有不少小印刷所,也可以彩印,这些学校的文凭都是在这里经手印的,印时便多印若干张,卖给制假文凭的。从这点说,真假文凭是"一样"的。这种人实际也都是印刷行业失业者,弄个百八十张这种文凭,就可偷偷地做这种半明半暗的生意了。他们都会刻字,而且手艺都很好,各种印信都做得惟妙惟肖了。但窍门保密,不能为外人道也。

三十年代中前期,有会考,假文凭一般还吃不开。沦陷之后,汉奸官吏;胜利之后,"五子登科"的那些劫收者们,买张假文凭,互相援引,便又高官得坐。而捧着真文凭的书呆子们,却不能换饭吃。至于某些小姐们,则是混张文凭作嫁妆了。

平凡的苦与甜

一

我不是名人，却要应中国名人丛书《我的青年时代》之约，写一篇回忆自己青年时代的文章，想来是十分可笑的。不过又一想，"名人"也者，原是相对的，复杂的，有大有小，有好有坏，好名心盛的人，发誓说：不能留芳百世，也当遗臭万年。实际老实说来，"留芳"和"遗臭"，也还都不容易。一辈子做好事固难，一辈子老做坏事也真不容易，而能坏事做绝，到遗臭万年的程度，那就更是难上加难，甚至根本不可能。老天爷、玉皇大帝、上帝、真主以及横扫的一切牛鬼蛇神，中国的、外国的，一切好、坏、大、小名人，说来也都是秋风落叶，过眼云烟，换了一批又一批，谁还再去注意。"身后是非谁管得，满街争唱蔡中郎"。又道"千秋万岁名，不如少年乐"、"把浮名换了些浅酌低唱"，这样说来说去，所谓"名"者，实际也无关紧要，远不如权与利实惠。或者搏点虚名，捞点实惠，但时至今日，写几本书稍获微名，所得也可怜而有限。特殊贡献，月值也不过百元，还不够一般筵席上一个人的起码消费水平，却要上报国家批准。因而在今天社会的天平上，百克书生微名的法码远不如一克权的砝码重了。不过只有一点还有点兴趣，就是"青年"二字，每个人都有青年时代，纵然老了，也还是有温馨的回忆的。但又联系到"我的"两字，不免喟然长叹，忽然想到一句古诗，就是"少不如人今已老"。这样"青年"二字也就和没有出息连在一起，"温馨"的回忆中不免要有更多的苦与酸的成分了。

二

我出生在二十年代中期，如以十七八岁算作青年时代开始的话，那时间应从四十年代前期算起，也就是半世纪之前吧。如以三十岁之前都算作青年时代，那结束就在五十年代前期了。生活地点是日伪统治时期沦陷区的北京、经过抗战胜利后的北平，以及解放后的北京。人，总是生活在一定时间里，存在于一定空间里，被统治在某些政治势力里的。任何历史时期的人都没有例外，自然包括我在内。

有人说：二十世纪是个伟大的时代，这或者是对叱咤风云，主宰别人命运的人说的，而对中国一般老百姓来说，恐怕就不那么伟大，而是多灾多难的痛苦时代了。就以我说吧，"七七事变"、北平沦陷，全家在日伪统治下过着苦难生活，简单地说，从十二三岁起，就做了"亡国奴"。抗战胜利，正在伪北大读书，便是"伪学生"。物价飞涨，家园残破，遍地烽火，第一个问题，就是吃饭。等到解放了，那我就又和"反动"结了不解之缘，作为反动派的残渣余孽，只准老老实实，不准乱说乱动，因此我的青年时代，实际总是处在"二等公民"的地位，这样说似乎过分，实际情况是这样的，因为总有一批高你一等的人，你惹不起，只好躲得远远的。加以自己生性又十分怯懦，胸无大志，既无救国救民的雄心壮志，也无光宗耀祖、出人头地的自我要求，只是没有出息地活着而已。但是有一点：也想吃饭，也有情感，也懂趣味，也爱人生。说好了乐天知命,说坏了庸庸碌碌,与世浮沉。生长的大时代是那样的、家庭条件是那样的,个人的能力性格又是这样的,这样的青年时代,真是一无可说的了。记得二十岁左右,有一次父亲汉英公骂我什么也不愁,没出息,讽刺我道:"唐朝有个白乐天,如今有个邓乐天……"真是言犹在耳,痛何如之。父亲已去世二十六年,自己一晃也步入老境,回忆前尘,还觉得"乐天"最为重要,客观世界已给了你过多的苦难,自己如不再苦中作乐,乐观一些,那在这样的大时代中,还活得成吗?不招事、不惹事,曲肱饮水而乐之,虽不能上希圣贤,活得乐观一些总是心安理得的。自然免不了要对着豺狼虎豹鞠躬认罪,时时要受得住唾面自干,或打你左脸用右脸再迎上去,也必须走在路上随时注意躲汽车,不要被撞死……总之,乐观是乐观,活着却也是十分不易的。发了一大堆牢骚,也还感谢今天这样的言论大环境;不然,虽是实话,也还要假说:臣罪当诛,天子圣明。为臣尚且如此,何况一个普通臭知识分子,更是不在话下了。但是只发牢骚也不好,还是说点实在的吧。

三

从何说起呢?从高中时代和大学生活说起吧,凡有此经历的人,对这段时期的回忆总是无限美好的,纵然是苦难时期也是有不少甜蜜的回忆的。回想当年,在那抗日战争烽火连天、血肉横飞的年代,在那生活极端困难的岁月里,有幸读到高中,那是很不容易的。可以说是苦难中的幸运儿,原应该加倍努力,学好功课才对,可是道理容易懂,做起来就不那么简单了。也可以说是"知易行难"吧。因而每想王阳明的"知行合一"、孙中山的

"知难行易"以及"知易行难"三者,应都是因人而易的客观存在。芸芸众生,还不都是"知易行难"者。一般中学生,大都知道读书用功好。大道理都懂。可是一花力气、一遇困难、一有困扰、一有眼前诱惑……种种原因,这知道的大道理,就打折扣了。不免要懒、要拖,因而高中时代,我是一个没什么出息,只凭兴趣读书的懒学生。

我上的中学,是一所私立中学,"七七事变"前以人多出名,沦陷时期规模小多了,高中每个年级三个班,两班男生、一班女生。男生是按成绩分班,我是初中直升高中,初中毕业时,曾参加过免费生考试,虽未考中前三名免费生,却也被分配在成绩好的那一班,一直读到高三毕业。当时私立中学,大多都是师大系统毕业生办的,这个中学是冀东籍师大毕业生大本营,与前师大校长李蒸氏关系密切,沦陷时期学校董事长是曾任过师大校长的邓萃英氏,则是久住北京的福建人。私立学校办学,有一套技巧。用成绩好的班级给学校创声誉,一般这个班级的教员都是师大附中的教师兼职的,毕业时大多能考上较好的大学。而另一班人数多百分之五十,则是为学校增加财政收入的。沦陷时期,物价一年比一年涨的快,到我高中毕业时一九四二年,太平洋战争已爆发,物价更是不断飞涨。学校于开学之初,学生交费后,便立即以所收全部学费买了粮食,如面粉、小米等,以便保值,好按月维持教师最起码的生活。

三年高中生活,哪间教室,哪个座位,周围的同学,现在虽然已过了半个多世纪,但仍然是历历如在目前。每排六个人,我坐第三排,第二排正中两个座位,一位是学校董事长的幼子邓昌黎,后来辅仁物理系毕业留美作现代物理大师意大利人费米的学生,继杨振宁氏之后,成为国际闻名的原子加速器专家。五十年代就已出名,后来回国曾受到当时国家领导人邓小平的接见。与他同座位一位鲍姓同学,后来读辅仁外文系,是英千里氏高足。在北京中学里教了一辈子英文,"十年浩劫"中,弄得几乎送了命。当时他们二人是功课最好的,那时我内心中多么羡慕他们呢。高三快要毕业时,我突然感到自己把不少光阴都浪费了,追悔不及。小青年的情绪是容易激动的,一天上午忽然旷课骑车到复兴门外田野里呆坐了几个钟头,只不过是发泄一下感情,并未真正觉悟,觉今是而昨非,愤发起来,不然大学中还是可以努力的。可是依然故我。

不知什么原因,我从小学时,就习惯一个人瞎想,又小时在大人的压力下,背熟不少古书古文,小学时就养成自己看书的习惯,欢喜自己看书而不爱听讲。在高中时,文科的课,如国文、史、地等,现在回想起来,似乎没有听老师讲什么。因为小学时,我已反复不知看了多少遍《三国演义》。至于《水浒》、《红楼梦》等书都是在初中一二年级时看的。《聊斋》是在初三高中时看的,记得在"日记"中还写着"无聊看《聊斋》乃医无聊妙计",被父亲看到还称许我写的不错。因而对国文教师照课文左讲右讲,很少注意听过。而对史、地教师上课就抄笔记,大标题"一二三四"、小标题"1234"等,更感无聊。考试时只要多读读课本就可以了,分数不会低。但是我从小学就喜欢作文,高中时,从高一下学期就给报刊写稿子,所以作文更是骗分数的拿手戏。高中功课我对数学比较感兴趣,而数学中对几何更感兴趣,而对三角函数始终不喜欢。我最遗憾的是对发音和乐感天赋太差,不但永远听不懂音乐唱不来歌,而且发音笨拙,外国话学不好,本国音也发不准,直到现在我对"春"字读音也不清楚,自叹这方面真是低能。

四

青年时代的生活,除学校外,更重要的是家庭,沦陷时期家中经济极为困难,父亲在伪税务局做个小职员收入很可怜,家乡在山里,祖传产业的经济来源因战争而中断,辗转向亲友借些钱,也十分有限。而家中母亲、弟妹,七个人都要吃饭,这样生活就极艰苦。但晚间在灯下一个写字台上与父亲面对面坐着,他看报看书,我做功课,夜夜如此,到九十点钟时,收拾好书本笔记,放在书包中。然后用椅子搭铺板睡觉。第二天一早拆铺收拾好上学。江南话叫"早起夜搭铺"。高中三年每天晚上都是这样过的。最温暖的天伦之乐,我想就是和父亲共一盏读书灯。写字台摆在两窗中间部位,墙上挂着一小方紫檀螺钿框镜子,是父亲逛地摊买来的。"浩劫"之余,这方小镜子居然保存下来,放在我上海家中一个书架上,一直也未再挂,但我翻书之暇,偶然拿起它来照照,似乎看见半世纪前生活,感到无比亲切。

我住的院子,却是十分难得的一个读书环境,是清末邮传部尚书福州陈璧氏的房子,有很多林木,有很大的花园,有二百多间房子,我家租住他后院四五间房子。这所房子连花园名苏园,在北京是很出名的。林琴南为它写过《苏园记》,收在《畏庐三集》中。陈宗蕃《燕都丛考》第三章中亦记云:"东斜街之东,即西安门外南皇城根,亦名西皇城根,苏版尚书筑宅于是,园林甚广。"(按陈璧,字玉苍,号苏版,是庚子前后的名人。)我有幸作为他后人的房客,在这所美丽的邸宅中住了十三四年,度过了我又甜又苦的青年时代,是很不容易的。我在所写很多书中,都提到这所美丽的园林式住宅。一闭眼似乎就能闻到春花的芬芳,听到冬夜的风啸。住在他家后院两间半西房连东房的鸳鸯房，一间厨房，小小的一个院子，面对东墙下有一条泥地，种满了牵藤引蔓的牵牛花，爬满一墙，秋天种子自己落在根部泥土中，没有人管，明年又是如此。夏秋之间，吃完晚饭，父亲总爱搬把藤椅，坐在窗前院子里，面对满墙绿叶和蔫了的花，喝茶乘凉。有时总爱吟"一架秋风扁豆花"这句诗，其实从未种过扁豆花，但那情调是一致的、极好的。父亲是庚子前后在乡下读完"四书"、"五经"、开笔作文章，但科举停了，他在光绪末年到了北京，进了求实中学，毕业后于民政部捐了一个员外郎，但不久辛亥革命，清朝亡了，他的官也白捐了。他年轻时靠着祖荫家业，是大少爷出身，生活上的事自己都做不来。但旧学基础好，有文学才华，且爱读书，在当时吃棒子面、混合面的最艰苦的日子里，也还忘不了在地摊上淘一本破书回来看看。一部《十八家诗钞》，翻来翻去天天在于边吟诵。我的青年时代就是在这穷苦的咏诵声中成长的。没有父亲的爱抚与培育，又哪里有我的青年时代呢？

青年时代更多美好的记忆是留在这座花园中的。我的家庭成员中，生母已于我少年时代去世，嫡母是一位慈祥的老太太，大妹妹失学在家做饭洗衣，操持家务，二妹妹、弟弟上小学，小弟弟还未上学。十八岁时，我生过一场伤寒，半个月昏迷不醒，差点死了，多亏父亲请来名医孔伯华先生，救了我的一条命。但生活照顾却是在老太太和大妹妹她们的慈爱、关怀下得到痊愈的。当时家中虽然穷苦，但亲人的爱抚是无限的。人人都有过青年时代，但在乱离的战争年代里，有多少人能享受家人团聚的幸福呢？我能在青年时代有这样多的家庭温暖，在这乱世中，是很幸福的了。

五

我从初中时代，就看了不少课外书籍，从少年时代就养成逛书摊、买破书、跑图书馆借书看的习惯，到青年时代更是如此，看的书多了，就羡慕作家、新闻记者等职业。就偷偷开始投稿了。先给一家很低级的娱乐性刊物写了一篇短文，也记不清是否刊载，自己觉得这刊物名声不好，便停止了。在开始上高二时，便给一家学生刊物写短文，这个刊物名《吾友》。十六开十六页，等于一张大报折起来。封面套色上端横印彩色楷书"吾友"二字，下面三分之二即排第一篇时评之类的文章，留一部分排本期目录。然后一篇综合国际要闻的报导。接着一两篇小说或散文。两页数学解题，一页英汉对译，印英文刊名。一页日汉对译，印日文刊名。封底三分之一页印广告。上面三分之一版印"一分钟小说"。我专给这个版面写短稿，有时写篇短小说，但最早发的是两篇短文，题目是《山和河》、《"国画"》，前者是一篇写故乡河水、山色的风景散文，后者则是一篇杂文，因为北京当时到处墙上有人乱画王八。如某处墙角不让人随意小便，便画个"王八"，边上写上"小便者是此物"等等，我正看鲁迅杂文，说"他妈的"是"国骂"，这样我忽然想到此物，而有些画家又开画展，这样便拉拉杂杂写了这样一篇短文。因我是山西人，学校同学取笑我，外号叫"小老西"，当时又爱老舍、老向的小说、杂文等，便署笔名为"老西"，实际当时只虚龄十七岁。这样开始了我的写稿生涯，虽然后来时写时辍，一直未成个气候，但开始从事这没出息的一行却是很早的。足足五十多年前的事了。记得第一次从陈家大院门房老雷手中接过牛皮纸的赠刊邮封，真感到神气极了，但又不好意思，把封套拿到花园无人的地方拆开，看了刊物，看了印出的自己的文章，又反复看封套，反面还印着刊物的介绍，真不知看了多少遍……这样我成了该刊一位作者。翌年春天，我还被邀请参加了他们的游园会，在颐和园玩了一天，约有二十来人，自然我是最小的，穿着一身破灰布中学生制服，其他人也都是青年，不过大都是大学生或已毕业的。当时燕京大学尚未封门，有两位燕大的；有两位伪师大的；有一位和我同时给该刊写稿的中学同学，不在一个班，记得笔名叫"范凡"，他也参加了，好像他家经济条件较好，参加游园时，已脱去学生制服，俨然大学生穿着潇洒的麂皮衫之类的上装了。这是我第一次参加这样的活动，虽穿破学生装，却无羞涩之感，到了园里，先在茶座上吃点心坐谈，花色西点及咖哩饺之类的甜咸食品，堆了几大盘。平时家中小米饭、片儿汤、窝窝头苦惯了，看见这样美点，自然食欲大开，吃了一块又一块，饱餐一顿。然后逛园，乘船去龙王庙，大家坐在台阶上，临时出节目，进行当中，有一人出对子上联："三星白兰地"，大家对不出，另一人忽对道："五月黄梅天。"众人称赞不已，我回来告诉父亲，父亲说那是一副成对，我听了才慢慢明白，原来是蒙人的。

这家刊物社址在南新华街小六部口，是一所三南、三北、一东、一西的小院，我去过多次，北房两明一暗，套间社长办公，外间编辑部兼会客室，一套白套子旧沙发，三张小写字台，连社长带编辑只有四个人。南屋排字印刷，三天一期，发行的两千份，大多卖给大中学生，从不脱期，很受欢迎。这样一份专为大中学生编辑的综合刊物，版面灵活，内容活泼，几十年了，我还怀念它。迄今刊物如林，却还未再见过一份这样适合学生口味的刊物。自然当时在日伪统治下，这样的刊物，想来也是和日伪宣传机关有关,为其认可,每期前面还有新闻综合报导,目之为"汉奸刊物"一点不假;或者也可说它是推行奴化教育的工具。但学生们从不看前面的文章,而是各取所需,专看后面的。爱数理的专看数学难题解析,爱外语的看英汉、日汉对译及讲解,爱文艺的看小小说、散文、诗歌等。这样对这一时代的复杂面,也该有所理解了。我初发表短文时,物价涨的还不太高,第一篇短文,得到两元伪联银券,我买了双白网球鞋。自此以后我在当时各文艺刊物上写散文、新诗,弄点稿费,部分鞋袜衣服,全靠自己解决,尽量少用家里的钱了。

战乱的年月,困苦的生活,温暖的家庭,幼稚的思维,趣味的追求……交织在一起的属于我的高中时代转瞬过去了,迎来的是高中毕业后的考大学。当时是一九四二年夏季。

六

太平洋战争爆发时,我正读高三。清晨七时半左右骑车去上学,经过西单商场门侧,一个小小的救世军教堂门前,见有日本宪兵摩托车停着,一个宪兵站在门前,还不知是什么事。到学校同学们交换着见闻,才知太平洋战争爆发的消息。下午放学骑车和同学走沟沿,看见一些燕大学生用排子车推着行李箱子等物,向他们打听,才知燕大已封门,日本宪兵在校园内各处贴封条时,教室正上着课,好多学生是从窗口跳出来的……到我们考大学时,燕京封门已半年多了。能考的大学是伪北大、伪师大,辅仁、中国两家私立大学,另有艺专、土木工程学校、新闻学院、新民学院、外国语学校等伪组织成立的专科类学校。我和周围同学,只选前四所大学报考,但这中间大有差异。两家伪国立大学,北大校长钱稻荪,学院文、理、法、农、工、医,文学院红楼,日寇宪兵队还占着,在嵩公府夹道新建的灰楼中;理学院仍在马神庙;法学院,北大三院原址被日伪办了警官学校,改在皇城根中法大学原址;医学院是原平大医学院,校址在和平门外孙公园、附属医院在背阴胡同;工学院也是平大工学院旧址。医、工二院教授职员等都是旧人,只是增加了一些日籍教授,教学质量是很高的,毕业之后职业有保证,是当时录取分数最高的。各院都单独招生,考医、工两院的都是好学生。农学院在原朝阳大学旧址。伪北大规模比原北大还大,而且其工、医两院,在"七七事变"之后,延续平大体制,又因汤尔和氏之故,几乎连因战争影响停课的情况都未发生过,一切照旧。伪师大也是延续战前的。开始男师院、女师院分着,到我考大学时,两院已合并,人很多,和平门外校址不足,待建新楼,临时借用绒线胡同崇德中学教室上课。其时校长黎世蘅氏,分文、理、教育三院。这两所伪国立大学,仍容纳了当时沦陷区北京、天津、济南、青岛、唐山、太原以及东北沈阳、哈尔滨等城市大部分青年学生。伪师大日伪按月配给一千三百多包面粉,学生吃饭不要钱,至一九四三年日伪粮食最紧张,侵略者配给市民吃七十二种仓底、花生皮、豆饼等磨的混合面,伪师大也能顿顿吃馒头,时人呼之为"吃饭大学"。辅仁大学是天主教本笃会办的学校。本笃会本是美国天主教派系,但当时辅仁请了一位德国人做教务长,所以能在日伪统治下存在下去。校长是陈垣,文、理、教育三院。教授名人多,教学质量高,但学费及其他费用均高。中国大学是纯私立大学,校长何其巩。部分名教授在此授课,但私立大学靠学费收入办学,不能不降低水平,广收学生,其政经系各年级每班都二三百人,上课如听大报告。人们对伪北大、伪师大因其原有影响,费用极少,师大且管饭，教授也多，自然愿意报考，唯一担心的是怕重庆打回来，不承认资格。不少人自然愿意考辅仁，但费用高，上不起。至于中国大学及各专科，那大都是考不上伪北大、伪师大及辅仁等校的同学才屈就此间的。自然也有不少家中有钱进中国大学来图张文凭的。但好教授也不少，部分不愿任伪职的学者，如俞平伯、张东荪、邓以蛰、顾随等位也都在此任教或兼课，不少好学生则为这些名教授而来。与伪政权的关系，中大原教务长方宗鳌氏任伪教育总署署长（总长名督办，次长名署长），其夫人方政英氏为日籍，多年在中大任教授。所以虽系私立，也因种种关系得到伪政权承认和容纳。学生很多，程度相差甚远。好者甚好，差者甚多，也是以学费养学校，不得不广招来。因关系我青年时代较大，故略评介之。

我四个大学全报了名，辅仁、北大中文系、师大日文系、中国大学法律系。这年北大、师大同一天考。因此四校只考了三校，侥幸都考上了。第一个考的是辅仁，印象极深，真是历历如昨日。同学一齐报考的有邓昌黎，考物理系，鲍扬武，考外文系，名医萧龙友氏侄孙萧承龄，考经济系，还有其他考教育等系的，我是报中文系。辅仁新楼建于三十年代前期，十分精美，后面是王府花园，俗称神父花园。考场至西部二楼化学系教室，当时化学系很有名，有液体空气制造机。教室都不大，不过二十多个人，课桌都单排，考生无法左顾右盼，第一场数学，我只做到第二题，忽然电铃剧烈地一响，吓我一大跳，以为时间到了，当时手表是珍贵物，考生大部分都没有。正惊诧时，监场说不要慌，只半小时，提醒大家，要响四次，才到时间呢……

笔试放榜，还登了报，家中订阅实报，自己报上有名，同学们也都题名"金榜"，好不高兴。接下来是口试，也叫面试。在进门右手第二间教室，口试的老师现在还记得清，就是现在北大的周祖谟教授，正问着，系主任沈兼士教授、校长陈援庵教授也进来看了看。沈穿本色横罗长衫，戴茶色眼镜；陈老穿灰纺绸长衫，飘洒长髯，都给我留下极深的印象。这年冬天，沈兼士先生就辗转到了重庆，胜利后回到北平接收各大学及文化单位，但不久就作古了。考上辅仁，但是没有去读，学费贵，又不能住宿舍，还要回家吃饭，家中要增加很大开支。父亲的压力太大了，我不能挣钱养家，但最少应减轻他一些负担。因而我决定去读白吃、白住的伪师大。父亲觉得不上辅仁很可惜，交了十元钱保留学籍费，可以保留一学年，明年再来交费上课，不必再考。可是我第二年没有去，因而这十元钱白花了。

七

我考进了伪师范大学文学院日文系。这是和平门的老学校，对我最大的诱惑，是可住宿白吃饭。因为我在家吃住，不但增加家中负担，而且生活困难，住处狭小，不但没有自己的房间，连个搭床的地方都没有，每天睡觉之前现搭铺，而且和父亲天天在一起，不自由，这样我便决定上师大，老实说，连生活前途的幻想也没有，只是浑浑沌沌图个眼前自由自在的生活而已。

我要搬到学校去住了，这是有生以来第一次。迄今最令我念念难忘的是我老母亲贺老太太，我虽不是她生的，但从小时就和她在一起，她给了我无限的母爱。我要去住校，她不但为我准备了被褥等寝具，且为我买了铅笔盒、铅笔橡皮等物。我初中入学时，她替我买铅笔盒等，那时我是山乡初到北京不久的孩子，自是十分高兴，上课对着花漆洋铁铅笔盒上的采茶图展开幻想。

而此时六年过去，我虽然仍很幼稚不懂事，毕竟是青年人了。当老太太把铅笔盒交到我手中时，所感到的已不是铅笔盒本身，而是无限的母爱了。而又感到好笑，她把十八岁的我仍当作十一二岁看待。在天下慈母心中，儿女似乎总是长不大的；但感到真正长大时，又到了永别的时候。她是我大学毕业那年去世的，也已是四十六年，快半个世纪前的事了。我保留生母张老太太和嫡母贺老太太的照片到一九六六年八月底，抄家时都被抢掠而去了，这对别人说来是半文不值，而这些人却是要半夜不睡觉，专门去抢这些，这世界和时代永远是无法理解的。留条活命是万幸了。

住在新修的宿舍一字楼中，每室三张双层床，只住了三人，两张大桌子，三人共用。每天楼下浴室有热水可洗澡。三餐八人一桌，每天早餐面硌硈、北京叫"硌硈汤"加馒头咸菜，中、晚都吃馒头。日伪不配给米，所以早上没有粥。四菜一汤，二小荤二素，如肉丝炒菠菜、醋溜白菜之类。每周二、五中饭加大荤，如红烧肉、红烧丸子等等。馒头管够，还可拿几只回宿舍晚上就花生米当宵夜。伙食标准，在当时比一般家庭真要好多了。即和现在大学伙食比，也不差。而且一分钱也不要。虽是日伪学校，但当时一般人家都是吃窝头，而这里却馒头管饱，只这点就吸引了不少穷学生。

只是我在师范大学学习上遇到不少困难，发音差，口语不好，入学时是仗笔译进来的，此时一对话就洋相百出了。自己又没有毅力下些苦功。大学新环境诱惑的东西太多，外面投稿又多，又参加什么话剧小组、艺术欣赏小组等，把正课丢在一边，不认真苦读，把所有课余时间都用在杂七杂八的事上去，上课只是敷衍一下，这样混起来了。一学期下来，生了一场大病伤寒，拖延两三个月,差一点没有死了。不得不请求休学一年。重新来上,感到更没劲,且经常不上课,决心转学北大中文系,先同时在私立中国大学旁听一些中文系基础课,如音韵学、文字学等。其间还考过一次"新闻学院",这是管翼贤办的学校,报考资格是各大学文学院二年级学生,学习一年即可当内外勤记者,录取是考试成绩排名次,每次只取三十几名,我以第二名被录取,这所学院一再通知我入学,而父亲严格教导我不能去,那是"汉奸学院"。虽然同是日伪办的,与伪师大、伪北大本质上不同。有两位要好同学上过这所学校,一位名周昭贤,后又回北大读历史系,一边在《益世报》作记者;一位叫李萃,是战前师大校长李蒸的弟弟,原是燕大外文系的,后又和我在临大二分班同学,他在外文系,同住南锣鼓巷宿舍,一起从美国《时代》杂志上译《朱可夫将军传》,分校后又去清华,燕京复校他又去恢复了学籍,毕业时拿到清华外文系、燕京外文系两张文凭,中、英、日三种文字说写都好。凄惨的是在"十年浩劫"时,顶不住批斗的暴力,跳楼自杀了。我想很少会有人想起他、纪念他,这里略带一笔,当作对亡友的"思旧赋"吧!

我从小生性是一个自由散漫的人,如过集体生活,便不免吊儿浪当,也并不是故意捣乱。上了六年中学,过了十二个学期,从初一到高三毕业,品德评语一栏,似乎印就的一样,总是"自由散漫"四字。可见中学老师观察学生多么深刻。可悲的是:这样的生性,却处在一个极为混乱,而且比历代皇帝还要专制的时代里,其处处碰壁,狼狈不堪的结局可知矣。日伪让大学生到天坛搞所谓"勤劳奉祀",就是天坛里面开荒种地,我无法请假,到时不去,算作旷许多堂课。日伪搞大学生军训,伪治安总署学兵局长骑着大红洋马到各大学训视。早上六时就要出操,我起不来,等队伍站好，操了好久我才来，领队教练的伪军官拿我也没办法。反正我已想定要转学，后来就不去了。这样伪师大自然不要我，让我退学了。这时我已考了伪北大的中文系插班生，办理入学手续，进入伪北大了。幸好当时大学能考插班生转学，不然，我能否顺利大学毕业，对当时不肯用功又糊里糊涂的我来说，的确大成问题。

<h1 align="center">八</h1>

抗日战争胜利的喜讯，是在即将升入伪北大大三的暑假中迎来的。正在暑假期间，喜讯传来，同学们骑着脚踏车到处欢欣相告，一下子人们像疯了一样，以为胜利了，一下子可以过"七七"战前那样的太平日子了。首先是物价，又可过两三块钱一袋"福兴"面粉的日子了。善良、天真、淳朴的北京市民、商号把屯积的东西都拿出来贱卖，住处不远，西单北大街东侧一直从商场门口到西单，全是货摊，卖什么的都有，要多便宜有多便宜。你如有银元，一元钱可以买十七斤猪肉，可是到哪里去找银元呢？只好看着……自然过了没有多久，人们渐渐明白了，原来国家统一虽说国难当头，但尚较承平时的日子一去不复返了。满街贴着欢迎"空挺队"的标语，但左等也不来，右等也不来，等到真正来了的时候，人们迎来的又是战争和百物腾贵，更为艰苦的生活了。自然一部分新贵和有财产的人那是例外，但总是和人们记忆中的生活两样了。因之人们称之为"惨胜"。

伪北大照常开学注册上课。大三有一门"佛典文学"课，有时也叫"佛教文学"，照例是周作人氏开，但抗战胜利，这些人都准备做"犯人"了，哪有心思给学生讲课呢？课程便由许世瑛先生代理。许先生是许寿裳先生长子,民初由鲁迅开蒙,后在清华国学研究院毕业,沦陷时期一直在北京,在伪北大任教,后来去了台湾师范大学任教。在此时期内,刚刚胜利后的北京忽然出现了不少小报。我从读高中时,就羡慕人家办刊物的,有一次自己忽发奇想,和一个小同学商量,他家中有油印机、油墨,便自说自话要发行校刊,被学校训育主任赵昆山老师知道,叫了来狠狠训了一顿,才没为学校惹祸。这次又想办刊物,也约了同学,拟了征稿办法,居然去找知堂老人约稿,也不想想他当时是什么心情,还有什么心情写稿子。可见我当时虽说已读到大学三年级,而无知幼稚得是多么可笑。等到十几年后在上海与老人通讯,又说起此事,那我已是步入中年的人了。

在十月间,重庆接收人员来了,伪北大文学院停止,改为北平临时大学二分班。学生不动,教务等处职员工友仍照旧,只是教授全变了。比如著名的金石学家容庚先生、法文专家鲍文蔚先生、英文专家徐祖正先生都解聘了。临大二分班中文系教授名家如目录学家赵万里先生、词家顾随先生、文字学家于省吾先生,还有华粹深、周祖谟等位。清史专家萧一山先生,当时是北平行营秘书长,也来给历史系上课。这时上课还在沙滩红楼,红楼自"七七事变"后,为日寇宪兵队所侵占,直到六年后才交还伪北大。所以日伪北大文学院自一九四四年才由嵩公府夹道新楼搬回红楼上课,到一九四五年抗战胜利改为临大二分班,继续在红楼上课,至一九四六年夏,北大由昆明复员回来,红楼又改为教员宿舍,这个有历史意义的大楼,说句文雅的话,就再不闻弦歌之声,完成了它历史的使命了。临大二分班匆匆一年,很快结束了。迎来的是西南联大复员,如何处理这批伪学生,为此在抗战胜利之初,对伪学生进行甄审之说,甚嚣尘上。这些做了八年亡国奴的"苦哈哈"穷学生,对此遑遑不安。好心的容庚白先生为此还发表了"给傅孟真先生的公开信"(此信现收在《胡适书信选》中),替这帮苦学生说了几句公道话。还算好,西南联大复员后,北大、清华、南开各回各家,原联大学生可以自选志愿,任意去三校就读。临大学生也获此殊荣,可以自选去三校就读,愿意到哪里就到哪里。这样照单全收,皆大欢喜,自然是事出有因,有历史的顾忌,并不是特别爱这些人,不过在此不想多说了。总之使我也得到大学四年级时,在北大读书、在北大毕业的机会,在极为混乱的时代里,能得到这样的机会,也算得天独厚了。

在西南联大回来的同学中,有一部分是由沦陷区去的,其中不少北京的老同学,万里归来,又得重逢,自然十分高兴,又作同学,关系感情,也极易融洽。而更多是大后方的同学,初到北方,与临大同学十分陌生,这样就无形中分成两个部分。在宿舍中也分开来住,教室则更是每堂课都换教室,座位不固定。因此这一年中,对联大来的同学,虽在同系同年级,大多也不认识。所来往的都还是临大、甚至中学时代的老同学。同学们有不少自愿去清华的,他们远在城外,平日很少见面。在一九四七年春天,清华校庆的日子,应老同学之约,特地去清华住了两天,留下终身难忘的少年欢乐印象,迄今难忘。熟同学很多,他们约我一同骑自行车到了清华园,有的热心给我安排住在谁房间的空床上,有的拉我到食堂空座位上吃饭,当时同学之间,左、右派势力斗争十分剧烈,有的同学背地告诉我,不要和谁说话,他是什么;而另一派同学也告诉我,不要理谁,他是什么。而我却不愿管这些,旧日中学好同学,都感到分外亲切,用现在的话说,这自然是没有立场,没有原则了。而我却始终不会以这种标准交朋友,而只是从心地善良、率真、情趣等方面自然要好起来,总觉着不管政治倾向如何，都有好人、有坏人，有淳朴善良、待人厚道的人，有奸酸刻薄、坑人害人的人。人嘛——先要有一个人的客观标准，才能谈到其他。一辈子以这样感觉交朋友，虽未升官发财，却深得朋友之乐，这也是足以自慰的。趣事甚多，在此亦不必赘述。只是这些青年时代的好友，如今都不知在天涯何处。有的据传已作古人了，只有土木系的张中和，中学好友，现亦年迈古稀，去年来上海开会，还到家来看我，是下水工程专家，如今又远赴非洲为工程忙碌去了。张中和同学又是沈从文教授的堂内弟，由于他的关系，我和西南联大回到北大的沈先生也比较熟，刚由昆明回到北京，住在西斋前面中老胡同宿舍时，我就去看望过。转瞬之间，沈先生作古也已六七年了。

这时北大文学院教授分两种：一部分是西南联大复员回来的，如沈从文、游国恩、向达、唐兰等位，当时罗常培先生在美国讲学尚未归来；另一部分是复员到北平后新聘的，有俞平伯、孙楷第、冯文炳几位先生。关于新聘教授的情况，在《胡适来往书信选》下册中收有傅孟真先生一信，足见当时聘请情况。我因从小居住环境，及后来转了几个大学，又跨越了日伪和抗战胜利后两个时代，因而有机会接触了许多前辈学者，虽然没有好好读书，但还懂得尊敬师长，多少受到他们一些熏陶。按时间先后：如大导演陈绵博士、法文专家鲍文蔚先生、老词学家夏枝巢老人、史学家李泰棻先生、柯昌泗先生、目录家赵斐云先生、顾随先生、容庚先生、俞平伯先生、沈从文先生、谢国桢先生、知堂老人、废名先生、唐兰先生、郑天挺先生、孙楷第先生……这些老先生每一位不管他们的经历如何，都是某一方面的饱学之士，不少绝学也都随着这些老先生的去世而如《广陵散》了。我青年时代，有幸听他们的课，而且和不少老先生都有过过从，十分熟悉，可惜自己不知用功，浪费光阴，辜负了他们的教导，现在闭目神思，几乎每一位老先生的面容都能立时出现在眼前，而请益问学则渺不可追矣。真应了一句古话："少壮不努力，老大徒伤悲。"我回忆起青年往事，最大的后悔药，恐怕就是这个吧。

九

毕业的时候到了，大四匆匆一年，选了俞平伯、废名、孙楷第几位先生的课，补修了沈从文、游国恩几位先生的课。寒假考试，平均八十来分，保住了全公费，这是最重要的。每月向校内银行排队领一次，这点钱不但够一个月伙食费。而且还有买肥皂、牙膏和看一场电影的钱。毕业就是失业，毕业之后这份全公费也无处可领了。不知该到哪里去找"饭辙"（这是北京土话），你说愁人不愁人？何况父亲一人负担不了全家生活，自己也还要兼一份苦差，赚点口粮，补贴家用。为这份"苦差"，我背了几十年黑锅，在此不可不插进来说上两句，吐一口苦水。情况如下：

抗战胜利，重庆接收人员飞来。日伪机关人员失业。父亲税务局的小职员不能干了，家中天天有断炊之忧。飞来的人员中，也有些亲朋故旧，一位教育机关做领导的亲戚，到家来看望，为父亲在他机关中安排了一个职员位子。但他一人工资，还难以维持家中五六个人的生活。其时又有两位父亲的学生飞来，已是当时北平市两位警局分局长。到家一看生活困难，便介绍我到内六分局做个挂名"书记"、就是老话所说的录事，原是最低级的差事。说明不要上班，偶然去去，到月头混份口粮，补贴家用。同学们也都知道，因同学们也都有兼差的，平常说笑话，还常常让我讲讲有什么"花案"。但当时学生运动十分剧烈，六区在银闸胡同，转弯就是沙滩红楼，正是管辖范围之内，一有学生运动，分局大小头头便问长问短，但我心里有数，宁可丢掉这兼差，决不能失去我北大的学籍，因而只是采取敷衍态度，遇事支唔过去。这样我这份工资，领了全交家用，自己生活仗一份全公费。再有写点稿子的收入，买点鞋、袜衣服等。毕业期近，躲在一个要好同学家中写论文，有两个多月，兼差处也不去打照面，自然也就被炒鱿鱼了（"自谓偷闲学少年"也用个新词儿）。

当我捧着一稿写就的毕业论文《鱼玄机与李季兰》，叩开恭俭胡同路西唐兰先生家大门，请先生判分时，先生没有嫌我一次也没有去找过导师，只是略为翻了一翻我那用五百字大稿纸直行写的所谓论文的本子，从中看了一两小节，又随意问了几句，便从灰纺绸长衫口袋中掏出一支咖啡色罗纹派克金笔，在前面写了一段评语：第一句便是"此生程度较差"，我在边上战战兢兢看着，心想这下完了，毕不了业了，不想在后面批了个及格以上的分数，我真是喜出望外，深感先生笔下超生了。我连忙鞠个躬，说声谢谢，接过论文。出门骑上车赶回汉花园办公处，把论文交给教务处，这样我便在北大毕业了。说来也真容易，这是借了十几种文学史、中国史诗之类的参考书，在好同学赵增和家的东屋窗下，用了半个多月东拼西凑写成的。我写东西有一个好处，就是很少甚至极少涂改，因而原稿不必再誊清，这是从小练出来的硬工夫，因而我这东拼西凑的论文，也是一稿写就，没有再改，就找南纸店装订成一本线装书的样子，边上切齐，又写了书签，很像那么一回事。鱼玄机是唐代著名女冠诗人，"易求无价宝，难觅有情郎"、"应为价高人不问，却缘香甚蝶难亲"，都是她的名句。李季兰也是唐代女诗人。论文题较僻。为什么选这样一个怪题呢？家中原有中华书局《四部备要》，其样本中有《鱼玄机集》一页，仿宋大字，十分醒目，我就找出这本薄薄的诗集看，已很熟了。又知道一些唐人女冠，即女道士的特殊地位，又知她的恋爱故事，因忌妒杀死婢女绿翘的故事，都是唐人传奇中的好材料。又拉上李作陪衬，这样补缀、敷衍成文，也写了七八十张大稿纸，也有三四万字吧。不过在写时是自说自话、闭门造车，事先一次也未拜访过指导教授，唐先生翻了不到五分钟，便写出评语，放我过关，自然是凭印象了，而我又没有听过先生的课。真是难为老夫子。当时还是飘洒着长髯，两年之后，北京已解放，在东安市场国强咖啡店楼上遇到先生，已剃去长髯，我笑着问老师："您怎么把髯子给剃了？"先生未正面回答，却笑着做了一个无可奈何的样子向我示意。和给我批论文时完全两种神态，给我留下极深的印象。一晃又是三十年，因瓷器专家冯先铭兄之引导，在故宫宿舍看望过一趟先生，其后不久，先生出访香港，归来便一病不起作古了。我看三十年代《大公报》"采风录"，才知先生除是著名金石家而外，还是著名诗家，真后悔当时没多向先生请益了。

十

交了论文，毕业考试结束，没有不及格的，便算毕业了，换来的是一张贴着戴四角帽、盖着学校钤记、校长胡适、文学院长汤用彤几位先生橡皮名章的毕业证书。而丢失的是全公费的口粮、内六区兼差的几文薪水，以及青春的回忆。面对着战乱的时局、困难的生活，年事已高的父亲，又加嫡母生病去世，纵使不顾家庭弟妹，而自己到哪里去吃饭呢？茫然了……寄食在一个好同学家两三个月后,不得不到云中古郡混口饭吃,过了八九个月之后,又回到西直门、前门这个城圈来,又过两三个月,已经是兵临城下,接着"北平"解放了。

一九四九年八月二十日我参加了前燃料工业部的筹备工作,介绍人是我表哥贾林放,我姑母的独子。在这里我想把他介绍一下。先父汉英公一母同胞,只有一个姐姐,即我大姑母,生一子数岁后,姑母去世。因之我这位表哥与我血缘关系至近,形同亲兄弟,不过他比我大得多,按属相算正比我大一轮,即十二岁。我要考初中时,他正在清华土木系大二读书。抗战开始,他正在外地实习,辗转回到山西乡间,参加了抗日工作,入了党。沦陷时期,失去联系。父亲常常思念这位外甥,时时担心他的安全。抗战胜利,传来他在解放区的消息,但是还不能见面,解放后,把他盼回来了,自然是说不出得高兴。这样我在他的介绍之下,找到一份工作,说得神圣一点,是参加了革命工作;而我自己心中,则是找到一份赖以生存的工作。这样开始了我新的生活。甘苦艰辛,一言难尽,几十年转瞬而过。青年时代也过早地结束,过快地消失了、远去了、渺不可追了……

现在回想,我的青年时代,从个人作为而言,真是平凡而又平凡,一般而又一般。既没有枪林弹雨、激昂慷慨的英雄镜头,也没有爱得死去活来、灯眼酒唇的缠绵艳史,对别人啰啰嗦嗦说来,一点刺激性也没有。在家中不是一个十分听话、刻苦用功的好孩子;在学校也不是一个循规蹈矩、奋发有为的好学生。偶然回忆自己当年幼稚而没有出息的怪样,自己也不免感到又气又笑,真是没有什么好说的。只是回头细细反省,只有两点还足以自慰,就是还没有为自己而坑过别人、害过别人、计算过别人……好像对这方面天生特别低能。提高到学术水平、从"厚黑学"的观点分析,虽然脸皮很厚,任人唾骂,但"黑"却一点也没有。因此做不了大事,不要说高官,连个低官也没混上,"文革"时挨斗,也都是陪斗的时候多,说来真没有劲。第二就是从小养成乱看书、胡思乱想、拿笔杆爬格子的习惯,像瘾一样,直到现在,仍乐此不疲。所以想起青年时代,也多偏爱于这些方面。说来也都是平淡无奇的,但是其中甘苦也都是自知的。因此"平凡的苦与甜"作为这篇回忆文字的题目吧。

寻根有感

今年七月，收到山西忻州文联陈巨锁先生的来信，并附照片数枚。信中写道：

七月三日谒访先生故里东河南镇，现将日记摘抄于下：……狂雨连宵，五点半起床，六点小雨中，车发忻州……抵东河南镇，时已中午十二点。由西街而入……首先寻访了村中老干部六十八岁的宋滨，他说现在全村六千七百多人，是雁北第一大村，当年邓师禹先生家是村里大户，有钱人家，他家五代单传，村里没有近的家人。至于房产，土改时全部分出，现在北街的粮站，就是在邓家的地方拆盖翻修的，旧时建筑，一点不留了。镇中唯一的古松也枯死了。东街的大白石头，也为坏人所毁。村北的大唐河，村南的玉皇岭，还是原来的样子。问及村中的老宿，言可寻邓家的远房本家，今尚健在的有八十岁的邓卿烈……在西街找到了邓卿烈老人，年七十七岁，精神矍铄，很健谈。他说，你们说的邓云乡，他的小名叫祥子，我大他几岁，我见过。那时他才七八岁，站在他家北街的大门口，穿小长袍，他母亲是大同人，一九三四、一九三五年就随大人到北京去了。他家是念书人家，他有姐姐在大同教书，他有个弟弟，可能在西安，他家人缘好……访邓卿烈后，到北街粮食站作一巡视，无旧迹可寻。唯一口井言是旧时所挖。在北街路东有孙家，据说

490

过去也是大户，建筑尚为旧的遗构，唯甚破烂，拍摄数张，亦可窥见旧时晋北民居之一斑。

感谢巨锁先生的厚爱，他不辞辛劳，专程访问我的故里，并拍了照片寄来，真是使我感激万分，不知如何是好。情不自禁，抄了一大段，作为我这几篇回忆旧居文章的前言。河南有一个很有名的刊物，名《寻根》，十分有意义。可是对某些人说来，多少有些开历史的玩笑，因为早已被"连根拔了"，又哪里去找根、寻根呢？热心的友人很多，大同一位年轻朋友韩府先生，寄来了从山西图书馆书目中抄录的我祖上著述、科名的资料：

> 邓克劢，字如华，清灵丘人，著有《自适集》。
>
> 邓克昭，字晋德，克劢弟，岁贡生，著有《月令拾遗》、《灯余草》。
>
> 邓赞清，字少参，号梅亭，克劢子，恩贡生，著有《梅亭诗草》。
>
> 邓永清，字晓村，克劢子，乾隆丁酉拔贡，著有《南阜山房集》。

这又是意想不到，令我极为感谢的。因为所列邓永清正是我的高祖父。当年父亲常常说起，清代乡间没有中举的秀才，每隔十二年，可以到京中参加拔贡朝考，每县只选一人，最重书法（选送的秀才分恩、拔、副、岁、优五等，考到一、二等的，可以知县、教谕用，三等以训导用。举人、进士的科目之外，"五贡"简单说，就是考不中举人的秀才，由县里选送的优秀名额）。永清爷是拔贡，书法最好。我记得十分清楚。而且小时在乡下，成天在北街口戏台上玩,中间大匾"霓裳羽衣"四字,及上下场门白底黑字"今演古"、"假作真"小额,都是永清爷写的。历历如在眼前,印象是十分深刻的。因而虽然被剗了祖坟,毁了祖宅,这根也还难一时"连根拔掉",因为还有历史文献在。不过所抄资料也有使我怀疑处。就是永清爷的科名应该是道光丁酉,而非乾隆丁酉。乾隆丁酉为乾隆四十二年,公历一七七七年;道光丁酉为道光十七年,公元一八三七年。再下一丁酉,为光绪二十三年,公元一八九七年。高祖父下为曾祖飞熊公,字梦兆,曾祖下为祖父邦颜公,字选青。祖父下为父亲师禹公,字汉英。父亲属龙,生于壬辰,光绪十八年,公元一八九二年。祖父去世于一九〇四年,享年四十四岁。因而四代人中间相隔两代,约为六十余年才合理,不可能相隔一百二十年,所以永清公拔贡之年应为道光丁酉,不可能是乾隆丁酉。再有资料中邓永清、邓赞清均为克劭子,而邓克昭无了。据幼年记忆,高祖永清公即为独子,无兄弟。或系过继于邓克昭。或就是克昭之子。曾祖、祖父、父亲均为独子单传,上承永清公过继于邓克昭一房,或就是克昭独子,因而乡间有五代单传之说。幼年在家,不知家中是否有家谱?只记得祠堂中挂有历代宗亲亡疏牌位大立轴,由始迁祖以下五代宗亲、各代考妣名讳写的十分清楚,只是字小挂的高,看不清楚。平时祠堂院锁着门,不能进去,只有过年祭祖烧香时才开,烛火香烟缭绕,小孩没有一一仔细看,没有印象了。离开故乡后,有一简单亡疏折,记高祖以下各代考、姓名讳,"文化大革命"抄家时,也抄走,不知哪去了。因而资料没有家谱核对,也不知这些资料从哪里摘引的,只能有疑待进一步追查研考了。只是高祖父的名讳,藏在我记忆中。祖宅的院落样子也藏在我的记忆中。而高祖父亲的名字,高祖以上祖辈的著述,这都是大同韩府先生告诉我的,我哪能不万分欢喜,万分感激呢？这次八月间在北京开会,韩府先生还特地由大同赶到北京来看我,真是乡里情深,古风可敬。我虽漂泊江乡海涯,但文献资料中的根,思想记忆中的根,尚可寻寻觅觅了。陈巨锁先生信中,记同宗乡长的话道:"他母亲是大同人……"阅之使人泪下。我生母是大同人,姓张。生了我们兄弟姊妹六人,可怜她过早地在一九三九年就去世了。一九九二年我有机会经过大同,特地到李怀角去看了看,当时文中写到姥姥家。至于里仁街,那是五十年代末、六十年代初父亲老年居住的地方,八十年代初,我在那里过过几个潇洒的暑假,如今也将消失在历史的长河中了。